PLANEJAMENTO, PROGRAMAÇÃO E CONTROLE DA PRODUÇÃO

O GEN | Grupo Editorial Nacional – maior plataforma editorial brasileira no segmento científico, técnico e profissional – publica conteúdos nas áreas de ciências sociais aplicadas, exatas, humanas, jurídicas e da saúde, além de prover serviços direcionados à educação continuada e à preparação para concursos.

As editoras que integram o GEN, das mais respeitadas no mercado editorial, construíram catálogos inigualáveis, com obras decisivas para a formação acadêmica e o aperfeiçoamento de várias gerações de profissionais e estudantes, tendo se tornado sinônimo de qualidade e seriedade.

A missão do GEN e dos núcleos de conteúdo que o compõem é prover a melhor informação científica e distribuí-la de maneira flexível e conveniente, a preços justos, gerando benefícios e servindo a autores, docentes, livreiros, funcionários, colaboradores e acionistas.

Nosso comportamento ético incondicional e nossa responsabilidade social e ambiental são reforçados pela natureza educacional de nossa atividade e dão sustentabilidade ao crescimento contínuo e à rentabilidade do grupo.

HENRIQUE LUIZ **CORRÊA**
IRINEU GUSTAVO NOGUEIRA **GIANESI**
MAURO **CAON**

PLANEJAMENTO, PROGRAMAÇÃO E CONTROLE DA PRODUÇÃO

» Conceitos, uso e implantação

MRP II / ERP

» Base para SAP, Oracle Applications e outros Softwares Integrados de Gestão

Colaboração de **Alexandre de Vicente Bittar** na atualização da **6ª** edição

6ª EDIÇÃO

- Os autores deste livro e a editora empenharam seus melhores esforços para assegurar que as informações e os procedimentos apresentados no texto estejam em acordo com os padrões aceitos à época da publicação, *e todos os dados foram atualizados pelos autores até a data de fechamento do livro.* Entretanto, tendo em conta a evolução das ciências, as atualizações legislativas, as mudanças regulamentares governamentais e o constante fluxo de novas informações sobre os temas que constam do livro, recomendamos enfaticamente que os leitores consultem sempre outras fontes fidedignas, de modo a se certificarem de que as informações contidas no texto estão corretas e de que não houve alterações nas recomendações ou na legislação regulamentadora.

- Os autores e a editora se empenharam para citar adequadamente e dar o devido crédito a todos os detentores de direitos autorais de qualquer material utilizado neste livro, dispondo-se a possíveis acertos posteriores caso, inadvertida e involuntariamente, a identificação de algum deles tenha sido omitida.

- **Atendimento ao cliente: (11) 5080-0751 | faleconosco@grupogen.com.br**

- Direitos exclusivos para a língua portuguesa
  Copyright © 2019, 2023 (2ª impressão) by
  Editora Atlas Ltda.
  Uma editora integrante do GEN | Grupo Editorial Nacional
  Travessa do Ouvidor, 11
  Rio de Janeiro – RJ – 20040-040
  www.grupogen.com.br

  Reservados todos os direitos. É proibida a duplicação ou reprodução deste volume, no todo ou em parte, em quaisquer formas ou por quaisquer meios (eletrônico, mecânico, gravação, fotocópia, distribuição pela Internet ou outros), sem permissão, por escrito, da Editora Atlas Ltda.

- Capa: Caio Cardoso
- Imagem de capa: royyimzy | iStockphoto
- Editoração eletrônica: Formato Editora e Serviços
- Ficha catalográfica

CIP-BRASIL. CATALOGAÇÃO NA PUBLICAÇÃO
SINDICATO NACIONAL DOS EDITORES DE LIVROS, RJ

C842p
    Corrêa, Henrique Luiz
    Planejamento, programação e controle da produção : MRP II / ERP : conceitos, uso e implantação : base para SAP, oracle applications e outros softwares integrados de gestão / Henrique Luiz Corrêa, Irineu Gustavo Nogueira Gianesi, Mauro Caon ; colaboração Alexandre Bittar. – 6. ed. [2ª Reimp.]. – São Paulo: Atlas, 2023.

    Inclui bibliografia
    ISBN 978-85-97-01835-6

    1. Administração da produção. 2. Planejamento da produção. I. Gianesi, Irineu Gustavo Nogueira. II. Caon, Mauro. III. Bittar, Alexandre. IV. Título.

18-52116	CDD: 658.5
	CDU: 658.5

Vanessa Mafra Xavier Salgado - Bibliotecária - CRB-7/6644

A Teresa, Clara e Camila
A Eliana, Lucas e Bruno

Prefácio à 6ª edição

Os sistemas de apoio à decisão baseados em MRP II/ERP continuam sendo, de longe, os mais utilizados ao redor do mundo para a implantação e uso dos onipresentes sistemas hierárquicos de planejamento, programação e controle da produção.

Pode-se argumentar que os sistemas de MRP II são, hoje, ainda mais importantes do que eram quando lançamos a primeira edição deste livro, há mais de 20 anos. Isso porque as soluções de *software* que incorporam a lógica de MRP II tornaram-se presentes em quase todas as empresas manufatureiras, independentemente de seu setor industrial ou tamanho, já que hoje há soluções comerciais para todos os tamanhos e setores e, muito importante, que são viáveis do ponto de vista de aquisição e implantação.

Ao longo das cinco edições anteriores nós tentamos continuamente atualizar o conteúdo, incluir exercícios práticos, eliminar tópicos que perderam relevância e criar mecanismos que facilitem o uso do livro por professores adotantes e por estudantes, estejam eles ligados a uma instituição ou curso ou sejam eles estudantes/profissionais práticos independentes.

Esta 6ª edição, entretanto, representa um salto qualitativo, em termos dos recursos que passamos a colocar disponíveis aos usuários do livro. Um livro é um recurso estático (assim como *slides* de uma apresentação em PowerPoint). Entretanto, os sistemas de planejamento, programação e controle de produção, ao contrário, são muito dinâmicos. Neste ponto estava nossa principal insatisfação com as edições anteriores, por mais que fossem atualizadas e "estaticamente" didáticas.

Nós tentamos corrigir tal problema nesta 6ª edição. Incluímos, para isso, uma série de exercícios, ao final de alguns dos capítulos, para serem resolvidos com o apoio de uma planilha Excel especialmente desenvolvida para servir como um simulador de sistemas MRP II, dinamicamente. Com isso, os estudantes, quando aprendendo, poderão assumir um papel mais ativo e sentir-se muito mais próximos das situações reais que enfrentarão ao colaborarem com uma empresa que use uma solução MRP II real.

A planilha Politron, que suporta esses exercícios, encontra-se disponível no *site* do GEN para *download*. Também desenvolvemos tutoriais e manuais para facilitar o entendimento da planilha em si por usuários do livro. Esperamos que os leitores, com os novos exercícios e com o uso da planilha, tornem-se ainda melhores na arte de gerenciar com MRP II. Nesse sentido, gostaríamos de agradecer a contribuição de dois excepcionais Engenheiros de Produção Politécnicos (como nós, os autores): George Paulus Pereira Dias e Arthur Utiyama, pelas inestimáveis contribuições para o desenvolvimento da planilha.

Nesta 6ª edição, entretanto, não paramos por aí. Também atualizamos o conteúdo do livro, sempre que necessário, e mudamos um pouco a estrutura de todos os capítulos, para incluir objetivos de aprendizagem, resumos ao final dos capítulos e vários novos casos curtos e situações práticas que ilustram conceitos discutidos. Também, no desenvolvimento dos exercícios usando a planilha Politron, gostaríamos de agradecer a dedicação e competência do Engenheiro (também Politécnico), MBA e doutorando pela EAESP/FGV, Alexandre Bittar. Esperamos que os leitores apreciem as inovações que incluímos e que o livro lhes seja ainda mais útil.

Henrique Corrêa
Irineu Gianesi
Mauro Caon

Recursos Didáticos

A estrutura deste livro foi pensada para facilitar a consulta e o estudo, apresentando as seguintes seções:

- **Objetivos de aprendizagem:** um resumo do que o leitor deverá ter aprendido ao finalizar o estudo de cada capítulo.
- **Introdução:** prepara o leitor para iniciar o estudo do capítulo.
- **Conceitos:** de forma clara e gradativa, apresentam a teoria. Tabelas e figuras ajudam a organizar as informações.
- **Resumo:** organizado em tópicos, relembra os principais conceitos abordados no capítulo.
- **Questões e tópicos para discussão:** exercícios que fazem o estudante aprofundar os seus conhecimentos adquiridos no capítulo, muitas vezes analisando situações práticas.
- **Exercícios:** questões dissertativas que testam o conhecimento do leitor.

Os recursos didáticos complementam o conteúdo e tornam as informações mais acessíveis, facilitando o aprendizado. Este livro conta com os seguintes recursos:

PARA PENSAR
Estimula o leitor a levantar dúvidas, analisar fatos, buscar soluções e formar opiniões.

FIQUE ATENTO
Chama a atenção para um aspecto importante que requer cuidado especial do leitor.

 SAIBA MAIS
Apresenta assuntos relevantes para complementar os temas abordados.

Material Suplementar

Este livro conta com os seguintes materiais suplementares:

- Mensagem ao aluno;
- Planilhas de apoio para exercícios;
- Caso Politron simplificado;
- Caso Politron completo;
- Tutorial da planilha Politron;
- Planilha Politron;
- Exercícios com planilha simuladora de MRP II – caso Politron;
- Estudos de caso;
- Artigos;
- Links;
- Mensagem ao mestre (exclusivo para professores);
- Respostas dos exercícios (exclusivo para professores);
- Respostas dos exercícios com planilha simuladora de MRP II – caso Politron (exclusivo para professores);
- Syllabus (exclusivo para professores);
- Slides (exclusivo para professores);
- Soluções dos estudos de caso (exclusivo para professores).

O acesso ao material suplementar é gratuito. Basta que o leitor se cadastre e faça seu login em nosso site (www.grupogen.com.br), clicando em Ambiente de Aprendizagem, no menu superior do lado direito.

O acesso ao material suplementar online fica disponível até seis meses após a edição do livro ser retirada do mercado.

Caso haja alguma mudança no sistema ou dificuldade de acesso, entre em contato conosco (gendigital@grupogen.com.br).

Sumário

1   IMPORTÂNCIA ESTRATÉGICA DO SISTEMA DE ADMINISTRAÇÃO DA PRODUÇÃO, 1
    1.1 Introdução, 2
    1.2 Conceitos, 2
        1.2.1 Importância estratégica do sistema de administração da produção, 2
        1.2.2 Conceito de planejamento, 18
    1.3 Resumo, 29
    1.4 Questões e tópicos para discussão, 29

2   GESTÃO DE ESTOQUES, 31
    2.1 Introdução, 32
    2.2 Conceitos, 32
        2.2.1 Função dos estoques, 32
        2.2.2 Razões para o surgimento/manutenção de estoques, 34
        2.2.3 Modelo básico de gestão de estoques, 39
        2.2.4 Gestão de estoques de itens de demanda dependente – introdução, 74
    2.3 Resumo, 75
    2.4 Questões e tópicos para discussão, 76
    2.5 Exercícios, 76

3   MRP – CÁLCULO DE NECESSIDADE DE MATERIAIS, 81
    3.1 Introdução, 82
    3.2 Conceitos, 84
        3.2.1 Conceito de cálculo de necessidade de materiais, 84
        3.2.2 Mecânica do MRP, 95
        3.2.3 Informações de posição de estoques, 105
        3.2.4 Estruturas de produto, 106
        3.2.5 Parametrização do Sistema MRP, 109

3.2.6   Gestão por exceções, 126
3.3 Resumo, 128
3.4 Questões e tópicos para discussão, 129
3.5 Exercícios, 130
3.6 Exercícios com planilha simuladora de MRP II – caso Politron, 136

4 MRP II – PLANEJAMENTO DOS RECURSOS DE MANUFATURA, 137
4.1 Introdução, 138
4.2 Conceitos, 138
4.2.1 De MRP para MRP II, 138
4.2.2 Principais módulos do MRP II, 142
4.2.3 Estrutura do sistema MRP II, 156
4.3 Resumo, 162
4.4 Questões e tópicos para discussão, 163

5 S&OP – PLANEJAMENTO DE VENDAS E OPERAÇÕES, 165
5.1 Introdução, 166
5.2 Conceitos, 166
5.2.1 Por que *sales & operations planning*?, 166
5.2.2 O que é o S&OP?, 176
5.2.3 Processo do *sales & operations planning*, 195
5.3 Resumo, 205
5.4 Questões e tópicos para discussão, 206
5.5 Exercícios, 206
5.6 Exercício com planilha simuladora de MRP II – caso Politron, 209

6 MPS – PLANEJAMENTO-MESTRE DA PRODUÇÃO, 211
6.1 Introdução, 212
6.2 Conceitos, 213
6.2.1 Por que fazer planejamento-mestre de produção?, 213
6.2.2 Funcionamento do MPS, 217
6.2.3 Gerenciamento com MPS, 228
6.2.4 MPS nos vários ambientes produtivos, 233
6.3 Resumo, 245
6.4 Questões e tópicos para discussão, 245
6.5 Exercícios, 246
6.6 Exercícios com planilha simuladora de MRP II – caso Politron, 250

7 GESTÃO DE DEMANDA, 251
7.1 Introdução, 252
7.2 Conceitos, 252
7.2.1 O que é gestão de demanda?, 252
7.2.2 Quem é responsável pela gestão de demanda?, 255

7.2.3 Processo de previsão de vendas, 258
7.2.4 Sistemas de previsão de vendas, 259
7.2.5 DRP – *distribution requirements planning*, 283
7.2.6 Prometendo prazos de entrega, 291
7.2.7 Gestão do nível de serviço ao cliente, 297
7.3 Resumo, 299
7.4 Questões e tópicos para discussão, 299
7.5 Exercícios, 300

8 CRP: PLANEJAMENTO DE CAPACIDADE DOS RECURSOS PRODUTIVOS, 305
8.1 Introdução, 306
8.2 Conceitos, 306
8.2.1 Papel do planejamento de capacidade no MRP II, 306
8.2.2 Planejamento de capacidade de longo prazo – RRP (*resource requirements planning*), 308
8.2.3 Planejamento de capacidade de médio prazo – RCCP (*rough cut capacity planning*), 314
8.2.4 Planejamento de capacidade de curto prazo – CRP (*capacity requirements planning*), 322
8.2.5 Gestão da capacidade no curtíssimo prazo, 328
8.3 Resumo, 332
8.4 Questões e tópicos para discussão, 333
8.5 Exercícios, 333
8.6 Exercícios com planilha simuladora de MRP II – caso Politron, 336

9 *SHOP FLOOR CONTROL* (SFC), *MANUFACTURING EXECUTION SYSTEMS* (MES) E SISTEMA DE PROGRAMAÇÃO DA PRODUÇÃO COM CAPACIDADE FINITA, 337
9.1 Introdução, 338
9.2 Conceitos, 338
9.2.1 MES (*manufacturing execution system*) / SFC (*shop floor control*), 338
9.2.2 Sistemas de programação da produção com capacidade finita, 343
9.3 Resumo, 377
9.4 Questões e tópicos para discussão, 378

10 SISTEMAS HÍBRIDOS COM O MRP II/ERP, 379
10.1 Introdução, 380
10.1.1 Que são sistemas híbridos?, 380
10.1.2 Por que usar sistemas híbridos?, 380
10.2 Conceitos, 381
10.2.1 Sistemas híbridos MRP II + JIT/Lean, 381

10.3 Resumo, 406

10.4 Questões e tópicos para discussão, 406

11 SISTEMAS ERP – *ENTERPRISE RESOURCES PLANNING*, 409

11.1 Introdução, 410

11.2 Conceitos, 410

11.2.1 Sistemas ERP: a grande estrutura onde se encaixam diferentes lógicas, 410

11.2.2 Módulos hoje disponíveis na maioria dos "ERPs", 412

11.2.3 Módulos relacionados à gestão financeira/contábil/fiscal, 416

11.2.4 Módulos relacionados à gestão de recursos humanos, 416

11.2.5 Integração através do ERP, 416

11.3 Resumo, 419

11.4 Questões e tópicos para discussão, 420

12 IMPLANTAÇÃO DO SISTEMA MRP II, 421

12.1 Introdução, 421

12.2 Conceitos, 422

12.2.1 Processo de implantação de um sistema MRP II, 422

12.2.2 Pressupostos de uma implantação de sucesso, 425

12.2.3 Equipe de implantação, 426

12.2.4 Macroatividades básicas, 429

12.2.5 Gestão do processo de implantação como um "projeto", 445

12.2.6 Gestão do processo de mudança, 450

12.3 Resumo, 452

12.4 Questões e tópicos para discussão, 453

12.5 Exercícios com planilha simuladora de MRP II – caso Politron, 453

Referências, 455

Importância estratégica do sistema de administração da produção

OBJETIVOS DE APRENDIZAGEM

Ao final deste capítulo, o aluno deverá ser capaz de:
- Entender a importância estratégica de um sistema de administração da produção para a empresa, e como ele pode apoiar os tomadores de decisões de forma a melhorar a posição competitiva da empresa.
- Compreender quais são os aspectos de desempenho de um sistema produtivo e como estes podem tornar a empresa competitiva.
- Identificar como um sistema de administração da produção pode influenciar os aspectos de desempenho de um sistema produtivo.
- Compreender o conceito de planejamento, a dinâmica de um processo de planejamento e o conceito de planejamento hierárquico da produção.

1.1 INTRODUÇÃO

Chamamos genericamente Sistemas de Administração da Produção os sistemas de informação para apoio à tomada de decisões, táticas e operacionais, referentes às seguintes questões logísticas básicas:

O que
Quanto   produzir e comprar
Quando

para que sejam atingidos os objetivos estratégicos da organização.

Existem diversas alternativas de técnicas e lógicas que podem ser utilizadas (por vezes, complementarmente) com esse objetivo. As três principais, que têm sido mais extensivamente usadas ao longo dos últimos 25 anos, são: os sistemas MRP II/ERP, que se baseiam fundamentalmente na lógica do cálculo de necessidades de recursos a partir das necessidades futuras de produtos, os sistemas *Just in Time*, de inspiração japonesa, e os sistemas de programação da produção com capacidade finita, que se utilizam fundamentalmente das técnicas de simulação em computador.

1.2 CONCEITOS

1.2.1 Importância estratégica do sistema de administração da produção

1.2.1.1 O que se espera de um sistema de administração da produção

Independentemente da lógica que utilize, os sistemas de administração da produção, para cumprirem seu papel de suporte ao atingimento dos objetivos estratégicos da organização, devem ser capazes de apoiar o tomador de decisões logísticas a:

Planejar as necessidades futuras de capacidade produtiva da organização

A necessidade de planejar necessidades *futuras* de capacidade deve-se a uma característica fundamental dos processos decisórios que envolvem obtenção de recursos: a *inércia da decisão* ou, em outras palavras, o tempo que necessariamente tem de decorrer entre o momento da tomada de decisão e o momento em que os efeitos da decisão passam a fazer-se sentir. A partir do momento em que se toma a decisão de, por exemplo, incrementar em 60% a capacidade de uma unidade produtiva que trabalha em regime de um turno, decorre necessariamente um tempo antes que os 60% de capacidade adicional estejam disponíveis para uso efetivo. Esse tempo inclui, por exemplo, atividades de recrutamento, seleção, treinamento de pessoas, já que provavelmente um incremento de 60% na capacidade produtiva demanda a utilização de um turno adicional de trabalho. Para esse nível de incremento de capacidade no exemplo hipotético apresentado, a inércia da decisão pode ser quantificada em alguns meses. Para incrementos maiores, normalmente uma inércia maior pode ser esperada. Se no exemplo apresentado a decisão fosse de ampliar o nível de capacidade em 250%, seriam provavelmente necessárias atividades de natureza diferente, além daquelas descritas (referentes à obtenção de recursos humanos adicionais). Seria também necessário obter equipamento adicional e, talvez, providenciar uma expansão das instalações – atividades normalmente mais consumidoras de tempo, o que contribui para uma *inércia* maior, podendo chegar a muitos meses ou mesmo anos, conforme o caso. Da mesma forma, para incrementos menores, uma *inércia* menor pode ser esperada. Digamos que a necessidade de incremento de capacidade para nossa unidade produtiva hipotética fosse de apenas 5%. Isso poderia ser obtido com base na organização de horas extras, realizadas pelos próprios funcionários, já existentes. Organizar jornadas de horas extras certamente tem uma *inércia* de decisão menor que os casos ilustrativos narrados. É possível normalmente fazê-lo em apenas alguns dias.

Os exemplos anteriores sinalizam para uma constatação: não só é necessário planejar as necessidades futuras de capacidade produtiva, como também fazê-lo levando em conta vários horizontes futuros. É importante, por exemplo, enxergar as necessidades futuras com um longo horizonte de antecedência (no exemplo apresentado, muitos meses ou até anos) para que se possa tomar *hoje* decisões melhores quanto a possíveis grandes incrementos de capacidade, que são decisões de grande *inércia*. É também essencial enxergar as necessidades futuras com um horizonte médio (no exemplo, alguns meses) para que se possam tomar *hoje* melhores decisões quanto a possíveis incrementos médios de capacidade, que têm *inércia* média. Finalmente, é também necessário planejar as necessidades futuras de capacidade com um horizonte curto para que se possam tomar *hoje* melhores decisões de *inércia* pequena.

Olhando de outro ponto de vista, as decisões são todas, e sempre, tomadas no presente, "*hoje*". Entretanto, como os diversos tipos de decisão tomadas "*hoje*" têm diversos níveis de *inércia*, é indispensável considerar, para tomá-las, diferentes horizontes de tempo, para que cada decisão seja tomada com a antecedência que sua *inércia* requer.

Planejar os materiais comprados

Para que estes não cheguem nem antes nem depois, nem em quantidades maiores ou menores do que aquelas necessárias ao atendimento da demanda. Isto para não causar interrupções prejudiciais ao atingimento do nível pretendido de utilização dos recursos produtivos e, por outro lado, para que a organização não arque com os custos decorrentes da eventual sobra por compras excessivas. Esses custos podem incluir os custos de manutenção de estoques, o custo de obsolescência, entre outros. O planejamento dos materiais pode ser uma atividade extremamente complexa. Considere, por exemplo, que um automóvel pode ter alguns milhares de itens componentes, cada qual presente em diferentes quantidades (por exemplo, podem ser necessárias 20 porcas de roda, 4 amortecedores, dois limpadores de para-brisas e um volante por carro), cada qual com diferentes tempos de obtenção (os fornecedores dos itens podem ter – e normalmente têm – diferentes capacidades de responder às solicitações de compras, necessitando diferentes antecedências). Adicionemos a isso que um fabricante de veículos não faz apenas um tipo de carro, mas milhares de diferentes carros (considerando os diferentes conjuntos de itens opcionais possíveis por carro), em diferentes quantidades e em diferentes momentos ao longo do tempo e se terá uma ideia da complexidade que esse tipo de decisão pode ter. Tratar esse nível de complexidade sem o apoio de um sistema de informações é impossível.

Planejar os níveis adequados de estoques de matérias-primas, semiacabados e produtos finais nos pontos certos

Nos anos 1980, algumas empresas sofreram reveses competitivos importantes ao buscarem de forma míope o chamado sistema de "estoque zero". Elas muitas vezes baixaram estoques a níveis inferiores a suas necessidades estratégicas (por exemplo, de lidar com incertezas presentes no ciclo logístico), fragilizando-se e tornando-se mais vulneráveis aos ataques competitivos de concorrentes mais precavidos e sensatos. Hoje, entendemos que os estoques devem ser reduzidos sim, aos níveis *mínimos necessários* a atender às necessidades estratégicas da organização, mas é geralmente aceito também que em muitas situações esses níveis não são o "zero estoque". A gestão desses níveis de estoques é parte das atribuições dos sistemas de administração da produção e está longe de ser atividade trivial na maioria dos sistemas produtivos.

Programar atividades de produção para garantir que os recursos produtivos envolvidos estejam sendo utilizados, em cada momento, nas atividades certas e prioritárias

A questão da priorização é central em sistemas de administração de produção. Os recursos são, na maioria das vezes, escassos. Toda vez que um recurso acaba de executar determinada atividade, ficando vago e pronto para executar a próxima, a seguinte questão é colocada: a qual atividade esse recurso deveria dedicar-se agora? Qual das atividades, entre aquelas que aguardam para ser realizadas por aquele recurso, deveria merecer prioridade? Imaginemos, por exemplo, uma máquina numa fábrica, terminando de processar determinada "ordem de produção". Estando vaga, é necessário decidir qual, daquelas que aguardam na fila, deveria ser processada agora: talvez aquela com o menor tempo de processamento, para que o maior número de ordens fosse processado nos próximos períodos... ou, talvez, deveríamos priorizar aquelas ordens cuja data prometida de entrega ao cliente estivesse mais próxima... ou ainda priorizar as ordens que representassem o maior potencial de faturamento num prazo mais curto... ou, ainda, priorizar aquelas ordens de clientes que fossem estrategicamente mais importantes... ou uma combinação dessas considerações... ou de algumas delas... enfim: é fácil perceber que as possibilidades diversas de sequenciar (ou priorizar) atividades em situações reais, onde essas possibilidades são combinadas e multiplicadas por dezenas de máquinas e milhares de ordens de produção que passam, não por uma máquina, mas por várias, com roteiros diversos e variados, representam um problema combinatório complexo, grande e de múltiplas variáveis. É, também, fácil perceber que a forma de priorizar as atividades pode ter impacto no desempenho de todo o sistema de produção, em relação a indicadores como cumprimento médio de prazos, tempos médios de atravessamento das ordens pelo sistema produtivo, taxas de geração de caixa, estoques médios em processo (que guardam certa proporcionalidade com as filas que aguardam processamento) e outros. O problema da priorização, por ser muito complexo e importante, merece tratamento cuidadoso dentro das atribuições dos sistemas de administração da produção.

Ser capaz de saber e de informar corretamente a respeito da situação corrente dos recursos (pessoas, equipamentos, instalações, materiais) e das ordens (de compra e produção)

Essencial na provisão dessas informações, aos parceiros do negócio (clientes e fornecedores, internos e externos, do sistema produtivo), para alavancar positivamente a contribuição estratégica desses parceiros para o bom desempenho da cadeia de suprimentos a que pertencem. Essa é uma função do sistema de administração de produção que tem a ver com o *controle da produção*. Disponibilidade de informação é, na verdade, um pré-requisito para se ter controle dos processos. Embora aparentemente uma função trivial e de necessidade óbvia, não é frequente encontrar no dia a dia empresas que consigam atingir esse objetivo dos sistemas de administração da produção, seja pela indisponibilidade de sistemas de informação bem desenhados ou implantados, seja pelo mau uso desses sistemas. A falta de acurácia e atualização das informações disponíveis nos sistemas de informação das empresas é quase um problema endêmico no Brasil, geralmente mais sério e com consequências mais graves do que seus gerentes creem.

Ser capaz de prometer os menores prazos *possíveis* aos clientes e, depois, fazer cumpri-los

Dificilmente se encontram empresas em que as promessas de prazos feitas aos clientes são baseadas em informações firmes e confiáveis da fábrica. Com muita frequência, encontram-se empresas em que a força de vendas tende a subdimensionar os prazos prometidos aos clientes potenciais no ímpeto de conseguir fechar a venda. Nos casos em que logram "sucesso", os pedidos com prazos irreais entrarão na fábrica com prazos impossíveis, fazendo com que mais uma causa de turbulência contribua para uma gestão conturbada da fábrica: prioridades se subverterão, índices de utilização de equipamento ficarão prejudicados por lotes menores do que os níveis econômicos, entre outros problemas. Ao final, o resultado é turbulência e prazos não cumpridos, não só do novo pedido, mas também de pedidos anteriormente existentes. Muitas vezes, a força de vendas age assim pela falta de apoio informacional. Simplesmente, não há informação disponível sobre a situação de carregamento atual e futuro da fábrica em forma simples e disponível para que o vendedor possa, com certa segurança, prometer prazos que tenham ao menos uma mínima probabilidade de ser cumpridos. Da mesma forma, é necessário que depois de um prazo ser prometido e confirmado a um cliente, sistemas de acompanhamento façam com que estes sejam cumpridos. Isso nem sempre é tarefa simples, dadas as complexidades e a dinâmica das situações fabris reais. Esse é o motivo pelo qual é necessário o apoio de um sistema de administração de produção eficaz que apoie os tomadores de decisão nessas importantes atividades, com evidentes implicações estratégicas.

Ser capaz de reagir eficazmente

O mundo competitivo de hoje demanda que os sistemas produtivos sejam capazes de adaptar-se rapidamente a mudanças: mudanças no processo produtivo, mudanças na disponibilidade de suprimentos e, acima de tudo, mudanças na demanda. Ser capaz de reagir eficazmente a mudanças é uma função essencial da atividade de *controle da produção*. Com base na visão de futuro que temos, planejamos as atividades do processo produtivo que está sendo gerenciado. À medida que decorre tempo, passamos à fase de execução das atividades planejadas. Na fase de execução, a realidade, por diversas razões, pode não se comportar conforme o planejado: a demanda prevista pode não ter-se confirmado, o suprimento planejado pode não ter chegado ou a ordem planejada pode não ter sido completada pela quebra de um equipamento, por exemplo. Um bom sistema de administração da produção deve ser sensível o suficiente para identificar os desvios da realidade em relação ao plano com a rapidez necessária e com base nisso, se necessário, ser capaz de rapidamente replanejar o futuro, levando em conta as novas ocorrências.

Em termos gerais, os sistemas de administração da produção devem ser capazes, por meio da informação, de integrar a função de operações dos sistemas produtivos com outras funções dentro da organização, de forma que proporcionem a necessária integração de seu processo logístico, que é onde reside hoje, para grande número de empresas, o maior potencial de obtenção de melhoramentos competitivos.

PARA PENSAR

Neste tópico foram definidas sete funções de um sistema de administração da produção:

1. Planejar as necessidades futuras de capacidade produtiva da organização.
2. Planejar os materiais comprados.
3. Planejar os níveis adequados de estoques de matérias-primas, semiacabados e produtos finais, nos pontos certos.
4. Programar atividades de produção para garantir que os recursos produtivos envolvidos estejam sendo utilizados, em cada momento, nas atividades certas e prioritárias.
5. Ser capaz de saber e de informar corretamente a respeito da situação corrente dos recursos (pessoas, equipamentos, instalações, materiais) e das ordens (de compra e produção).
6. Ser capaz de prometer os menores prazos possíveis aos clientes e depois fazer cumpri-los.
7. Ser capaz de reagir eficazmente.

Caso seja possível, compare essas funções com a situação atual de sua empresa e reflita: quais são as funções que o sistema de administração da produção da sua empresa não está cumprindo adequadamente?

1.2.1.2 Produção e competitividade

Embora seja uma importante área de decisão gerencial, a empresa não existe para fazer bem seu planejamento e controle de produção, ou mesmo para fazer uma boa logística. A empresa, se tomarmos emprestados alguns conceitos econômicos, existe para reproduzir ampliadamente seu capital. Isto, em situações de competitividade acirrada, se traduz em "ser competitiva". Em outras palavras, como não há mercados demandantes suficientes para todos os ofertantes colocarem seus produtos, alguns conseguirão fazê-lo e outros não. O que fará a diferença entre os que conseguirão fazê-lo e os que não conseguirão é a capacidade maior ou menor de cada um dos ofertantes, relativamente aos concorrentes, de oferecer aos segmentos (ou nichos) de mercado visados o que a estes mais interessa. Com base nisso, podemos conceituar competitividade para efeito das discussões que se seguirão:

> Ser competitivo é ser capaz de superar a concorrência naqueles aspectos de desempenho que os nichos de mercado visados mais valorizam.

Quais são, entretanto, os possíveis aspectos de desempenho de um sistema produtivo, que podem ser mais ou menos valorizados pelos nichos de mercado visados? São basicamente seis aqueles aspectos de desempenho que podem influenciar a escolha do cliente e que, ao mesmo tempo, estão dentro do escopo de atuação da função das operações produtivas da organização:[1]

- Custo percebido pelo cliente
- Velocidade de entrega
- Confiabilidade de entrega
- Flexibilidade das saídas

---

[1] Certamente, a lista de seis aspectos apresentada não pretende ser exaustiva em relação às formas de uma organização competir no mercado. O leitor notará que não se encontra listado, por exemplo, o aspecto "associação do produto com uma personalidade influente junto ao nicho de mercado visado". Recentemente, uma conhecida marca de refrigerante baseou sua estratégia de publicidade na associação do produto com a imagem de um irreverente jogador de futebol. Essa é certamente uma arma competitiva que as organizações podem usar, de forma absolutamente legítima e possivelmente eficaz. Entretanto, não é listada aqui por não se encontrar dentro do escopo de atuação da função de operações.

- Qualidade dos produtos
- Serviço prestado ao cliente

O custo percebido pelo cliente

É uma forma mais ampla de se enxergar o aspecto "preço". Preço é um dos componentes do "custo percebido pelo cliente", mas em geral não é o único. Há também outros custos, como os referentes ao transporte, desde o fornecedor até o comprador, os custos com qualidade eventualmente não conforme de parte do material recebido, custos adicionais com manutenção de estoques devido a possíveis inflexibilidades do fornecedor, como tamanhos de lote maiores do que os desejados, entre outros. É importante ter claro este conceito para que se evitem equívocos como aqueles que têm sido frequentemente cometidos por empresas que embarcaram em uma boa ideia, o *global sourcing*, mas de forma míope. Segundo a lógica prescrita pelo *global sourcing*, uma empresa deve buscar os fornecedores de menor custo, independentemente de sua eventual localização física. Se o custo de um item suprido por um fornecedor italiano é mais baixo que o custo de um item suprido por um fornecedor localizado a dois quarteirões daqui, devemos preferir o fornecedor italiano. Mas, note bem: se os *custos* do item fornecido pelo fornecedor italiano forem menores; não se o *preço* do item suprido pelo fornecedor italiano for menor, conforme ilustra o Boxe 1.1.

Recentemente, uma grande empresa brasileira fabricante de produtos de limpeza tomou exatamente a decisão – míope – de trocar um fornecedor doméstico por um italiano, baseada apenas na comparação de preços dos fornecedores do item. O fornecedor italiano tinha preços 10% menores. A empresa não considerou que o tempo que o item levaria entre a saída do fornecedor e a porta da empresa passaria de 3 dias para 12 semanas, com a troca. Isso significou uma quantidade considerável de estoque adicional em trânsito, já que o item era de alto consumo. Por desconsiderar os custos adicionais que esse estoque acarretou, a empresa acabou por tomar uma decisão que, embora aparentemente fazendo sentido econômico para o comprador, trouxe custos adicionais para a empresa, em vez da almejada redução de custos.

Velocidade de entrega

É o tempo, do ponto de vista do cliente, que decorre entre a colocação do pedido de compra com o fornecedor até a disponibilização do material para uso pelo cliente. Este critério tende a ser mais valorizado por clientes envolvidos em ambientes menos previsíveis. Se o ambiente do cliente é pouco previsível, ele provavelmente preferirá não comprometer-se, colocando pedidos de compra junto a seus fornecedores com antecedência longa. Um fornecedor que exija, por exemplo, 10 semanas para a entrega de um produto está mandando a seguinte mensagem subliminar ao seu cliente: "preveja sua necessidade de disponibilidade do material para daqui a 10 semanas e coloque hoje este pedido comigo". Ora, se o ambiente é pouco previsível, o cliente pode ter de tomar a decisão de colocação desse pedido sob condições de alta incerteza e, portanto, sob alto risco de errar, incorrendo assim em custos dos erros (de excesso de estoques ou de falta de material). Preferirá, portanto, fornecedores que exijam menor tempo de antecedência para colocação de pedidos ou, em outras palavras, fornecedores com maior "velocidade de entrega".

Confiabilidade de entrega

Refere-se à capacidade do fornecedor de cumprir suas promessas de entrega – não só em termos de prazos (pontualidade – entregas na data prometida), mas também em termos de quantidades (entrega das quantidades prometidas). Este aspecto de competitividade tende a ser crescentemente valorizado, já que fornecedores com desempenho pobre em confiabilidade representam, do ponto de vista dos clientes, maiores incertezas nos processos de fornecimento de materiais. Com fornecedores mais incertos, os clientes tendem a ser forçados a estabelecer e manter estoques de segurança para fazer frente às incertezas (por exemplo, para evitar interrupções em seus processos produtivos por entregas defeituosas). Por outro lado, fornecedores mais confiáveis tenderão a permitir que clientes mantenham menores índices de estoques de segurança, situação cada vez mais buscada pelas empresas.

Flexibilidade das saídas

É um aspecto de desempenho que representa a maior ou menor capacidade de o sistema produtivo mudar o que faz. Mudar pode ter dois aspectos distintos: pode significar mudar muito o que se faz ou pode significar mudar rapidamente (ou facilmente) o que se faz. As mudanças podem referir-se à linha de produtos (introdução de produtos novos ou alteração de produtos existentes), ao *mix* de produtos (alteração de programas de entrega, por exemplo), ao volume agregado produzido (atendimento melhor de alterações de demanda) ou às datas de entrega (antecipação ou adiamento de entregas). Em épocas de turbulência crescente de mercados, com clientes cada vez menos fiéis a marcas e mercados segmentados que exigem atendimento mais personalizado de suas necessidades e anseios crescentemente exigentes, flexibilidade de saídas é uma característica de desempenho cada vez mais importante, em termos gerais.

Qualidade dos produtos

É um aspecto de desempenho de sistemas produtivos que se refere a oferecer produtos livres de defeitos, em conformidade absoluta às especificações. Podemos pensar em outras faces da qualidade, como a qualidade das especificações – tolerâncias dimensionais mais apertadas, materiais mais nobres, acabamento mais refinado. Entretanto, essa face da qualidade não está dentro do escopo específico da função de operações, sendo mais dependente da atuação de funções de desenvolvimento de produtos e engenharia. Para efeito deste texto, portanto, qualidade será considerada como "conformidade às especificações de projeto". Uma vez considerada como diferencial competitivo, hoje a qualidade de conformidade é em grande parte dos casos considerada uma condição *sine qua non*, um pré-requisito, um critério "qualificador",[2] para a disputa por determinados nichos de mercado. A ausência deste aspecto certamente alija uma empresa da concorrência, mas sua presença por si só não garante competitividade. Tende a ser considerada necessária, mas não suficiente para uma empresa ser competitiva.

Serviço prestado ao cliente

Relaciona-se com aqueles componentes do pacote oferecido ao cliente que não são tangíveis, ou, em outras palavras, não são bens físicos. Hoje, é cada vez mais aceito pelos gerentes que não se pode competir exclusivamente com base nos bens físicos produzidos. Os bens físicos podem representar diferenciais competitivos importantes, mas, com as tecnologias de produto e processo tornando-se cada vez mais disponíveis e baratas, esses diferenciais tendem a tornar-se cada vez menos relevantes para a competitividade. Para a diferenciação no mercado, restará parcela maior de responsabilidade para os serviços acessórios aos produtos oferecidos: informações técnicas, garantia de qualidade para dispensar controle de qualidade de entrada pelo cliente, assistência técnica pré e pós-venda, entregas cada vez mais frequentes, aplicação (ou montagem) do item fornecido ao produto do cliente na linha de montagem do cliente são todos serviços que "orbitam" ao redor do bem físico oferecido. As empresas que tradicionalmente produzem *commodities* (bens sem diferenciação de marca) têm recentemente disparado esforços para *descommoditizar* seus produtos (em outras palavras, para diferenciar seus produtos) via oferta de serviços complementares a seus produtos.

✓ BOXE 1.2

A tendência de *descommoditizar* os produtos pode ser ilustrada pelo caso da operação produtiva brasileira de subsidiária de uma grande multinacional que fornece produtos químicos (polímeros para uso industrial, como plásticos para moldagem de peças plásticas por injeção). Com a globalização e o relaxamento das barreiras alfandegárias brasileiras a produtos importados, a empresa começou a sentir ataque competitivo ⬤

---

[2]   "Qualificadores" são critérios nos quais as empresas concorrentes, que disputam determinado mercado, precisam atingir um nível mínimo de desempenho, sem o que não se qualificam para a competição. A ideia é de que, uma vez atingido o nível qualificador, melhorias de desempenho não tornam a empresa mais competitiva, ou seja, a competição passa a ser definida por critérios chamados "ganhadores de pedido", que são os realmente considerados pelos clientes para escolher seus fornecedores, entre aqueles qualificados. Nos critérios ganhadores, quanto melhor o desempenho, mais competitiva será a empresa. Para mais detalhes sobre critérios qualificadores e ganhadores de pedidos, veja o Capítulo 2 de Corrêa e Corrêa (2017).

CAP. 1 ■ IMPORTÂNCIA ESTRATÉGICA DO SISTEMA DE ADMINISTRAÇÃO DA PRODUÇÃO | **11**

bastante forte de fornecedores asiáticos que passaram a colocar no Brasil seus produtos a preços comparativamente baixos. Uma das formas de contra-atacar adotadas pela empresa, além dos esforços intensificados para a redução dos custos de produção, foi um esforço para *descommoditizar* seus produtos, ou, em outras palavras, diferenciar o produto, não por meio de suas características físicas, mas agregando valor a esse produto via serviços associados. A empresa estabeleceu um setor de apoio técnico a clientes que visa, por exemplo, assistência técnica para a especificação do melhor polímero para a aplicação do cliente, apoio técnico para solução de problemas no uso do polímero comprado pelas máquinas do cliente, entre outros serviços. Dessa forma, a empresa oferece a seus clientes um "pacote", que além de conter o produto físico, uma *commodity*, contém também vários serviços associados, o que representa uma característica bem mais difícil de os novos concorrentes asiáticos igualarem ou superarem, pois requereriam unidades de operações de apoio técnico estabelecidas no Brasil.

Apesar de não fazer parte do escopo deste texto, a atuação em aspectos ambientais e sociais é um desempenho competitivo importante e que vem tomando importância ao longo dos últimos anos. Refere-se à capacidade da empresa em atuar com práticas sustentáveis, envolvendo a redução de impacto ao meio ambiente e a proteção aos direitos sociais em seu entorno. É cada vez maior a cobrança da sociedade e dos consumidores pela participação ativa das empresas em ações de proteção ao meio ambiente, e em ações que respeitem os direitos sociais de seus colaboradores diretos e indiretos, impactando na competitividade da empresa. O sistema produtivo e a cadeia de fornecimento podem contribuir com processos de produção e de logística ambientalmente amigáveis, com uma atuação preventiva para evitar acidentes ambientais, com o uso racional de recursos, e seguindo os direitos sociais dos trabalhadores em sua região e exigindo a mesma prática de seus fornecedores. O aprofundamento desse tema foge ao escopo deste texto mas pode ser encontrado em Corrêa (2010), e sua discussão não será estendida aqui, por não haver uma relação direta dos processos ambientalmente amigáveis com as funções do sistema de administração da produção. Porém, ressalta-se a importância de um bom planejamento e programação de produção para a utilização racional de materiais e redução de desperdícios, trazendo impactos positivos ao meio ambiente. O Boxe 1.2 ilustra um exemplo relacionado à dimensão social da competitividade associada ao sistema produtivo.

A importância da atuação da empresa sob aspectos sustentáveis pode ser ilustrada através de um recente problema sofrido por uma multinacional do ramo de moda rápida (*fast fashion*). Esse mercado é caracterizado por uma troca constante de coleções, exigindo-se do sistema produtivo um padrão de produção e logística rápido e eficiente. A terceirização de produção é muito frequente, utilizando-se fornecedores localizados em diversas partes do planeta. Essa empresa foi acusada em diversos países, como Brasil e Camboja, de contratar fornecedores que se utilizam de mão de obra trabalhando em condições análogas ao trabalho escravo, caracterizado como trabalho em condições precárias, em longos turnos sem direito a descanso, em ambientes inadequados e com uma remuneração muito aquém do mínimo estabelecido pelas legislações locais. Houve protestos e boicote à aquisição de roupas dessa marca. Essa exposição pública afetou negativamente sua imagem.

FIQUE ATENTO

Esses seis aspectos de desempenho podem ter diferentes pesos para diferentes nichos de mercado quando estes consideram a escolha de fornecedor para determinado produto.

Imagine, por exemplo, determinada empresa que fornece peças de reposição para equipamentos. Pelo menos nos casos de suprimento de peças para manutenção corretiva urgente de seus clientes, será dada grande importância ao aspecto *velocidade de entrega*, pois é possível que o cliente tenha equipamentos importantes parados por quebra, requerendo as peças para poder retomar a produção normal. Neste caso, é mesmo possível que o cliente nem veja o *custo* como uma prioridade em sua escolha de fornecedor. De fato, um equipamento importante, por exemplo, uma máquina que seja gargalo, parada por um período maior, pode representar custos muito maiores do que a própria diferença de custo das peças oferecidas por diferentes fornecedores que tenham diferentes velocidades de entrega. Já um cliente que conheça bastante bem sua demanda futura pode não valorizar tremendamente a velocidade de entrega, pois ele sabe com antecedência quanto produto vai precisar no futuro, mas pode valorizar muito o aspecto custo ou confiabilidade de entrega.

Pense, por exemplo, nas grandes redes de hipermercados que decidem sobre suas compras de copos de vidro para uso diário. Elas, em geral, possuem estatísticas precisas sobre as vendas, por período do dia, permitindo assim, principalmente para produtos não de moda (como os copos), fazer previsões bastante precisas pelo menos para o curto e o médio prazos. Isso significa que essas redes têm possibilidade de trabalhar colocando "programas de entrega" a seus fornecedores, com bastante antecedência. Isso significa que velocidade de entrega perde importância. Por outro lado, confiabilidade de entrega passa a ser extremamente importante, pois o hipermercado não quer que seu cliente deixe de encontrar o produto desejado em sua gôndola (portanto, não quer atraso de seu fornecedor) e também não quer receber o produto antes do momento preestabelecido, pois isso implicaria disponibilizar espaço adicional de armazenagem, muito caro nas regiões onde se localizam os hipermercados.

Outro aspecto que ganha importância é o custo, porque esse é um componente muito relevante no preço que o hipermercado poderá oferecer a seus clientes, sendo este um aspecto essencial de desempenho na concorrência com outros hipermercados. No caso do hipermercado, portanto, em geral ele estará disposto a "trocar" um melhor desempenho em *velocidade de entrega* de seu fornecedor por um desempenho melhor em *confiabilidade de entregas* e *custo*.

Em algumas situações, de fato, o argumento de "trocar" o desempenho em determinado aspecto pelo desempenho em outro é relevante, pois, para alguns sistemas produtivos, pelo menos no curto prazo, é impossível apresentar desempenho melhorado em todos os aspectos simultaneamente. Isto porque, devido a restrições, principalmente tecnológicas, quando esses sistemas produtivos melhoram seu desempenho em um aspecto no curto prazo, eles necessariamente sofrem uma redução nos níveis de desempenho de algum outro aspecto.

Imagine, por exemplo, um sistema produtivo que descubra que seus mercados-alvos passaram a valorizar velocidade de entrega de seus produtos. Uma forma de se obter essa melhoria no curto prazo é ampliar a capacidade produtiva instalada, para que os níveis de utilização de equipamento diminuam e, por consequência, as filas de ordens que aguardam para ser processadas nos recursos fiquem, em média, menores e, portanto, o tempo de atravessamento das ordens na fábrica fiquem menores, possibilitando, então, oferecer tempos de entrega mais curtos. Ora, necessariamente, quando os níveis de ocupação de equipamento diminuem, os custos unitários crescem, pois maior quantidade de recursos é necessária para processar a mesma quantidade de produtos. Há uma "troca" entre os aspectos velocidade de entrega e custo. Essa "troca" é o que na literatura de língua inglesa é tratado como "*trade-off*" entre aspectos de desempenho.

Embora assunto controverso na literatura internacional recente, parece difícil contra-argumentar que, ao menos no curto prazo, haja necessidade de considerar essas "trocas". Em outras palavras, isso significa que, pelo menos no curto prazo, é impossível a um sistema produtivo melhorar seu desempenho em todos os aspectos de desempenho. Por isso, é importante para os gerentes de sistemas de produção entender estrategicamente quais os aspectos de desempenho específicos que os nichos de mercado visados mais valorizam, para que possam orquestrar seus esforços focalizadamente, visando melhorar o desempenho de seu sistema *seletivamente* nos poucos aspectos que mais interessam ao nicho pretendido, para que possam superar os concorrentes *nesses* aspectos de desempenho. Superar a concorrência em aspectos que o nicho de mercado visado não valoriza pode representar desperdício de recursos e de esforços gerenciais.

> ## (!) FIQUE ATENTO
>
> O conceito de *trade-off* é utilizado para definir uma situação em que há conflito de escolha. Caracteriza-se quando não se consegue ao mesmo tempo atender a um critério sem resultar em prejuízo de outro critério. Na área de administração da produção e logística é muito comum ser necessário gerenciar *trade-offs*. Por exemplo, uma decisão de reduzir o prazo de entrega a determinado cliente exige a escolha de um modal mais veloz, como, por exemplo o transporte aéreo. Contudo, tal escolha terá impacto no custo logístico: o frete aéreo é mais caro que o frete rodoviário. Temos assim um *trade-off*: não se consegue reduzir prazo de entrega sem aumentar o custo de transporte.

1.2.1.3 O impacto das decisões de planejamento e controle de produção no desempenho dos principais aspectos de desempenho competitivo da manufatura

Nas seções anteriores, foram discutidos os sete aspectos que se esperam, em linhas gerais, de um sistema de administração da produção e quais os seis aspectos de desempenho dos sistemas produtivos que têm (ou podem ter) impacto estratégico para a competitividade da organização. É importante agora identificar como os sistemas de administração da produção podem influenciar nos níveis de desempenho dos seis aspectos discutidos.

Influência nos custos vistos pelo cliente

Os sistemas de administração da produção são os responsáveis pelo estabelecimento e manutenção de níveis adequados de estoques nos pontos corretos. Uma gestão adequada pode levar a reduções dos níveis de estoques aos mínimos necessários, com os correspondentes custos de estocagem/faltas minimizados, assim como uma má gestão levará a custos mais altos de estocagem/faltas. Os sistemas de administração da produção também são os responsáveis pelo gerenciamento das promessas de datas de entrega e seu cumprimento. Uma boa gestão desses aspectos pode resultar em uma situação de minimização de multas contratuais por atraso, com evidentes implicações sobre os custos. Os sistemas de administração de produção também definirão o planejamento dos materiais comprados: comprar certo minimiza custos financeiros, de obsolescência, sobras e interrupções do sistema por faltas de materiais. A definição adequada de prioridades no uso dos diferentes recursos produtivos também pode influenciar o aproveitamento desses recursos, contribuindo para a redução dos custos de produção.

Influência na velocidade de entrega

A velocidade de entrega é influenciada pelo tempo de atravessamento dos materiais (consolidados em ordens de produção) pelo sistema produtivo. O tempo de atravessamento é influenciado pelos níveis de estoque em processo, na forma de filas, aguardando processamento nos vários recursos produtivos. Sabemos isso de nossa experiência diária com sistemas de operações como as agências de banco. Quando chegamos a uma agência e vemos longas filas aguardando processamento em frente aos caixas, sabemos que permaneceremos um tempo mais longo dentro do sistema, ou, em outras palavras, sabemos que nosso tempo de atravessamento será longo. Os sistemas de administração da produção são os responsáveis pela gestão dos sistemas de filas de ordens de produção que aguardam processamento.

Se essa gestão é bem feita, considerando aspectos como a sincronização das diversas etapas do processo produtivo, essas filas podem ser minimizadas, reduzindo os tempos médios de atravessamento e criando as condições de redução de tempos de entrega. Uma boa gestão dos níveis de capacidade produtiva comparados às necessidades de utilização pode evitar superutilização de recursos, um inimigo mortal do bom desempenho em tempos (tanto de velocidade como confiabilidade de entregas).

O sistema de administração da produção também deve ocupar-se em saber da situação corrente dos recursos. Se ocorre uma quebra de equipamento, por exemplo, é necessário que isso seja adequadamente reconhecido e tratado, de forma que os efeitos da correspondente redução de capacidade produtiva sejam minimizados (por exemplo, re-roteando ordens de produção que passariam pelo equipamento quebrado para outros equipamentos alternativos para que não fiquem aguardando numa fila crescente até que o equipamento seja consertado).

Influência na confiabilidade de entregas

Valem as mesmas considerações feitas no item imediatamente anterior, quanto a evitar a superutilização de recursos e reagir adequadamente quando da repentina indisponibilidade de algum recurso (quebra de máquina, por exemplo). Além disso, os sistemas de administração da produção devem ter preocupação explícita de prover mecanismos para suportar, com informações, a força de vendas da organização para que esta possa prometer prazos viáveis mínimos e, depois, conseguir cumpri-los. Vale mencionar que, embora esses mecanismos devam estar operantes para que se maximize a probabilidade de cumprimento de prazos, para os casos em que algo aconteça impedindo o cumprimento dos prazos, os sistemas de administração da produção podem ainda contribuir para a imagem de *integridade* da organização junto aos clientes. Isso significa reconhecer o mais cedo possível alguma impossibilidade de cumprimento de prazos e permitir ao planejador avisar o cliente para que este possa, com certa antecedência, providenciar para que as consequências do atraso sejam mínimas.

Influência sobre a flexibilidade de saídas

A influência dos sistemas de administração da produção sobre a flexibilidade de saídas está principalmente relacionada com a capacidade de reação que esses sistemas proporcionam. Flexibilidade é uma característica que pode ser conceituada como a "habilidade de reagir eficazmente a mudanças não planejadas". A habilidade maior ou menor de um sistema produtivo reconhecer que determinada mudança ocorreu e de disparar ações que tratem a mudança de forma eficaz, dada pela qualidade de seu sistema de administração de produção, determina quão flexível, ao menos em termos logísticos, será o sistema produtivo. Evidentemente, não é apenas o sistema de administração da produção que define o nível de flexibilidade de saídas do sistema produtivo: este é determinado também pelo nível de flexibilidade de seus recursos estruturais (se o sistema possui máquinas mais ou menos flexíveis ou recursos humanos mais ou menos flexíveis), mas certamente sistemas que tenham recursos estruturais flexíveis necessitam de sistemas de informação ágeis e adequados para que essa flexibilidade seja bem direcionada e usada. Enquanto os recursos estruturais são os músculos da flexibilidade produtiva, o sistema de administração da produção é seu sistema nervoso.

Influência sobre a qualidade do produto

Talvez o aspecto qualidade seja aquele menos influenciado pela atuação dos sistemas (logísticos) de administração da produção. Entretanto, há algum nível de influência indireta que vale a pena mencionar. Um bom sistema de administração da produção manterá registros corretos sobre as composições dos produtos (listas de materiais e estruturas de produtos, que, para evitar redundância de informações, serão as mesmas listas e estruturas atualizadas e consultadas pela engenharia). O fato de essas informações estarem corretas e atualizadas fará com que sejam minimizadas as falhas de composição de produtos, que podem acarretar defeitos. Outro efeito indireto refere-se ao potencial "perverso" de os estoques excessivos esconderem ou "mascararem" imperfeições no processo produtivo, entre elas, imperfeições de qualidade. O fato de os sistemas de administração da produção serem responsáveis pelo correto dimensionamento e manutenção de níveis de estoque coloca sobre esses alguma responsabilidade quanto ao processo de "desacobertar" as imperfeições do processo que podem causar defeitos, por meio da redução dos referidos estoques. Os sistemas de administração da produção são também responsáveis pela manutenção de sistemas que auxiliam a rastreabilidade de defeitos dos produtos até o ponto do processo que os gerou. São os sistemas de rastreabilidade, que associam lotes a roteiros produtivos, chegando, se desejado, até o nível de identificação do equipamento específico ou o operador específico que produziu o lote defeituoso. O objetivo de rastrear, antes de "caçar bruxas", é identificar as causas mais básicas da geração do defeito para disparar ações sobre o processo de forma que ele não mais gere o defeito identificado.

Influência sobre o serviço prestado ao cliente

Talvez este seja um dos aspectos de desempenho competitivo mais importantes no presente e no futuro. O tipo de influência que os sistemas de administração da produção podem ter sobre o serviço prestado ao cliente refere-se basicamente ao fornecimento de informações sobre o estado de completamento de determinado pedido, informações e orientações logísticas sobre níveis de estoques (veja o Boxe 1.3), serviços de integração do sistema de suprimentos ao sistema logístico do cliente por meio da integração de seus sistemas de administração da produção, assumindo para si a responsabilidade dos cálculos de necessidades, serviços de gerenciamento de estoques de materiais fornecidos em consignação. Várias empresas de editoração de livros se relacionam comercialmente com seus parceiros livrarias pela consignação de produtos, faturando-os apenas quando a livraria os vende ao consumidor final: a gestão destes estoques passa a ser responsabilidade do fornecedor. Tudo isso é gerenciado pelo sistema de administração da produção. Esses são apenas alguns exemplos das possibilidades do fornecimento de serviços complementares ao fornecimento dos bens em si que podem ser usados como fatores de diferenciação competitiva.

> ### ✓ BOXE 1.3
>
> A Procter & Gamble, em aliança formada com a rede de supermercados Walmart nos Estados Unidos, gerencia os estoques de todos os produtos P&G, como as fraldas Pampers, por exemplo, nos armazéns de distribuição e nas lojas Walmart. Dessa forma, o *staff* da Walmart, embora tenha de dividir com a Procter & Gamble informações sobre vendas em uma base diária, fica liberado para exercer outras atividades. Isso acaba servindo a dois propósitos: em primeiro lugar, do ponto de vista do fornecedor (P&G), ele pode fazer gestões de forma mais direta para não permitir falta de seu produto na gôndola. Por outro, do ponto de vista do cliente (Walmart), um serviço que de outra forma teria de ser feito por seus funcionários passa a ser prestado pelo fornecedor, economizando assim recursos e esforço gerencial.

A Tabela 1.1 traz um resumo dos relacionamentos entre as sete principais funções a cargo dos sistemas de administração da produção e os seis aspectos de desempenho competitivo que estão dentro do escopo dos sistemas de operações produtivas nas organizações.

Tabela 1.1 Relação entre funções do sistema de administração da produção e aspectos competitivos

	Custo	Velocidade	Confiabilidade	Flexibilidade	Qualidade	Serviço
1	✓	✓	✓			
2	✓					
3	✓	✓	✓	✓		
4	✓	✓	✓			
5			✓		✓	✓
6	✓		✓			
7		✓		✓		

Legenda:
1. Planejar as necessidades futuras de capacidade produtiva da organização.
2. Planejar os materiais comprados.
3. Planejar os níveis adequados de estoques de matérias-primas, semiacabados e produtos finais, nos pontos certos.
4. Programar atividades de produção para garantir que os recursos produtivos envolvidos estejam sendo utilizados, em cada momento, nas atividades certas e prioritárias.
5. Ser capaz de saber e de informar corretamente a respeito da situação corrente dos recursos (pessoas, equipamentos, instalações, materiais) e das ordens (de compra e produção).
6. Ser capaz de prometer os menores prazos possíveis aos clientes e depois fazer cumpri-los.
7. Ser capaz de reagir eficazmente.

A tabela mostra que, embora tendo algum grau de influência sobre todos os aspectos competitivos dos sistemas produtivos, o maior potencial de contribuição dos sistemas de administração da produção concentra-se nos aspectos referentes a custos e tempos, tanto em termos de velocidade como de confiabilidade de entregas. Em outras palavras, aquelas situações competitivas que requerem melhor desempenho em custos e tempos beneficiarão mais de um sistema de administração da produção desenvolvido, implantado e utilizado com excelência.

1.2.2 Conceito de planejamento

Uma vez colocados os sistemas de administração da produção em seu contexto competitivo, é importante agora discutir seus conceitos essenciais. Um deles é o conceito de planejamento. A necessidade de planejamento deriva diretamente de um conceito já descrito anteriormente de forma breve quando foi discutida a função dos sistemas de administração da produção, de planejar necessidades futuras de capacidade: a inércia intrínseca dos processos decisórios. Essa inércia é entendida como o tempo que necessariamente tem de decorrer desde que se toma determinada decisão até que a decisão gere efeito. Se fosse possível decidir alterações no processo produtivo (como, por exemplo, alterações de capacidade, alterações no fluxo de chegada de matérias-primas ou na disponibilidade de recursos humanos) e tê-las efetivadas de forma instantânea, num estalar de dedos, não seria necessário planejar. Decidir no momento seria suficiente.

Entretanto, não é este o caso. Diferentes decisões demandam diferentes tempos para surtir efeito, dados por suas diferentes inércias. Portanto, é necessário que se tenha algum tipo de "visão" a respeito do futuro para que hoje se possa tomar a(s) decisão(ões) adequada(s) que produza(m) o(s) efeito(s) desejado(s) no futuro. Em geral, a "visão" do futuro obtém-se com base em algum tipo de "previsão". Duas definições válidas podem auxiliar o entendimento do conceito:

- Planejar é entender como a consideração conjunta da situação presente e da visão de futuro influencia as decisões tomadas no presente para que se atinjam determinados objetivos no futuro.
- Planejar é projetar um futuro que é diferente do passado, por causas sobre as quais se tem controle.

Vale a pena enfatizar alguns aspectos dessas conceituações: em primeiro lugar, que um bom processo de planejamento depende de uma visão adequada do futuro (essa visão do futuro pode depender de sistemas de previsão, que, portanto, deverão ser eficazes); em segundo, que é necessário o conhecimento fiel sobre a situação presente; em terceiro, que um bom modelo lógico, que "traduza" a situação presente e a visão do futuro em boas decisões no presente, também necessita estar disponível para que um bom processo de planejamento esteja em funcionamento. Finalmente, para que se tenha um bom processo decisório com base no planejamento, é necessário ter claros os objetivos que se pretendam atingir. Cada um desses aspectos será abordado ao longo das discussões que se seguem. Falemos agora sobre a dinâmica do processo de planejamento.

1.2.2.1 A dinâmica do processo de planejamento

O processo de planejamento deve ser contínuo. Em cada momento, devemos ter a noção da situação presente, a visão de futuro, os objetivos pretendidos (que podem alterar-se ao longo do tempo) e o entendimento de como esses elementos afetam as decisões que se devem tomar no presente. À medida que o tempo passa, o "planejador" deve periodicamente estender sua visão de futuro, de forma que o horizonte de tempo futuro sobre o qual se desenvolva a "visão" permaneça constante. Em termos práticos, a dinâmica se dá da seguinte forma:

- *Passo 1*: levantamento da situação presente. O sistema de planejamento deve "fotografar" a situação em que se encontram as atividades e os recursos para que esta esteja presente no processo de planejamento.

- *Passo 2*: desenvolvimento e reconhecimento da "visão" de futuro, com ou sem nossa intervenção. O sistema deve considerar a visão de futuro para que esta possa emprestar sua influência ao processo decisório – de forma que inércias decisórias sejam respeitadas.

- *Passo 3*: tratamento conjunto da situação presente e da "visão" de futuro por alguma lógica que transforme os dados coletados sobre presente e futuro em informações que passam a ser disponibilizadas numa forma útil para a tomada de decisão gerencial logística.

- *Passo 4*: tomada de decisão gerencial. Com base nas informações disponibilizadas pelo sistema, os tomadores de decisão efetivamente tomam decisões logísticas sobre o que, quanto, quando produzir e comprar e com que recursos produzir.

- *Passo 5*: execução do plano. Decorre de um período em que efetivamente as diversas decisões vão tomando efeito. Como o mundo não é perfeito, algumas coisas não acontecem exatamente da forma como se planejou. O tempo vai decorrendo até que chega determinado momento em que é mais prudente tirar outra "fotografia" da situação presente e redisparar o processo. Este é o momento de voltar ciclicamente ao Passo 1.

A Figura 1.1 ilustra a dinâmica do processo de planejamento.

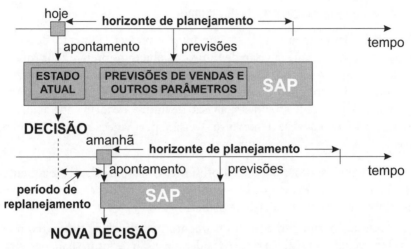

Figura 1.1 Dinâmica do processo de planejamento.

O horizonte de planejamento

O tamanho do tempo futuro sobre o qual se tenha interesse em desenvolver uma visão é chamado "horizonte de planejamento". Embora não haja receita para se chegar a um horizonte de planejamento ideal para todos os casos práticos, podemos pensar em algumas orientações gerais que podem nortear esta decisão.

Como uma boa regra prática, podemos considerar aquele ponto no futuro que deixe de ter influência relevante nas decisões tomadas no presente. Por exemplo, considere uma pequena gráfica comercial: seu horizonte de planejamento deve ser de 10 anos? Provavelmente, não. O ponto no futuro daqui a 10 anos provavelmente terá influência muito pouco relevante em qualquer decisão que se tome hoje. Além disso, o custo de se obterem informações minimamente confiáveis sobre o futuro com 10 anos de antecedência, em condições normais, superará, em muito, os benefícios que trará a consideração desse futuro no processo presente de tomada de decisão. Se fizermos este exercício com 8 anos, 5 anos, 4 anos, 3 anos e assim sucessivamente, chegaremos a um ponto em que passa a valer a pena de forma relevante a consideração daquele ponto no futuro. Este pode ser considerado então um bom valor para a determinação do horizonte de planejamento. A Figura 1.2 ilustra o conceito de horizonte desejável de planejamento.

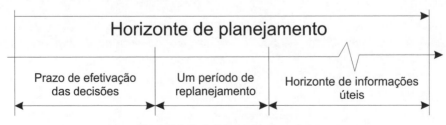

Figura 1.2 Horizonte de planejamento.

Como podemos ver na figura, independentemente do horizonte adicional que forneça informações úteis ao processo de planejamento, devemos considerar um horizonte de planejamento mínimo que é formado pelo prazo necessário à efetivação das decisões a serem tomadas no planejamento (inércia) somado ao período adotado para o replanejamento. Isto se deve ao fato, já comentado, da inércia das decisões. Se a decisão a ser tomada se refere à compra de matérias-primas, por exemplo, devemos considerar que estes materiais levarão certo tempo para serem adquiridos e transformados em produtos finais, os quais serão vendidos ao mercado. O horizonte de planejamento que vai orientar o processo de previsão (de vendas, por exemplo) deve necessariamente levar em conta todo este período. Além disso, se o período de replanejamento é, digamos, mensal, um mês deve ser somado ao horizonte de planejamento, caso contrário, tal horizonte de um mês estará descoberto neste replanejamento, somente sendo considerado no próximo, quando talvez não seja mais possível reagir a ocorrências não previstas.

O período de replanejamento

O período de replanejamento é aquele intervalo de tempo que decorre entre dois pontos em que se disparem processos de replanejamento. Na descrição passo a passo da dinâmica do processo de planejamento apresentada, o Passo 5 foi: "O tempo vai decorrendo até que chega determinado momento em que é mais prudente tirar outra 'fotografia' da situação presente e redisparar o processo...". Isso é feito para que a realidade não "desgarre" muito em relação ao último plano. Como dimensionar o período de replanejamento? Evidentemente, esse dimensionamento vai depender de quanto a realidade em questão tem a capacidade de "desgarrar" em relação ao plano, dentro de determinado período de tempo. Caso se trate de um ambiente fabril relativamente estável como um estaleiro, onde as atividades individuais são bastante consumidoras de tempo, muito provavelmente pouco terá mudado substancialmente de um dia a outro ou mesmo de uma semana a outra. Isso pode fazer com que seja apenas um desperdício de esforço disparar o processo de replanejamento diariamente ou mesmo semanalmente. Um estaleiro poderia preferir períodos de replanejamento quinzenais ou mesmo mensais. Já uma indústria têxtil, que fabrique meias, por exemplo, tem uma frequência maior de ocorrências de eventos, um ambiente fabril mais dinâmico, o que pode requerer replanejamentos mais frequentes, podendo até mesmo em casos especiais ser recomendável o replanejamento diário.

Resumindo, a definição do período de replanejamento depende diretamente do nível de dinâmica ambiental (interna e externa) da situação em análise. Quanto mais dinâmico/incerto o ambiente em questão, menor tende a ser o período desejável de replanejamento. Devemos, entretanto, estar atentos para o fato de que é inútil disparar o processo de replanejamento utilizando dados de entrada desatualizados.

Isso implica que a agilidade do processo de apontamento da situação presente deve ser compatível com a frequência de replanejamento. Caso isso não ocorra, o replanejamento se dará sobre bases irreais, tornando-se na melhor das hipóteses inócuo e na pior prejudicial ao desempenho da organização. A Figura 1.3 ilustra as considerações que devem ser levadas em conta na determinação do período de replanejamento.

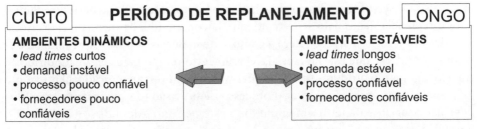

Figura 1.3 Período de replanejamento.

1.2.2.2 O conceito de planejamento hierárquico

A influência da agregação dos dados na incerteza da previsão

Nas seções anteriores, ficou claro que um bom processo de planejamento se baseia em diversos pressupostos, sendo que um dos principais é o pressuposto de se ter uma boa "visão" do futuro, muitas vezes obtida com base em processos de previsão.

Quando da exploração da função dos sistemas de administração da produção, discutimos também que a visão do futuro de que se necessita deve incluir diversos "sub-horizontes" dentro do horizonte considerado. É necessário considerar um sub-horizonte de curto prazo para que com base nele se tomem boas decisões de inércia pequena, um sub-horizonte médio para a consideração de decisões de inércia média e um sub-horizonte longo para suportar decisões de inércia maior. A Figura 1.4 ilustra a ideia descrita.

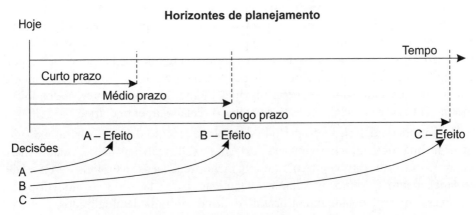

Figura 1.4 Sub-horizontes dentro do horizonte de planejamento.

Geralmente, as decisões de inércia pequena envolvem níveis mais moderados de recursos; o efeito de uma decisão equivocada, portanto, não é tão relevante. Por exemplo, em relação à gestão de capacidade, decisões de inércia pequena que podem ser tomadas com pouca antecedência são, por exemplo, referentes à decisão de usar horas extras. As decisões de inércia maior, por outro lado, envolvem níveis mais elevados de recursos e, em decorrência, os efeitos de uma decisão errada terão relevância maior. Por exemplo, uma decisão de ampliação substancial de capacidade produtiva que inclua expansão de fábrica deve ser tomada com muita antecedência e envolve possível escolha e compra de terreno, projeto industrial, construção, aquisição de equipamentos, entre muitas outras.

Esta constatação pode ser um pouco inquietante numa primeira análise. Isso porque sabemos que decisões tomadas com maior antecedência requerem visão sobre um futuro mais longo. Em outras palavras, requerem previsões de mais longo prazo, que em geral são feitas sob condições de maior incerteza. Até intuitivamente, sabemos que a probabilidade de erro nas previsões cresce com o horizonte. A Figura 1.5 ilustra essa ideia.

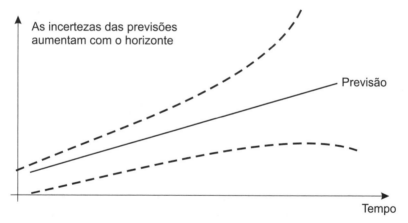

Figura 1.5 Erros de previsão crescem com o horizonte de previsão.

Se as decisões que envolvem maior volume de recursos requerem maior antecedência, e se tomar decisões com maior antecedência implica estar sob maior probabilidade de erro, a consequência é que justamente as decisões cujos erros podem envolver perda mais substancial de recursos são aquelas com maior probabilidade de erro. Como é então que a maioria das empresas tem sobrevivido? Guarde essa pergunta de lado por enquanto e vamos analisar outro efeito interessante.

Imagine que há um ano e meio nos reunimos para fazer previsões das vendas de determinada loja da rede de lanchonetes McDonald's para o mês passado. No melhor de nossa habilidade, analisando históricos de vendas, sazonalidades, ciclicidades envolvidas e outros aspectos relevantes, chegamos à seguinte previsão por sanduíche:

24 | PLANEJAMENTO, PROGRAMAÇÃO E CONTROLE DA PRODUÇÃO ▪ Corrêa – Gianesi – Caon

Tabela 1.2 Previsão das vendas de sanduíche

Sanduíche	Previsão para o mês passado (feita há um ano e meio)
Quarteirão com queijo	2.500
Big Mac	5.000
Hambúrguer	4.500
Cheeseburger	3.000
Filé de peixe	1.200
McChicken	1.800
Total	**18.000**

Quando o mês passado terminou, analisamos as vendas efetivamente ocorridas. Chegamos aos seguintes números:

Tabela 1.3 Vendas efetivas de sanduíche e erros percentuais da previsão

Sanduíche	Vendas efetivas no mês passado na loja analisada	% erro da previsão	
Big Mac	6.324	26,5%	
Hambúrguer	4.980	10,7%	Média dos erros das previsões por sanduíche **21,6%**
Cheeseburger	2.730	9,0%	
Filé de peixe	1.429	19,1%	
McChicken	1.050	41,7%	
Big Mac	6.324	26,5%	
Total	**18.443**	**2,5%**	

Notamos que os erros das previsões individuais por sanduíche resultaram, em média, em 21,6%, taxa relativamente alta. Entretanto, se tivéssemos feito o exercício de prever o "agregado" ou o *total* de vendas para a loja, teríamos feito a previsão de um total de vendas de 18.000 sanduíches, que é o total da Tabela 1.2. Ao confrontar essa previsão agregada com o total das vendas efetivas, 18.443, percebemos que o erro de previsão agregada resulta não em algo da ordem de 20%, mas 2,5%, uma "ordem de grandeza" a menos.

Esse efeito ocorre pois, em previsões desagregadas, ou seja, previsões individuais por sanduíche no caso de nossa lanchonete hipotética, alguns dos erros são "a maior" e outros são "a menor". Em outras palavras, algumas previsões foram superdimensionadas e outras subdimensionadas. Os erros por superdimensionamento tendem, até certo ponto, a compensar os erros por subdimensionamento, resultando em previsão agregada muito mais precisa que a previsão desagregada do mesmo fenômeno. Quanto maior o número de itens e quanto mais "aleatoriamente" se distribuírem os erros a menor e a maior, mais esse efeito tende a fazer-se sentir (veja mais detalhes sobre essa discussão no Capítulo 7 – Gestão de demanda).

Decisões diferentes requerem níveis diferentes de agregação dos dados

Vamos, entretanto analisar um pouco mais profundamente a questão de nossa previsão de venda para os sanduíches. Foi colocado desde o início que há um ano e meio nós nos reunimos para fazer previsões para o mês passado, de vendas de sanduíches para uma loja. Ora, por que nos preocuparíamos em desenvolver uma "visão" de futuro com um ano e meio de antecedência para uma lanchonete? Certamente, para subsidiar aquelas decisões com inércia compatível. Quais são estas para uma lanchonete? Compra de queijo ou de hambúrguer? Programação de turnos de trabalho? Provavelmente, não. Essas são decisões de inércia menor – ou seja, podemos tomá-las com antecedência menor. As decisões que demandam antecedência da ordem de um ano e meio são aquelas referentes à expansão da loja, por exemplo. Entretanto, para decidir sobre expansão da loja, é necessário que se desenvolva uma visão de futuro "desagregada", por sanduíche? Provavelmente não. Uma expansão da loja, em termos práticos, será capaz de produzir qualquer *mix* de sanduíches e, portanto, para esse tipo de decisão que necessita de tal nível de antecedência, uma visão agregada é suficiente. Como a visão agregada é muito menos sujeita a erro que a visão desagregada, a decisão acaba por ser tomada sob menor nível de incerteza.

A agregação da visão que faz reduzir o nível de incerteza das previsões compensa, até certo ponto, o aumento de incerteza causado pelo necessário aumento do horizonte de previsão.

Sumariando, as decisões de maior inércia, que envolvem maiores recursos, necessitam de maior antecedência; também requerem visão de futuro com maior horizonte e, portanto, estão mais sujeitas a incertezas (é mais difícil prever fenômenos mais distantes no futuro). Por outro lado, essas mesmas decisões tendem a não requerer visões (previsões) de futuro desagregadas. Com a agregação, os erros de previsão ficam reduzidos, compensando a necessidade de antecedências mais longas com a possibilidade do tratamento agregado de informações.

Entretanto, para o mesmo planejamento da lanchonete, em algum momento, será necessário tratar o futuro com uma visão desagregada. Por exemplo, em determinado momento, será necessário decidir quanto queijo comprar. Nesse momento, necessariamente uma previsão desagregada terá de ser feita, pois, se a lanchonete vender mais ou menos *cheeseburgers*, por exemplo, isso implicará uma necessidade maior ou menor de queijo. Entretanto, a antecedência com que se precisará tomar essa decisão será muito menor que um ano e meio. Talvez, uma semana seja suficiente para permitir a reação do fornecedor de queijo. Portanto, a previsão desagregada poderá ser feita com uma antecedência bem menor. Se, por um lado, a incerteza com que se trabalha neste momento é maior devido ao grau de desagregação, por outro, a incerteza devida à antecedência é muito menor pelo fato de a própria antecedência ser muito menor.

Isso significa que, se ao longo do horizonte de planejamento, trabalharmos adequadamente os níveis de antecedência e agregação dos dados, poderemos trabalhar com um nível de incerteza mais uniforme ao longo de todo o horizonte. A Figura 1.6 ilustra essa ideia.

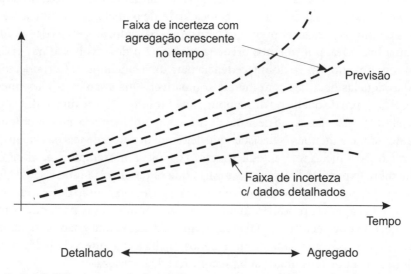

Figura 1.6 Efeito da agregação de dados compensando a antecedência nos erros de previsão.

A estrutura do planejamento hierárquico

Os princípios descritos são o "racional" da ideia de hierarquia dos processos de planejamento. Como as decisões logísticas têm inércias diferentes, é necessário considerar diferentes sub-horizontes dentro do horizonte de planejamento para tratar os aspectos a serem planejados com as diferentes antecedências que as diferentes inércias exigem. Como as decisões de maior inércia em geral envolvem maiores recursos e são decisões mais difíceis de reverter (também chamadas decisões mais estratégicas, com maior influência sobre a forma de a organização competir), elas, em geral, uma vez tomadas, passam a representar *restrições* às alternativas das decisões de menor inércia. Em outras palavras, quando tomamos uma decisão de inércia menor, devemos considerar as decisões já tomadas anteriormente, de inércia maior, que até certo ponto restringem suas alternativas de decisão. Por exemplo, se em determinado momento do passado (um ano e meio atrás, por exemplo) decidimos, em relação a nossa lanchonete hipotética, que no mês passado ela teria o limite de capacidade produtiva de 19.000 sanduíches por mês, as decisões, por exemplo, sobre quantos sanduíches fazer e, por conseguinte, quanto queijo e hambúrguer comprar e quanta gente empregar, por exemplo, estarão restritas por aquela decisão anterior. Não adianta comprar mais queijo do que a capacidade das instalações definida anteriormente permite processar!

Essa "hierarquia" de decisões, em que as decisões *maiores*, de maior inércia, vão hierarquicamente restringindo as decisões *menores*, de menor inércia, deve ser respeitada, para que haja coerência entre os diversos "níveis hierárquicos" de decisão e, dessa forma, garanta-se coesão de todo o processo de planejamento.

A Figura 1.7 ilustra o conceito de hierarquia de decisões de planejamento.

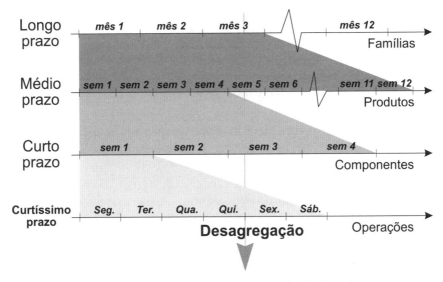

Figura 1.7 Conceito de hierarquia de decisões de planejamento.

Num primeiro nível, estão as decisões de mais longo prazo, aquelas que têm, segundo terminologia que estamos usando, inércia maior. Como a antecedência com que devem ocorrer essas decisões é grande, em geral o nível de agregação com que se trabalha também é grande. O horizonte considerado neste nível pode chegar a um ano ou mais, conforme o caso analisado, o período de planejamento é também agregado (grande), podendo ser o mês. Os produtos são agregados em famílias ou linhas de produtos e os recursos são agregados em setores produtivos. Em um segundo nível, cujas decisões serão restritas pelas decisões do nível hierárquico de agregação imediatamente superior, as decisões têm inércia menor e, portanto, requerem antecedência inferior. Isso define um sub-horizonte de planejamento neste segundo nível, que é menor que o do anterior. Entretanto, o nível de desagregação necessário neste nível é correspondentemente maior. Ou seja, uma parte do horizonte do primeiro nível é "desagregada" neste nível; dessa forma, a coerência entre esses dois níveis é garantida. É comum encontrar o segundo nível hierárquico com horizonte de alguns meses (três, por exemplo), períodos de planejamento que podem ser a semana (uma desagregação do mês). As famílias de produtos são desagregadas em produtos individuais, os setores são desagregados em grupos de equipamentos similares. Em um terceiro nível de desagregação, os produtos são desagregados em componentes e os grupos de equipamentos similares são desagregados em equipamentos individuais, o horizonte pode ter de um a alguns meses de duração, o período de planejamento pode ter de um dia a uma semana. Quando necessário, um quarto nível de desagregação pode ser definido: a primeira semana do terceiro nível é desagregada em dias, os componentes são "desagregados" em operações (necessárias à produção de cada componente). Neste caso, o horizonte é de uma ou duas semanas e o período de planejamento é o dia.

Coerência entre decisões de níveis diferentes

Com esta estrutura hierárquica de desagregações sucessivas, garantimos que as decisões de nível imediatamente anterior são consideradas como direcionadoras (ou restritivas) do nível imediatamente inferior, e assim sucessivamente, até o nível mais desagregado.

O processo de planejamento não é feito apenas uma vez, mas continuadamente. Dessa forma, a partir da primeira vez que se considera um período no futuro (o ponto mais distante do horizonte de planejamento), ele voltará a ser considerado repetidamente em todos os replanejamentos, com desagregação crescente, à medida que o horizonte de planejamento decorre, até que ele passe a ser o momento presente. Por exemplo, se o horizonte de planejamento do primeiro nível hierárquico é de um ano, o mês 12 será considerado pela primeira vez no replanejamento presente; no mês passado, o mês 12 era o mês 13 e, portanto, não entrava no horizonte máximo considerado. A partir desse replanejamento, o mês 12 será considerado por um ano, sendo que no mês que vem ele será o mês 11, daqui a dois meses ele será o mês 10 e assim por diante, até que, quando ele passar a ser o mês 3, será desagregado em semanas, sendo, a partir deste ponto, tratado de forma desagregada. Será a semana 12, tornando-se a semana 11 uma semana depois, semana 10 uma semana depois e assim por diante, continuando a ser considerado a cada replanejamento, agora mais frequentemente. Quando se tornar a semana 1, será desagregado em dias, sendo assim tratado daí por diante até que se torne o próprio momento presente. A partir daí sai do horizonte de planejamento, pois se torna passado.

Dessa forma, um período é tratado repetidamente, por longo tempo, de forma gradualmente mais desagregada, à medida que se tenha sobre ele informações mais precisas (previsões com menor antecedência e, portanto, sob menor incerteza).

É importante entender o conceito de planejamento hierárquico, independentemente do tipo específico de sistema de planejamento que se use. Conceitualmente, ele deve estar presente nos processos de planejamento para garantir coerência entre os níveis de planejamento (que em geral estão a cargo de pessoas em escalões diferentes nas organizações) e deve-se ter certeza de que o rumo futuro que foi decidido por níveis gerenciais mais estratégicos em níveis hierárquicos superiores de planejamento seja refletido nas decisões operacionais de níveis mais baixos na organização, garantindo assim que haja soma e não dispersão de esforços e decisões ao longo da hierarquia organizacional.

1.3 RESUMO

■ Sistemas de administração da produção são sistemas de informação para apoio à tomada de decisão tática e operacional referente às questões logísticas básicas: o que, quanto e quando produzir e comprar. Os três principais sistemas de administração da produção são: MRP II/ERP, *Just in Time* e sistemas de programação da produção com capacidade finita.

■ Um sistema de administração da produção deve cumprir sete funções principais, cada qual atendendo a alguns dos seis aspectos de desempenho competitivos. A Tabela 1.1 trouxe a relação entre esses dois ângulos de análise. Por exemplo, para atender ao aspecto de flexibilidade, um sistema deve planejar os níveis adequados de estoque nos pontos certos, e ao mesmo tempo ser capaz de reagir eficazmente.

■ Planejamento é um conceito essencial ao tema discutido neste capítulo. Planejar é entender como a consideração conjunta da situação presente e da visão de futuro influencia as decisões tomadas no presente para que se atinjam determinados objetivos futuros. Exige uma dinâmica contínua, com uma definição clara do horizonte de planejamento e um processo de previsão que contribua para uma boa visão do futuro.

■ Decisões de longo prazo permitem a agregação de dados, reduzindo assim a incerteza causada pelo aumento do horizonte. Quanto mais longo o prazo, maior a inércia de uma decisão, restringindo o nível das decisões tomadas em prazos menores. Esse é o conceito de hierarquia nas decisões de planejamento.

1.4 QUESTÕES E TÓPICOS PARA DISCUSSÃO

1. Por que em geral as empresas que produzem altos volumes de poucos produtos tendem a fazer planejamentos com horizontes mais longos?

2. Discuta os possíveis motivos pelos quais as empresas no Brasil têm muita dificuldade de conseguir bom desempenho no aspecto "cumprimento de prazos".

3. Que tipo de dificuldade a prática do *global sourcing* pode trazer à empresa se o critério usado para decisão for apenas o preço cotado pelo fornecedor?

4. Como uma empresa que produz farinha de trigo pode usar os serviços aos clientes para *descommoditizar* seus produtos?

5. Por que os clientes que se encontram em um ambiente mais turbulento e imprevisível tendem a valorizar mais fornecedores com entregas mais rápidas?

6. Por que em um laticínio é mais provável que as previsões de consumo do insumo "leite" sejam percentualmente mais precisas que as previsões de vendas de qualquer de seus derivados?

7. Por que o nome planejamento hierárquico da produção?

CAPÍTULO 2

Gestão de estoques

OBJETIVOS DE APRENDIZAGEM

Ao final deste capítulo, o aluno deverá ser capaz de:

- Compreender e explicar claramente a função dos estoques em sistemas produtivos.
- Identificar e listar as razões para o surgimento e a necessidade de manutenção de estoques.
- Entender o funcionamento dos modelos básicos de gestão de estoques e ser capaz de utilizá-los.
- Compreender como as formas de determinação do momento de ressuprimento, da quantidade a ser ressuprida e da definição de estoque de segurança influenciam na gestão de estoque.
- Diferenciar um item de demanda independente de um item de demanda dependente, e o impacto dessa diferença na lógica de cálculo.
- Entender a técnica ABC de classificação de estoque.

2.1 INTRODUÇÃO

Um dos principais conceitos dentro do escopo dos sistemas de administração da produção é o conceito de estoques. Trata-se de um elemento gerencial essencial na administração de hoje e do futuro. Hoje, o conceito de estoques é mais bem entendido que já foi em anos recentes. Nos anos 1980 e 1990, por exemplo, muitas empresas tiveram problemas estratégicos sérios por acharem que deveriam, a todo custo, baixar a zero seus estoques, seduzidas por uma leitura equivocada das mensagens *subliminarmente* passadas pela superioridade incontestável dos sistemas de gestão japoneses daquela época. Na verdade, a mensagem era quase esta, mas não exatamente esta. Hoje, entendemos de forma mais clara que o que devemos buscar incessantemente é não ter um grama a mais de estoques do que a estrita quantidade necessária estrategicamente. Às vezes, as pessoas (leigos e profissionais) pensam que, pelo fato de os modelos de gestão de estoques estarem no mercado há muitos anos na forma de conceitos e aplicativos, as empresas já teriam chegado a um nível adequado de desempenho na gestão dos seus estoques, mas nada poderia ser mais distante da realidade. Ainda hoje, no final da década de 2010, a maioria das empresas debate-se com problemas como altos níveis de estoque e simultâneo baixo nível de atendimento ao cliente. Este é o escopo das discussões que se seguem no próximo item.

2.2 CONCEITOS
2.2.1 Função dos estoques

Estoques são, para efeito das discussões deste livro, acúmulos de recursos materiais entre fases específicas de processos de transformação. Esses acúmulos de materiais têm uma propriedade fundamental que é uma *arma* – no sentido de que pode ser usada para "o bem" e para "o mal": esses acúmulos, ou estoques, proporcionam independência às fases dos processos de transformação entre as quais se encontram. Quanto maiores os estoques entre duas fases de um processo de transformação, mais *independentes* entre si essas fases são, no sentido de que interrupções de uma não acarretam interrupção na outra. Imagine, por exemplo, duas fases no processo de transformação de água de chuva em água potável disponibilizada para uso pela população de uma cidade: a fase de *obtenção* da água, via chuvas, e a fase de *distribuição* da água potável à população. A Figura 2.1 ilustra essas duas fases do processo de transformação.

O fornecedor de água de nosso caso está longe de ser plenamente confiável. Às vezes, atrasa a entrega, às vezes passa longos períodos sem entregar; às vezes, entrega menos do que se necessita e, outras vezes, entrega muito mais que o necessário no período. Por outro lado, a distribuição de água disponibilizada para a população não pode ficar à mercê das incertezas de nosso "fornecedor". Em outras palavras, se as duas fases – fornecimento e distribuição – forem altamente dependentes uma da outra, a população não ficará nada satisfeita pois a cada estiagem ficará sem água. Que fazem então as cidades para garantir que essas duas fases não fiquem dependentes uma da outra? Estabelecem um acúmulo do recurso material *água* entre essas duas fases. Esse acúmulo, ou estoque, é chamado de *represa*. A Figura 2.2 ilustra este conceito.

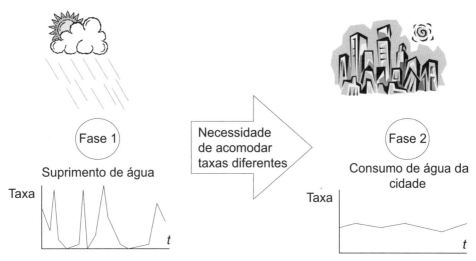

Figura 2.1 Duas fases do processo de fornecimento de água para uma cidade.

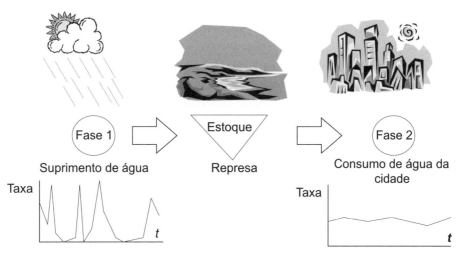

Figura 2.2 Represa (estoque de água) conciliando as diferentes taxas de consumo e suprimento de água.

O governo estabelece vários desses acúmulos (ou estoques) para regular as fases de oferta e consumo de vários bens. O Banco Central do Brasil mantém estoques de dólares, por exemplo, para desová-los quando a demanda pela moeda americana supera a oferta – o objetivo disso é manter as cotações (ou o "preço" do dólar) estáveis. Também com o objetivo de garantir disponibilidade e segurar preços, o governo mantém estoques reguladores de grãos, de carne e outros bens considerados *commodities*. Chamamos estoques *reguladores* justamente por objetivarem *regular* ou acomodar diferentes taxas (ainda que temporariamente) de oferta (ou de suprimento) e de demanda do item estocado. Em um ambiente de operações produtivas, podemos pensar em vários tipos de estoques "reguladores".

Estoques de matérias-primas

Para regular diferentes taxas de suprimento – pelo fornecedor – e demanda – pelo processo de transformação. As taxas diferentes ocorrem por vários motivos: o fornecedor pode ser pouco confiável e não entregar ou no prazo ou nas quantidades esperadas; o fornecedor pode entregar em quantidades maiores do que as necessárias, fazendo crescer os estoques; a taxa de consumo pelo processo produtivo pode sofrer um crescimento temporário inesperado (por exemplo, porque uma partida de material se estragou e terá de ser feita de novo, necessitando para isso mais material, ou porque determinado equipamento quebrou, reduzindo a taxa de consumo, acarretando o crescimento dos estoques).

Estoques de material semiacabado

Para regular possíveis taxas diferentes de produção entre dois equipamentos subsequentes, seja por questões de especificação (os equipamentos têm velocidades diferentes) ou por questões temporárias (um deles pode ter sofrido quebra).

Estoques de produtos acabados

Para regular diferenças entre as taxas de produção do processo produtivo (suprimento) e de demanda do mercado. Essas diferenças podem decorrer de decisões gerenciais (pode ter sido decidido que as taxas de produção do processo produtivo seriam mantidas estáveis mas a taxa de demanda do mercado é variável e diferente) ou por ocorrências inesperadas, que chamamos de *incertezas* do processo ou da demanda – por exemplo, um equipamento pode ter sofrido quebra, afetando negativamente a taxa de produção por um período durante o qual a demanda continua a requerer produtos; a demanda pode, por seu turno, ter crescido de forma mais acentuada que esperávamos, fazendo com que a taxa de demanda superasse temporariamente a taxa de produção, tendo que ser suprida a partir do estoque regulador previamente estabelecido.

2.2.2 Razões para o surgimento/manutenção de estoques

Na seção anterior, foram descritos casos de ocorrência de estoques em processos de transformação, chamando-se a atenção para o fato de que os estoques têm a função de regular taxas diferentes de suprimento e consumo de determinado item. Quais, entretanto, são os motivos que levariam a uma diferença entre as taxas de suprimento e consumo de determinado item? Quais as razões para o surgimento dos estoques? São várias. As principais, para efeito de nossas discussões, são discutidas a seguir e mostradas esquematicamente na Figura 2.3:

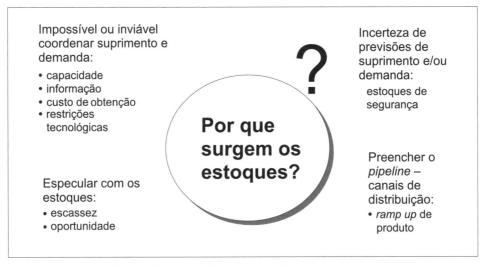

Figura 2.3 Alguns motivos para o surgimento dos estoques.

Falta de coordenação

Falta de coordenação entre fases de um processo de transformação: pode ser impossível ou inviável coordenar as fases do processo de transformação de forma a alterar suas curvas de suprimento e consumo para que estas sejam iguais, dispensando a necessidade de estoque entre elas. Tipicamente, o caso do processo de transformação descrito, que transforma água de chuva em água potável disponível para a população. É impossível, pelo menos no nível de desenvolvimento tecnológico de hoje, alterar substancialmente as curvas de chuvas sobre os mananciais de uma cidade de forma que as chuvas ocorram, regularmente, toda madrugada, em uma quantidade equivalente ao consumo do dia seguinte. Se isso fosse possível, não seria necessária nenhuma grande represa, mas essa alternativa, infelizmente, é impossível. Não é impossível, mas inviável, também, alterar substancialmente a curva de consumo de água pela população para que se conforme com a curva das chuvas; as pessoas só usariam água na proporção da ocorrência de chuvas. Quando chove muito, a população pode tomar vários banhos por dia, lavar seus carros etc. Entretanto, em período de estiagem, os banhos deveriam rarear e os carros permaneceriam sujos. Dificilmente um político se elegeria com essa plataforma de propostas. A vantagem que ele ofereceria seria pouca: livrar-se da represa.

Pode, de forma similar, ser impossível ou inviável coordenar perfeitamente fases de um processo de transformação industrial. Imagine, por exemplo, determinado fornecedor que, por inflexibilidade de seu processo, só forneça lotes maiores do que uma tonelada de determinada matéria-prima. Se o consumo mensal do processo produtivo que utiliza essa matéria-prima é de 500 quilos, as duas fases – suprimento e consumo – estão descoordenadas. A cada compra de matéria-prima, algum estoque será formado, até que a taxa de consumo de 500 quilos por mês o consuma e justifique uma nova compra. É claro que hoje sabemos que esforços devem sempre ser colocados nos processos de forma que devemos coordenar, sempre que possível, suprimento e consumo; entretanto, às vezes, principalmente no curto prazo, é necessário convivermos com certo nível de falta de coordenação e, em muitos casos, isso inclui o estabelecimento e a gestão de determinado nível de estoques reguladores. Esse tipo de falta de coordenação pode ocorrer entre várias etapas dos processos logísticos fabris. Pode ser muito caro, por exemplo, fazer as taxas de produção de determinada fábrica acompanharem as variações sazonais de consumo do mercado a que ela serve. A gerência pode, nesse caso, decidir que é mais compensador, economicamente, manter as taxas de produção estáveis (pois há sempre custo associado a qualquer variação de níveis de produção!) e atender às variações de taxas de consumo do mercado com base no estoque de produtos acabados.

Altos tempos de preparação de máquina, ou *set-up*, quando da troca de um produto por outro na produção, também levam a decisões de lotes de produção maiores do que a necessidade do momento, com o objetivo de aproveitar o custo da troca, que independe da quantidade a ser produzida. Esses lotes grandes geram estoques que são atribuídos ao *custo de obtenção* do item, fazendo com que seja economicamente inviável coordenar com perfeição a demanda e o fornecimento. Problema similar ocorre quando os custos do processo de compra, sejam administrativos, sejam de frete, sejam do processo de cotação e negociação, são muito altos, fazendo com que sejam comprados lotes maiores do que a necessidade, também com o intuito de amortizar o custo de obtenção do material.

Outro problema importante de coordenação que pode ocorrer é referente à coordenação informacional. Mesmo que não haja diferenças de taxas de suprimento e demanda dadas por questões relacionadas a restrições de máquinas, pode haver falta de coordenação das informações de demanda com as informações sobre as necessidades de suprimentos para atender a essa demanda. Nos anos 1940, por exemplo, as montadoras de veículos poderiam até saber com precisão qual seria sua demanda futura de produtos acabados, mas lhes faltavam ferramentas que transformassem essa informação em informações detalhadas de quando colocar suas ordens de produção e compra para os suprimentos necessários, de modo a fazer frente à demanda conhecida. Como obviamente já sabíamos que sem qualquer dos componentes os produtos não seriam concluídos, a solução era comprar mais que o necessário ou antes do necessário – isso significa estoques; estoques estes que surgem em função da falta de coordenação informacional.

Incerteza

Em determinadas situações, há a possibilidade de coordenarmos as taxas de suprimento e consumo entre determinadas etapas de um processo de transformação, dado que tenhamos informações sobre essas taxas. Suponhamos que determinado fabricante tenha alta taxa de previsibilidade de sua demanda, por exemplo, trabalhando com base em pedidos em carteira colocados com grande antecedência. Nesse caso, é possível, dada a antecedência com que temos a informação perfeita sobre as vendas futuras, desenvolvermos sistemas que coordenem perfeitamente esta taxa de consumo futuro (previsível) com as taxas de suprimento dadas pelo sistema produtivo em questão. Há tempo disponível para coordenarmos suprimento e consumo, respeitando as inércias decisórias do processo.

Nos casos em que as taxas futuras (tanto de consumo como de suprimento) não são previsíveis, quando, por exemplo, o consumo não se dá com base em pedidos colocados com grande antecedência, temos a situação em que há incerteza quanto às taxas de consumo e suprimento. Isso significa que elas não são tão previsíveis quanto as inércias decisórias demandariam. Nesse caso, estoques são necessários para fazer frente a essas incertezas. Alguns exemplos são:

- Incertezas quanto às entregas de determinado fornecedor: inesperada e repentinamente, uma entrega deixa de ser feita – se não quisermos prejudicar a continuidade do fluxo subsequente, será necessário que estabeleçamos estoques do material cuja entrega é *incerta*.
- Uma máquina do processo produtivo quebra de forma inesperada e aleatória: se não pretendemos que o processo subsequente se interrompa em virtude dessa quebra, algum estoque deve ser formado após a máquina que tem disponibilidade *incerta*.

Especulação

Em muitas situações, a formação de estoques não se dá para minimizar problemas como falta de coordenação ou incerteza, mas com intenção de criação de valor e correspondente realização de lucro. Isso se dá por meio de especulação com a compra e a venda de materiais. Às vezes, as empresas conseguem antecipar a ocorrência de escassez (e correspondente alta de preço) de oferta de determinado bem, comprando quantidades mais altas do que aquelas estritamente necessárias para seu consumo, enquanto os preços ainda estão baixos. Quando vem a escassez e a alta de preços, não só a empresa deixa de sofrer com ela, mas também pode, dependendo da quantidade adquirida com antecedência, vender o excedente pelo preço aumentado, realizando bons lucros. Estoques especulativos não serão discutidos com maior profundidade neste texto por fugirem a seu escopo principal.

Disponibilidade no canal de distribuição (*pipeline inventory*)

Algumas situações logísticas demandam que produtos sejam colocados em disponibilidade próximos dos mercados consumidores. Isso ocorre frequentemente com produtos de consumo (alimentos, produtos de higiene pessoal, entre outros). Entretanto, nem sempre as fábricas que os produzem se encontram próximas dos mercados de consumo. É necessária, portanto, uma operação logística de transporte dos produtos das fábricas que os produzem para os mercados que os consomem. Como o consumo desses produtos, em média, se dá continuamente, tem de haver um fluxo contínuo de produtos escoados pelos canais de distribuição, que podem incluir armazéns, entrepostos, trajeto por vários meios: rodoviário, aéreo, fluvial, marítimo; distribuidores regionais e locais, até chegar ao ponto de venda onde o consumidor final vai adquiri-lo. Para que continuamente os consumidores encontrem produtos nos pontos de venda, o canal de distribuição precisa estar preenchido, da mesma forma que, para que o consumidor de água tenha o líquido disponível em sua casa, todos os canos (*pipelines*) da represa até sua casa devem estar cheios. Os produtos que preenchem o canal de distribuição, conforme seu comprimento, podem representar quantidades consideráveis de estoques que devem ser gerenciados. São os chamados "estoques no canal de distribuição" (*pipeline inventory*).

PARA PENSAR

Os principais motivos para o surgimento de estoques são:
- Impossibilidade ou inviabilidade de coordenar suprimento e demanda, devido à falta de capacidade, falta de informação, custos de obtenção do item e restrições tecnológicas.
- Incerteza de previsões de suprimento e/ou demanda, ressaltando a importância de estoques de segurança.
- Especulação com os estoques, seja por escassez de produto ou por oportunidade financeira.
- Necessidade de preencher com produtos os canais de distribuição (pipeline).

Diante desses motivos, é possível algum dia eliminar completamente a existência de estoques?

O que os sistemas de administração da produção resolvem por si só e o que deve ser resolvido por fora

Além dos motivos já citados, é importante entendermos quais as diferentes razões pelas quais surgem os estoques para que possamos entender quais deles os sistemas de administração da produção terão um efeito redutor mais dramático. É frequente acharmos quem estabeleça expectativas excessivamente altas quanto à redução de estoques que a introdução de um sistema de administração da produção propiciará.

É fácil percebermos agora que, pelo simples fato de um sistema de administração da produção ser bem implantado, uma das principais razões para o surgimento dos estoques deixa de existir: a falta de coordenação informacional entre fases de um processo de transformação. Uma das principais razões de ser dos sistemas de administração da produção é exatamente propiciar esta coordenação: disponibilizar informações aos tomadores de decisão sobre quais, quantos e quando serão necessários os suprimentos de recursos produtivos: materiais, mão de obra, equipamentos, entre outros, para atender a determinadas necessidades de consumo pelo mercado. Isso significa que os problemas de coordenação serão resolvidos com a boa implantação de um sistema de administração da produção, tornando redundantes os estoques que existiam com o fim de resolver problemas da falta dessa coordenação.

Entretanto, as outras razões do surgimento de estoques não serão eliminadas pelo simples fato de um novo sistema ser implantado: se determinado fornecedor era pouco confiável, acarretando incerteza no fornecimento de determinado(s) item(ns), não é porque se implanta um novo sistema em um de seus clientes que ele, como em um passe de mágica, se transformará em um fornecedor confiável. Não é porque temos um novo sistema de administração implantado que as máquinas deixarão de quebrar de forma imprevisível se é assim que ocorria. Os tempos de preparação de máquina também não serão reduzidos automaticamente e tampouco os custos do processo de compra.

Em outras palavras, muitas das incertezas e problemas de coordenação não relativos à informação continuarão presentes. Se há intenção de não permitirmos interrupção de fluxo de produção pela falta de determinado material ou por um equipamento ter disponibilidade *incerta*, algum nível de estoque (chamado de segurança) continuará sendo necessário até que, por meio de ações, normalmente externas ao sistema de administração da produção, elas sejam eliminadas. O mesmo vale para os altos tempos de *set-up* e custos do processo de compra.

2.2.3 Modelo básico de gestão de estoques

Agora que temos claros os principais conceitos sobre o que são e por que surgem os estoques em sistemas de transformação, imaginemos o desenvolvimento de um modelo de gestão para esses estoques. As principais definições para a gestão de estoques de determinado item referem-se, conforme já discutido anteriormente, a quando e quanto ressuprir (via compra, para itens comprados ou produção, para itens fabricados internamente) esse item, à medida que ele vai sendo consumido pela demanda (novamente, a questão é tentarmos, tanto quanto possível, coordenar consumo e suprimento do item em questão).

Em outras palavras, é preciso que definamos o momento do ressuprimento e a quantidade a ser ressuprida, para que o estoque possa atender às necessidades da demanda. A Figura 2.4 ilustra esta ideia.

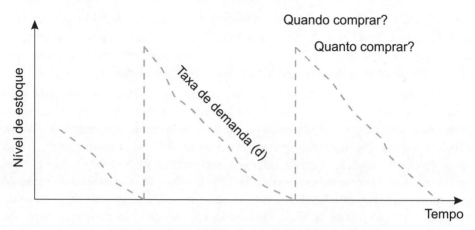

Figura 2.4 Modelo genérico de curva de nível de estoques.

A forma de determinação do momento do ressuprimento e a quantidade a ser ressuprida são o que de fato diferencia os diversos sistemas de gestão de estoques disponíveis.

Gestão de estoques de itens de demanda independente

As formas mais tradicionais de determinação de momentos e quantidades de ressuprimento tratavam todos os itens de forma similar, como se a demanda deles todos se desse de forma independente, uns dos outros. Os sistemas "olhavam" individualmente os diversos itens acompanhando a quantidade remanescente em estoque à medida que a demanda os consumia e, então, com base em alguma lógica predefinida, determinavam momento e quantidade a ressuprir. Um dos modelos mais usados tradicionalmente é o modelo chamado de "ponto de reposição com lote econômico".

O modelo de ponto de reposição e "lote econômico"

O modelo de ponto de reposição funciona da seguinte forma. Todas as vezes que determinada quantidade do item é retirada do estoque, verificamos a quantidade restante. Se essa quantidade restante é menor que uma quantidade predeterminada (chamada "ponto de reposição"), compramos (ou produzimos internamente, conforme o caso) determinada quantidade chamada "lote de ressuprimento". O fornecedor leva determinado tempo (chamado "tempo de ressuprimento" ou *lead time*) até que possa entregar a quantidade pedida, ressuprindo o estoque. O funcionamento do modelo de ponto de reposição é ilustrado na Figura 2.5.

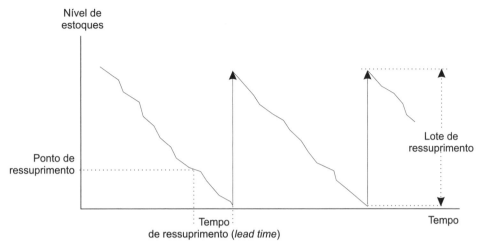

Figura 2.5 Modelo de "ponto de reposição".

Para que esse tipo de modelo possa ser usado, é necessário definirmos seus parâmetros: o ponto de reposição e o tamanho do lote de ressuprimento. Para defini-los, podemos usar modelagem matemática simples. Quando a demanda se dá de forma mais ou menos estável, podemos, por exemplo, aproximar o modelo ilustrado na Figura 2.5 pelo modelo da Figura 2.6.

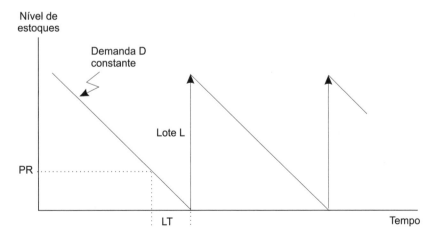

Modelagem simplificadora, assumindo a demanda constante = D

Figura 2.6 Modelagem para determinação dos parâmetros do sistema de ponto de reposição.

Para determinarmos os parâmetros do sistema, podemos adotar uma abordagem de custos. Os custos envolvidos com o sistema são:

C_f – custo fixo de fazer um pedido de ressuprimento. É considerado "fixo", pois é um custo que não varia com a quantidade pedida.

C_e – custo unitário anual de estocagem. É o custo anual de armazenagem de uma unidade do item. Inclui todos os custos incorridos por manter o item em estoque.

Tentemos calcular os custos totais envolvidos em gerenciar o sistema de estoques ilustrado na Figura 2.6.

Custos de armazenagem CA: os custos de armazenagem são calculados multiplicando o estoque médio (dado pelo tamanho do lote dividido por dois) mantido pelo sistema pelo custo unitário anual de estocagem:

$$CA = C_e \times \frac{L}{2}$$

Custos de pedido CP: os custos de pedido são calculados multiplicando os custos fixos de um pedido C_f pelo número total de pedidos feitos ao longo do ano (dado pela demanda anual DA dividida pelo tamanho de lote L):

$$CP = C_f \times \frac{DA}{L}$$

Suponhamos, por exemplo, uma situação em que tenhamos um sistema de gestão de estoques conforme os seguintes parâmetros:

Custo de preparação (ou de pedido) C_f = R$ 20
Custo unitário anual de carregar estoque C_e = R$ 2
Demanda Anual DA = 8.000 unidades

Analisemos os custos envolvidos (tanto os custos de carregar estoques CA como os custos de fazer pedidos CP como os custos totais CT) para vários tamanhos de lote possíveis:

Tabela 2.1 Custos envolvidos com a gestão de estoques

C_f= R$ 20; C_e = R$2; DA = 8.000			
L	$CA = C_e \times (L/2)$	$CP = C_f \times (DA/L)$	$CT = CA + CP$
Tamanho de lote	Custo de carregar estoque	Custo anual de fazer pedidos	Custo total
10	10	16.000	16.010
50	50	3.200	3.250
100	100	1.600	1.700
150	150	1.067	1.217
200	200	800	1.000
300	300	533	833
400	400	400	800
500	500	320	820
600	600	267	867
700	700	229	929
800	800	200	1.000

Nota-se que no caso desse exemplo, para valores de lote variando de 10 até 800, a situação de custo total CT mínimo ocorreu para um tamanho de lote igual a 400. Note que, nessa situação, os custos de carregar estoque CA e de fazer pedidos CP são iguais. Isso ocorre em qualquer situação na qual essa modelagem for adotada. Em outras palavras, o ponto que representa o tamanho de lote que repercute em custos totais mínimos é aquele em que os custos de carregar estoques assumem valor igual aos custos de fazer pedidos.

Podemos desenhar em um gráfico essas duas curvas de custo em função do tamanho de lote, para determinar o ponto em que os custos totais (dados pela soma dos custos de pedidos – CP com os custos de armazenagem – CA) são mínimos (veja a Figura 2.7).

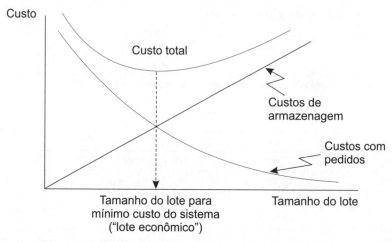

Figura 2.7 Custos totais do sistema de gestão de estoques da Figura 2.6.

Podemos demonstrar que, para essa modelagem simplificadora, os custos mínimos de operação do sistema ocorrem quando os custos totais de armazenagem se igualam aos custos totais com pedidos. Estabelecemos então a equação:

$$C_f \times \frac{DA}{L_E} = C_e \times \frac{L_E}{2}$$

De onde sai que o lote econômico é dado por:

$$L_E = \sqrt{\frac{2 \times DA \times C_f}{C_e}}$$

Para calcularmos o outro parâmetro, o ponto de ressuprimento ou reposição, basta multiplicarmos a taxa de demanda por unidade de tempo, D, pelo tempo de ressuprimento LT (na mesma unidade de tempo da demanda):

$$PR = D \times LT + E_{seg}$$

em que o cálculo da E_{seg} é explicado a seguir.

FIQUE ATENTO

A Figura 2.7 mostra as curvas de custo de armazenagem, custos com pedidos e custo total. Repare que a curva de custos de armazenagem é crescente: quanto maior o lote de compra, mais tempo ele ficará em estoque, em média, aumentando o custo de mantê-lo em estoque. Por outro lado, a curva de custos com pedidos é decrescente: quanto maior o tamanho do lote de compra, haverá menos pedidos de compra colocados ao longo do tempo, reduzindo assim o custo com pedidos. Você reparou que a soma

> da curva de custos de armazenagem e da curva de custos com pedidos resulta na curva de custo total? E você notou que, para esta modelagem de custos, o ponto de custo total mínimo ocorre quando as duas curvas – a de custos de armazenagem e a de custos com pedidos – cruzam-se?

Considerações para definição de estoques de segurança – abordagem probabilística

Em situações reais, nem sempre os pressupostos do desenvolvimento da formulação anterior se mantêm estritamente na forma que foram assumidos. Por exemplo, na formulação para definição do tamanho de lote, foi assumida a hipótese de demanda constante (até para que o cálculo do estoque médio fosse simplificado para a "metade do tamanho do lote"). Entretanto, sabe-se que, numa maioria de casos, as demandas não são exatamente constantes. Há flutuação aleatória em torno de uma média, nos casos em que se pode assumir que a demanda é (agora relativamente) constante. Conforme fica claro na formulação do ponto de reposição, o ponto em que se deveria disparar um pedido de ressuprimento é dado por

$$PR = D \times LT + E_{seg}$$

Se E_{seg} for definido como zero ou, em outras palavras, se for definido que não se vai trabalhar com estoques de segurança, isso significa que um pedido de reposição vai ser disparado quando houver uma quantidade em estoque equivalente à demanda durante o *lead time*. Entretanto, como a demanda na verdade não é totalmente estável, é possível que, assim que um pedido seja disparado, a demanda sofra uma dessas variações aleatórias para maior, e aí permaneça durante o período do *lead time*. Isso significa que a demanda durante esse período na verdade será maior do que aquela demanda assumida quando se dimensionou o ponto de ressuprimento (que havia sido a demanda, assumida constante no patamar médio, durante o *lead time*). Por conseguinte, isso significa que o estoque chegará a zero antes que o ressuprimento chegue, causando falta. Para fazer frente a essas situações de variações aleatórias da demanda, em torno de sua média, muitas empresas resolvem lançar mão de manter alguma quantidade de estoque (chamada estoque de segurança) para que, nos casos em que, depois de emitido o pedido de ressuprimento, a demanda aumentar, não haja falta. A pergunta a partir daí passa a ser: que quantidade de estoques de segurança manter?

Parece claro que deveria ser mantida uma quantidade de estoque de segurança que fosse de certa forma proporcional ao nível de incerteza da demanda, ou seja, de quanto a demanda real terá probabilidade de variar em torno da média assumida. Isso pode ser visto no gráfico da Figura 2.8.

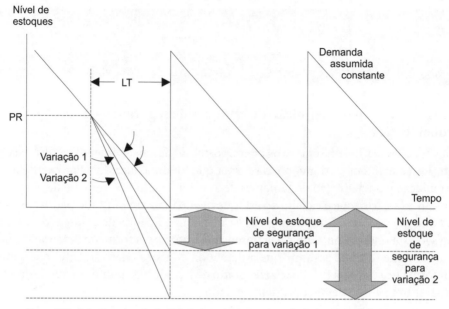

Figura 2.8 Relação entre níveis de incerteza da demanda e níveis de estoque de segurança.

Surge a necessidade de quantificar a incerteza. Em outras palavras, de saber quais as probabilidades associadas aos diferentes níveis de crescimento da demanda, após a emissão do pedido de ressuprimento. Para isso, é necessário conhecer as características das variações passadas da demanda em torno da média. Vamos imaginar, por exemplo, que as demandas semanais por determinado produto ao longo das últimas 40 semanas sejam as seguintes:

Tabela 2.2 Amostra de 40 demandas semanais passadas

Semana	Demanda	Semana	Demanda	Semana	Demanda	Semana	Demanda
1	120	11	118	21	121	31	119
2	118	12	120	22	119	32	123
3	124	13	117	23	116	33	119
4	119	14	120	24	120	34	123
5	118	15	121	25	123	35	118
6	121	16	117	26	117	36	120
7	120	17	121	27	122	37	123
8	121	18	120	28	120	38	121
9	122	19	119	29	118	39	122
10	119	20	121	30	122	40	122

Se plotássemos esses dados de demanda num histograma, obteríamos o seguinte gráfico:

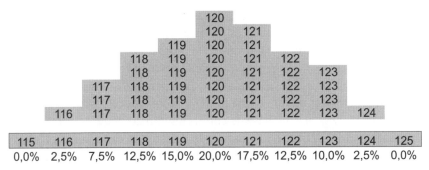

Figura 2.9 Histograma da distribuição da amostra de 40 demandas passadas da Tabela 2.2.

A partir da distribuição representada no histograma, podemos avaliar probabilidades (assumindo que essa amostra de 40 demandas passadas reflete exatamente o comportamento real da demanda), por exemplo, de que a demanda seja acima de 123 unidades em determinada semana. Ela seria de 2,5% porque só há uma ocorrência de demandas iguais a 124, 125, 126 etc. e isso significa 2,5% do total de 40 elementos da amostra. Entretanto, não se pode assumir que a amostra seja exatamente representativa da demanda. O que gostaríamos seria de, a partir da amostra de 40 demandas semanais, inferir ou induzir qual seria a distribuição real da demanda. Isso é feito a partir da estatística indutiva, em que, com base nos dados de uma amostra, se induzem as características do universo (ou, em termos estatísticos, da população).

A partir da amostra de 40 demandas semanais, gostaríamos de ter uma boa estimação da distribuição de probabilidades da demanda real. Assumindo que a demanda real se comporta segundo uma distribuição *normal* (distribuição em forma de sino, na qual o resultado é a soma de uma grande quantidade de influências, cada uma das quais se distribuindo de forma aleatória), os dois valores que são necessários para caracterizar uma distribuição normal são:

- a média μ (normalmente simbolizada pela letra grega *mü*, lê-se "mi"); e
- o desvio-padrão σ (simbolizado pela letra grega *sigma*).

A média μ da demanda semanal, então, seria estimada a partir da média da própria amostra de demandas semanais. Em nosso caso, para as 40 demandas passadas, a média seria dada por:

$$\mu \approx d_{méd} = \frac{d_1 + d_2 + d_3 + d_4 + \ldots + d_n}{n}$$

e o desvio-padrão seria dado por:

$$\sigma = \sqrt{\frac{\left(d_1 - d_{méd}\right)^2 + \left(d_2 - d_{méd}\right)^2 + \left(d_3 - d_{méd}\right)^2 + ... + \left(d_n - d_{méd}\right)^2}{n-1}}$$

A partir, então, da média e do desvio-padrão estimados, podem-se usar essas estimativas para inferir quais seriam as probabilidades, por exemplo, de a demanda semanal ser maior que determinado valor. Da mesma forma, é possível determinar, por exemplo, qual o valor da demanda semanal no caso em que a probabilidade de a demanda real ser maior seja de apenas 5%. Isso permite que se estimem probabilidades de a demanda ser maior do que determinados valores. Isso significa que, em certo momento, é possível, com base no conhecimento dos valores de desvio-padrão e média da demanda, definir que quantidade de estoque deveria ser mantida para que apenas 5% ou 1% (ou seja, qual for o valor) da demanda não seja atendida – em outras palavras, qual o nível de estoque de segurança necessário para atender a determinado nível de serviço oferecido ao cliente. A relação entre nível de serviço ao cliente e nível de estoque de segurança é dada por:

$$E_{seg} = FS \times \sigma \times \sqrt{\frac{LT}{PP}}$$

Onde

E_{seg} = Estoque de segurança

FS = fator de segurança, que é uma função do nível de serviço que se pretende

σ = desvio-padrão estimado para a demanda futura

LT = *lead time* de ressuprimento

PP = periodicidade à qual se refere o desvio-padrão

Na Tabela 2.3, pode ser encontrado o fator de segurança correspondente a vários possíveis níveis de serviço. O fator de serviço representa o número de desvios-padrão (dos erros de previsão durante o *lead time*) que se deve manter em estoque de segurança para garantir o correspondente nível de serviço.

Tabela 2.3 Fatores de segurança

Nível de serviço	Fator de serviço
50%	0
60%	0,254
70%	0,525
80%	0,842
85%	1,037
90%	1,282

(continua)

	(continuação)
Nível de serviço	Fator de serviço
95%	1,645
96%	1,751
97%	1,880
98%	2,055
99%	2,325
99,9%	3,100
99,99%	3,620

Por exemplo, suponhamos que estejamos interessados em dimensionar o estoque de segurança para a situação representada na Tabela 2.2. Fazendo as contas, achamos, para aqueles dados, os seguintes valores:

$$d_{méd} = 120,1$$
$$\sigma \approx s = 1,911$$

Usando a fórmula e supondo que o *lead time* de obtenção do item em questão é de três semanas, e que se pretenda um nível de serviço de 95% (em média, deixando 5% não atendidos a partir da disponibilidade de estoque), vem:

$$E_{seg} = FS \times \sigma \times \sqrt{\frac{LT}{PP}}$$

$$E_{seg} = 1{,}645 \times 1{,}911 \times \sqrt{\frac{3}{1}}$$

= 5,44 ou, arredondando, 6.

O ponto de ressuprimento dessa situação seria então:

$$PR = D_{méd} \times LT + E_{seg} = (120{,}1 \times 3) + 5{,}44 = 365{,}64$$

ou, arredondando, 366.

Explicando, foi usado o desvio-padrão da amostra como estimador do desvio--padrão da demanda real, igual a 1,911. Foi usado o fator de segurança 1,645 da tabela de fatores de segurança para um nível de serviço de 95%. E, finalmente, foi usado um corretor para o desvio-padrão de $\sqrt{3}$, porque o período a que se refere o desvio-padrão considerado é a semana (de fato, a lista de demandas da Tabela 2.2 refere-se a demandas *semanais*, então o PP foi assumido como sendo de valor 1). Como o que se quer é o desvio-padrão da variação de três semanas de demanda e não de apenas uma, aplica-se esse corretor. Para detalhes sobre os cálculos estatísticos e probabilísticos usados aqui, recomendamos a consulta a qualquer bom manual de probabilidade e estatística.

Existe ainda outra fonte de variação, que é a variabilidade a que pode estar sujeito o *lead time* de ressuprimento. Da mesma forma que em relação à variabilidade da demanda, também é possível analisar, em função do desempenho passado do fornecedor em questão, qual sua distribuição de tempos que efetivamente levaram as entregas, a partir dos pedidos colocados, e caracterizá-la em termos de uma média e de um desvio-padrão. Se de novo assumirmos que a distribuição dos *lead times* de ressuprimento se comportam conforme uma curva normal, é possível dar um tratamento estatístico relativamente simples a essa questão. Suponhamos que em determinada situação tenhamos uma demanda perfeitamente conhecida e constante, mas tenhamos uma situação em que os *lead times* do fornecedor variam conforme uma curva normal de média cinco semanas e desvio-padrão 0,5 semana. O nível de estoques de segurança que se deveria ter para que um nível de serviços de, digamos, 95% fosse obtido seria:

$$E_{seg} = FS \times \sigma_{LT} \times D$$

Onde

FS = fator de segurança, função do nível de serviço requerido

σ_{LT} = desvio-padrão da distribuição dos *lead times*

D = demanda, para esse caso, considerada constante e conhecida

Por exemplo, suponha a situação em que

D = 50 unidades por semana

FS = 1,645 referente a um nível de serviço de 95%

σ_{LT} = 0,5 semana

LT = 5 semanas

Pelos dados, sabemos que em menos de 5% das situações, em média, o tempo de entrega do fornecedor superará:

5 + (1,645 × 0,5) semanas = 5,82 semanas.

Portanto, o estoque de segurança deveria ser igual a:

0,82 sem × 50 = 41 unidades.

Colocando de outra forma (usando a formulação):

$E_{seg} = FS \times \sigma_{LT} \times D = 1,645 \times 0,5 \times 50 = 41$

O ponto de ressuprimento deveria então ser calculado como:

$PR = D \times LT + E_{seg} = 50 \times 5 + 41 = 291$

Há situações em que a variabilidade ocorre tanto na demanda como no *lead time* de ressuprimento. Nessas situações, o cálculo do estoque de segurança pode assumir a seguinte formulação (EPPEN; MARTIN, 1988) para o desvio-padrão da demanda normalmente distribuído durante um *lead time* também distribuído de maneira normal:

$$\sigma_{demanda\ durante\ o\ LT} = \sqrt{D^2 \times \sigma_{LT}^2 + LT \times \sigma_D^2}$$

Onde

σ_D = desvio-padrão dos desvios da demanda em relação à previsão

σ_{LT} = desvio-padrão do *lead time*

$\sigma_{demanda\ durante\ o\ LT}$ = desvio-padrão da demanda durante o período do *lead time*

A partir daí, o cálculo do estoque de segurança E_{seg} fica apenas:

$$E_{seg} = FS \times \sigma_{demanda\ durante\ o\ LT}$$

Por exemplo, suponha a situação em que

D (demanda média por semana) = 50 unidades por semana

σ_D = 20 unidades por semana

LT (médio) = 5 semanas

σ_{LT} = 0,5 semana

FS = 1,645 referente a um nível de serviço de 95%

Note que neste exemplo há variabilidade tanto da demanda como do *lead time*. Para calcularmos o estoque de segurança e o ponto de ressuprimento, o primeiro passo é calcularmos o desvio-padrão da demanda D, que é distribuída de forma normal durante o *lead time* LT, que também é distribuído de forma normal:

$$\sigma_{demanda\ durante\ o\ LT} = \sqrt{D^2 \times \sigma_{LT}^2 + LT \times \sigma_D^2} = \sqrt{50^2 \times 0,5^2 + 5 \times 20^2} =$$
$$= \sqrt{2.500 \times 0,25 + 5 \times 400} = 51 \text{ unidades}$$

Portanto, o estoque de segurança pode ser calculado como:

$$E_{seg} = FS \times \sigma_{demanda\ durante\ o\ LT} = 1,645 \times 51 = 84 \text{ unidades}$$

E o ponto de ressuprimento pode ser calculado como:

$$PR = D \times LT + E_{seg} = 50 \times 5 + 84 = 250 + 84 = 334 \text{ unidades}$$

Essa formulação, entretanto, é controversa e o mais comum de se encontrar na literatura e na prática das empresas é a formulação assumindo *lead time* constante e conhecido, com estoque de segurança sendo calculado como:

$$E_{seg} = FS \times \sigma \times \sqrt{\frac{LT}{PP}}$$

Essa formulação dá-nos a oportunidade de discutir as variáveis envolvidas no cálculo dos estoques de segurança necessários a atingir determinado nível de serviço ao cliente. Notamos que, numa abordagem trivial, um aumento de nível de serviço ao cliente só poderia ser atingido por uma elevação no nível de estoques (pois, conforme mostra a Tabela 2.3, os fatores de segurança *FS* crescem, até mais que proporcionalmente, conforme cresce o nível de serviço requerido). Entretanto, essa colocação, embora usual em discussões presenciadas nas empresas, carrega algumas simplificações excessivas. Assume, por exemplo, que o termo

$$\sigma \times \sqrt{\dfrac{LT}{PP}}$$

é uma constante sobre a qual não se pode agir. Engano. Tanto o σ (desvio-padrão das previsões) como o *LT* (*lead time* de ressuprimento) podem ser alterados respectivamente por:

a. melhores previsões que farão com que o desvio-padrão das previsões caia. Isso é geralmente algo sob algum controle do setor de marketing, em geral a cargo de executar previsões. A experiência dos autores nas empresas brasileiras é de negligência quanto ao uso de técnicas adequadas para a elaboração de previsões;

b. melhores (menores) *lead time*s que, se reduzidos, farão também os estoques de segurança baixarem (com manutenção dos níveis de serviços a clientes). Isso em geral está a cargo dos setores de suprimentos (quando se trata de ordens de compra) e de produção (quando se trata de ordens de produção).

A observação desses dois aspectos coloca a discussão mais em contexto. A responsabilidade de definição e os *drivers* dessa definição não estão sob total controle do setor de logística interna. Na verdade, estão sob controle de vários setores dentro da organização que devem agir coordenadamente para que se possa de fato baixar o nível dos estoques de segurança sem prejudicar os níveis de serviços a clientes: marketing, suprimentos, logística interna, produção. Só assim se poderá chegar a uma situação em que níveis altos de serviço são atingidos sem o aumento proporcional do nível de estoques de segurança.

A abordagem de nível de serviço que leva em conta o número de itens faltantes

Uma coisa importante a observar no dimensionamento de níveis de estoques de segurança para atender a determinados níveis de serviço é o conceito que se quer dar a "nível de serviço". A última seção tratou da forma mais usualmente encontrada em manuais de gestão de materiais e empresas: a abordagem probabilística. Nela, o entendimento que deve ser dado ao "nível de serviço", para que haja coerência com a formulação desenvolvida, é "a probabilidade de não haver falta durante o período do *lead time* de ressuprimento". Em outras palavras, trata da probabilidade de não haver falta nenhuma (*versus* a probabilidade de haver alguma falta) durante o período em que se aguarda o ressuprimento do item em questão. Isso porque é neste e só neste período que a empresa (ou o estoque em questão) expõe-se a uma possível falta. Antes de se haver atingido o ponto de ressuprimento, há estoques e, portanto, não há risco de falta. Entre o momento do recebimento do último ressuprimento e o momento do disparo do próximo pedido de ressuprimento, por não se correr risco de falta, o nível de serviço é 100%. Isso leva ao raciocínio de que, a rigor, só durante determinados períodos (durante a decorrência do *lead time* de ressuprimento) há o risco de haver alguma falta – portanto, a probabilidade de haver falta do item no horizonte futuro seria um ponderado entre a probabilidade de haver falta durante o *lead time* de ressuprimento e os 100% de nível de serviço obtidos entre os momentos do último recebimento e o disparo do próximo pedido de ressuprimento.

Imaginemos que determinado item seja comprado apenas uma vez ao ano (lote de compra grande, suficiente para atender à demanda do ano todo). Isso significa que apenas uma vez ao ano haverá uma "exposição" à falta do item, e que, durante essa exposição, o risco de haver alguma falta será resultado do nível de estoque de segurança definido pela formulação apresentada no item anterior. Nesse caso, se imaginarmos apenas, por exemplo, que o *lead time* de ressuprimento do item é de duas semanas, e que o estoque de segurança tenha sido dimensionado para 95% de nível de serviço, o item terá uma probabilidade de falta ao longo do ano todo que é uma média ponderada entre 95% durante duas semanas e 100% durante as restantes 50 semanas do ano! Certamente o nível de serviços do período todo será muito maior que os 95% assumidos no dimensionamento (com os custos de armazenagem correspondentes). Por outro lado, se os tamanhos de lote forem pequenos, com frequentes ressuprimentos, o item será "exposto" à falta uma grande quantidade de vezes, por períodos do tamanho dos correspondentes *lead times* de ressuprimento. A Figura 2.10 ilustra o exposto.

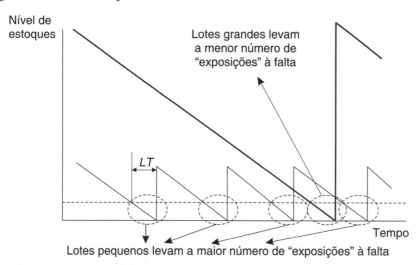

Figura 2.10 Relação entre número de exposições à falta e tamanho de lotes de ressuprimentos.

Dimensionalmente, pode-se notar que a formulação com abordagem probabilística, apresentada anteriormente neste livro:

$$ES = FS \times \sigma \times \sqrt{LT / PP}$$

desconsidera o tamanho de lote com o qual se trabalha.

Isso pode levar a equívocos, pois algumas pessoas podem considerar uma definição para "nível de serviço" diferente daquela coerente com a formulação ("probabilidade de não haver falta durante o período de ressuprimento"). Pode-se assumir, por exemplo, a definição de nível de serviço como a quantidade percentual do item em questão não disponível imediatamente, no período futuro, comparado com a quantidade total demandada. Se esse for o caso, a formulação da abordagem probabilística apresentada anteriormente não deve ser utilizada.

Como exemplo de inadequação dessa formulação, podemos pensar numa situação em que uma empresa, gerenciando seus níveis de estoques de peças sobressalentes para atender a suas necessidades de manutenção corretiva, classifica seus itens em classes A, B e C (referentes ao valor de uso – veja seção "Curva ABC" neste capítulo) e X, Y e Z (referente à criticidade da peça, ou seja, ao custo de falta da peça). Imaginemos, por exemplo, que um item X seja um elemento que, se quebrar e faltar no estoque, faça uma importante máquina (por exemplo, um gargalo) parar, com custos muito altos associados, portanto, à falta. Um item Y, por sua vez, é um item que, se quebrar e faltar no estoque, faz uma máquina importante trabalhar a uma velocidade inferior a sua velocidade máxima, mas não a faz parar, e um item Z é um elemento que, se quebrar e faltar, não altera a produção, ainda que deva ser trocado. Quando se tenta relacionar essas três classificações para que se definam os níveis de serviços, pode-se achar a situação dada pela Tabela 2.4.

Tabela 2.4 Relação possível entre classificações de itens e níveis de serviço

Níveis de serviço	A	B	C
X			Muito altos
Y			
Z	Baixos		

Nessa situação, por exemplo, é plausível que a empresa opte deliberadamente por ter baixos níveis de serviço dos itens que, por um lado, não são críticos (por exemplo, Z na escala de criticidade) e, por outro, são caros de se manter em estoque (por exemplo, classificados como A no valor de uso). Também é plausível que a empresa opte por níveis de serviço altos para aqueles itens que, por um lado, são baratos de manter em estoque (por exemplo, classificados como C) e, por outro, são críticos, não podendo faltar. Também é plausível que, em situações intermediárias da relação entre criticidade e valor de uso, mereçam níveis intermediários de serviço. Vamos imaginar que, para um desses itens, o item hipotético XPTO, tenha-se decidido que o nível desejável de serviço seja de 50%, pois é item caro e não crítico. Imaginemos também que, apenas para facilitar o entendimento, a demanda deste item seja absolutamente previsível, isto é, tenha o σ (que representa o desvio-padrão dos erros de previsão) durante o *lead time* igual a zero, e tenha também confiabilidade 100% dos tempos de ressuprimento (*lead time*). Nessa situação, se for usada a formulação para cálculo do ponto de ressuprimento abaixo:

$$PR = D \times LT + FS \times \sigma \times \sqrt{LT / PP}$$

onde *FS*, ou "fator de serviço", é o número de desvios-padrão correspondente ao nível de serviço desejado, conforme explicado anteriormente neste capítulo.

Como σ no exemplo presente é próximo de zero, pode-se considerar que

$$PR = D \times LT$$

seria um ponto de ressuprimento que daria um nível de serviço de praticamente 100%. A empresa, porém, optou por ter 50% de nível de serviço, ou seja, ela quer que para 100 peças solicitadas, em média, apenas 50 estejam disponíveis imediatamente. A empresa optou por esse nível de serviço evidentemente para diminuir seus níveis de estoque. Nesse caso, o estoque de segurança, dado pela expressão

$$FS \times \sigma \times \sqrt{LT / PP},$$

teria necessariamente de ser um número negativo, para forçar a falta em determinadas situações, de modo a resultar em 50% de nível de serviço, e não nos 100% obtidos.

✅ BOXE 2.1

O "problema do jornaleiro" e o cálculo do nível de serviço ótimo

Em algumas situações, é possível definir analiticamente quais são os níveis ótimos de serviço para que o lucro seja maximizado. Uma dessas situações é o chamado "problema do jornaleiro", descrito e solucionado a seguir.

A formulação que segue foi originalmente desenvolvida para produtos que devem ser consumidos num período porque perdem substancialmente valor ao final desse período. Um exemplo típico é o problema do jornaleiro. Ele deve vender seu jornal no dia da edição, porque o seu valor nos dias seguintes é apenas uma pequena fração do valor original. Entretanto, esta é uma condição que está presente em muitos tipos de produtos e negócios. Pense, por exemplo, na indústria sazonal da moda (este exemplo baseia-se em Chopra e Meindl, 2007). Um produto deste verão perderá muito do seu valor se não for vendido na própria estação. O pressuposto aqui assumido é que não se usarão sobras da estação anterior para atender à demanda da estação presente. Tomemos como exemplo os trajes femininos de banho. Chamemos de p o preço na venda do varejo, de c o custo de produto e de r o valor residual do produto, depois da estação, se não for vendido. A partir daí vem:

Ce = Custo de excesso de estoque (por unidade), $Ce = c - r$
Cf = Custo da falta do produto (por unidade), $Cf = p - c$
NSO^* = Nível de serviço ótimo
E^* = Nível ótimo de estoque correspondente ao NSO

O nível de serviço NS corresponde a um determinado nível de estoque E. NS é a probabilidade de que a demanda durante a estação seja menor ou igual ao valor do correspondente E. Por exemplo, se o NS for de 95%, isso significa que existe probabilidade de 95% de a demanda durante a estação ser menor do que o nível de estoque E e, portanto, que toda a demanda seja satisfeita pelo estoque E. Dentre os diferentes NS possíveis, há um que maximiza o lucro e a este chamamos de NSO^* (nível de serviço ótimo). O nível ótimo de serviço NSO^* é, portanto, aquele em que, se mais uma unidade for comprada (com o estoque correspondente passando de E^* para $E^* + 1$), a contribuição desta unidade adicional para o lucro é igual a zero (portanto, não vale a pena ser comprada!).

Se a quantidade pedida (para atender à demanda da estação) subir de E^* para $E^* + 1$, a unidade adicional será vendida se a demanda for maior que E^*. Isso ocorre com probabilidade $1 - NSO^*$ e resulta numa contribuição (ao lucro) de $p - c$. Daí:

Benefício esperado da compra da unidade extra (adicional) = $(1 - NSO^*)(p - c)$

A unidade extra (adicional) não será vendida se a demanda for igual ou menor que E^*. A probabilidade de isso ocorrer é NSO^* e o resultado é um custo de $c - r$. Daí:

Custo esperado da compra da unidade extra (adicional) = $NSO^*(c - r)$

Portanto, a contribuição adicional (também chamada marginal) do aumento do estoque em uma unidade, de E^* para $E^* + 1$, é:

$$(1 - NSO^*)(p - c) - NSO^*(c - r)$$

Mas já havíamos estabelecido que, para que o lucro fosse maximizado, a contribuição marginal da unidade adicional deveria ser zero e, portanto:

$$(1 - NSO^*)(p - c) - NSO^*(c - r) = 0$$

Desenvolvendo:

$$p - c - pNSO^* + cNSO^* - cNSO^* + rNSO^* = 0$$

$$p - c - (p - c + c - r) \, NSO^*$$

$$p - c = [(p - c) + (c - r)] \, NSO^* \text{ e, portanto,}$$

$$NSO^* = \frac{p-c}{[(p-c)+(c-r)]} = \frac{Cf}{Cf + Ce} = \frac{1}{1 + \dfrac{Ce}{Cf}}$$

Por exemplo, imagine que um biquíni tenha:

Preço no varejo p = R$ 50,00

Custo c = R$ 25,00

Valor residual (biquíni não vendido) = R$ 3,00

Qual o nível de serviço ótimo para este item?

Como $Cf = p - c = 100 - 50 = 50$ e como o $Ce = c - r = 25 - 3 = 22$, vem que:

> $$NSO^* = \frac{Cf}{Cf+Ce} = \frac{50}{50+22} = 69\%$$
>
> Imaginemos que a demanda por biquínis obedeça a uma distribuição uniforme entre 1 e 100 biquínis (igual probabilidade, de 1%, de vender cada uma das possíveis quantidades de biquíni entre 1 e 100 unidades). Um nível de serviço ótimo NSO^* de 69% significa que o lucro esperado será máximo para uma quantidade comprada E^*, tal que a probabilidade de a demanda ser menor que $E^* = 69\%$. No caso da distribuição uniforme de demandas do biquíni do nosso caso fictício, 69 unidades.

Note, entretanto, a fórmula para estoque de segurança. O *FS*, ou "fator de serviço", é um número positivo (veja a Tabela 2.3); σ é por definição um número positivo, e evidentemente a raiz quadrada da fração entre o *lead time* e o período de previsão é também um número positivo. Em outras palavras, com essa formulação, o estoque de segurança nunca pode assumir valor negativo. Por outro lado, demonstramos, no caso do item XPTO, que seria necessário que o estoque de segurança em determinadas situações assumisse valor negativo. Para isso, uma abordagem diferente deve ser assumida, descrita na seção seguinte.

Abordagem alternativa (numérica) para dimensionamento de estoques de segurança

Uma das definições mais usuais na prática das empresas para nível de serviço, em relação à disponibilidade de um item de estoque de demanda independente (como os produtos acabados e as peças para reposição, por exemplo), refere-se, não à probabilidade de falta durante um período, mas a quantidades de itens não encontrados com disponibilidade imediata. Se a concepção desejada para nível de serviços for, por exemplo, a "porcentagem do número de unidades imediatamente disponíveis sobre a quantidade total de itens demandados", é necessário entrar no mérito de, para cada exposição à falta, quantas unidades espera-se que faltem. Na verdade, essa abordagem faz sentido numa série de situações nas quais importa saber o tamanho do problema (quantos itens vão faltar) mais do que apenas se vai haver algum problema (vai ou não haver alguma falta).

A formulação para o dimensionamento de estoques de segurança no caso de se considerar a quantidade percentual de itens faltando é diferente da abordagem probabilística desenvolvida na última seção.

Vamos iniciar conceituando nível de serviço para a nova abordagem:

Nível de serviço na abordagem numérica é a quantidade percentual dos itens demandados que são atendidos com base no estoque em mãos. Por exemplo, se a quantidade anual demandada de determinado item for de 1.000 unidades, um nível de serviço de 95% significaria que estatisticamente 950 seriam servidos de imediato com base no estoque em mãos e 50, em média, faltariam.

A discussão nesta seção é baseada num conceito estatístico chamado z Esperado ou $E(z)$ (CHASE; AQUILANO; JACOBS, 1998). $E(z)$ é o número esperado de itens faltantes em cada uma das ocasiões em que um item seja exposto à falta (durante o transcorrer do *lead time* de ressuprimento). Aqui, a exemplo das formulações anteriores, assume-se que a demanda se comporte como uma variável aleatória com distribuição normal.

Para computar o nível de serviço, teríamos que avaliar quantas unidades do item faltariam num período de, digamos, um ano. Assumamos, por exemplo, que a demanda semanal de determinado item de estoque seja de 100 unidades, com desvio-padrão (σ) de 10 unidades. Se começarmos a semana com 110 unidades do item e não houver entregas pendentes para a semana, quantas unidades, em média, faltarão? Seria necessário calcular a probabilidade de a demanda ser, durante a semana, de 111 unidades (probabilidade de faltar uma unidade), de 112 unidades (probabilidade de duas unidades faltarem), de 113 unidades (probabilidade de três unidades faltarem) e assim por diante. Sumarizando esses cálculos, teríamos a quantidade média esperada de itens faltantes a cada vez que o item fica exposto à falta (ou seja, durante o período de *lead time* de ressuprimento). O conceito é simples, mas o cálculo dessas quantidades esperadas de falta é complexo. Felizmente, os valores de quantidades esperadas faltantes, em média, como função do número de desvios-padrão (dos erros de previsão) de estoque de segurança durante o *lead time* encontram-se tabelados (veja Tabela 2.5, plotada a seguir na Figura 2.11).

Tabela 2.5 Número de itens esperados faltantes em função do número de desvios-padrão do estoque de segurança (tabela normalizada para desvio-padrão da demanda igual a 1).

E(z)	z	E(z)	z	E(z)	z	E(z)	z
4,500	− 4,50	2,205	− 2,20	0,399	0,00	0,004	2,30
4,400	− 4,40	2,106	− 2,10	0,351	0,10	0,003	2,40
4,300	− 4,30	2,008	− 2,00	0,307	0,20	0,002	2,50
4,200	− 4,20	1,911	− 1,90	0,267	0,30	0,001	2,60
4,100	− 4,10	1,814	− 1,80	0,230	0,40	0,001	2,70
4,000	− 4,00	1,718	− 1,70	0,198	0,50	0,001	2,80
3,900	− 3,90	1,623	− 1,60	0,169	0,60	0,001	2,90
3,800	− 3,80	1,529	− 1,50	0,143	0,70	0,000	3,00
3,700	− 3,70	1,437	− 1,40	0,120	0,80	0,000	3,10
3,600	− 3,60	1,346	− 1,30	0,100	0,90	0,000	3,20
3,500	− 3,50	1,256	− 1,20	0,083	1,00	0,000	3,30
3,400	− 3,40	1,169	− 1,10	0,069	1,10	0,000	3,40
3,300	− 3,30	1,083	− 1,00	0,056	1,20	0,000	3,50

E(z)	z	E(z)	z	E(z)	z	E(z)	z
3,200	-3,20	1,000	-0,90	0,046	1,30	0,000	3,60
3,100	-3,10	0,920	-0,80	0,037	1,40	0,000	3,70
3,000	-3,00	0,843	-0,70	0,029	1,50	0,000	3,80
2,901	-2,90	0,769	-0,60	0,023	1,60	0,000	3,90
2,801	-2,80	0,698	-0,50	0,018	1,70	0,000	4,00
2,701	-2,70	0,630	-0,40	0,014	1,80	0,000	4,10
2,601	-2,60	0,567	-0,30	0,011	1,90	0,000	4,20
2,502	-2,50	0,507	-0,20	0,008	2,00	0,000	4,30
2,403	-2,40	0,451	-0,10	0,006	2,10	0,000	4,40
2,303	-2,30	0,399	0,00	0,005	2,20	0,000	4,50

z = número de desvios-padrão de estoque de segurança
$E(z)$ = número de unidades esperadas em falta por exposição
Fonte: BROWN, R. *Decision rules for inventory management*. New York : Holt, Rinehart & Winston, 1967. Apud Chase, Aquilano e Jacobs (1998).

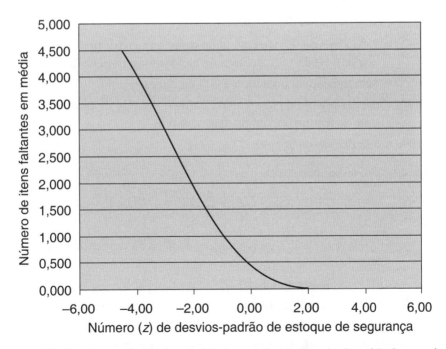

Figura 2.11 Número esperado de faltas por ciclo de ressuprimento (para desvio-padrão dos erros de previsão da demanda durante o *lead time* = 1).

Retomando o exemplo do item hipotético acima, com demanda semanal de 100 unidades e desvio-padrão (σ) de 10 unidades, devemos multiplicar o eixo vertical por 10, porque os dados tabelados e plotados referem-se a uma situação normalizada com desvio-padrão (σ) igual a 1. Lendo a tabela ou o gráfico, observamos que, se carregarmos um estoque de segurança de 10 unidades ($z = 1$), deveremos esperar uma quantidade média de itens faltantes de 0,83 a cada vez que o item fica exposto à falta. O valor de 0,83 foi obtido multiplicando o valor 0,083 (que corresponde a $E(z)$ para $z = 1$) por 10, porque o desvio-padrão da demanda durante o *lead time* é de 10.

Note que se, no início da semana, o item hipotético tivesse um estoque de segurança de zero (em outras palavras, se no início da semana o estoque fosse só de 100 unidades), a média esperada de unidades faltantes seria de $0,399 \times 10 = 3,99$ unidades. O valor de $E(z) = 0,399$ foi tirado da tabela normalizada para $z = 0$.

Imaginando ainda que se iniciou a semana com 90 unidades (correspondente portanto a $z = -1$), a quantidade esperada faltante, em média, é de $1,083 \times 10 = 10,83$ unidades.

Façamos um exemplo de aplicação.

Imagine que os seguintes dados referem-se a um item de estoque do qual se queira determinar o estoque de segurança:

NS = 95%. Nível de serviço entendido como número de itens imediatamente disponíveis do total de itens demandados num período

DA = demanda anual do item = 5.200 unidades

$\sigma_{LT} = 10$ = desvio-padrão da demanda durante o período de transcurso do *lead time* de ressuprimento de duas semanas

$L = 100$ = lote de ressuprimento

Nesta situação, teríamos:

$$(1 - NS) \times DA = E(z) \times \sigma_{LT} \times DA/L$$

Onde

$(1 - NS) = (1 - 0,95) = 0,05$ = porcentagem de itens da demanda total admitida faltante

DA = 5.200 = demanda anual; daí

$(1 - NS) \times D$ = total anual de itens que se admite não estarem imediatamente disponíveis

$E(z)$ = número de unidades esperadas faltantes por exposição

σ_{LT} = desvio-padrão dos erros de previsão durante o *lead time*

DA/L = número de exposições à falta, ou, em outras palavras, número de ressuprimentos de estoque

LT = *lead time* = duas semanas

D = demanda média semanal = $DA/52$ semanas por ano = 100 unidades por semana

Desenvolvendo a expressão

$$(1 - NS) \times DA = E(z) \times \sigma_{LT} \times DA/L$$

Vem

$$E(z) = \frac{(1 - NS) \times L}{\sigma_{LT}}$$

Calculando, temos:

$$E(z) = \frac{(1 - 0,95) \times 100}{10} = 0,5$$

Entrando na Tabela 2.5, para $E(z) = 0,5$, tira-se $z = -0,20$

Usando agora a fórmula para cálculo do ponto de ressuprimento,

$$PR = D \times LT + z \times \sigma_{LT}$$
$$PR = 100 \times 2 + (-0,2) \times 10 = 200 - 2 = 198$$

Neste caso, nota-se o resultado de z negativo, levando o ponto de ressuprimento a ser menor que a demanda média durante o *lead time*, o que seria impossível na formulação probabilística.

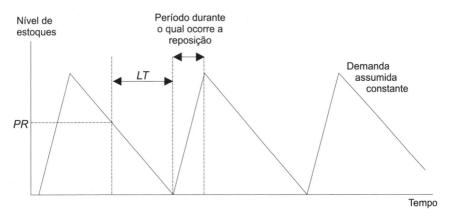

Figura 2.12 Sistema de gestão de estoques com reposição gradual.

A decisão de tamanho de lote de compra quando há oferta de descontos por quantidade

Em muitas situações, o gestor de materiais tem de decidir qual tamanho de lote de compra pedir quando o fornecedor lhe oferece diferentes preços para diferentes faixas de quantidades pedidas. Por exemplo, imagine que o gestor de materiais tenha feito seus cálculos de "lote econômico de compra" e, com base neles, concluído que o *LEC* para determinado item é de 360 unidades. Quando contata o fornecedor para colocar seu pedido, tem como resposta uma oferta: se comprar 500 unidades ou mais, ganha um desconto de 10% no preço unitário do produto comprado. E agora? O gestor deve comprar as 360 unidades (*LEC*) ou comprar 500 unidades e beneficiar-se do desconto em preço? Nesta seção vamos discutir como tomar essa decisão.

Vamos usar um exemplo ilustrativo:

Imaginemos uma situação de um produto que tenha:

Demanda anual do item DA = 3.240 unidades

Custo do item Ci = R$ 4,00

Taxa de carregamento do estoque (i) = 25% ao ano (o percentual do custo do item que representa o custo de mantê-lo em estoque por um ano)

Custo fixo de fazer um pedido Cf = R$ 20,00

Desconto possível = 10% no custo do item para quantidades compradas maiores que 500 unidades

O custo de carregamento de estoque Ce, neste caso, é igual a:

$$Ce = Ci \times k$$

Onde

Ci = custo unitário do item em questão

k = taxa de carregamento do estoque (percentual do custo do item correspondente ao custo de mantê-lo por um ano em estoque)

O objetivo, aqui, a exemplo dos modelos (sem desconto em preço) discutidos anteriormente neste capítulo, é minimizar o custo total de estoques. A diferença aqui é que, além da consideração dos custos (anuais) de armazenagem CA e custos (anuais) de pedido CP, temos também que considerar o pagamento (anual) ao fornecedor referente ao produto em questão – pois, para a mesma quantidade anual comprada, o pagamento (anual) ao fornecedor PF será diferente para diferentes quantidades compradas a cada lote (R$ 4,00 por unidade para quantidades de lote de compra menores que 500 e R$ 3,60 por unidade para quantidades de lote de compra maiores ou iguais a 500 unidades). A expressão do custo total CT fica, então:

$$CT = Cf \times \frac{DA}{L} + Ce \times \frac{L}{2} + PF$$

Você se lembra da expressão do lote econômico de compra *LEC*, discutido anteriormente:

$$LEC = \sqrt{\frac{2 \times DA \times Cf}{Ce}} = \sqrt{\frac{2 \times DA \times Cf}{Ci \times k}}$$

A ideia, então, é calcular, em primeiro lugar, para cada desconto oferecido (preços diferentes), a quantidade que definiria o correspondente *LEC*. Vamos fazê-lo:

Preço 1: R$ 4,00

$$LEC_{preço1} = \sqrt{\frac{2 \times DA \times Cf}{Ci_1 \times k}} = \sqrt{\frac{2 \times 3.240 \times 20}{4 \times 0,25}} = 360 \text{ unidades}$$

Preço 2: R$ 3,60 (10% de desconto sobre preço original)

$$LEC_{preço2} = \sqrt{\frac{2 \times DA \times Cf}{Ci_2 \times k}} = \sqrt{\frac{2 \times 3.240 \times 20}{3,60 \times 0,25}} \cong 379 \text{ unidades}$$

Veja que o lote econômico $LEC_{preço\ 1}$ é de 360 unidades e isso é coerente com a condição comercial oferecida: se o pedido for de 360 unidades, o preço oferecido pelo fornecedor é de R$ 4,00 (conforme a aplicação da fórmula).

Entretanto, quando se analisa o lote econômico $LEC_{preço\ 2}$, de 379 unidades, esta quantidade não é coerente com a condição comercial oferecida pelo fornecedor, porque se for colocado um pedido de 379 unidades, como esse pedido não é maior que 500 unidades, o preço cobrado pelo fornecedor NÃO será dos R$ 3,60 usados na fórmula para obter o $LEC_{preço\ 2}$ de 379 unidades. O menor tamanho de lote que se qualifica para o desconto de 10% no preço é de 500 unidades. Estamos interessados em quantidades que minimizem o custo total. Em termos do cálculo com preço de venda de R$ 4,00, o tamanho de lote que minimiza o custo é de 360 unidades ($LEC_{preço\ 1}$). Em termos do cálculo com o preço descontado (R$ 3,60), teoricamente, o tamanho de lote que minimiza o custo é de 379 unidades – mas como esta quantidade não se qualifica para o desconto, a quantidade que minimiza o custo total para o *Preço* 2 (R$ 3,60) é exatamente o limite inferior da faixa de preço descontado, ou seja, 500 unidades. Isso porque, à direita do ponto de mínimo da curva de custo total, a curva é sempre crescente. Em outras palavras, o custo total de estoque para pontos mais à direita (valores maiores) de 500 unidades será sempre maior que o custo para 500 unidades.

Agora, o que temos que fazer é comparar o custo total de estoque dos dois tamanhos de lote "viáveis": 360 unidades por um preço de R$ 4,00 e 500 unidades por um preço de R$ 3,60. Aquele que representar custo total anual menor deverá ser o escolhido. Vejamos qual o custo total da primeira opção (lote = 360; preço de R$ 4,00):

$$CT_{preço1} = Cf \times \frac{DA}{LEC_{preço1}} + Ci_1 \times k \times \frac{LEC_{preço1}}{2} + PF_1$$

$$CT_{preço1} = Cf \times \frac{DA}{LEC_{preço1}} + Ci_1 \times k \times \frac{LEC_{preço1}}{2} + Ci_1 \times DA$$

$$CT_{preço1} = 20 \times \frac{3.240}{360} + 4 \times 0,25 \times \frac{360}{2} + 4 \times 3.250 = 13.320$$

Vejamos agora o custo total da segunda opção (lote = 500; preço de R$ 3,60):

$$CT_{preço2} = Cf \times \frac{DA}{LEC_{viável\,preço2}} + Ci_2 \times k \times \frac{L_{viável\,preço2}}{2} + Ci_2 \times DA$$

$$CT_{preço2} = 20 \times \frac{3.240}{500} + 3,60 \times 0,25 \times \frac{500}{2} + 3,60 \times 3.240 \cong 12.019$$

Comparando então os dois custos das quantidades de lote "viáveis", notamos que o custo total anual (R$ 12.019) é mais baixo para uma compra de 500 unidades por um preço de R$ 3,60, ou seja, deveria, então, ser aceita a oferta do fornecedor de desconto no preço para uma quantidade maior que 500 unidades e a quantidade pedida deveria ser de 500 unidades.

A Figura 2.13 ilustra a análise.

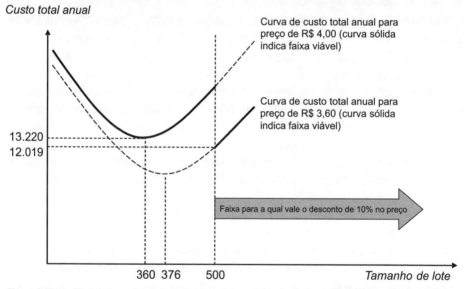

Figura 2.13 Análise de tamanho de lote de compra para situação de oferta de desconto por quantidade.

Se fossem oferecidas outras faixas de desconto, por exemplo, se o preço fosse de R$ 3,60 para quantidades entre 500 unidades e 2.000 unidades e de R$ 3,40 para quantidades maiores do que 2.000 unidades o mesmo procedimento deveria ser feito para a terceira faixa de preço: usar o preço descontado (R$ 3,40) para calcular o $LEC_{preço\,3}$, verificar se a quantidade encontrada se qualifica para o desconto (ser maior que 2.000 unidades). Se sim, este é o valor a considerar para o custo total anual mínimo para este preço. Se não (se o $LEC_{preço\,3}$ for menor que 2.000 unidades), a quantidade a considerar seria de 2.000 unidades (quantidade de menor custo total anual para a faixa viável).

Cálculo do lote econômico quando o ressuprimento não se dá de forma instantânea

Às vezes, em gestão de estoques, o ressuprimento, depois de disparado e depois de transcorrido o *lead time*, não se dá de forma instantânea, mas gradual, pois se trata, por exemplo, de ordem de produção e não de compra, recebida de um fornecedor interno (a fábrica) e não de um fornecedor externo. Nesse caso, o cálculo do lote econômico fica alterado porque as curvas de uso de estoque ficam diferentes, agora, conforme a Figura 2.12.

Neste caso, quando começa a reposição, esta se dá conforme uma taxa anual também conhecida (PA), a exemplo do que ocorre com a taxa anual de demanda DA segundo a qual a demanda ocorre.

O cálculo do lote econômico de produção para o caso de reposição gradual fica então:

$$LE^* = \sqrt{\frac{2 \times DA \times Cf}{Ce \times \left(1 - \dfrac{DA}{PA}\right)}}$$

Onde

LE^* = Lote econômico para situação em que a reposição se dá de forma gradual

DA = Taxa anual segundo a qual a demanda se dá

PA = Taxa anualizada segundo a qual a produção ocorre

Cf = Custo fixo de preparação

Ce = Custo unitário anual de armazenagem

Por exemplo, suponhamos a situação em que tivéssemos

DA = 8.000 unidades por ano

PA = 300 unidades por semana $\times$ 52 semanas = 15.600 unidades por ano

Cf = R$ 40 por ordem

Ce = R$ 2 cada unidade por ano

Calculando o lote econômico de produção, viria:

$$LE^* = \sqrt{\frac{2 \times DA \times Cf}{Ce \times \left(1 - \dfrac{DA}{PA}\right)}} = \sqrt{\frac{2 \times 8.000 \times 40}{2 \times \left(1 - \dfrac{8.000}{15.600}\right)}}$$

ou, arredondando, 811.

Pressupostos e limitações do sistema de ponto de reposição e lote econômico

Embora com algum apelo analítico e de uso disseminado, o modelo de ponto de reposição exige alguns pressupostos fortes para que seja minimamente aderente à realidade modelada. No desenvolvimento do modelo, assumimos, por exemplo, constância na demanda. Às vezes é plausível assumir esse pressuposto, mas nem sempre. Se a demanda não for constante, o estoque médio deixa de poder ser calculado como tamanho de lote dividido por dois e, portanto, todo o cálculo de custo médio de manutenção de estoques deixa de ser aderente à situação modelada, fazendo com que o "lote econômico" determinado não seja o lote para o qual o custo é minimizado.

Talvez uma das situações que melhor ilustrem a não constância da demanda seja o tratamento da demanda de itens componentes (semiacabados, componentes e matérias-primas), como será discutido adiante, no item que trata de demanda dependente e demanda independente.

Outro pressuposto forte é o da possibilidade de determinação dos custos unitários envolvidos – custos unitários de armazenagem e custos unitários de fazer um pedido. Nem sempre é simples ou possível determinarmos esses custos. Por vezes, a hipótese de linearidade (a ideia de que pagamos proporcionalmente mais quanto mais temos armazenado) não é verdadeira. A empresa por vezes paga um valor fixo pelo espaço total de armazenagem e não proporcional à quantidade de produtos armazenados. Quando a parcela dos custos totais de armazenagem referente ao espaço ocupado é relevante, esse desvio pode levar a não aderências relevantes do modelo de "lote econômico". O mesmo vale para os custos de fazer pedidos. Na maioria dos casos, é muito difícil ter segurança sobre quanto custa de fato colocar um pedido ao fornecedor (seja ele interno ou externo). Entretanto, como a "fórmula" do "lote econômico" exige como dado de entrada um valor para esses custos, o que acontece é que, mesmo sem muita segurança, os tomadores de decisão arbitram valores às vezes muito distantes dos valores reais, comprometendo mais uma vez a aderência do modelo.

O resultado de não aderências no uso do modelo leva à determinação de um tamanho de lote que de fato não é o lote que minimiza os custos envolvidos. A empresa pensa então estar trabalhando no ponto de custos mínimos quando na verdade não está. Quando multiplicamos esses pequenos erros por dezenas de milhares de itens, isso pode levar a desempenhos perigosamente pobres dos sistemas de gestão de estoques.

Modelo de revisão periódica

O modelo de revisão periódica para gestão de estoques é de operação mais simples que o anterior e funciona da seguinte forma: periodicamente, verificamos o nível de estoque do item e, baseados no nível de estoque encontrado, determinamos a quantidade a ser ressuprida, de modo que, ao recebê-la, seja atingido um nível de estoques predeterminado. Este sistema pode ser ilustrado pela Figura 2.14.

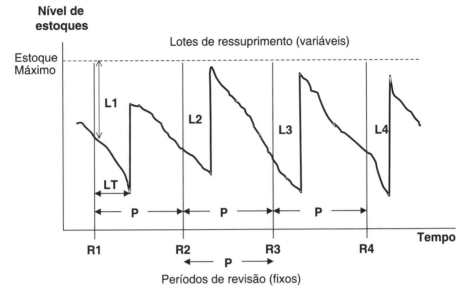

Figura 2.14 Sistema de previsão periódica.

Definição de parâmetros para sistemas de revisão periódica:

A definição dos parâmetros (quantidade a ressuprir, por exemplo), para o sistema de reposição periódica, é feita a partir da formulação a seguir:

$$Q = M - (E + QP)$$

Onde

Q = Quantidade a pedir

M = Estoque máximo

E = Estoque presente

QP = Quantidade pendente (já pedida) – eventual

Mas

$$M = D \times (P + LT) + ES$$

Onde

M = Nível máximo de estoques (atingido logo que um recebimento é feito)

D = Taxa de demanda

P = Período de revisão

LT = Tempo de ressuprimento (*lead time*)

ES = Estoque de segurança

Então,

$$Q = D \times (P + LT) + ES - (E + QP)$$

Por exemplo, imaginemos que uma situação é tal que o período de revisão de um sistema de revisão periódica é $P = 15$ dias, o *lead time* $LT = 3$ dias, a taxa de demanda $D = 6$ litros/dia, o estoque de segurança foi definido em 8 litros, o estoque presente é de 18 litros e a quantidade pendente é 0, ou seja, não há pedidos pendentes.

Qual seria a quantidade a pedir se fosse feita agora uma revisão?

$$Q = D \times (P + LT) + ES - (E + QP)$$
$$Q = 6 \times (15 + 3) + 8 - (18 + 0) = 98$$

A quantidade a pedir seria de 98 litros.

O estoque de segurança para sistema de revisão periódica é calculado de forma similar ao estoque de segurança de sistemas de ponto de ressuprimento, mas com algumas diferenças:

$$ES = FS \times \sigma \times \sqrt{\frac{(P + LT)}{PP}}$$

Onde

FS = Fator de segurança (que vem da Tabela 2.2) – depende do nível de serviço requerido

σ = Desvio-padrão dos erros de previsão

P = Período de revisão

LT = *Lead time*

PP = Período a que se refere o desvio-padrão dos erros de previsão

Suponha, por exemplo, que se pretenda para o exemplo acima um nível de serviço de 95%. Isso significa que o $FS = 1,645$ (da Tabela 2.2). Suponha também que o desvio-padrão dos erros de previsão seja de 1 unidade/dia, que o período de previsão seja de 15 dias e o *lead time* de 3 dias. Qual seria o nível de estoque de segurança necessário?

$$ES = 1,645 \times 1 \times \sqrt{\frac{(15 + 3)}{1}} = 6,98$$

ou, arredondando, 7 litros.

A diferença principal está no período a que se refere a possível incerteza de demanda – ao invés de ser apenas o período do *lead time*, passa a ser o período do *lead time* mais o período de revisão, pois é este o período que possivelmente um estoque passa sem que se tenha checado seu nível, na situação mais desfavorável.

É importante observar que a maioria dos modelos descritos neste capítulo assume implícita ou explicitamente que a demanda projetada em questão é (pelo menos relativamente) estável. Isso nem sempre pode ser assumido, entretanto. Para os casos em que não se pode assumir demanda constante, o modelo usado é o chamado "*time phased order point*" (TPOP), ou, numa tradução livre, "ponto de reposição escalonado no tempo", que é descrito em detalhes no Capítulo 7 (Gestão de demanda), item 7.2.5 que trata do DRP – *distribution requirements planning*.

Pressupostos e limitações do modelo de revisão periódica

O sistema de revisão periódica é um sistema mais fácil e barato de operar (não exige a verificação do saldo do estoque a cada movimentação) e não assume, em princípio, que a demanda seja constante. Entretanto, os riscos associados a faltas são normalmente maiores, dado que as revisões de níveis de estoque se dão a intervalos fixos. O sistema fica menos capaz de responder rapidamente a aumentos de demanda repentinos. Isto faz com que o uso de reposição periódica esteja, em geral, associado a níveis mais altos de estoques de segurança, fixando um nível alto de estoque "máximo", para minimizar a probabilidade de ocorrência de faltas. Isto faz com que os sistemas do tipo revisão periódica sejam normalmente escolhidos para gerenciar itens de menor valor e menor custo de armazenagem, para os quais a manutenção de um nível mais alto de estoques não tenha implicações tão graves. Ao mesmo tempo, o menor custo com a operação do sistema de revisão periódica é uma vantagem em seu uso para o gerenciamento de itens menos relevantes em termos de custo ou valor movimentado. As secretárias em escritórios usam o sistema de revisão periódica – a cada virada de mês, checam seus estoques de lápis, papel, clipes, itens de informática etc. e encomendam quantidades complementares para que seus estoques de material de escritório iniciem o mês com determinado nível que elas estabelecem. Esse nível tende a não ser muito justo em relação à demanda, pois o custo de falta é alto, mas o custo de manutenção dos estoques nem tanto.

Quando começamos a considerar que determinados itens de estoque têm custo de manutenção maior que outros, passa a ser interessante pensarmos em formas de classificação destes itens por algum critério de importância, de forma que possamos definir quais são aqueles itens que merecem maior atenção (e alocação de recursos) em sua gestão. Isto porque o ganho marginal por uma gestão mais apertada é mais compensador para determinados itens que para outros, ao passo que a quantidade total de recursos para a gestão do total dos itens é limitada. Uma das formas de pensarmos a classificação de importância de itens de estoque é a chamada curva ABC ou curva de Pareto. A curva ABC é descrita a seguir.

Curva ABC

A técnica ABC é uma forma de classificarmos todos os itens de estoque de determinado sistema de operações em três grupos, baseados em seu valor total anual de uso. O objetivo é definirmos grupos para os quais diferentes sistemas de controle de estoque serão mais apropriados, resultando em um sistema total mais eficiente em custos. Usamos, dessa forma, sistemas mais caros de operar que permitem um

70 | PLANEJAMENTO, PROGRAMAÇÃO E CONTROLE DA PRODUÇÃO ■ Corrêa – Gianesi – Caon

controle mais rigoroso, para controlar itens mais importantes, enquanto sistemas mais baratos de operar e menos rigorosos são utilizados para itens menos "importantes" (em valor de uso).

Os passos para a aplicação da técnica ABC são os seguintes:

1. para cada item de estoque, determinar a quantidade total utilizada no ano anterior (em alguns casos onde isso é possível, preferimos trabalhar com as quantidades projetadas para uso no futuro);
2. determinar o custo médio de cada um dos itens de estoque, usando moeda forte;
3. calcular para cada item de estoque o custo anual total de uso, multiplicando o custo médio de cada item, levantado em 2, pela quantidade correspondente utilizada levantada em 1;
4. ordenar em uma lista todos os itens em valor decrescente do valor de uso estabelecido em 3;
5. calcular os valores acumulados de valor de uso para toda a lista, na ordem definida em 4;
6. calcular os valores acumulados determinados em 5 em termos percentuais relativos ao valor total acumulado de valor de uso para o total dos itens;
7. plotar num gráfico os valores calculados no item 6;
8. definir as três regiões conforme a inclinação da curva resultante: região A, de grande inclinação; região B, de média inclinação (em torno de 45°); região C, de pequena inclinação.

Veja a Figura 2.15 para um exemplo de aplicação.

Em uma quantidade muito grande de vezes, 20% dos primeiros itens são responsáveis por aproximadamente 80% do valor de uso total dos itens de estoque. Por esse motivo, essa curva também é conhecida como curva "80-20".

Note como, na região classificada como *A*, poucos itens são responsáveis por grande parte do valor de uso total. Logo, estes deveriam ser os itens a merecerem maior atenção gerencial, para os quais vale mais a pena manter controles de estoque mais precisos e rigorosos. Os benefícios do esforço de redução de estoques médios de itens *A* são muito maiores do que os benefícios de um esforço gerencial similar despendido para manter estoques mais baixos de itens *C*, que são responsáveis por uma parcela muito menor do valor de uso total dos itens de estoque.

Entre os dois sistemas – ponto de reposição e revisão periódica –, portanto, o primeiro, de custo operacional mais alto e mais "rigoroso", deveria em princípio ser usado para itens mais importantes (itens mais à esquerda da curva ABC) e o segundo, mais simples, barato e menos rigoroso, deveria ser usado para gerenciar itens mais à direita da curva. O ponto divisório é uma decisão gerencial que deve levar em conta os valores absolutos dos custos envolvidos, as implicações estratégicas de possíveis faltas e outras contingências de cada caso específico.

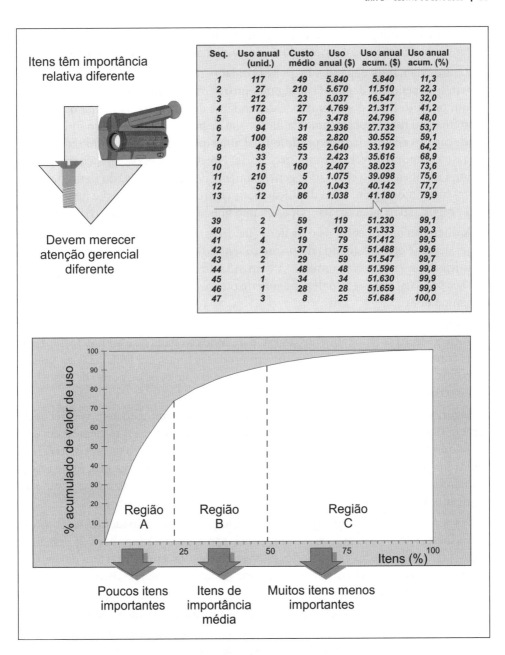

Figura 2.15 Conceito de curva ABC.

Itens de demanda independente e itens de demanda dependente

Conforme visto, itens de demanda independente são aqueles cuja demanda não depende da demanda de nenhum outro item. Típico exemplo de um item de demanda independente é um produto final. Um produto final tem normalmente sua demanda dependente de aspectos de mercado e não da demanda de qualquer outro item.

Itens de demanda dependente, por outro lado, têm a seguinte característica: sua demanda depende da demanda de algum outro item. A demanda de um componente de um produto final, por exemplo, é dependente diretamente da demanda do produto final, ou mais especificamente da *decisão de produção* do produto final. Para a produção de cada unidade de produto final, uma quantidade bem definida e conhecida do componente será sempre necessária. Normalmente, os itens componentes de uma montagem são chamados genericamente de itens "filhos" do item "pai", que representa a montagem. Uma definição mais rigorosa de itens "pais" e itens "filhos" será proposta mais adiante, mas por enquanto fiquemos com esta versão simplificada.

A diferença básica entre os dois itens (de demanda independente e de demanda dependente) é que a demanda do primeiro tem de ser *prevista*, com base nas características do mercado consumidor. A demanda do segundo, entretanto, não necessita ser prevista, pois, sendo dependente de outro, pode ser *calculada*, com base na demanda deste.

A lógica da utilização do cálculo de necessidades partiu da constatação dessa diferença básica. Tradicionalmente, a gestão de todos os itens de estoque, fossem eles itens componentes, semiacabados, fossem produtos finais, era feita pelas empresas, com base em modelos convencionais, como, por exemplo, os de ponto de reposição e lote econômico.

Segundo esses sistemas, a compra ou produção de determinado item deveria ocorrer, em determinada quantidade, chamada "lote econômico", no momento em que o estoque do item baixasse a determinado nível chamado "ponto de reposição". Essa lógica foi descrita anteriormente neste capítulo. Neste ponto, uma ordem de ressuprimento do item deveria ser disparada, para que o item começasse a ser montado, fabricado ou pedido a um fornecedor (caso o item fosse comprado).

Esses modelos tratam todos os itens de estoque indiscriminadamente, como se todos fossem itens de demanda independente. Isto significa que os itens de demanda dependente são tratados como se eles estivessem sujeitos a uma incerteza de demanda que na verdade não existe (já que se pode *calcular* a demanda dependente como função da demanda de outro item).

A própria curva de demanda para os itens de demanda dependente foge do modelo de demanda constante, que é uma hipótese de que partem os modelos mais usuais de "lote econômico". A Figura 2.16 ilustra as diferenças entre as curvas de demanda para "três gerações" de itens. Como podemos ver, mesmo que o item "pai" (item de demanda independente) tenha uma demanda constante, a sistemática de ponto de reposição e lote econômico faz com que as demandas dos itens "filhos" (itens componentes e, portanto, dependentes da demanda do item "pai") e "netos" (itens componentes e, portanto, dependentes da demanda do item "filho") tenham uma curva de demanda que se afasta bastante da hipótese de demanda constante.

Na figura, D_1 simboliza a demanda do item "pai", considerada constante no exemplo. O item "pai" tem um ponto de reposição (PR_1). Quando sua demanda cai a este nível (momento t_1), é disparada uma ordem de montagem para o item "pai". Como o item "filho" é necessário para a montagem do item "pai", certa quantidade de itens "filhos" é separada neste momento (t_1) e, portanto, o estoque do item "filho", nesse momento, reduz-se a níveis abaixo desta quantidade, ficando, então, constantes até o momento t_2, quando uma nova ordem de montagem do item "pai" é liberada. No momento t_2, então, o estoque do item "filho" reduz-se mais uma vez, agora a um nível inferior ao nível de seu ponto de reposição (PR_2). É, então, disparada uma ordem de montagem para o item "filho", em t_2. Essa ordem de montagem para o item "filho" necessita de material do item "neto" que é separado em t_2, fazendo o nível de estoques do item "neto" baixar correspondentemente. Notamos, então, que os níveis dos estoques dos itens filho e neto, ambos de demanda *dependente*, são "carregados" ao longo de todo o processo, desnecessariamente, já que suas demandas não são constantes, mas pontuais, ocorrendo apenas nos momentos que são disparadas ordens de montagens de seus respectivos itens pais. Na Figura 2.16, LTi significa o *lead time* do item *i*.

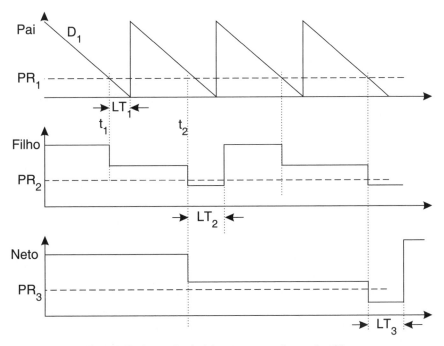

Figura 2.16 Curvas de nível de estoque para itens pais e filhos.

Além disso, os modelos de "lote econômico", quando aplicados a itens de demanda dependente, fazem com que as ordens de itens sejam colocadas de forma bastante independente da demanda de produtos finais. Isto significa que, às vezes, uma pequena variação de demanda de determinado produto final pode repercutir na colocação de grande número de ordens de compra e produção (num caso, por exemplo, em que vários componentes estivessem com seus níveis de estoque próximos do ponto de reposição) num mesmo período. Isto pode causar dificuldade adicional na administração da capacidade do sistema, já que essas várias ordens de produção podem estar competindo pelos mesmos recursos.

FIQUE ATENTO
- "Itens de demanda independente" são aqueles cuja demanda não depende da demanda de nenhum outro item. Esse tipo de item tem a sua demanda definida por aspectos do mercado. Como exemplo, temos os produtos finais como um automóvel ou um computador.
- "Itens de demanda dependente" têm a sua demanda dependente da demanda de algum um outro item ou evento, normalmente um produto final acabado. Por exemplo, para uma fabricante de veículos, os pneus são itens de demanda dependente, sendo relacionados diretamente à demanda do produto final (automóvel).

2.2.4 Gestão de estoques de itens de demanda dependente – introdução

Sumariando, embora em modelos tradicionais de gestão de estoques todos os itens fossem tratados de forma independente uns dos outros, isso não é o que ocorre na realidade. De fato, há itens cuja demanda ocorre independentemente da demanda de qualquer outro item da organização. Os itens vendidos ao mercado, por exemplo, têm sua demanda definida pelos desejos, necessidades e humores do mercado demandante e não pela demanda de outro item: são os chamados itens de demanda independente. Já os itens que são componentes dos itens de demanda independente têm sua demanda definida deterministicamente pela demanda dos itens de demanda independente. Por exemplo, imaginemos a demanda de rodas num fabricante de veículos. Ela é definida pela demanda de veículos – numa proporção de cinco rodas por veículo. Se foi definido que 1.000 veículos terão de ser produzidos, isso significa que a demanda por rodas será de 5.000 itens. A demanda de rodas não necessita ser prevista, como é o caso da demanda de veículos, por exemplo. A demanda de rodas pode ser calculada certamente desde que tenhamos capacidade de armazenamento e processamento de dados para calcular quantidades e momentos de ressuprimento de todos os itens de demanda dependente. Até os anos 1970, por não haver esta capacidade de processamento e armazenamento de informações disponível às empresas a custos viáveis, não era possível desenvolver e usar *software* para executar esse tipo de cálculo em situações reais. À medida que os computadores foram desenvolvidos e se tornaram simultaneamente mais baratos, passou a ser possível usar cálculo de necessidades de materiais (a lógica que parte da necessidade de atendimento de determinada demanda de um conjunto de produtos e calcula exatamente as quantidades necessárias e momentos em que devem estar disponíveis todos os itens – semiacabados, componentes e matérias-primas) para que, sem faltarem nem sobrarem, supram a produção da quantidade planejada de produtos. A lógica de cálculo que dessa forma coordena consumo e suprimento de materiais passou a ser chamada, em inglês, *material requirements planning*, ou MRP, ou, em tradução livre, "cálculo de necessidade de materiais". A mecânica do MRP, que até hoje está no coração dos mais sofisticados sistemas de administração de produção chamados MRP II, ou mais recentemente ERP, é descrita em detalhes nos próximos capítulos.

2.3 RESUMO

- Estoques têm como principal característica proporcionar independência entre fases de um processo de transformação, evitando que problemas em uma fase (por exemplo, atraso de fornecedor, quebra de equipamento) ou mesmo características distintas (por exemplo, diferentes taxas de produção) comprometam o fluxo de materiais.

- Estoques surgem devido a quatro fatores: impossibilidade de coordenar suprimento e demanda; incerteza de previsões; especulação na compra para ter vantagens financeiras; preencher o canal de distribuição.

- Um modelo básico de gestão de estoques deve determinar o momento de ressuprimento e a quantidade a ser ressuprida, ao mesmo tempo que define o estoque de segurança. Os modelos básicos tratam cada item de forma independente, como se a sua demanda não dependesse da demanda dos demais itens.

- O modelo mais usado é o "ponto de reposição com lote econômico". Nesse modelo, a cada quantia retirada de estoque, verifica-se a quantidade restante. Se for igual ou menor que o ponto de reposição (quantidade predeterminada), dispara-se uma nova ordem de compra ou produção de um lote econômico de ressuprimento. Este capítulo explora esse modelo, explicitando a forma de cálculo do lote econômico, custos envolvidos, e abordagem do cálculo de estoque de segurança e nível de serviço.

- Outro modelo apresentado é o "modelo de revisão periódica". Nesse modelo, periodicamente verifica-se o nível de estoque do item. Com base no nível encontrado, determina-se a quantidade a ser ressuprida, atingindo-se um nível de estoque predeterminado.

- São apresentadas limitações a esses modelos, principalmente o fato de tratarem todos os itens de maneira independente. Itens de demanda dependente não precisam ter sua demanda prevista: são dependentes do consumo dos itens de demanda independente, devendo-se empregar a lógica de cálculo de MRP (*material requirements planning*), explorada no próximo capítulo.

2.4 QUESTÕES E TÓPICOS PARA DISCUSSÃO

1. Estoques, em sistemas produtivos, são um "bem" ou um "mal"?

2. Dê exemplos de negócios de seu conhecimento que conseguem ganhar um bom dinheiro com estoques especulativos.

3. Qual a razão entre altos tempos de preparação de máquina (*set-up*) e o surgimento de estoques por "falta de coordenação" entre etapas de um processo produtivo?

4. Por que processos sujeitos a incertezas tanto de fornecimento como de demanda podem achar necessidade de usar estoques?

5. Que são *pipeline inventories*?

6. Quais os riscos que corremos em utilizar o modelo de gestão de estoques de "ponto de reposição e lote econômico" para todos os itens de um sistema produtivo?

7. Como você faria para apurar os custos unitários de armazenagem (para produtos acabados) de uma fábrica de *smartphones*?

8. Qual a diferença entre as abordagens probabilística e numérica para a definição de estoques de segurança?

9. Proponha uma medida numérica para avaliar a "concentração" de uma curva ABC (que avalie o grau com que o valor analisado de um fenômeno classificatório se concentra em poucos itens principais).

10. Por que em princípio os modelos de ponto de reposição e lote econômico não se aplicam a itens de demanda dependente?

2.5 EXERCÍCIOS

1. Um novo gerente de materiais de um atacadista identificou as seguintes características do item pasta de dente Dentex:

DA = demanda anual = 20.000 itens, relativamente estável

Cf = custo de pedir o item do fornecedor = R$ 35,00

Ce = custo anual de carregar em estoque uma unidade do item = R$ 0,35 (o custo do item é R$ 1,00 e a taxa de carregamento de estoques é de 35% do seu valor por ano).

O gerente calculou o LEC (lote econômico de compra) do item e comparou o resultado com o tamanho de lote que estava sendo usado pela empresa. Ele ficou chocado porque descobriu que o tamanho do lote em uso era 75% maior que o tamanho do lote econômico calculado.

a) Antes de fazer qualquer conta, teste sua intuição e estime em quanto, percentualmente, o custo total anual de estoques com o tamanho de lote atual é maior que o custo anual de estoques considerando um lote econômico de compra.

b) Calcule o tamanho do lote econômico de compra (LEC) e os custos anuais totais de estoque correspondentes.

c) Calcule o tamanho do lote atualmente em uso (75% maior que o LEC) e os custos anuais totais de estoque correspondentes.

d) Compare percentualmente os custos anuais totais dos dois tamanhos de lote (calculados em *b* e em *c*). Sua intuição estava certa? O que é possível aprender com este exercício?

2. O gerente de materiais descrito no Exercício 1 resolveu alterar o tamanho de lote de compra do item Dentex para o LEC (lote econômico de compra). Depois de dois meses trabalhando com o LEC, ele implantou um novo sistema automatizado de colocação de pedidos que integrou a empresa ao seu fornecedor, reduzindo o custo de fazer um pedido para R$ 10,00 (redução de 71,4%).

a) Que efeito percentual tem essa redução no tamanho do LEC?

b) Que efeito percentual teve <u>essa</u> mudança no resultante custo anual total de estoques para o Dentex?

3. Determinado item comprado por uma loja de material de construção tem demanda anual de 14.000 unidades sem sazonalidades, outras ciclicidades ou tendências relevantes. O seu custo unitário é R$ 0,40. O custo anual de manutenção do estoque é estimado em 25% do valor do estoque (custo médio) e o custo total da emissão de um pedido é, aproximadamente, de R$ 20.

a) Qual o tamanho do lote econômico de compra?

b) Com que frequência deverá ser comprado, em média?

c) Qual o custo total anual de manutenção do estoque?

d) Se a mesma empresa decidisse produzir o mesmo item ao custo unitário de R$ 0,30, com um custo total de *set-up* (preparação) e controle de R$ 45 para cada ordem de produção emitida e demanda anual sobre a produção de 21.600 unidades, qual deveria ser o tamanho do lote econômico da ordem de produção?

4. Uma consulta às informações históricas de um item estocado com demanda independente apresentou o seguinte resultado:

Demanda anual D, relativamente estável: 26.000 unidades

Lote econômico de compra (LEC): 500 unidades

Lead time (LT): uma semana

Desvio-padrão do erro na previsão semanal de demanda σ: 200 unidades

O gerente de suprimentos definiu, como aceitáveis, apenas 300 itens por ano em falta em estoque.

Determine:

a) O numero de "exposições a falta" por ano.

b) O nível de serviço requerido pelo gerente de suprimento.

c) O estoque de segurança necessário.

d) O ponto de ressuprimento.

5. A editora ABC publica um renomado guia de vinhos. A demanda anual estimada tem sido de 5.000 guias, relativamente estável. O custo de produção de cada guia é de R$ 13,00 e cada ordem de produção enviada à gráfica gera um custo fixo de *set-up* de R$ 500,00 e leva uma semana para ficar pronta. Considere que um lote (econômico) inteiro é produzido e só então transferido para o estoque. O custo anual de manter o estoque de livros é calculado utilizando um $Ce = 0,25$ (ou 25%). A editora tem um bom sistema de previsão de demanda, com desvio-padrão dos erros de previsão de demanda semanal de 22,6 guias. Sabendo que o ponto de ressuprimento utilizado pelo editor de 125 guias, calcule:

a) Qual o nível de serviço atual da editora, utilizando a abordagem probabilística?

b) Em quanto este nível de serviço melhoraria se a qualidade das previsões melhorasse a ponto de reduzir o desvio-padrão dos erros semanais de previsão para 14 guias (com os outros parâmetros permanecendo iguais)?

c) Qual seria o nível de serviço adotando-se a abordagem numérica (considerando o desvio-padrão dos erros de previsão original de 29 guias por semana)?

6. Uma empresa de vendas por internet tem como seu principal critério competitivo frente à concorrência uma alta certeza da entrega no prazo prometido. A tabela a seguir registra as vendas de discos rígidos externos (HD externo) das últimas 30 semanas. O *lead time* de obtenção de HDs externos é de 2 semanas e supõe-se que se deseje um nível de serviço ao cliente de 98% dos pedidos atendidos (2% das unidades demandadas por ano ficam sem atendimento imediato). O lote de compra utilizado é de 100.000 unidades.

a) Qual o estoque de segurança necessário?

b) Qual o ponto de ressuprimento?

c) Suponha que o gerente de suprimentos queira aumentar o nível de serviço para 99,9% dos pedidos. Qual o acréscimo necessário no estoque de segurança?

Semana	Vendas	Semana	Vendas	Semana	Vendas
1	39.459	11	40.604	21	36.067
2	41.778	12	38.960	22	38.589
3	36.375	13	36.560	23	41.720
4	38.987	14	37.980	24	39.500
5	39.480	15	39.638	25	39.269
6	36.304	16	38.921	26	38.680
7	40.649	17	37.475	27	41.757
8	38.890	18	41.397	28	38.009
9	37.717	19	38.400	29	39.491
10	38.793	20	36.980	30	40.040

CAP. 2 ■ GESTÃO DE ESTOQUES | **79**

7. Um supermercado está analisando a possibilidade de importação de copos da China, em substituição a um fornecedor local. O nível de serviço definido pelo supermercado para este item é de 98% (utilize a abordagem probabilística). O fornecedor local tem um *lead time* de 1 semana, confiável (desvio-padrão da distribuição de tempos de entrega pode ser considerado zero). O fornecedor chinês tem *lead time* de 8 semanas, mas, devido a incertezas várias no processo de importação e transporte, está sujeito a um desvio-padrão calculado (com base em outros itens comprados do mesmo fornecedor) de 4 semanas (já houve um caso, por exemplo, em que o despacho levou 19 semanas para chegar). A demanda prevista por copos nesse supermercado é de 2.500 unidades por semana, com desvio-padrão esperado de 800 unidades.

   a) Qual o estoque de segurança que o supermercado está usando atualmente?

   b) Qual o estoque de segurança que o supermercado precisaria para manter o nível de serviço de 98% e mudar de fornecedor?

   c) Em quanto, percentualmente, o estoque de segurança de copos do supermercado teria que aumentar para suportar a troca de fornecedor? Comente.

8. Uma empresa, fabricante e distribuidora de cosméticos, precisa dimensionar o tamanho do lote econômico de produção (reposição dos produtos no estoque feita gradual e linearmente durante o *lead time* de produção) para um xampu de sua linha. O custo de se fazer um *set-up* (preparação) do equipamento requerido para produzir o xampu foi calculado em R$ 1.500,00. O custo de cada frasco de xampu é de R$ 1,00. A taxa anual de manutenção de estoques para a empresa é de 25%. A demanda por esse produto é de 50.000 frascos por semana em média e a taxa que representa a capacidade de produção (a fábrica trabalha 7 dias por semana, 360 dias por ano) para esse xampu é de 20.000 frascos por dia em média.

   a) Qual o tamanho do lote econômico de produção para o xampu?

   b) Considerando que esse produto é feito sem conservantes e com ingredientes frescos, o seu *shelf life* (tempo que o xampu dura até se estragar) é de apenas 4 semanas. Que tipo de problema isso traz para a nossa fabricante de xampu?

   c) O que você poderia fazer para resolver o problema identificado em b (considere que não é possível mudar a formulação e nem a embalagem do produto) de forma a permitir uma produção "econômica" do xampu?

9. Uma grande concessionária de veículos decide adotar o sistema de revisão periódica para gerenciar seus estoques de pastilha de freio do veículo do tipo Challenger. A montadora, que fornece as pastilhas, ofereceu um desconto maior nos preços das peças fornecidas, em troca de a concessionária aceitar receber uma única remessa por semana de todas as peças e com isso reduzir custos totais de distribuição de sua rede de suprimentos. A demanda de pastilhas de freio na concessionária é de 120 peças por semana (trabalhando 6 dias por semana), em média, relativamente estável, com desvio-padrão semanal de apenas 24 peças. A revisão do estoque se

dá no sábado ao final do expediente. O *lead time* de entrega da montadora é de 2 dias (entrega se dá na terça-feira ao final do expediente) e o nível de serviço exigido pelos clientes da montadora é de 95% (abordagem probabilística).

a) Calcule o "estoque máximo" para o sistema de gestão de estoques da pastilha de freio.

b) Se numa sexta-feira o sistema de informações da montadora indica que há 188 peças em estoque e nenhuma entrega "pendente", mas uma contagem física revelou que há na verdade 195 pastilhas em estoque disponíveis para uso, quantas pastilhas devem ser pedidas? Que atitude adicional o gerente de peças da concessionária deveria tomar?

10. Um jornaleiro tem que decidir quantos jornais comprar para atender a suas vendas diárias. Ele paga R$ 1,80 por jornal e vende cada jornal por R$ 5,40. Os jornais não vendidos são recomprados pelo fornecedor do jornal por R$ 0,60. O jornaleiro sabe que historicamente ele vende entre 101 e 200 jornais por dia, com uma função distribuição de probabilidades uniforme de venda para todas as quantidades entre 101 e 200 jornais.

a) Qual quantidade o jornaleiro deveria pedir para que seu lucro esperado seja maximizado?

b) Esta decisão seria outra se, em vez de R$ 0,60 por jornal não vendido, o fornecedor pagasse R$ 1,20? Que impacto isso teria para o fornecedor do jornal e para o jornaleiro?

CAPÍTULO 3

MRP – Cálculo de necessidade de materiais

OBJETIVOS DE APRENDIZAGEM

Ao final deste capítulo, o aluno deverá ser capaz de:

- Entender o conceito de cálculo de necessidade de materiais.
- Compreender os objetivos do planejamento de necessidade de materiais (MRP): o que, quanto e quando produzir e comprar, baseando-se na necessidade dos produtos finais e nas quantidades em estoque.
- Descrever a mecânica do MRP, detalhando seus parâmetros e o cálculo de necessidades ao longo da estrutura de produto.
- Entender conceitos do MRP como estrutura de produto, *lead time* de obtenção, relação "pai-filho" entre itens e necessidades brutas e líquidas.
- Relacionar as necessidades dos itens "filhos" (componentes) com os itens "pais".
- Compreender a importância da acurácia dos dados de estoque e da correta parametrização de um sistema MRP para a gestão de planejamento de materiais.

3.1 INTRODUÇÃO

O conceito de cálculo de necessidade de materiais é simples e conhecido há muito tempo. Baseia-se na ideia de que, se são conhecidos todos os componentes de determinado produto e os tempos de obtenção de cada um deles, podemos, com base na visão de futuro das necessidades de disponibilidade do produto em questão, calcular os momentos e as quantidades que devem ser obtidas, de cada um dos componentes, para que não haja falta nem sobra de nenhum deles, no suprimento das necessidades dadas pela produção do referido produto. Qualquer dona de casa, planejando uma saborosa bacalhoada para seus convidados no almoço da Sexta-feira Santa, utiliza-se, mesmo sem saber, dos conceitos do MRP.

A primeira questão que nossa dona de casa se faz é: quantos convidados terei para o almoço da Sexta-feira Santa? (tentativa de desenvolver uma visão da demanda futura). Sua lista de convidados tem 13 pessoas, podendo chegar a 15, pois sabemos que, no Brasil, há o hábito de se levarem "agregados" a festas. Baseada em informações de sua "receita" de bacalhoada, uma receita serve 5 pessoas. Uma conta rápida é suficiente para que ela chegue à conclusão de que necessitará de três receitas. Isso significa que a dona de casa deverá providenciar uma quantidade de ingredientes igual a três vezes o que prescreve uma receita. Ela calculou as necessidades de ingredientes com base nas necessidades de produtos (quantidade necessária de porções de bacalhoada) e com base na composição da bacalhoada dada pela lista de ingredientes da receita.

✅ BOXE 3.1

Bacalhau Imaginário

Ingredientes

    1 kg de bacalhau da Noruega

    12 batatas grandes

    6 cebolas grandes

    4 ovos cozidos

    2 colheres de vinagre

    1 brócolis

    1 pitada de páprica

    18 azeitonas portuguesas

Modo de preparar

Dessalgue e retire a pele do bacalhau. Cozinhe o bacalhau por 10 minutos. Descasque as batatas e cozinhe-as na água de fervura do bacalhau por cerca de 20 minutos. Prepare outra panela com cebolas em pedaços,

🔻

CAP. 3 ■ MRP – CÁLCULO DE NECESSIDADE DE MATERIAIS | **83**

> fritas no azeite. Junte o bacalhau, agora em camadas, à fritura e, mais tarde, as batatas em fatias. Quando tudo tiver adquirido cor levemente dourada, adicione uma colher de vinagre e uma pitada de páprica. Monte um refratário com as batatas, o bacalhau e as cebolas em camadas. Deixe descansar por 12 horas. Leve o refratário montado ao forno baixo por 2 horas. Cozinhe o brócolis e os ovos em recipientes separados. Decore o prato com os ovos cozidos, as azeitonas e o brócolis. Serve cinco pessoas.

Entretanto, a receita traz informações adicionais que permitem à dona de casa colocar no tempo (gerar um programa) a sequência de operações de compra e produção que deverá executar a fim de que a quantidade certa de bacalhoada esteja disponível para atender sua demanda na hora certa. Ela sabe, por exemplo, que, para o resultado esperado, a bacalhoada deverá ser tirada do forno com os convidados à mesa. Isso acontecerá às 13h00 de sexta-feira. Como o tempo de cozimento da bacalhoada é de 2 horas, o bacalhau deverá estar montado e pronto para assar na travessa refratária às 11h00. Para que os temperos ajam da forma adequada na batata e no bacalhau, a receita recomenda que a bacalhoada montada e temperada fique "descansando" por 12 horas. Isso indica que a montagem da bacalhoada deve estar pronta às 23h00 da quinta-feira. Como a montagem leva algo em torno de 1 hora, a montagem deve iniciar-se em torno das 22h00 da quinta-feira.

Nesse momento, então, os ingredientes para a montagem da bacalhoada devem estar disponíveis. Alguns são ingredientes que a dona de casa tem em estoque, como o azeite e o vinagre. Outros são específicos e a dona de casa não pretende que sobrem, pois ela só os utiliza para bacalhoada, como as caras azeitonas portuguesas. Esses itens devem ser adquiridos antes, portanto, das 22h00 de quinta-feira, podendo ser às 20h00, em um supermercado das proximidades. Vinagre, por exemplo, há em casa em quantidade suficiente, não demandando aquisição adicional. Como não há nenhuma azeitona em casa, é necessário comprar a quantidade total necessária. O azeite, como a dona de casa tem algum, mas não todo o necessário, deve ser comprado em quantidade suplementar àquela que já há em casa para atender à necessidade da bacalhoada. O mesmo raciocínio se aplica aos diversos outros itens comprados. O bacalhau, entretanto, que deve estar disponível para montagem da bacalhoada às 22h00, necessita para isso ter ficado "de molho" pelo menos por 24 horas, para perder o excesso de sal. Isso significa que o bacalhau deve ser colocado de molho às 22h00 da quarta-feira, tendo que ser adquirido, portanto, antes disso, talvez na própria quarta-feira às 20h00. As batatas devem estar cozidas, descascadas e cortadas para serem montadas; portanto, devem começar a ser preparadas duas horas antes, ou seja, às 20h00 de quinta-feira e, portanto, não podem ser compradas às 20h00 de quinta, tendo que sê-lo antes.

Com essa lógica de raciocínio, quase intuitivo, a dona de casa consegue estabelecer um programa de atividades, de forma que as quantidades dos ingredientes (comprados, como as azeitonas, e já semipreparados, como o bacalhau dessalgado) estejam disponíveis nas quantidades necessárias a suprir as três receitas, sem que faltem nem sobrem ingredientes. A Figura 3.1 ilustra um cálculo de MRP para nossa bacalhoada.

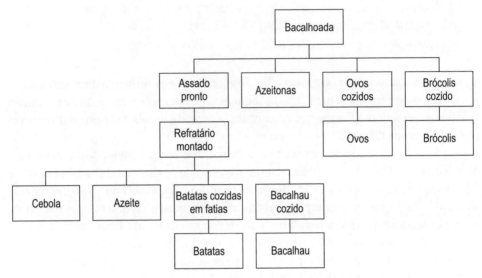

Figura 3.1 Estrutura de produtos para bacalhoada.

Como se trata de menos de uma dezena de ingredientes, um produto só (bacalhoada), com um pedido só (Sexta-feira Santa, para servir 15 pessoas), é possível fazermos o raciocínio do cálculo de necessidade de materiais intuitivamente, de cabeça. Mesmo assim, uma cozinheira menos experiente pode facilmente se atrapalhar com os momentos e quantidades. Entretanto, quando este tipo de raciocínio tem de ser aplicado para situações fabris reais, embora a lógica seja a mesma, a quantidade de informações tratadas é várias ordens de grandeza maior: dificilmente se trata de um pedido só (mas de muitos, em vários momentos do tempo futuro), dificilmente se trata de um produto só (mas de muitas dezenas com diversas composições), dificilmente se trata de apenas duas dezenas de componentes (mas de alguns milhares, cada um com suas próprias quantidades por produto). Nessa situação, fica claro que o tratamento intuitivo é impossível, sendo necessário o uso de computador e programas especialmente desenhados para o fim de efetuar o cálculo de necessidades.

3.2 CONCEITOS

3.2.1 Conceito de cálculo de necessidade de materiais

Imaginemos um cenário mais próximo de uma situação fabril real, com um produto mais próximo de um produto real: uma lapiseira.

Usando uma lógica exatamente igual à lógica da bacalhoada, imaginemos que estamos estabelecendo uma unidade fabril para produzir lapiseiras. Do projeto do produto, sabemos que a lapiseira é composta de vários componentes que se vão agregando gradualmente, desde componentes comprados, passando por semiacabados, até chegarem ao produto acabado.

Itens pais e itens filhos e estrutura de produto

Chamamos, no jargão do MRP, de itens "filhos" os componentes *diretos* de outros itens, estes correspondentemente chamados itens "pais" de seus componentes diretos. Informações sobre composição de produtos podem ser organizadas na forma como representada na Figura 3.2 também chamada de "estrutura de produto" ou "árvore do produto", que traz todas as relações pai-filho, entre todos os itens de um determinado produto.

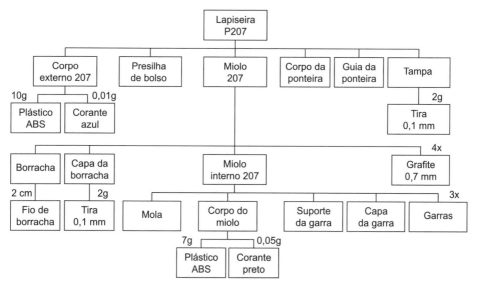

Figura 3.2 Estrutura de produtos de uma lapiseira.

Notemos que, nos diversos níveis, os retângulos representam os itens componentes devidamente identificados. Acima dos retângulos, encontra-se um número que representa a quantidade do item filho necessário por unidade do correspondente item pai. Na ausência da indicação do número, assumimos uma unidade de item filho para cada unidade de item pai.

Lista de materiais "indentada" (*indented bill of materials*)

Como nem sempre é fácil gerar representações gráficas como a da "estrutura de produtos", às vezes usamos uma representação alternativa das mesmas informações, chamada "lista de materiais indentada", do inglês *indented bill of materials*.

```
0. Lapiseira P207
.1 Corpo externo 207
..2 Plástico ABS
..2 Corante azul
.1 Presilha de bolso
.1 Miolo
..2 Borracha
...3 Fio de borracha
..2 Capa da borracha
...3 Tira 0,1 mm
..2 Miolo interno 207
...3 Mola
...3 Corpo do miolo
....4 Plástico ABS
....4 Corante preto
...3 Suporte da garra
...3 Capa da garra
...3 Garras
..2 Grafite 0,7 mm
.1 Corpo da ponteira
.1 Guia da ponteira
.1 Tampa
..2 Tira 0,1 mm
```

Figura 3.3 Lista de materiais "indentada" da lapiseira.

Explosão de necessidades brutas de materiais

Essas representações de estruturas de produtos auxiliam na resposta a duas das questões logísticas fundamentais que os sistemas de administração da produção buscam responder: o que (pois as estruturas trazem univocamente quais componentes são necessários à produção de determinado produto) e quanto (pois as informações de quantidades de itens filho por unidade de item pai produzido permitem saber quantos itens filhos são necessários para qualquer quantidade de item pai necessária) produzir e comprar. Por exemplo, sabemos que, se 1.000 lapiseiras devem ser fabricadas, é necessário comprar 4.000 grafites, produzir 1.000 corpos do miolo etc. Veja a Tabela 3.1 para o cálculo de quantidades necessárias de componentes a partir da necessidade de produção de 1.000 lapiseiras.

Tabela 3.1 Itens da lapiseira

Item	Quantidade	Comprado/produzido
Lapiseira P207	1.000	produzido
Corpo externo 207	1.000	produzido
Presilha de bolso	1.000	comprado
Miolo 207	1.000	produzido
Corpo da ponteira	1.000	comprado
Guia da ponteira	1.000	comprado
Tampa	1.000	produzido
Plástico ABS	10 kg	comprado
Corante azul	10 g	comprado
Tira 0,1 mm	2 kg	comprado
Borracha	1.000	produzido
Capa da borracha	1.000	produzido
Miolo interno 207	1.000	produzido
Grafite 0,7 mm	4.000	comprado
Fio de borracha	20 m	comprado
Tira 0,1 mm	2 kg	comprado
Mola	1.000	comprado
Corpo do miolo	1.000	produzido
Suporte da garra	1.000	comprado
Capa da garra	1.000	comprado
Garras	3.000	comprado
Plástico ABS	7 kg	comprado
Corante preto	50 g	comprado

Esse cálculo é conhecido como "explosão" de necessidades brutas, significando a quantidade total de componentes que necessita estar disponível para a fabricação das quantidades necessárias de produtos.

A questão pertinente agora é: quando devemos efetuar essas ações gerenciais de comprar ou produzir? Devemos comprar todos os componentes possíveis o mais cedo possível? Provavelmente não. Hoje há nas empresas a preocupação de não se carregar mais estoques do que seja estritamente necessário. Portanto, há o interesse de não comprarmos materiais nem um dia antes do que seja estritamente necessário ao fluxo produtivo. Em outras palavras, o mais desejável segundo essa lógica seria comprarmos os materiais não no momento mais cedo possível, mas no momento mais tarde possível. É essa, essencialmente, a lógica do MRP: programar atividades para o momento mais tarde possível de modo a minimizar os estoques carregados.

Para isso, parte das necessidades de produtos acabados: por exemplo, imaginemos que nosso pedido de 1.000 lapiseiras esteja colocado para entrega na semana 21 e que em nosso calendário estejamos na semana 10. Para que seja possível determinar os momentos de início e fim de cada atividade necessária a atender ao pedido de 1.000 lapiseiras para a semana 21, além da estrutura de produto e das quantidades de itens filho necessários à produção de uma unidade dos itens pai, é necessário levantar informações sobre tempos: tempos de obtenção dos diversos itens, sejam eles comprados ou produzidos. Vamos imaginar que tenha sido feito um levantamento e que os tempos de obtenção dos diversos itens (com base em seus componentes disponíveis, no caso dos fabricados) sejam dados conforme a Tabela 3.2:

Tabela 3.2 Tempos de obtenção dos itens da lapiseira

Item	Tempo de obtenção	Comprado/produzido
Lapiseira P207	1 semana	produzido
Corpo externo 207	2 semana	produzido
Presilha de bolso	1 semana	comprado
Miolo 207	1 semana	produzido
Corpo da ponteira	2 semanas	comprado
Guia da ponteira	1 semana	comprado
Tampa	1 semana	produzido
Plástico ABS	1 semana	comprado
Corante azul	2 semanas	comprado
Tira 0,1 mm	1 semana	comprado
Borracha	1 semana	produzido
Capa da borracha	1 semana	produzido
Miolo interno 207	3 semanas	produzido
Grafite 0,7 mm	2 semanas	comprado
Fio de borracha	1 semana	comprado
Tira 0,1 mm	1 semana	comprado
Mola	1 semana	comprado
Corpo do miolo	2 semanas	produzido
Suporte da garra	2 semanas	comprado
Capa da garra	3 semanas	comprado
Garras	1 semana	comprado
Plástico ABS	1 semana	comprado
Corante preto	2 semanas	comprado

Vamos imaginar ainda uma forma de representação que inclua as informações da estrutura do produto com os tempos de obtenção de cada um dos itens. Representemos cada item não mais como um retângulo, mas com um segmento de reta que tenha um comprimento proporcional ao tempo de obtenção do item ao qual se refere. Como estamos mais acostumados a enxergar representações em que o tempo varia na direção horizontal, giremos em 90° a representação anterior. Ajustemos ainda, a nova estrutura resultante para que sua extremidade direita coincida com o momento em que sejam necessárias 1.000 lapiseiras prontas, ou seja, com a semana 21, obtendo a seguinte representação:

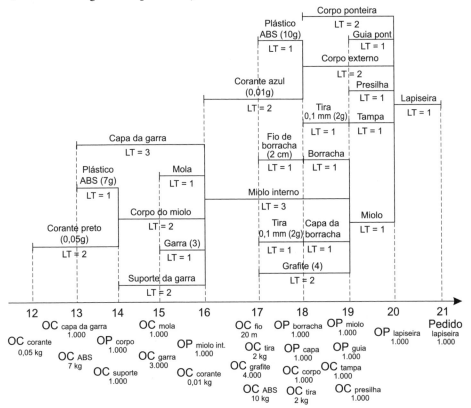

Figura 3.4 Representação dos tempos de obtenção de todos os itens da lapiseira, respeitando as relações "pai-filho" entre os itens.

Com base na representação obtida da Figura 3.4, podemos ver com clareza quais os momentos em que as diversas atitudes gerenciais logísticas deverão ser tomadas ao longo do tempo, para que as quantidades certas, nos momentos certos, sejam disponibilizadas para a produção da quantidade desejada (informada pela melhor visão de futuro que hoje temos, neste caso dada pelo pedido firme de 1.000 lapiseiras) de produtos acabados. A sequência de ações gerenciais deve ser (lembrando que em nosso exercício hipotético estamos na semana 10):

Tabela 3.3 Sequência de ações gerenciais para o planejamento da lapiseira

Semana	Ação gerencial referente a pedido de 1.000 lapiseiras p/ semana 21
Semana 10	nenhuma
Semana 11	nenhuma
Semana 12	liberar ordem de compra de 50 g de corante preto
Semana 13	liberar ordem de compra de 1.000 capas da garra
	liberar ordem de compra de 7 kg de plástico ABS
Semana 14	liberar ordem de produção de 1.000 corpos do miolo
	liberar ordem de compra de 1.000 suportes da garra
Semana 15	liberar ordem de compra de 1.000 molas
	liberar ordem de compra de 3.000 garras
Semana 16	liberar ordem de produção de 1.000 miolos internos
	liberar ordem de produção de 10 g de corante azul
Semana 17	liberar ordem de compra de 20 m de fio de borracha
	liberar ordem de compra de 2 kg de tira de 0,1 mm
	liberar ordem de compra de 4000 grafites
	liberar ordem de compra de 10 kg de plástico ABS
Semana 18	liberar ordem de produção de 1.000 borrachas
	liberar ordem de produção de 1.000 capas da borracha
	liberar ordem de produção de 1.000 corpos externos
	liberar ordem de compra de 2 kg de tira de 0,1 mm
Semana 19	liberar ordem de compra de 1.000 presilhas de bolso
	liberar ordem de produção de 1.000 miolos
	liberar ordem de produção de 1.000 tampas
	liberar ordem de compra de 1.000 guias da ponteira
Semana 20	liberar ordem de produção de 1.000 lapiseiras P207
Semana 21	entregar as 1.000 lapiseiras P207 conforme pedido

FIQUE ATENTO

Note que a Figura 3.4 consolida informações que ajudam a responder três questões logísticas básicas: o que, quanto e quando produzir e comprar. A questão "o que" é respondida com a estrutura de produto, que detalha todas as relações pai-filho de cada item. "Quanto" é respondido pela explosão de necessidades brutas, a partir do múltiplo de cada item necessário para a fabricação do produto final. A questão "quando" produzir e comprar depende dos *lead times* de obtenção de cada item da estrutura de produto.

Notamos que o MRP tem uma lógica que parte da visão de futuro de necessidade de produtos acabados e depois vem "explodindo" as necessidades de componentes nível a nível, para trás no tempo. Por isso a lógica do MRP é chamada de lógica de "programação para trás" (em terminologia inglesa, *backward scheduling*).

Da análise da Figura 3.4, alguns pontos saltam aos olhos, como características marcadamente diferentes da prática das empresas.

A importância das previsões de vendas para o bom funcionamento do MRP

Em primeiro lugar, dificilmente algum gerente de produção tem a felicidade de estar confortavelmente sentado a sua mesa, na semana 10, e receber um pedido firme de entrega para a semana 21, o que lhe daria antecedência suficiente para, sem qualquer incerteza, disparar todos os seus pedidos de compra e ordem de produção. Em geral, os mercados reais são tais que a concorrência oferece prazos de entrega cada vez menores, forçando as empresas a oferecerem também prazos menores para permanecerem competitivas. Suponhamos que, para nossa hipotética fábrica de lapiseiras, sejamos forçados pelas ofertas da concorrência a entregar lapiseiras, não 12 semanas depois de recebermos os pedidos firmes, mas apenas três semanas depois de recebê-los. Isso coloca nossa empresa num impasse: por um lado, os tempos totais, incluindo aquisição de itens e produção de produtos, somam nove semanas. Por outro, a situação competitiva é tal que só com três semanas de antecedência a empresa terá seu pedido firme. É como se, para entregas da semana 21, os pedidos entrassem apenas na semana 18! Ora, mas em relação às entregas da semana 21, muito antes da semana 18, mais precisamente na semana 12, é necessário começar a tomar decisões (por exemplo, quanto corante preto comprar). Se forem comprados, por exemplo, 50 gramas de corante preto, será possível entregar 1.000 lapiseiras na semana 21. Se menos corante for comprado, menos lapiseiras poderão ser entregues na semana 21. Mas só na semana 18 haverá pedidos firmes sobre as entregas da semana 21. O que fazer, então?

Bem, não restam muitas alternativas: as decisões das semanas 12, 13, 14 etc., até a semana 18, devem ser tomadas com base na *melhor visão de futuro* que se tenha em cada um desses momentos. Em outras palavras, com base em *previsões* de vendas. Eis por que hoje consideramos que ter bons sistemas de previsão de vendas é quase um pressuposto para o bom funcionamento de sistemas de MRP. É possível trabalhar com MRP com más previsões? Sim, entretanto, o desempenho da empresa será correspondentemente pobre. Decisões ruins serão tomadas com base em previsões ruins. Se essas decisões forem, além de ruins, piores que as decisões correspondentes da concorrência, a empresa começará a correr sérios riscos competitivos, pois a concorrência, com base em decisões melhores, terá correspondentemente melhor desempenho em termos dos aspectos competitivos discutidos no Capítulo 1.

Outro aspecto que chama a atenção é a sugestão dada pelo cálculo do MRP, de compra, por exemplo, de 7 kg de plástico ABS. Ora, os fornecedores de plástico

ABS, uma matéria-prima vendida em geral em grandes quantidades, podem nem mesmo ter embalagens para fornecer 7 kg de plástico ABS. Em frequentes casos, os fornecedores impõem quantidades mínimas (ou múltiplas) para pedidos de compra, por exemplo, 50 kg. Se este é o caso, em situações nas quais necessitamos de apenas 7 kg, compramos os 50 kg mínimos, usamos os 7 kg e os 43 kg restantes são armazenados para possível uso futuro. Isso implica que, quando o MRP faz suas contas, em situações reais, ele deveria, antes de sugerir determinadas quantidades de compra ou produção, verificar se a referida quantidade não se encontra já disponível em estoque, resultado de alguma compra (ou produção) anterior em quantidades maiores do que as necessárias. Só então o sistema poderia, com segurança, sugerir compras dos materiais não disponíveis ou quantidades suplementares às já disponíveis em estoque para atender às necessidades de produção.

A consideração das quantidades em estoque, deduzindo-as das necessidades brutas calculadas, para então sugerir as ordens de compra e produção, chama-se "explosão das necessidades líquidas" e é explicada a seguir.

Cálculo ou "explosão" de necessidades líquidas de materiais

Consideremos nosso pedido firme de 1.000 lapiseiras a serem entregues na semana 21. Observemos como o MRP faria os cálculos de necessidades de colocação de ordens de compra e produção, agora considerando a eventual ocorrência de estoques de determinados itens ao longo do tempo. Para simplicidade, apenas parte da estrutura de produto da lapiseira será analisada aqui. Tudo, entretanto, se passa como se fosse analisada a estrutura inteira.

Notamos que, com base na mesma necessidade de disponibilidade de produtos acabados (1.000 lapiseiras a serem entregues na semana 21), os cálculos agora obedecem a uma dinâmica levemente diferente. Suponhamos que, por decisão gerencial, nossa empresa tenha decidido não guardar absolutamente nenhuma unidade de produtos acabados em estoque. Isso significa que se na semana 21 é necessário disponibilizar 1.000 lapiseiras prontas, na semana 20 (ou seja, um "tempo de obtenção" antes) é necessário efetivamente começar a montar 1.000 lapiseiras. Neste caso, a necessidade "bruta" (necessidade de disponibilidade) é igual à necessidade líquida (necessidade de obtenção efetiva via compra ou produção) pelo fato de que não projetamos ter nenhuma lapiseira em estoque na semana 21, fruto de alguma produção anterior para, ao menos em parte, auxiliar no atendimento do pedido do cliente. Para que 1.000 lapiseiras possam começar a ser montadas na semana 20, é necessário que haja disponibilidade (necessidade bruta) de quantidades suficientes de todos os componentes diretos (filhos) da lapiseira. Isso significa disponibilidade de 1.000 corpos externos, 1.000 miolos, 1.000 corpos da ponteira, 1.000 guias da ponteira e 1.000 presilhas de bolso na semana 20. A questão agora é: na semana 20, qual o estoque que projetamos ter de cada um desses componentes (não se esqueça de que estamos na semana 10!)? Por um momento, deixemos de nos preocupar como teríamos essa informação (mais tarde voltaremos à questão do "como" obter essa

CAP. 3 ■ MRP – CÁLCULO DE NECESSIDADE DE MATERIAIS | 93

informação); vamos apenas assumir que tenhamos uma pequena "bola de cristal" que nos informe, sempre que perguntarmos, qual a quantidade de estoque projetado, disponível para uso, de determinado item em determinada semana do futuro. Nossa pergunta seria, então, para nossa "bola de cristal": qual será o estoque projetado, disponível para uso, dos itens componentes diretos (filhos) da lapiseira na semana 20? Nossa bola de cristal nos responderia o conteúdo da coluna "Estoque projetado disponível na semana 20" da Tabela 3.4.

Tabela 3.4 Necessidades brutas e líquidas para itens filhos da lapiseira

Item (filhos do item lapiseira P207)	Necessidade (bruta) de disponibilidade para semana 20	Estoque projetado disponível na semana 20	Necessidade (líquida) de obtenção efetiva
Corpo externo	1.000	200	800
Miolo	1.000	400	600
Tampa	1.000	0	1.000
Corpo da ponteira	1.000	1.300	0
Guia da Ponteira	1.000	500	500
Presilha de bolso	1.000	1.500	0

Com base nessa informação, é possível então calcularmos as necessidades líquidas de todos os itens filho da lapiseira P207. Deduzimos das necessidades brutas as quantidades projetadas disponíveis em estoque na semana correspondente, chegando às necessidades dadas pela coluna "necessidade (líquida) de obtenção efetiva". Essas são as quantidades a serem obtidas com base na liberação, com as antecedências dadas pelos tempos de obtenção de cada um, de ordens de compra ou de produção (conforme apropriado) dos itens em questão. No caso do item miolo, por exemplo, a quantidade de 600 miolos, que têm que ser produzidos para serem colocados disponíveis na semana 20, requer uma abertura de ordem de produção de 600 miolos na semana 19 (pois o tempo de obtenção do item miolo é de uma semana). A partir daí, o raciocínio é repetido sequencialmente para trás no tempo: para que seja possível liberarmos uma ordem de produção de 600 miolos na semana 19, é necessário que os componentes diretos (filhos) do item miolo estejam disponíveis em quantidades suficientes na semana 19. Isso significa que é necessária uma disponibilidade (necessidade bruta) de 600 miolos internos, 2.400 grafites (são necessários quatro grafites para cada miolo), 600 unidades de borracha e 600 unidades de capa da borracha. A pergunta agora, de novo, é: dessas quantidades necessárias, quanto já estará em estoque (podemos perguntar para nossa bola de cristal!) na semana 19 e quantos deverão efetivamente ser obtidos (necessidades líquidas)?

As respostas podem ser as dadas pela Tabela 3.5.

Tabela 3.5 Necessidades brutas e líquidas para itens filhos do item miolo

Item (filhos do item miolo)	Necessidade (bruta) de disponibilidade para semana 19	Estoque projetado disponível na semana 19	Necessidade (líquida) de obtenção efetiva
Miolo interno	600	250	350
Tira 0,1 mm	1.000	200	800
Grafites	2.400	1.500	900
Borrachas	600	300	300
Capas de borracha	600	200	400

Com a repetição desse raciocínio sequencialmente para trás no tempo, chegamos a um panorama geral de necessidades de liberação de ordens de compra e produção, conforme representado de forma simplificada (apenas para alguns itens) na Figura 3.5.

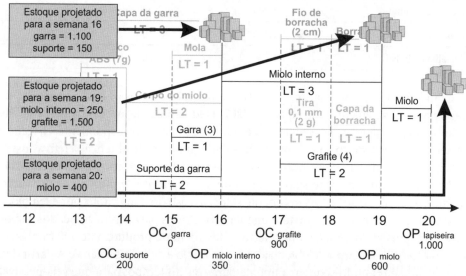

Figura 3.5 Explosão de necessidades brutas em líquidas para alguns itens da lapiseira.

Essa é a lógica fundamental do sistema MRP. Notemos que por ela, em certas situações, é possível que uma intenção de disponibilizar produtos acabados em determinada quantidade e em determinado momento futuro acarrete, por causa dos "tempos de obtenção" envolvidos, algum tipo de ação gerencial necessária que já deveria ter sido tomada no passado. Isso é o que, em MRP, chamamos de ocorrência de "atraso". Os atrasos serão discutidos mais detalhadamente em uma seção futura deste texto. Na próxima seção, descrevemos a mecânica usada pelos sistemas MRP reais para fazer a explosão de necessidades de materiais.

3.2.2 Mecânica do MRP

3.2.2.1 O registro básico do MRP

A lógica descrita na seção anterior é executada pelo MRP que utiliza um registro de informações chamado "registro básico do MRP". É importante entender sua mecânica perfeitamente, pois essa é uma interface essencial entre o sistema MRP e seus usuários.

O registro básico do MRP é organizado na forma de uma matriz (linha e colunas). A Figura 3.6 traz um exemplo de registro básico que será usado como ilustração para as explicações que se seguem. Será usado, para maior coerência com as explicações passadas, o registro básico do item "miolo interno" de nossa fábrica de lapiseiras. Cada item tem um e um único registro básico no MRP. Tudo o que se refere a esse item, em termos de movimentações logísticas e planejamento, consta de seu registro básico.

HOJE

Miolo interno	Períodos		1	2	3	4	5	6	7	8
	Necessidades brutas		100			230	400		380	600
Lote=1 (mínimo)	Recebimentos programados			100						
	Estoque projetado	380	280	380	380	150	0	0	0	0
LT = 3	Recebimento de ordens planejadas						250		380	600
ES = 0	Liberação de ordens planejadas			250		380	600			

Figura 3.6 Registro básico do MRP.

As colunas do registro básico

As colunas do registro básico representam os períodos de planejamento. No MRP, o horizonte de planejamento é dividido em um número finito de períodos, representados pelas colunas do registro. É importante notar que o MRP não trata o tempo como uma variável contínua, mas como uma variável discreta. Tudo o que ocorre no período 1, por exemplo, será representado na coluna 1. O mesmo vale para os outros períodos de planejamento, mais distantes no futuro. Na prática, com os sistemas hoje disponíveis, é possível fazer com que esses períodos, também conhecidos como *time buckets*, sejam correspondentes a um dia, fazendo com que a variável tempo seja quase contínua.

Uma convenção importante é que, no registro básico, o momento presente é sempre o início do período 1. O período 1, portanto, é o próximo período de planejamento, o período 2 é o seguinte, e assim por diante, até o fim do horizonte de planejamento. Os períodos do registro básico, portanto, representam períodos futuros. À medida que o tempo passa (por exemplo, quando o período considerado como o período 1 no replanejamento passado passa), o registro elimina esse período e faz com que o período 1 do próximo planejamento seja o período considerado como 2 no planejamento passado. Para manter um horizonte futuro de duração constante, a cada período eliminado pelo passar do tempo, um período é incluído ao final do horizonte anterior, que no replanejamento anterior não era considerado. Dessa forma, dá-se no registro básico do MRP, o processo de "rolagem" do planejamento.

As linhas do registro básico

As linhas do registro básico representam o seguinte:

Necessidades brutas. A linha de "necessidades brutas" do registro básico traz exatamente as necessidades de disponibilidade do item representado em cada período futuro. Se o registro básico do item "miolo interno" da Figura 3.6 chegasse ao período 19, de acordo com a representação da Figura 3.5, haveria nele uma necessidade bruta de 600, devida à necessidade de atendimento a nosso pedido de 1.000 lapiseiras na semana 21. As outras necessidades brutas representadas no registro básico referem-se a outras necessidades do item "miolo interno", para atendimento de outras necessidades dadas pela visão de futuro que temos. Portanto, todas as necessidades brutas são consolidadas no registro básico do item. Por isso, é possível ter um e um só registro por item. A linha de "necessidades brutas" representa, em termos físicos, saídas esperadas de material do estoque, durante o período em que as quantidades aparecem no registro. Dessa forma, no registro da Figura 3.6, a linha de necessidades brutas representa as seguintes saídas esperadas de estoque do item "miolo interno": 100 unidades serão retiradas de estoque no período 2, 230 no período 4 etc.

Recebimentos programados. Assim como a linha de "necessidades brutas" representa saídas de material do estoque, a linha de "recebimentos programados" representa chegadas de material disponibilizado ao estoque. A linha de "recebimentos programados" da Figura 3.6 informa-nos o seguinte: no início do período 2, estará disponível no estoque uma quantidade adicional de 100 unidades do item "miolo interno", para a qual as ações que solicitam esse recebimento já foram tomadas. Voltaremos a este item mais adiante.

Estoque disponível projetado. Representa as quantidades do item em questão que, esperamos, estejam disponíveis em estoque ao final dos períodos (feito o balanço entre a quantidade em estoque ao final do período anterior, mais as entradas em estoque esperadas no período, menos as saídas de estoque esperadas no período). Essa é nossa "bola de cristal", usada na explicação da lógica do MRP na seção anterior. É nessa linha que encontramos o estoque projetado disponível em períodos futuros, que será usado para o cálculo das necessidades líquidas. Note que na linha de "estoque disponível projetado" há uma célula destacada, à esquerda da coluna que representa o período 1. Essa célula representa a quantidade em estoque disponível ao final do período passado, ou, pelo princípio da continuidade do tempo, ao início do período 1.

Para entender melhor as duas últimas linhas do registro básico, é conveniente nesse momento descrevermos como é a mecânica de cálculo do registro no que se refere às três primeiras linhas. Note que, ao final do período passado, a quantidade em estoque do item "miolo interno" era de 380 unidades. No início do período 1, não há nenhuma chegada de material programada (conforme descreve a célula correspondente à linha de "recebimentos programados" e à coluna 1) e há uma necessidade bruta (saída esperada de material) de 100 unidades para ocorrer durante a semana 1. Como resultado, temos uma disponibilidade de estoque de 280 unidades ao final do período 1 (como demonstra a célula correspondente ao cruzamento da coluna 1 com a linha "estoque projetado"). O cálculo prossegue da mesma forma (estoque disponível ao final do período anterior + recebimentos programados para o período – necessidades brutas do período = estoque disponível projetado ao final do período), resultando em uma sequência de estoques disponíveis projetados de 380 no período 2, 380 no período 3 e 150 no período 4.

No período 5, há uma necessidade bruta maior do que o estoque disponível projetado ao final da semana anterior. Isso significa que, se nenhuma ação gerencial for tomada, a necessidade bruta do período 5 não será atendida e provavelmente faltará material para a produção de algum item que seja pai desse item. Entretanto, o planejamento de materiais é feito exatamente para evitar faltas de materiais que comprometam o fluxo produtivo desejado. Portanto, o MRP, notando que no período 4 o estoque disponível projetado é insuficiente para atender às necessidades do período 5, sugere uma chegada planejada de material para o início do período 5, na quantidade de 250, que é exatamente a quantidade suplementar em relação àquela já presente em estoque, para atender à necessidade bruta do período 5.

Para que essa chegada de material planejada ocorra, é necessário que, com a antecedência dada pelo "tempo de ressuprimento" do item "miolo interno", seja planejada uma liberação de abertura de ordem na quantidade de 250. Isso é representado pelos números 250 no período 5 da linha "recebimento de ordens planejadas" e 250 no período 2 (1 "tempo de ressuprimento" antes da chegada), na linha "Liberação de ordens planejadas". Ambas referem-se à mesma quantidade de material; a diferença entre as linhas é que uma define o momento de abertura da ordem de obtenção (compra ou produção) e a outra informa qual o momento do recebimento do material disponível.

Podemos agora formalmente definir as duas últimas linhas:

Recebimento de ordens planejadas. As quantidades informadas nesta linha referem-se a quantidades de material que deverão estar disponíveis no início do período correspondente, para atender a necessidades brutas que não possam ser supridas pela quantidade disponível em estoque ao final do período anterior. Na coluna 5, aparece uma quantidade na linha de "Recebimento de ordens planejadas" de 250 porque a quantidade projetada disponível em estoque no período 4 (150) era insuficiente para fazer frente à necessidade bruta de 400, que aparece na coluna 5. Considerando esse recebimento, entretanto, a necessidade bruta passa a ser atendida, resultando em uma quantidade em estoque ao final do período 5 de 0.

Abertura de ordens planejadas. As quantidades informadas nesta linha referem-se às aberturas das ordens planejadas a serem recebidas conforme consta da linha de recebimento de ordens planejadas. Uma diferença entre as duas é o "tempo de obtenção" do item. Outra diferença entre as duas pode ser o percentual de "quebra" de produção ou de rejeito sistemático que o processo de obtenção do item carregue. Por exemplo, imagine um processo de transformação que necessária e sistematicamente estrague 2% das peças. Quando o sistema é informado disso, gerará a linha de "abertura de ordens planejadas" com 2% mais de peças do que a quantidade estritamente necessária. Se, por exemplo, é necessário um recebimento de ordem planejada de 100 peças no período 16, o tempo de obtenção é de 2 períodos e o percentual de "estrago" é de 2%, o sistema sugerirá uma abertura de ordem planejada de 100/(1 – 0,02) ou, aproximadamente, 102 peças no período 14. Isso para permitir que, mesmo com o estrago de 2%, fiquem prontas e disponíveis para uso 100 peças no período 16.

Ao longo da descrição do funcionamento do registro básico do MRP, foram mencionadas algumas convenções que vale a pena agora explicitar.

As convenções do registro básico

A primeira convenção importante é a da localização, no registro, do tempo presente; este se localiza no início do primeiro período.

As ocorrências informadas nos vários períodos da linha "necessidades brutas" referem-se a retiradas de material *durante* os períodos informados. Com base no registro básico, é impossível dizer se a necessidade bruta vai ocorrer de uma vez só ou em várias vezes, ou se vai ocorrer mais para o início ou mais para o fim dos períodos. O único aspecto contemplado pelo registro básico é que o total de necessidades brutas que deverão ocorrer durante o período é igual ao número informado na coluna correspondente.

Como os recebimentos (tanto informados na linha de "Recebimentos programados" como na linha "Recebimento de ordens planejadas") na maioria dos casos ocorrem para atender a necessidades brutas anunciadas e como não sabemos ao certo em que momento preciso ocorrerão essas necessidades brutas, a convenção do registro básico, para agir do lado da segurança e não permitir que falte dentro do período, determina que os recebimentos aconteçam de forma a disponibilizar os materiais no primeiro momento do período. Dessa forma, qualquer necessidade bruta dentro do período será atendida, não importando em que momento se dê.

Coerentemente com a convenção de chegada de materiais ocorrendo no início do período, a convenção de abertura de ordens planejadas também ocorre no início do período informado. Isso para permitir que um "tempo de obtenção" completo ocorra entre a abertura planejada e o recebimento planejado.

A linha de "estoque disponível projetado", para cada período, é calculada com base no estoque disponível projetado do período anterior mais os eventuais recebimentos menos as eventuais necessidades brutas. Como não sabemos ao certo em que momento as necessidades brutas ocorrerão, dentro do período, só é possível afirmarmos com segurança qual será o balanço em estoque ao final do período. Daí a convenção para a linha de "Estoque disponível projetado" ter ocorrência ao final do período informado.

Outra convenção importante refere-se à diferença entre as linhas de recebimento: "Recebimento programado" e "Recebimento de ordens planejadas". É importante entender bem essa diferença. Em primeiro lugar, não nos esqueçamos de que uma mesma quantidade de material nunca aparece nas duas linhas ao mesmo tempo. Isso por um motivo simples. O fato de uma ordem (referente a uma quantidade de material) estar informada na linha de "Recebimento programado" significa que a ordem tem *status* de ordem liberada, para a qual alguma ação física já foi tomada: como a abertura da ordem, a emissão da ordem, formação do *kit* de componentes, ou o início de produção efetiva. Se, por outro lado, a ordem aparece na linha de "Recebimento de ordens planejadas", isso implica que nenhuma ação física foi tomada a respeito da ordem – ela de fato não foi aberta; é apenas uma ideia de abertura de ordem, uma intenção de abrir uma ordem.

Em termos de cálculo, o sistema também reconhece *status* diferentes para ordens programadas e para ordens planejadas. As ordens programadas (ou abertas), que estão informadas no registro básico como recebimentos programados, não são alteradas pelo sistema, nos recálculos do registro básico, mesmo que as condições de contorno do planejamento mudem (como, por exemplo, uma alteração de necessidades brutas). Ordens firmes podem ser alteradas pelo planejador, mas não são alteradas pelo sistema de forma autônoma. Ordens planejadas, por outro lado, são alteradas, incluídas e eliminadas pelo sistema no recálculo de forma autônoma, visto que nenhuma ação física foi tomada sobre elas. Se, por exemplo, desaparece uma necessidade bruta futura que era a razão de ser do aparecimento de uma ordem planejada, o sistema simplesmente elimina a ordem planejada.

Os parâmetros fundamentais do MRP: políticas e tamanhos de lote, estoques de segurança e *lead times*

Políticas e tamanhos de lote. O registro da Figura 3.6 mostra o cálculo estrito do MRP. Apenas as quantidades estritamente necessárias são planejadas para chegarem ao último momento possível (respeitados os "tempos de obtenção" de cada item) de forma a minimizar o estoque médio carregado. Nem sempre, entretanto, as situações reais de produção permitem que trabalhemos segundo a lógica estrita do MRP. Às vezes, há restrições nos processos logísticos que devem ser respeitadas e consideradas pelo cálculo do MRP. Consideremos, por exemplo, o registro básico do item "grafite", mostrado na Figura 3.7.

Grafite	Períodos		1	2	3	4	5	6	7	8
	Necessidades brutas		200		800	1.200	400		1.200	200
Lote=500 (múltiplo)	Recebimentos programados									
	Estoque projetado	550	350	350	50	350	450	450	250	50
LT = 2	Recebimento de ordens planejadas				500	1.500	500		1.000	
ES = 0	Liberação de ordens planejadas		500	1.500	500		1.000			

Figura 3.7 Registro básico do item "grafite", com ocorrência de lote múltiplo de 500 unidades.

Nesse caso, o item "grafite", um item adquirido de um fornecedor, só pode ser comprado em caixas de 500 grafites. Dizemos, neste caso, que os lotes de grafite são lotes múltiplos de 500. Em outras palavras, cada vez que for necessário comprar grafite, essas compras deverão ocorrer em quantidades múltiplas de 500, conforme mostrado na Figura 3.7. Note que, por os lotes serem múltiplos de 500 (maiores que as necessidades estritas), eles fazem com que os estoques médios mantidos de grafite subam. Experimente recalcular o registro do item "grafite" sem a restrição de tamanho de lote. Você notará que, para o número de períodos considerados, a diferença entre os estoques médios é de 56% (de 317 de estoque médio ao longo do período considerando o lote de 500 para 139 de estoque médio ao longo do período não considerando restrições de lote).

No caso do item "grafite", dizemos que a política de lotes adotada é de lotes múltiplos e o tamanho dos lotes é de 500 unidades. Há também outras políticas de lote, além da política de lotes múltiplos, passíveis de definir na maioria dos sistemas MRP comerciais:

- *política de lotes mínimos* – indica a quantidade mínima de abertura de uma ordem, permitindo qualquer quantidade deste nível mínimo para cima;

- *política de lotes máximos* – indica uma quantidade de lote máxima a ser aberta – usada nos casos em que há restrição física de volume no processo, por exemplo, que não permita produções de quantidades acima do máximo definido;

- *política de períodos fixos* – o sistema calcula todas as necessidades ao longo de períodos futuros, de duração definida, período a período, e concentra no início desses períodos os recebimentos planejados do total das necessidades calculadas. Usado para situações em que desejamos ter liberações de ordens periódicas com periodicidade predefinida.

Estoques de segurança. Outro motivo para parametrizarmos o sistema MRP para que ele faça seus cálculos fora de sua lógica restrita é a existência de incertezas nos processos. Quando há incertezas, tanto no fornecimento quanto no consumo esperado de determinado item, os tomadores de decisão podem optar por manter determinados níveis de estoque de segurança. O efeito da definição de determinado nível de estoque de segurança para o cálculo do registro básico de um item pode ser visto no exemplo da Figura 3.8, onde está representado o registro básico do item "miolo

Miolo interno	Períodos		1	2	3	4	5	6	7	8
	Necessidades brutas		100			230	400		380	600
Lote=1 (mínimo)	Recebimentos programados			100						
	Estoque projetado	380	280	380	380	200	200	200	200	200
LT = 3	Recebimento de ordens planejadas					50	400		380	600
ES = 200	Liberação de ordens planejadas		50	400		380	600			

Figura 3.8 Registro do item "miolo interno" considerando estoque de segurança de 200 unidades.

interno", para o qual foi definido um estoque de segurança de 200 unidades. Note que o sistema, nesta situação, calcula seus recebimentos planejados, não de forma a zerar os estoques disponíveis projetados, ao final dos períodos, mas de forma a manter, ao menos, um nível determinado de estoques: os estoques de segurança definidos.

Uma variante da lógica de fazer frente às incertezas, via definição de determinado nível de estoques de segurança, é o uso dos chamados "tempos de segurança". Os tempos de segurança são períodos adicionados arbitrariamente aos "tempos de obtenção" para que o sistema passe a calcular as aberturas de ordens planejadas com uma "folga" ou um extra de antecedência em relação ao tempo de obtenção médio considerado. Abrindo as ordens com um "extra" de antecedência, se nenhum evento inesperado ocorrer, o efeito físico do tempo de segurança é o aparecimento de um "estoque" temporário. Entretanto, se algo não esperado ocorrer, de forma a atrasar a entrega esperada, o atraso não se propagará, desde que a ocorrência esteja dentro do limite definido pelo "tempo de segurança". Sugerimos que incertezas em relação a quantidades de entrega sejam lidadas com estoques de segurança e que incertezas com os tempos de entrega sejam lidadas com tempos de segurança.

Lead times. *Lead times* é o jargão mais usual, dentro do escopo do MRP, para denominar o que temos até agora chamado de "tempos de obtenção ou de ressuprimento". Pela lógica utilizada pelo MRP, a definição de *lead time* deve ser: o tempo que decorre entre a liberação de uma ordem (de compra ou produção) e o material correspondente estar pronto e disponível para uso. Todas as atividades entre esses dois momentos devem ser incluídas na definição do *lead time* de um item. Neste texto, usaremos os dois nomes indistintamente, representando o mesmo conceito: "tempo de obtenção" e "*lead time*".

3.2.2.2 O cálculo de necessidades ao longo da estrutura

Até agora, descrevemos o cálculo do registro básico do MRP para um item. Agora, é hora de analisarmos como o registro básico é usado para correlacionar vários itens pais e filhos, uma vez que já constatamos que as demandas dos itens filhos são dependentes das demandas dos itens pais.

A geração de necessidades nos itens filhos

Imaginemos as necessidades de aberturas de ordens de produção para a montagem final de lapiseiras P207, conforme o registro da Figura 3.9.

Observe, por exemplo, que há a necessidade de iniciar a montagem de 300 lapiseiras no início do período 2. Para que isso ocorra, é necessário que, nesse momento, os itens que são seus filhos (ou componentes diretos) estejam disponíveis em quantidades suficientes. Portanto, com base na necessidade de abertura de ordem planejada do item pai (no caso, lapiseira P207), são geradas as necessidades brutas (necessidades de disponibilidade) de todos os seus itens filhos: 300 unidades de corpo externo, 300 unidades de presilha de bolso, 300 unidades de corpo da ponteira e 300 unidades de

LAPISEIRA

			1	2	3	4	5	6	7	8	9	10
	Liber. de Ordens			300		200			500	500		1.000

MIOLO — LOTE MÍNIMO 300, LT = 1, ES = 0

Campo	antes	1	2	3	4	5	6	7	8	9	10
Nec. Brutas			300		200			500	500		1.000
Rec. Progr.											
Estoque Disp.	350	350	50	50	150	150	150	0	0	0	0
Ordens Planejadas					300				350	500	1.000
Liber. de Ordens				300			350	500		1.000	

GRAFITE — LOTE MÚLTIPLO 500, LT = 2, ES = 250

Campo	antes	1	2	3	4	5	6	7	8	9	10
Nec. Brutas				1.200				1.400	2.000		4.000
Rec. Progr.											
Estoque Disp.	250	250	250	250	550	550	550	650	650	650	650
Ordens Planejadas				1.500				1.500	2.000		4.000
Liber. de Ordens		1.500			1.500	2.000		4.000			

MIOLO INTERNO — LOTE A LOTE, LT = 3, ES = 300

Campo	antes	1	2	3	4	5	6	7	8	9	10
Nec. Brutas				300				350	500		1.000
Rec. Progr.				300							
Estoque Disp.	300	300	300	300	300	300	300	300	300	300	300
Ordens Planejadas							350	500		1.000	
Liber. de Ordens				350	500		1.000				

SUPORTE GARRA — LOTE MÍNIMO 500, LT = 2, ES = 100

Campo	antes	1	2	3	4	5	6	7	8	9	10
Nec. Brutas				350	500		1.000				
Rec. Progr.											
Estoque Disp.	120	120	120	270	270	270	100	100	100	100	100
Ordens Planejadas				500	500		830				
Liber. de Ordens		500	500		830						

GARRA — LOTE MÍNIMO 1500, LT = 1, ES = 150

Campo	antes	1	2	3	4	5	6	7	8	9	10
Nec. Brutas				1.050	1.500		3.000				
Rec. Progr.											
Estoque Disp.	450	450	450	900	900	900	150	150	150	150	150
Ordens Planejadas				1.500	1.500		2.250				
Liber. de Ordens			1.500	1.500		2.250					

Estrutura (à esquerda): Lapiseira P207 → Miolo → Miolo interno (4x) → Grafite; Suporte da garra (3x) → Garras.

Figura 3.9 Necessidades líquidas dos itens pais transformam-se em necessidades brutas dos itens filhos.

guia da ponteira e 300 unidades de miolo, já que, neste caso particular, é necessária uma unidade de cada um dos filhos para a produção de cada unidade do pai. Na Figura 3.9, apenas uma parte da estrutura da lapiseira é representada, que inclui miolo, miolo interno, grafite, suporte da garra e garras. Repare como as necessidades líquidas (linha de "Liberação de ordens planejadas") dos itens pais são transmitidas para "baixo" na forma de necessidades brutas dos itens filho. Nos casos em que são necessárias mais unidades de determinado item filho por unidade do item pai produzido, a linha de necessidade bruta do item filho é gerada multiplicando a linha de "*Abertura de ordens planejadas*" do item pai pela quantidade do item filho necessária para a produção de uma unidade do item pai. Repare como as necessidades líquidas do item pai "miolo" (em sua linha de "Liberação de ordens planejadas") aparecem multiplicadas por quatro na linha de "Necessidades brutas" do item "grafite" – pois quatro grafites são necessários para montar cada unidade do item "miolo".

Itens filhos com mais de um item pai

Para que seja possível manter apenas um registro básico para cada item, é necessário que, na geração das necessidades brutas de um item, todas as necessidades de abertura de ordens de todos os itens que porventura sejam seus pais sejam consideradas. Consideremos, por exemplo, em nossa hipotética fábrica de lapiseiras, que o item "corpo do miolo", que entra como componente direto do item miolo interno da lapiseira P207, seja um item comum que também entra como componente direto do item miolo interno da lapiseira P205, também produzida por nossa fábrica. Em outras palavras, o item corpo do miolo tem dois pais – o miolo interno P207 e o miolo interno P205. A geração da linha de necessidades brutas do item corpo do miolo tem então de levar em conta as necessidades de abertura de ordem de produção, tanto do item miolo interno P207 como do item miolo interno P205. Isso é feito conforme descrito na Figura 3.10. Com base na geração da linha de necessidades brutas do item corpo do miolo, os cálculos são feitos de forma absolutamente similar ao que ocorreria se o item tivesse apenas um item pai.

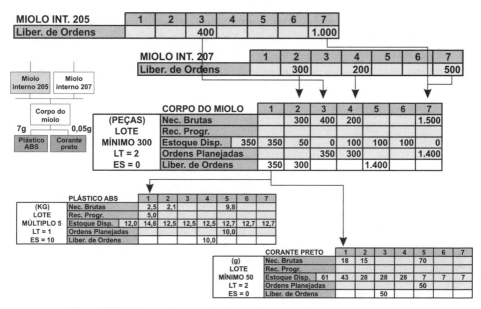

Figura 3.10 Explosão de necessidades com itens que têm mais de um item pai.

O código de nível mais baixo (*low level code*) no MRP

É fácil perceber que, para maior eficiência do algoritmo de cálculo do MRP, um registro básico de determinado item só deveria ser calculado quando *todos* os seus itens pais já tiverem sido calculados. Dessa forma, todas as linhas de necessidade de abertura de ordens planejadas dos itens pais estarão então calculadas e, com base nelas, a linha completa de necessidades brutas do item filho estará definida quando este for calculado. Ocorre, entretanto, que às vezes um mesmo item aparece em níveis diferentes de uma mesma (ou de diferentes) estruturas de produtos de uma organização. Isso faz com que, se o algoritmo de cálculo fizer os cálculos por níveis, de cima para baixo na estrutura, como intuitivamente parece mais apropriado (primeiro o nível dos produtos acabados, depois, ou seus componentes diretos, depois os componentes diretos dos componentes diretos, e assim por diante), haverá a possibilidade de um item que aparece, digamos, no segundo e no quarto níveis de uma estrutura, ter seu cálculo de registro básico feito quando o sistema estiver calculando o nível 2 (primeiro nível em que aparece). Nesse ponto, entretanto, nem todos os seus itens pais terão já tido seus registros básicos calculados. (Esse item em questão, por exemplo, tem um pai no nível 1 e um pai no nível 3.) Quando o sistema chegar ao nível 4, encontrando novamente uma ocorrência do item, recalcularia seu registro básico, agora levando em conta as necessidades de abertura de ordens de seu pai do nível 3. Para evitar esses recálculos, que podem tornar o algoritmo muito ineficiente, os sistemas usam um conceito chamado LLC (*low level code*), ou código de nível mínimo. O LLC é um número atribuído aos vários itens, que corresponde ao número do nível mais baixo em que o item aparece em qualquer estrutura de produto da organização. Observe a estrutura de nossa lapiseira. Observe que, por exemplo, o item plástico ABS aparece em dois pontos diferentes – um no nível 2 e outro no nível 4. Seu LLC seria então definido como 4, pois 4 corresponde ao número do nível mais baixo onde aparece. Fazendo isso com todos os itens, chegamos aos LLCs representados na Figura 3.11.

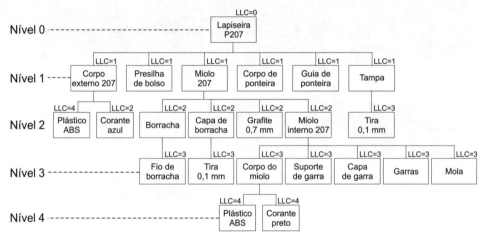

Figura 3.11 Estrutura da lapiseira com LLC e, consequentemente, a sequência de cálculo que o algoritmo seguiria.

Uma vez definidos os LLCs (definidos, periodicamente, por meio de uma rotina de cálculo rodada pelo administrador do sistema), o sistema está pronto para definir a sequência com que calculará os registros básicos para evitar ter que recalcular itens com mais de uma ocorrência em estruturas de produtos. A sequência é definida na forma a seguir descrita. O sistema calcula os registros dos itens, dos níveis mais altos para os mais baixos (dos números mais baixos, iniciando pelo 0, correspondente ao nível dos produtos acabados):

- cálculo dos itens que estão no nível 0 – calcula não todos os itens indiscriminadamente, mas apenas aqueles itens que estão no nível 0 e têm LLC 0;
- quando todos os itens que estão no nível 0 e têm LLC 0 forem calculados, o sistema muda de nível para o seguinte: nível 1;

- cálculo dos itens que estão no nível 1 – calcula não todos os itens indiscriminadamente, mas apenas aqueles itens que estão no nível 1 e têm LLC 1;
- quando todos os itens que estão no nível 1 e têm LLC 1 foram calculados, o sistema muda de nível para o seguinte: nível 2;
- cálculo dos itens que estão no nível 3 – ... (e assim por diante até o último item do último nível ser calculado)

Dessa forma, um item só será calculado quando ele estiver em sua ocorrência de nível mais baixo e, portanto, quando todos os seus itens pais já tiverem sido calculados.

3.2.3 Informações de posição de estoques

3.2.3.1 A importância da acurácia dos dados de estoque

O impacto da falta de acurácia dos dados de estoque é, em grande número de casos, letal para sistemas MRP II. Isso é claro pelo próprio funcionamento lógico do modelo de cálculo de necessidades. Imaginemos se o registro lógico do sistema considerar, por exemplo, que determinada quantidade de um material encontra-se disponível em estoque, sendo que, na verdade, fisicamente aquela quantidade não existe. O sistema, confrontado com uma necessidade bruta, vai apenas sugerir ordens de compra ou produção da quantidade faltante do item, ou seja, a menor. Na hora da entrega do produto, ou da necessidade de disponibilizar o item para a produção de algum de seus itens pai (e só nesse momento...), o planejador, sem qualquer tempo para remediar a situação, notará que a produção ou a entrega são impossíveis.

O outro lado da moeda é o sistema, por algum erro de apontamento ou entrada de dados cometido, assumir que há menos material disponível em estoque do que na realidade há. O sistema sugerirá produção ou compra de quantidades desnecessárias, o que eleva o nível de estoques da empresa, minando, sem que percebamos, o desempenho em custos da organização.

Além disso, a falta de acurácia dos dados de estoque também tem o efeito secundário (entretanto, não menos perverso) de minar a própria confiança que os usuários têm no sistema, já que este sugerirá coisas impossíveis de realizar, levando, na maioria dos casos, os usuários a tomar decisões erradas, pelas quais, na maioria dos casos, serão cobrados e muitas vezes penalizados.

Embora ao leigo pareça simples garantir que os dados de estoque estejam sempre acurados, não é isso que constatamos em grande número de casos práticos. A informalidade, a desatenção, a falta de treinamento, a falta de rotinas adequadas de consistência lógica de entrada de dados são apenas alguns dos inúmeros motivos que se encontram nas empresas para o baixo nível de acurácia constatado. Não é incomum encontrar, mesmo em empresas de porte, percentuais como 60% dos dados de estoque incorretos, ou seja, registros lógicos de quantidades que não coincidem com as quantidades físicas. O resultado é sempre a ocorrência de níveis altos de estoque decorrentes de um controle excessivamente frouxo.

Muitos autores e consultores sugerem que o percentual mínimo de acurácia para dados de posição de estoques para que o MRP II tenha mínima chance de sucesso é de 95% (para cada 100 itens escolhidos aleatoriamente e inventariados, 95 encontram-se com os registros lógicos precisos em relação às quantidades físicas). Isso é válido como patamar de referência, mas deve ser encarado com reservas. Em primeiro lugar, isso não significa que se uma empresa encontre 96% de acurácia em seus dados de estoque e outra encontre 94%, uma está qualificada para ter sucesso no uso do MRP II e outra não. Qualquer nível de falta de acurácia vai trazer à operação do sistema um nível adicional de *incerteza* (por exemplo, quanto a quais itens têm dados bons e quais têm dados ruins) que, por sua vez, vai ou trazer decisões erradas, ou vai demandar colchões (como estoques e tempos de segurança) para fazer frente a elas. Em ambas as situações, o desempenho do sistema e, por conseguinte, da empresa será prejudicado.

Dentro da lógica que o *Just in Time* sugere, uma abordagem para essa questão é considerar qualquer nível de acurácia diferente de 100% como ruim. Assim, combatemos a complacência e garantimos que melhorias contínuas ocorrerão. Detalhes sobre técnicas para avaliar e garantir a acurácia dos dados podem ser encontrados no Capítulo 12.

PARA PENSAR

Imagine que você seja o planejador de uma empresa fabricante de sorvetes. A empresa acabou de receber um pedido de compra para entrega imediata. São 100 potes de sorvete sabor flocos, para atender a uma festa beneficente promovida por um dos acionistas da empresa. Consultando o sistema, você verificou que existem 108 potes em estoque; você informa ao acionista que é possível entregar no mesmo dia. Duas horas depois, o gerente do centro de distribuição liga para você e informa que existem fisicamente apenas 62 potes em estoque. Não há produção alocada para esse sabor nos próximos dias. Como você se sentirá ao dar essa notícia ao acionista? O que você faria? Como não incorrer no mesmo erro no futuro (independentemente de quem seja o cliente)?

3.2.4 Estruturas de produto

3.2.4.1 Definindo as estruturas de produto

A importância do desenho das estruturas de produto

A definição de qual vai ser a arquitetura das estruturas de produtos usadas pelo MRP II tem grande importância para o desempenho do sistema. É comum que as empresas negligenciem esse aspecto, muitas vezes apenas mantendo a arquitetura das estruturas usadas por seus sistemas anteriores quando da implantação do MRP

II. Isso representa no mínimo o desperdício da excelente oportunidade de revisar as estruturas, aproveitando a mudança do sistema.

As estruturas de produto vão definir em grande extensão o nível de burocracia que o sistema MRP II vai impor. Estruturas com numerosos níveis representam necessidade de muita atividade de apontamento, já que representam mais itens estocáveis e, portanto, mais itens a entrar e sair de estoque, necessitando em cada uma destas transações de apontamento. Isto, entretanto, deve ser bem compreendido. A decisão de mudar a forma de uma estrutura de produto, ou a eliminação de um nível, não pode ser decisão tomada de forma isolada ou autocontida. As estruturas em última análise são apenas um reflexo do processo que a empresa usa para agregar componentes em subconjuntos, estes em conjuntos, gradualmente até que cheguemos ao produto final. Se a empresa tem um sistema produtivo linearizado, em que, como um fluxo contínuo, essa agregação vai acontecendo, suas estruturas terão poucos níveis, pois haverá poucas ocorrências de itens semiacabados, sendo estocados para uso posterior. Se, por outro lado, o sistema produtivo não é linearizado, as operações são realizadas de forma quase estanque, com a ocorrência de lotes de produção diferentes em cada processo, provavelmente as estruturas de produtos apresentarão grande quantidade de níveis.

Em outras palavras, quando definimos a arquitetura das estruturas de produto, devemos ter uma postura extremamente crítica, no sentido da simplificação de níveis, e de componentes por nível. Entretanto, a análise crítica deve ser feita levando em conta as estruturas lógicas e o sistema produtivo, para que possamos chegar ao melhor desenho. Um bom desenho pode inclusive reduzir substancialmente o número de estruturas de produtos em um sistema MRP II, com as evidentes vantagens de manutenção facilitada, maior eficiência e rapidez nas "rodadas" do sistema, entre outras.

Formas de estruturas de produto: muitos níveis e poucos níveis

A forma como as estruturas de produtos é definida, além, obviamente, das características inerentes ao produto em questão, determina a quantidade de níveis e de componentes por nível que as estruturas apresentarão. Quanto mais estruturas presentes no sistema, quanto mais níveis por estrutura e quanto mais componentes por nível, mais complexa a situação que teremos de gerenciar – mais transações de apontamento, de manutenção, mais oportunidades de erro e mais cálculos para o algoritmo executar (com a correspondente implicação sobre o tempo de processamento do sistema – e por conseguinte sobre a frequência de rodadas).

Estruturas encontradas nas situações práticas podem ser horizontais (quando possuem muitos componentes com poucos níveis), verticais (quando apresentam poucos componentes por níveis e vários níveis) ou complexas (quando possuem vários níveis e muitos componentes por nível). A mais desejável em termos logísticos é a estrutura horizontal, que representa processos linearizados. As estruturas verticais em geral são indesejáveis, pois, tendo poucos componentes, a oportunidade de linearização do processo provavelmente existe e não está sendo usada. Por fim, as estruturas complexas são as mais sujeitas a imperfeições na operação do sistema. Por outro lado, para aquelas empresas que esgotaram as possibilidades viáveis de linearização e continuam com estruturas complexas, o MRP II vai trazer maiores benefícios, pela própria lógica em que se baseia (que foi de fato desenhada para lidar com esse tipo de situação).

Itens fantasmas e pseudoitens

Itens fantasmas e pseudoitens é como chamamos itens de uma estrutura de produto para o qual o sistema não sugere ordens. São itens que constam da estrutura mas para os quais, por algum motivo, não desejamos que o sistema emita ordens de produção. Tudo se passa, em termos de planejamento, como se os itens fantasmas e pseudoitens não estivessem na estrutura. Seus filhos são considerados como filhos de seus pais, quando da explosão.

Para um tratamento mais detalhado de itens fantasmas e pseudoitens, veja o Capítulo 6: MPS – Planejamento-mestre da produção.

3.2.4.2 A importância da acurácia das estruturas de produtos

A acurácia necessária

Se, para os registros lógicos de posição de estoques, uma alta acurácia é muito importante, para os registros lógicos de estrutura de produtos isso é essencial. Se o percentual mínimo sugerido pela literatura e por um grande número de consultores para acurácia de níveis de estoque é de 95%, quando se trata de acurácia de dados de estruturas de produtos, esse percentual sobe para 98%, computados da seguinte forma: para cada 100 estruturas de produtos escolhidas aleatoriamente na empresa, 98 não apresentam nenhuma inconsistência com os produtos reais que estão sendo produzidos. Valem os mesmos comentários feitos no item sobre acurácia dos dados de posição de estoques. Noventa e oito por cento é um valor arbitrário, que bem lido significa: as estruturas precisam ser extremamente acuradas, qualquer coisa diferente de 100% deveria ser considerado inadequado.

Os efeitos da falta de acurácia

Os efeitos da falta de acurácia dos dados de estrutura são pelo menos tão devastadores para o desempenho do sistema quanto os efeitos da falta de acurácia dos dados de posição de estoques. Imagine, por exemplo, que tenha havido alteração de engenharia, com a substituição de um componente. Os desenhos novos (dos produtos atualizados) foram para a produção, os antigos, corretamente, foram removidos, mas por alguma imperfeição de procedimento, digitação, atenção ou outro, a informação da alteração do produto não foi refletida no sistema de gestão, ou seja, a estrutura de produtos da base de dados do MRP II continua inalterada. O planejamento continuará, evidentemente, programando suas ordens de compra e produção baseado na estrutura antiga. Continuará programando o componente que não é mais usado e não programará o novo componente. O resultado é falta na linha e atraso na entrega. Se a substituição do componente foi por outro agora importado (com o usual maior *lead time*), o problema fica ainda mais grave, visto que a inércia para a correção da falha, uma vez que esta é percebida, é ainda maior: atrasos maiores, clientes mais descontentes ou não atendidos, embarques urgentes (e caros) de componentes por avião, e outras implicações prejudiciais à competitividade da empresa.

 BOXE 3.2

Uma grande multinacional montadora de veículos com *headquarters* na Europa e operações tanto de manufatura como de montagem de porte substancial no Brasil dedicava, nos anos 1980, grande parte de um departamento (seis pessoas) para, em tempo integral, conferirem as suas "listas de materiais" (em papel) atualizadas pelo setor de engenharia com os dados, em registro lógico das listas de estruturas de produtos constantes do sistema computacional de planejamento de compras e produção que utilizava. Imagine a quantidade de trabalho manual que isso representa já que um veículo pode ter em torno de 6.000 itens de estoque. Por tipo de veículo, a empresa produzia grande quantidade de veículos diferente, fazendo uso de opcionais. Além disso, a empresa produzia, à época, em torno de 20 diferentes tipos de veículos. As alterações de engenharia, que repercutiam em alguma mudança nas estruturas de produtos ocorriam em número aproximado de 1.200 por mês. Não admira que erros no processo de cadastramento dessas mudanças (com várias transcrições, trânsitos físicos de papel e fotocópias envolvidas) ocorressem em número tal que justificasse a alocação de vários profissionais apenas para a conferência das estruturas nas quais o sistema de planejamento se apoiava para suas decisões de compras e produção. É difícil avaliar a ordem de grandeza dos custos envolvidos, tanto nas conferências como nas consequências dos eventuais erros que subsistiam ao processo de conferência, mas é fácil perceber que não se trata de pouco. Os sistemas MRP II/ERP atuais, com a integração que proporcionam, fazem com que as redundâncias de informação (mesma informação sendo armazenada em mais de um lugar), as transcrições e os trânsitos físicos de papel tenham sido minimizados; entretanto, algum potencial de erro em cadastramentos e manutenções de estruturas de produtos ainda existe. É necessário, portanto, que todos os cuidados viáveis sejam tomados para garantir níveis de acurácia das informações de estruturas de produtos para garantir um bom desempenho global da organização onde sistemas de MRP II/ERP são usados.

3.2.5 Parametrização do Sistema MRP

A parametrização de sistemas MRP é, ao mesmo tempo, uma das atividades mais importantes e mais negligenciadas pelas organizações que o adotam. Parametrização é uma atividade que permite que possíveis restrições e características da realidade sejam informadas e, portanto, consideradas pelo sistema. Se, por exemplo, determinado fornecedor (interno ou externo) não é 100% confiável, podemos optar por parametrizar o sistema para que este mantenha algum nível de estoques de segurança para fazer frente a essa incerteza. Imaginemos, entretanto, que a parametrização seja feita sem rigor ou cuidado (como ocorre em muitos casos práticos), superestimando os níveis de estoques de segurança para níveis muito maiores do que as incertezas demandariam. Os estoques médios ficarão muito aumentados e o sistema cuidará para que sejam mantidos nesses níveis altos. Imagine, ainda, que determinados níveis de tamanhos de lote tenham sido definidos quando da implantação de um sistema MRP há cinco anos. De lá para cá, nunca mais os parâmetros foram revisados. Entretanto, nesses cinco anos, muitas melhorias foram feitas nas práticas de "chão de fábrica", incluindo trocas rápidas de ferramentas, que foram reduzidas dos níveis médios de 4 horas de 5 anos atrás para 15 minutos, não sem muito esforço e investimento nas melhorias. A diretoria dessa empresa por certo ficaria bastante decepcionada em saber que, pela falta de revisão dos parâmetros, os esforços e investimentos nas melhorias dos tempos de troca de ferramentas foram, ao menos parcialmente, em vão. Isso porque os tamanhos de lote definidos há cinco anos, provavelmente, eram grandes e, portanto, pouco flexíveis, para compensar os longos tempos de troca. De lá para cá, os tempos de troca foram reduzidos, mas o sistema continua sugerindo as mesmas grandes ordens (e, portanto, o sistema continua com pouca flexibilidade) de antes, praticamente desperdiçando a valiosa característica recentemente conquistada, de trocas rápidas. O sistema continua considerando que uma restrição existente há cinco anos continua presente, sendo que, na verdade, não continua.

A parametrização é a forma de adaptarmos o cálculo do MRP às necessidades específicas da organização. Como as necessidades e características da organização estão sempre mudando, é também necessário revisar periodicamente a parametrização para que a realidade seja refletida o mais fielmente possível no sistema.

Embora importantíssima para o desempenho do sistema, a parametrização do MRP não é bem suportada nem pela literatura acadêmica e tampouco pela literatura prática (como os manuais dos fabricantes e fornecedores dos sistemas com lógica MRP comerciais). Os manuais, por exemplo, explicam o que são os parâmetros e qual a influência deles no cálculo que o sistema fará. Entretanto, negligenciam o tratamento de como o tomador de decisão deve levar em conta sua realidade específica para então definir os valores dos parâmetros do sistema.

Com objetivo de darmos algum subsídio conceitual para a atividade de parametrização de sistemas MRP, são discutidos a seguir os principais parâmetros do MRP, assim como são fornecidos subsídios para a definição de seus valores.

3.2.5.1 A definição dos *lead times*

Conforme comentamos anteriormente, a definição de *lead time* é o tempo que decorre entre a liberação de uma ordem (de compra ou produção) e o momento a partir do qual o material referente à ordem está pronto e disponível para uso.

Os componentes dos *lead times* de produção

Em relação a ordens de produção, portanto, devem estar incluídos no *lead time* todos os componentes de tempo entre esses dois momentos:

- tempo de emissão física da ordem;
- tempo de tramitação da ordem até responsável no chão de fábrica;
- tempo de formação do *kit* de componentes no almoxarifado;
- tempos de transporte de materiais durante o tempo em que a ordem está aberta;
- tempos de fila, aguardando processamento nos setores produtivos;
- tempos de preparação dos equipamentos ou setores para o processamento;
- tempos de processamento propriamente ditos;
- tempos gastos com possíveis inspeções de qualidade.

É mais comum do que se imagina encontrarmos na prática erros primários na definição de *lead times* de produção. Um dos erros frequentes é a consideração dos *lead times* como exclusivamente os tempos de processamento e preparação de máquina, desconsiderando os tempos de fila. Isso leva a um evidente subdimensionamento dos *lead times* e o resultado é que o sistema não dará antecedência suficiente para que a ordem seja aberta e passe por todas as atividades necessárias a ficar disponível. O resultado será a falta de materiais e a sistemática perda de prazos orçados ao cliente. A recorrência desses efeitos, entretanto, acaba levando a medidas preventivas como o aumento dos níveis de estoque.

Outro erro possível de ocorrer em relação ao dimensionamento dos *lead times* de produção é o superdimensionamento. Quando registramos no sistema um *lead time* maior do que temos na realidade, ocorrerá o contrário do exemplo anterior, ou seja, o sistema dará muito mais antecedência que a necessária para o processamento da ordem. O resultado é que os materiais ficarão sistematicamente prontos antes dos momentos necessários, acarretando estoques médios e custos maiores que os esperados ou necessários. A Figura 3.12 ilustra esses tipos de erro.

⊘ BOXE 3.3

Visitando uma empresa, usuária de um sistema MRP II, da Região Sudeste, fabricante e fornecedora de cintos de segurança para algumas montadoras de veículos, notamos que a empresa mantinha quantidade muito grande de estoques de componentes, fisicamente colocados entre seu setor de manufatura de componentes (mecânicos, plásticos e têxteis) e as linhas de montagem final dos cintos. Perguntados sobre os porquês da manutenção de tão altos níveis de estoques de semiacabados, já que a empresa usava o MRP II para gerar e gerenciar suas ordens de produção, os planejadores não foram muito esclarecedores. Mais tarde, quando os mesmos planejadores nos mostravam as telas do sistema de MRP II, particularmente aquela para cadastramento e manutenção de dados sobre tempos dos itens, tudo ficou mais claro. A tela trazia locais para cadastramento, de cada operação fabril, dos tempos correspondentes: tempo de transporte, tempo de fila, tempo de preparação de máquina, tempo de processamento e tempo de inspeção. De todas as células, apenas aquela que trazia o "tempo de processamento" estava preenchida, com o tempo padrão da operação. Ocorre que aquele sistema MRP II em particular calculava os *lead times* dos itens somando suas diversas parcelas componentes, que deveriam, portanto, ser informadas ao sistema. Só que não o foram! Achando só o tempo-padrão de processamento, o sistema passava a considerar que o *lead time* do item era apenas a soma dos tempos de processamento das operações fabris, ficando desconsiderados os tempos de fila (em geral os mais importantes percentualmente), de transporte e outros. Isso significa que o registro do *lead time* ficou extremamente subdimensionado. Por conseguinte, o sistema estava fazendo suas sugestões com uma antecedência insuficiente, acarretando faltas na linha de montagem. Como os planejadores não estavam conscientes do problema, a "leitura" deles era: "Estou fazendo o que o sistema sugere e faltas estão ocorrendo... deve haver incertezas que não estão sendo consideradas. Vou aumentar os estoques de segurança dos componentes!" Isso fez com que gradualmente os estoques de segurança fossem desnecessariamente inflados até o ponto que encontramos. Ora, para trabalhar com níveis tão altos de estoques de segurança de componentes, MRP II nem mesmo seria necessário. Bastaria o uso de algum sistema visual simples (e bem mais barato...). Este é um típico caso de mau uso do sistema acarretando resultados piores do que o próprio não uso do sistema. Perguntados sobre o porquê de não se terem cadastrado as outras parcelas do *lead time*, os planejadores justificaram dizendo que para cadastrar tempos de fila, "um trabalho muito grande de cronoanálise seria necessário"... Evidentemente, tratava-se de uma tentativa de justificar a seu gerente – que estava presente na reunião – um erro crasso, daquele tipo que, creia o leitor ou não, é muito frequente nas empresas.

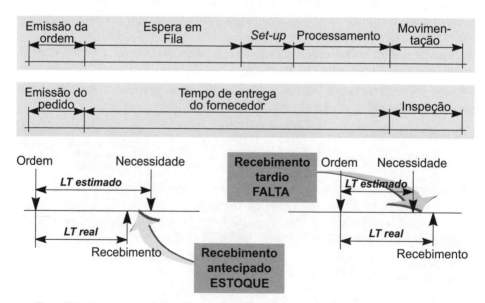

Figura 3.12 Componentes do *lead time* de produção com erros de sub e superdimensionamento.

Estimando e monitorando os componentes do *lead time* de produção

Alguns componentes do *lead time* de produção são mais fáceis de estimar. Os tempos burocráticos de emissão e tramitação da ordem, os tempos de transporte, de preparação dos equipamentos e de possíveis inspeções são razoavelmente simples de avaliar via amostragem e cronometragem, usando métodos convencionais de cronoanálise.

As maiores dificuldades normalmente são encontradas com a estimativa dos tempos de espera em fila e de processamento propriamente dito.

Os tempos de espera em fila são na verdade função do nível de congestionamento local no setor da fábrica, que pode, em situações mais complexas, variar conforme o *mix* de produção. Alguns *mixes* podem demandar, por exemplo, mais horas de determinados equipamentos que, portanto se tornam gargalos locais e temporários, tendo suas filas aumentadas temporariamente. Como o MRP não é um sistema de simulação, mas de cálculo, não há forma de, apenas com sua lógica, considerar as variações nos tempos de fila conforme o *mix* produzido. Isso implica que os tempos de fila têm de ser estimados e informados como uma constante. A questão torna-se, então: qual o valor dessa constante? Uma das formas de determiná-la parte de uma amostragem aleatória (com o cuidado de que seja representativa), ao longo de determinado período (múltiplo de possíveis ciclos de curta duração que tenham sido identificados na carga dos equipamentos analisados) e cronometragem e cálculo das médias e desvios-padrão que têm os tempos de permanência das ordens na fila do centro produtivo analisado. Com base no levantamento das distribuições de tempos de fila no centro (que podem ser em geral aproximadas por uma distribuição normal), podemos tomar decisões quanto ao valor dos *lead times* informados ao sistema. Se o recurso, ou centro de produção, for um gargalo, sugerimos que o tempo de fila informado ao sistema seja maior que o tempo médio determinado. O quanto maior deve ser o tempo informado vai depender dos custos de falta do material (com consequente parada do recurso gargalo). Quanto maiores os custos de falta, maiores, proporcionalmente, devem ser os tempos informados ao sistema. Um estudo estatístico simples poderá auxiliar na determinação do quanto maior deve ser o tempo informado em relação ao tempo médio levantado. Para os recursos não gargalos, em princípio, o uso da média dos tempos de fila levantados é um bom valor inicial.

Outra questão relevante é a determinação do tempo de processamento. Aqui, entram considerações de diferente natureza. Os primeiros sistemas MRP consideravam o *lead time* como um atributo do item e não um atributo da ordem de produção. Isso significa que independente do tamanho da ordem de produção o sistema usava em seus cálculos um valor fixo de *lead time*. Isso evidentemente não é perfeitamente aderente à maioria das situações práticas, em que, quanto maior o tamanho de lote, maior o tempo de processamento correspondente e portanto, maior o *lead time* da ordem. A consideração de *lead times* fixos tinha a seguinte razão: inicialmente, os sistemas MRP foram desenvolvidos para trabalhar prioritariamente com sistemas fabris de processamento metal-mecânico. As fábricas mais tradicionais de processamento metal-mecânico eram organizadas em *layouts* funcionais, nos quais eram comuns os fluxos confusos (e longos) de materiais e as longas filas de ordens aguardando processamento. Em sistemas produtivos desse tipo, não raro se achavam situações em que, de 100% do tempo gasto por uma ordem de produção dentro de uma fábrica, menos de 5% eram gastos com o processamento efetivo do material. O resto era gasto com transporte, esperas etc. Nesta situação, de fato, variações, pelo menos com certa moderação nos tamanhos de lotes de processamento não implicavam alterações correspondentes nas durações dos *lead times*. Portanto, por simplicidade de processamento, preferimos considerar os *lead times* como fixos.

Com o espraiamento do uso de sistemas MRP para sistemas produtivos que fogem às características dos sistemas convencionais de processamento metal-mecânico, a hipótese de constância dos *lead times*, apesar das variações de tamanhos de lote, passaram a ser fortemente não aderentes. Por exemplo, para situações de processos químicos, muitas vezes, um tamanho de lote dobrado praticamente dobra o *lead time*. Com isso, passou a ser necessário que os sistemas MRP oferecessem aos usuários a possibilidade de considerar os tempos de processamento como atributos da ordem em vez de atributos do item. Isso significa que o *lead time* pode ser calculado a partir do tamanho de lote sugerido, multiplicando o tempo unitário de processamento de um item pelo número de itens do lote.

Ainda hoje, alguns dos sistemas considerados bons para gestão da manufatura trabalham com a restrição de *lead times* fixos. O importante é verificarmos, ao escolher o sistema, se essa restrição torna ou não o sistema inadequado para o uso de uma empresa em particular. Para decidirmos se vale a pena ou não considerar, em situações práticas reais, *lead times* fixos ou variáveis, é necessário considerarmos, em primeiro lugar, se os tamanhos de lote variarão substancialmente. Se não variarem, pode não valer a pena considerar *lead times* variáveis. Em segundo, se os tempos de processamento são ou não uma parcela considerável do *lead time* total. Se não for, da mesma forma, pode não valer a pena considerar *lead times* variáveis. Uma regra prática deve ser sempre levada em conta em MRP: podendo simplificar, não complique.

Quanto aos *lead times* de produção, vale a observação de que, sendo parâmetros, devem ser reavaliados periodicamente. Revisões amostrais semestrais costumam ser suficientes, desde que nenhuma causa assinalável tenha sido notada de alteração dos tempos reais (como, por exemplo, a compra de um novo equipamento de grande capacidade que vai cortar os tempos de fila substancialmente), que justifique uma revisão extraordinária.

Os componentes dos *lead times* de compras

Similarmente aos *lead times* de produção, os *lead times* de compras também têm componentes:

- tempo de emissão física da ordem;
- tempo de transformação da ordem de compra em pedido;

CAP. 3 ■ MRP – CÁLCULO DE NECESSIDADE DE MATERIAIS | **115**

- tempo de envio do pedido até o fornecedor;
- tempo de entrega do fornecedor;
- tempos de transporte de materiais se já não considerados no item acima;
- tempos de recebimento e liberação;
- tempos gastos com possíveis inspeções de recebimento e armazenagem.

Valem os comentários feitos quanto às ordens de produção, quanto aos componentes dos tempos gastos com atividades burocráticas. Quanto ao tempo de entrega do fornecedor, às vezes é arriscado confiar em cotações feitas pelo próprio. Tende a ser mais adequada a consideração de dados reais históricos (se disponíveis) de desempenho em entregas do fornecedor. Se não há dados históricos disponíveis, devemos usar as melhores avaliações possíveis desses tempos. Em último caso, a cotação do fornecedor pode ser usada. A falta de dados históricos é uma indicação clara e urgente para que comecemos a coletar e colecionar dados sobre desempenho de fornecedores. Médias e desvios-padrão (por simplicidade, assumindo distribuições normais) costumam ser uma boa indicação da característica de entrega dos fornecedores. De posse das distribuições estatísticas das entregas, passa a ser possível tomar decisões mais robustas sobre *lead times* de itens comprados. Devemos apenas usar a média das distribuições quando os desvios-padrão são relativamente pequenos (fornecedores previsíveis) em relação aos tempos prometidos e quando há estoques de segurança dos materiais comprados em quantidades suficientes para fazer frente ao nível de incertezas dado pelos desvios-padrão levantados. No caso de um desses fatores não ser atendido, um tempo maior que a média levantada deve ser usado. Esse tempo de segurança (tempo extra em relação à média levantada) deve ser tanto maior quanto maior for o desvio-padrão levantado, podendo inclusive ser uma função do desvio-padrão:

- tempo médio levantado + 1 desvio-padrão: 84,2% das entregas chegam antes do momento necessário (15,8% chegam em atraso);
- tempo médio + 2 desvios-padrão: 97,7% das entregas chegam antes do momento necessário (2,3% chegam em atraso);
- tempo médio + 3 desvios-padrão: 99,9% das entregas chegam antes do momento necessário (0,1% chegam em atraso).

Notemos que quanto maiores os tempos informados ao sistema, menores as possibilidades de atrasos. Isto é bom, mas, como em gestão "não existe almoço de graça", tempos maiores implicam, correspondentemente, maiores estoques médios e, portanto, maiores custos de produção.

Valem também as observações feitas sobre monitoramento e revisões periódicas dos parâmetros de *lead times* de produção para os *lead times* de compras.

Vantagens de reduzir os *lead times* de produção e compras

Os modelos japoneses de gestão, chamados no Ocidente de *just in time*, mudaram muitas formas de enxergar aspectos de gestão de produção. Uma das coisas que os modelos japoneses e sua formidável simplicidade trouxeram foi a inversão de importâncias dadas para determinados aspectos. No Ocidente, tendemos a nos preocupar tentando modelar analiticamente os fenômenos de forma melhor ou mais adequada, e por vezes até sofisticada. Por exemplo, elaboramos bastante a forma de levantar e tratar os *lead times*. Isso pode levar algum tempo e custar esforço gerencial. Os japoneses diriam: em vez de gastar esse esforço em determinar de forma mais acurada os *lead times* com os quais trabalhamos, por que não direcionar esforços para reduzi-los? O pior demônio, diriam eles, não é avaliar erradamente os tempos, mas ter tempos longos. Não adianta saber muito precisamente quais são os tempos se eles são longos e prejudicam tremendamente seu desempenho.

Inegavelmente, há algo de sábio nessas observações, embora não possamos negligenciar o valor de uma boa estimativa dos parâmetros com que se trabalha. *Lead times* menores trazem tempos de atravessamento menores, estoques em processo menores, mais agilidade para responder a mudanças solicitadas pelo mercado, tempos de entrega menores aos clientes (portanto, forçando menos os clientes a fazer previsões de longo prazo), entre outros. Em tempos de *time-based competitiveness* (competitividade baseada em tempos), nunca é demais enfatizar a importância de reduzir tempos de atividades.

3.2.5.2 Definição das políticas e dos tamanhos de lote

A correta definição das políticas e dos tamanhos de lote, tanto de produção como de compras, é fundamental para um bom desempenho do sistema MRP. Tamanhos de lote superdimensionados acarretarão estoques médios maiores, com todas as desvantagens disso decorrentes: maiores riscos de obsolescência, maiores custos com capital empatado, menor flexibilidade, maiores tempos de atravessamento e, por conseguinte, maiores tempos de atendimento ao cliente. Para o bom dimensionamento de lotes de produção, é importante entender quais os fatores que influenciam em sua definição.

Fatores que influenciam os tamanhos do lote de produção

A razão principal de se fazerem produtos (ou itens semiacabados) em quantidades maiores do que as estritamente necessárias em cada momento (fazer somente o necessário em cada momento seria evidentemente desejável, já que nessa situação os estoques em processo seriam minimizados) é a presença de determinados custos fixos, que ocorrem independentemente das quantidades produzidas. Um exemplo é o custo de preparação de máquina (também chamado *set-up* em língua inglesa). Quando uma máquina que estava produzindo determinado item passa a produzir outro, ela tem de ser preparada para isso. Essa preparação consome tempo e custos. Depois de preparada, a máquina, dentro de determinados limites, pode processar tanto um lote de uma peça, como um lote de muitos milhares de peças, *incorrendo*

CAP. 3 ■ MRP – CÁLCULO DE NECESSIDADE DE MATERIAIS | **117**

para isso nos mesmos custos de preparação. Essa é a razão da decisão de muitas empresas de produzir lotes grandes. Já que o custo fixo de preparação é o mesmo, se mais peças forem produzidas a cada preparação, o custo da preparação ficará mais "diluído" por ficar dividido por um número maior de peças que se "beneficiaram" da mesma preparação. Se, por um lado, isso tem sua parcela de verdade; por outro, esse raciocínio tem que ser feito com cautela.

Em primeiro lugar, se essa lógica é verdadeira como descrita, por que as empresas não processam logo, a cada preparação, por exemplo, toda a sua necessidade de peças daquele tipo para os próximos anos? É claro que elas não o fazem porque isso implicaria produzir hoje uma grande quantidade de peças, guardá-las em estoque para depois utilizá-las por um longo período, que também traz seus custos associados: os custos da manutenção dos estoques ao longo do tempo (veja o Capítulo 2). Sumariando, se, por um lado, lotes maiores representam menores custos unitários de preparação de máquina, eles também, por outro lado, representam maiores custos de manutenção de estoques. O tamanho do lote adequado balanceia adequadamente os custos envolvidos de forma a minimizar seu total e não apenas um deles.

Consideramos até agora os custos de preparação de máquina e os custos de armazenagem. Entretanto, esses não são os únicos custos envolvidos na decisão do tamanho do lote. Há também o custo da variação da carga de trabalho nos centros produtivos. Podemos verificar na prática a tendência de os lotes grandes gerarem carga de máquina mais variável, podendo resultar em ociosidade em alguns períodos e necessidade de horas extras em outros, enquanto lotes pequenos tendem a gerar cargas mais estáveis com melhor aproveitamento da capacidade produtiva.

Outra consideração que pode ser importante em determinadas situações é a respeito da quantificação dos custos de preparação de máquina. Os manuais tradicionais sugerem que esses custos devem levar em conta, por exemplo, o tempo durante o qual a máquina em questão está parada, baseado, por exemplo, na depreciação deste equipamento durante este tempo. Isso associa o custo de uma máquina parada a seu preço. Entretanto, para a operação, em termos de lucro cessante, ou seja, quanto a empresa deixa de ganhar, o quanto vale o tempo de uma máquina parada depende não apenas de seu preço, mas também de quanto essa máquina restringe o fluxo de produção. Essa ideia vem da teoria das restrições (ou TOC – *Theory of Constraints*). A teoria propõe que, dentro dos sistemas produtivos, há dois tipos de recursos: os gargalos e os não gargalos. Os gargalos, tendo sua capacidade totalmente ocupada, representam uma restrição ao fluxo da unidade produtiva inteira. O fluxo da unidade não é maior porque é "engargalado" por essas máquinas. Como elas não têm qualquer folga de capacidade, uma hora perdida em um recurso como este representa uma hora perdida para toda a fábrica.[1] Em outras palavras, representa o mesmo que toda a fábrica parada por uma hora, sem chance de essa hora ser recuperada mais tarde (pois não há folga de capacidade nesse tipo de recurso).

---

[1] Para detalhes a respeito dessas ideias, consulte o Capítulo 15 de Corrêa e Corrêa (2017).

118 | PLANEJAMENTO, PROGRAMAÇÃO E CONTROLE DA PRODUÇÃO ▪ Corrêa – Gianesi – Caon

O outro tipo de recurso é exatamente o "não gargalo", que são os outros recursos que têm folga de capacidade. Folga de capacidade significa algum nível de ociosidade. Se um recurso tem ociosidade, significa que, se esse recurso parar, para ser preparado ou para qualquer outra coisa, o custo da parada, em termos de atingimento de objetivos da unidade produtiva será, em termos práticos, zero. Diminuir os tempos de parada para preparação teria simplesmente o efeito de aumentar o tempo durante o qual esse recurso fica ocioso. Nenhum benefício palpável daí adviria.

Se vista dessa forma, a ociosidade dos recursos representa, para a empresa, custos muito diferentes, dependendo se esses recursos são gargalos ou não gargalos. Essa constatação altera substancialmente a consideração de tamanhos de lote de produção, pois os custos de uma máquina parada ficam dependentes, não mais apenas de seu preço, mas também de sua posição em termos de ser ou não um gargalo. Para gargalos, os lotes deveriam, relativamente, ser maiores, pois os custos de parada passam a ser comparativamente mais altos que os custos de manutenção de estoques e, portanto, o "ponto de custo total mínimo" do sistema de gestão dos estoques (veja o Capítulo 2 para detalhes sobre a determinação de pontos de custo mínimos em sistemas de gestão de estoques) fica deslocado para a direita. Para os não gargalos, em compensação, como os custos de parada para sua preparação são muitíssimo menores, o ponto de custo total mínimo fica deslocado para a esquerda, representando lotes menores.

Vantagens da redução dos custos fixos de produzir um lote (*set-up*)

Novamente, aqui valem as lições de simplicidade dos modelos de gestão japoneses. Em vez de gastar energia gerencial na definição de qual modelo analítico usar e quais parâmetros adotar na gestão dos tamanhos de lote, por que não gastar essa energia no ataque às causas para que os tamanhos de lote sejam maiores do que as quantidades estritamente necessárias? Isso significa atacar os custos fixos de preparação de equipamento. Com custos baixos de preparação, nossa curva de custos totais de gestão de estoques ficaria toda deslocada para a esquerda (veja Capítulo 2), fazendo com que lotes menores (que acarretam menores custos médios de armazenagem) sejam os mais econômicos, reduzindo todos os custos decorrentes de estoques em processo maiores: menor custo de obsolescência, menor capital empatado, menor probabilidade de imperfeições se "esconderem" atrás dos estoques, além de tempos de atravessamento menores, maior flexibilidade para atendimento aos clientes, entre outros. Além disso, estamos reduzindo os custos da variação da carga de trabalho, como discutido anteriormente. De fato, temos aí a situação de trabalhar no melhor dos dois mundos: custos minimizados e, ao mesmo tempo, lotes pequenos.

É impressionante o resultado obtido por empresas que se debruçaram sobre o problema dos custos de troca (outro nome para os custos de preparação). Não raro, encontramos reduções de várias horas para alguns minutos, apenas com pequenas alterações de método e dispositivos simples.[2]

---

[2] Para detalhes, veja Shingo (1985), que traz técnicas interessantes de redução de tempos de preparação, tratadas sob o nome de SMED *System* (iniciais de *Single Minute Exchange of Die*).

Fatores que influenciam o tamanho dos lotes de compra

As considerações feitas para os lotes de produção valem, em princípio, para a determinação dos lotes de compra. Do ponto de vista de quem adquire o item, alguns custos fixos também são incorridos quando fazemos uma aquisição. Custos burocráticos de processamento do pedido de compras, cotações e, às vezes, custos de transporte do item comprado (quando não são incorridos pelo fornecedor). Em relação a estes, as considerações são as mesmas feitas para lotes de produção. Existe, por um lado, o interesse em aumentar os tamanhos de lote de compra para diluir por um número maior de itens os custos fixos e, por outro, o interesse de comprar quantidades mais próximas das estritamente necessárias para reduzir custos de armazenagem.

Há, entretanto, preocupação/restrição adicional em relação aos lotes de compra, que são as possíveis restrições do fornecedor. Conforme as características de flexibilidade do fornecedor e conforme o balanço de poderes de barganha entre fornecedor e comprador, os lotes impostos pelo fornecedor podem ter tamanhos mínimos ou múltiplos, o que naturalmente deve ser considerado como restrição para a definição dos lotes de compra.

Determinando o tamanho dos lotes de compra

Em princípio, a exemplo dos lotes de produção, os lotes a serem comprados deveriam ser o mais próximo possível das necessidades estritas, com o intuito de reduzir níveis médios de material estocado. Os lotes só deveriam ser comprados maiores do que a estrita necessidade quando, por algum motivo (que pode ser a falta de alternativas economicamente mais interessantes, restrições tecnológicas incontornáveis ou outra), o fornecedor conseguisse impor tamanhos mínimos de lotes de fornecimento ou quando os custos fixos de obtenção do item por parte do cliente fossem relevantes: custos de fazer o pedido, custos de frete, quando fixo – independentemente da quantidade e outros. Nestes casos, considerações similares àquelas descritas no Capítulo 2 – Gestão de estoques, devem ser feitas no sentido de achar um tamanho de lote que de certa forma minimize os custos totais envolvidos: os custos de manter estoques do item e os custos de fazer os pedidos.

Vantagens da redução dos custos fixos de aquisição e lotes mínimos dos fornecedores

Da mesma forma que com lotes de produção, há também a conveniência de, tanto quanto possível, combatermos as causas dos lotes de compras. Custos fixos de fazer os pedidos de compra, por exemplo, devem ser reduzidos tanto quanto possível. Os lotes mínimos exigidos pelos fornecedores também devem ser questionados e negociados, pois eles podem elevar os estoques médios dos itens comprados, trazendo todos os custos e desvantagens decorrentes de estoques em níveis elevados. Algumas empresas têm negociado com seus fornecedores contratos de mais longo prazo e alguns até de exclusividade, para que os fornecedores, neste caso chamados muitas vezes de parceiros, se sintam mais compensados por oferecer fornecimentos mais flexíveis, ou seja, com fornecimentos mais frequentes e em quantidades (lotes) menores.

3.2.5.3 Definição dos estoques de segurança

Estoques de segurança objetivam fazer frente a incertezas em processo de transformação. Estoques de segurança são parâmetros que, se necessários, devem ser informados aos sistemas MRP para que os algoritmos de cálculo destes calculem e sugiram ordens de compra e produção de forma a manter, pelo menos em termos de planejamento, os estoques dos itens nos níveis definidos.

Razões para o uso de estoques de segurança

As razões para o uso de estoques de segurança podem ser incertezas quanto à fase de fornecimento do item que analisamos, quanto ao processo que o produz ou quanto a sua demanda. Partimos evidentemente do pressuposto de que o item em questão não deve faltar. Quando falamos de incertezas, normalmente podemos associar distribuições estatísticas a elas. As distribuições com alta dispersão normalmente são consideradas como de menor certeza. Por exemplo, se uma distribuição de tempos de fornecimento de um item se dispersa muito pouco em torno de determinada média, podemos com maior confiança assumir que o tempo real de suprimento será próximo da média (ponto de maior probabilidade de ocorrência). Em outras palavras, em média, uma quantidade muito maior de ocorrências vai acontecer bem próxima ao valor esperado. Se, por outro lado, o processo de fornecimento é explicado por uma distribuição estatística com alta dispersão, isso indica que com muito maior frequência, ocorrerão entregas diferentes do tempo médio esperado (significando atrasos ou adiantamentos nas entregas), de forma aleatória. Como a "aleatoriedade" se dá sobre uma faixa maior de possíveis variações, dizemos que o fenômeno está mais sujeito a incertezas. Estas incertezas maiores normalmente demandarão estoques de segurança maiores para que faltas não ocorram.

Incerteza de fornecimento para itens de matérias-primas, semiacabados e produtos acabados

Suponhamos que o processo de fornecimento de itens para determinada fase de um processo produtivo ocorra sob incerteza. Façamos uso do diagrama que usamos na Figura 2.6, quando foram discutidos modelos tradicionais de gestão de estoques.

Nesse diagrama, uma possível incerteza no processo de suprimento poderia ser representada por uma incerteza (ou uma distribuição estatística) no tempo de ressuprimento. Esta pode ocorrer devido a fenômenos como ocorrências inesperadas no transporte do fornecedor até o cliente, ocorrências inesperadas no processo produtivo do fornecedor, como quebra de máquinas, entre outras. A existência de incertezas no fornecimento, então, indica que o tempo de ressuprimento, que representamos pelo tempo TR, já não é um valor fixo "determinístico", mas uma variável probabilística com média, dispersão e forma de distribuição. Se, por simplicidade, assumirmos que a forma é a da curva normal,[3] poderemos representar essa "incerteza" com duas variáveis: média e desvio-padrão da distribuição. Esta curva, então, teria como média o valor mais esperado de ocorrência do tempo de ressuprimento, mas sua dispersão se espalharia por uma faixa plausível em termos práticos, que será maior quanto maior for o desvio-padrão da distribuição considerada. Imagine dois fornecedores hipotéticos do item em questão. Ambos têm a mesma média para o *lead time*, mas um deles (o fornecedor 1), sendo bem mais confiável, tem um desvio-padrão bem menor e o outro (o fornecedor 2) tem desvio-padrão maior por ser menos confiável.

Imaginemos que queiramos precaver-nos de faltas que utilizam o fornecedor 1, com, digamos, confiança de 97,7%. Em outras palavras, queremos que haja menos de 3% de chance de ocorrer falta de material devido a atraso de fornecimento. Pela distribuição do fornecedor 1, sabemos que, como o desvio-padrão é de 2 dias, com média 15 dias, há apenas aproximadamente 2,3% de chance de o fornecedor entregar os itens em mais de 15 + (2 × 2 dias), ou seja, 19 dias, antes do ponto dado pela média mais dois desvios-padrão. Consideremos este o *lead time* "máximo" esperado. Portanto, seria necessário manter em estoque, a título de estoque de segurança, pelo menos 4 dias de consumo de estoque, ou, 4 dias × 35 itens/dia = 140 itens. Tudo se passa como se o ponto de reposição dado por 35 itens/dia × 15 dias = 525 itens fosse elevado para 525 itens mais o estoque de segurança de 140 itens, totalizando 665 itens. Fazendo-se o pedido de ressuprimento quando o nível de estoques baixa do ponto de 665, mesmo se o fornecedor levar não os 15 dias esperados, mas 19 dias (cobrindo aproximadamente 97,7% das probabilidades de ocorrências), não haverá falta. O nível de estoques de segurança demandado pelo nível de incerteza do fornecedor 1 é, portanto, de 140 itens, com seus custos correspondentes ao estoque médio (lote/2 + estoque de segurança = 1.200/2 + 140) de 740 unidades.

Fazendo os mesmos cálculos para o fornecedor 2, menos confiável (desvio-padrão de 4 dias), chegaríamos ao valor de estoque de segurança, para reduzir a probabilidade de atrasos para menos do que os mesmos 2,3%, de 8 × 35 itens/dia = 280 itens.

Isso significa que, porque o fornecedor 2 é menos confiável, ou, em outras palavras, mais incerto que o fornecedor 1 (pois o desvio-padrão da distribuição de suas entregas é o dobro do fornecedor 1), para que haja a mesma probabilidade de falta de itens fornecidos o cliente terá de manter um estoque duas vezes maior do item fornecido.

Embora este seja apenas um exemplo conceitual ilustrativo, sem preocupações formais ou eruditas, mostra de forma bastante clara a ligação entre as incertezas de fornecimento e os níveis de estoques de segurança necessários, assim como ilustra a possibilidade que temos de quantificar e tratar objetivamente, com o apoio de alguns instrumentos rudimentares de estatística, a questão do dimensionamento de estoques de segurança para fazer frente a incertezas de fornecimento de itens. A Figura 3.13 ilustra o conceito.

---

[3]   De fato, muitas dessas distribuições resultam da ocorrência somada de uma grande quantidade de ocorrências aleatórias.

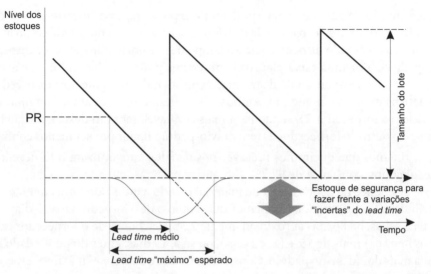

Figura 3.13 Efeito das distribuições estatísticas dos tempos de fornecimento sobre os estoques de segurança.

Incertezas de demanda para itens de matérias-primas, semiacabados e produtos acabados

O exemplo apresentado refere-se exclusivamente a incertezas no processo de fornecimento. Entretanto, há a possibilidade também de haver incertezas na demanda, que também exigirão algum nível de estoques de segurança se pretendemos evitar faltas (pelo menos com algum nível de confiança). Usando o mesmo diagrama, podemos representar também possíveis incertezas na demanda. Uma incerteza (ou variação aleatória) na demanda apareceria no diagrama como certa faixa de variação do ângulo da curva de consumo de itens de estoque. Essa faixa é representada pelo ângulo na Figura 3.14. Imaginemos que a distribuição probabilística das ocorrências de demanda seja descrita por uma média de 35 itens por dia, com desvio-padrão de seis itens por dia. Isso significa que, se assumirmos por simplicidade que a distribuição é uma curva normal, há probabilidade de 84,2% de a demanda ser menor que 41 itens por dia (média mais desvio-padrão), 97,7% de a demanda ser menor que 47 itens por dia, ou seja, só em menos de 2,3 % dos casos a demanda será maior do que 47 itens por dia. Se houver a intenção, por exemplo, de evitar faltas com confiança de 97,7%, será necessário ter material suficiente para atender a uma demanda de 47 itens por dia, durante o período de ressuprimento do item (uma vez feito o pedido). Essa é a demanda "máxima" esperada. De novo, é como se o ponto de ressuprimento fosse calculado da seguinte forma: 47 itens por dia (demanda "máxima") × 15 dias = 705 itens. Se a demanda não variar em relação à média esperada, o resultado será a manutenção de um nível de estoque adicional de (47 – 35) itens por dia × 15 dias = 180 unidades. Se, por outro lado, a demanda de fato, durante o período de ressuprimento for a demanda "máxima", até o nível de 47 itens consumidos por dia poderão ser supridos pelo estoque de segurança previamente definido.

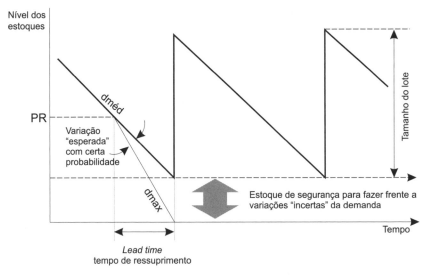

Figura 3.14 Relação entre incertezas de demanda e níveis de estoque de segurança.

Novamente, este é apenas um exemplo didático e simples, mas ilustrativo da relação entre a incerteza de demanda por determinado item e o nível de estoques de segurança deste item, assim como dá uma ideia de como pode ser possível, com o auxílio de algumas ferramentas estatísticas, dimensionar níveis mais adequados de estoques de segurança, desde que para isso se tenham dados (como, por exemplo, as características das distribuições estatísticas da demanda). Veja o Capítulo 2 para um tratamento mais rigoroso da questão de estoques de segurança.

Uso de estoques de segurança e tempos de segurança

Em relação ao MRP, a maioria dos sistemas permite que definamos "seguranças", tanto em termos de estoques de segurança (nível de estoque que, uma vez informado ao sistema, será usado por ele para definir a quantidade a ser mantida em estoque, para fazer frente a possíveis incertezas, tanto de demanda como de suprimento; veja a Figura 3.8).

Entretanto, é também possível, em muitos sistemas MRP comerciais, definir "segurança" em relação a determinado item em termos de "tempo de segurança". Em termos práticos, representa um tempo adicional que o sistema soma ao *lead time* informado, para dar às ordens de produção ou compras referentes ao item em questão mais antecedência que aquela representada pelo *lead time*.

Pesquisa feita com simulação indicou que é mais aconselhável utilizar tempo de segurança quando a incerteza se refere ao tempo: tempo de suprimento do item ou tempo em que a demanda pelo item vai ocorrer. Já os estoques de segurança, por outro lado, são mais indicados para incertezas em relação não a tempos de ocorrência do suprimento e da demanda, mas de quantidades supridas ou demandadas.

Por exemplo, imagine um fornecedor que tem grande confiabilidade em relação às quantidades entregues. Estas são sistematicamente todas aceitas e ele, entrega sempre as quantidades totais solicitadas. Entretanto, tem certo grau de incerteza quanto aos prazos que promete. Neste caso, o uso de tempos de segurança dimensionados com base na incerteza de tempos do fornecimento seria mais adequado.

Imagine, por outro lado, outro fornecedor que forneça itens sempre absolutamente no prazo prometido. Entretanto, da quantidade entregue, há uma quantidade incerta de itens aceitáveis e ele nem sempre entrega as quantidades solicitadas. Neste caso, estoques de segurança seriam mais adequados.

Há outra situação em que tempos de segurança são em geral mais desejáveis que estoques de segurança. Este é o caso dos itens chamados *slow movers*, ou itens de movimentação esporádica. Imagine determinado componente de um produto que seja utilizado apenas duas vezes por ano, uma no primeiro semestre e outra no segundo. Imagine também que o item é suprido por um fornecedor pouco confiável. Decidir por manter estoques de segurança é decidir por manter determinada quantidade do item em estoque o ano todo, para fazer frente a uma incerteza que, caso se manifeste, ocorrerá apenas duas vezes no ano. Muitas empresas optam, então, por não definir estoques de segurança para este tipo de item, e sim por definir tempos de segurança. Assim, algum estoque será mantido, mas apenas por um período que antecede a demanda esporádica.

Abordagem evolutiva na determinação dos estoques de segurança

A determinação analítica dos níveis de estoques de segurança nem sempre é simples fazer. Há situações em que não há dados históricos, há outras em que os dados históricos estão em forma não utilizável, às vezes os dados históricos estão incompletos ou incorretos. Nestes casos, é aconselhável adotar um enfoque que poderia ser chamado de "evolutivo". Isso implica, evolutivamente, calibrar os níveis de estoques de segurança com base na análise efetiva de seu uso. Para isso, o procedimento seria o seguinte: na hora da definição inicial dos parâmetros referentes a segurança (por exemplo, estoque de segurança de determinado item), adote um nível algo conservador, ou seja, na dúvida, uma quantidade algo superdimensionada. A partir daí, a sugestão é adotar um enfoque de acompanhar os níveis de estoques reais passados. Por exemplo, veja a Figura 3.15. Nela está representada, na parte superior, o nível planejado de estoques de determinado item, usando a lógica do MRP, com determinado nível ES de estoque de segurança definido. Claro que, quando do planejamento, a ideia é que o nível de estoques se mantenha no nível ES. O sistema vai calcular e sugerir ordens para que este nível não seja violado. Entretanto, quando planejamos, contamos com todas as possíveis ocorrências previsíveis. Como sabemos que algumas ocorrências imprevisíveis vão ocorrer, definimos o estoque de segurança. Se sistematicamente nada ocorrer fora do planejado, isso indica que não há incertezas no processo, ou seja, tudo é previsível. Em outras palavras, planejamos um nível de estoque de segurança que, imaginamos, vai ser usado. Se sistematicamente o nível de estoque de segurança não é usado, ele está em excesso e deve ser no mínimo reduzido. Observamos, para o mesmo período, na Figura 3.15, o nível de estoques reais, levantados *a posteriori*. Notamos que o nível de estoques de segurança foi invadido por ocorrências não esperadas. Nenhuma falta ocorreu e, além disso, uma quantidade considerável de estoques ficou intocada ao longo de todo o período. Se o padrão de ocorrências do período for representativo, seria possível repensar o nível de estoques de segurança, eliminando, por exemplo, ao menos parte da quantidade que, constatamos ter ficado intocada ao longo do tempo analisado.

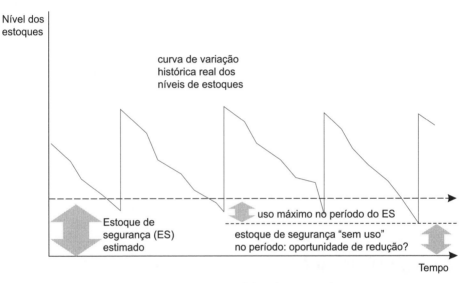

Figura 3.15 Enfoque evolutivo para definição de estoques de segurança.

A ideia seria então, com base na análise da curva que representa a variação do nível real de estoques do item, ajustar evolutivamente o nível de estoque de segurança mais adequado às manifestações reais das incertezas que se mostraram difíceis de modelar analiticamente.

Este tipo de abordagem evolutiva mostra-se frequentemente útil também para acompanhar, avaliar e reajustar os níveis de estoques de segurança, mesmo de itens para os quais conseguimos dados e modelagem de forma simples.

Vantagens de reduzir as incertezas

Novamente, é hora de buscar ensinamentos nos sensatos modelos japoneses de gestão. Por que gastar tempo e esforço gerencial na definição do nível mais adequado de estoques de segurança que possa fazer frente ao nível de incertezas encontrado nos processos de fornecimento, processo ou demanda de determinada fase de um processo produtivo, em vez de gastar o mesmo esforço no estudo e desenvolvimento de métodos para, em vez de conviver com as incertezas, combatê-las? Não adiantaria muito, de fato, um método absolutamente preciso de dimensionar estoques de segurança que necessitassem ser altíssimos devido ao alto nível de incertezas identificadas. Outro sistema que tivesse métodos não tão precisos de determinação do nível exato de estoques de segurança, mas tivesse níveis baixíssimos de incertezas e, portanto, necessitasse níveis correspondentemente baixos de estoques de segurança, teria provavelmente desempenho superior. Poderia, talvez até se dar ao luxo de dispensar métodos perfeitos de determinação dos níveis de estoque de seguranças, que seriam baixos, de qualquer forma.

Incertezas de fornecimento devem ser combatidas via desenvolvimento de fornecedores (internos ou externos) de forma a torná-los mais confiáveis. Máquinas que quebram, funcionários que faltam, materiais que faltam, são apenas alguns exemplos de causas de incertezas que devem ser combatidas. Incertezas de demanda, por outro lado, podem ser reduzidas via melhores previsões (não esqueçamos de que a incerteza está nos olhos de quem faz a previsão – veja Capítulo 1), ou via negociação com clientes ou, ainda, via qualquer outro método que colabore com a redução de incertezas.

Sumariando, a longo prazo, o objetivo deve ser a redução das incertezas. Como a redução de incertezas é algo que por vezes leva tempo para ocorrer, durante este período é necessário conviver com essas incertezas. Nesses casos, devemos, então, preocupar-nos com a definição mais correta possível dos níveis de estoques de segurança que mais adequadamente fazem frente a elas. Neste sentido, modelagens como as descritas podem ajudar.

3.2.6 Gestão por exceções

Nos sistemas MRP, a gestão dá-se por meio de informações trocadas entre planejador e sistema. O planejador informa ao sistema as ocorrências da realidade (apontamento), da visão de futuro, de parametrização e de controle e o sistema, após os processamentos cabíveis, disponibiliza informações ao planejador em uma forma que permite a tomada eficaz de decisões sobre o que, quanto, quando e com que recursos produzir e comprar. Entretanto, a quantidade de informações por meio de transações reportadas ao sistema normalmente é enorme, em situações fabris reais. Isso implica que o sistema vai checar grande quantidade de ocorrências, confrontando-as com aquelas esperadas (ou planejadas). Em muitos casos, há coincidência entre o planejado e o ocorrido. Sobre estes, em geral, o planejador não vai ter interesse ou necessidade de agir. Em alguns casos, entretanto, a realidade ter-se-á "comportado" de forma diferente do planejado. Um recebimento esperado para segunda-feira de manhã não chegou, ou chegou incompleto, uma ordem de produção esperada para quinta-feira não pôde ficar pronta devido a uma máquina quebrada, entre outras muitas possíveis ocorrências. Sobre estas é que o planejador terá de concentrar a maior parte de sua atenção, no sentido de observar e analisar as consequências da diferença identificada entre o planejado e o realizado e possivelmente tomar ações

CAP. 3 ■ MRP – CÁLCULO DE NECESSIDADE DE MATERIAIS | **127**

gerenciais para minimizar os efeitos da diferença (no caso de diferenças potencialmente prejudiciais) ou maximizar os benefícios da diferença (nos casos em que as diferenças possam oferecer um benefício potencial).

Os sistemas MRP comerciais geralmente operam essa lógica com base em disponibilizar informação ao tomador de decisão (ou planejador) de forma seletiva. Se o MRP disponibilizasse TODAS as informações do tipo: "tal fato deveria ter ocorrido e, de fato, ocorreu!", o planejador receberia, a cada rodada do sistema, milhares dessas informações sobre as quais ele não precisa agir. No meio delas ele precisaria, então, garimpar aquelas do tipo: "tal fato deveria ter ocorrido e não ocorreu!", sobre as quais ele precisaria, então, agir. Este processo poderia consumir um tempo precioso demais. Então, os sistemas fazem uma primeira garimpagem nas informações, disponibilizando apenas aquelas que representam exceções ou diferenças entre o planejado e o realizado. Estas são chamadas "mensagens de exceção" ou, mais comumente, "mensagens de ação".

Há sistemas que permitem parametrização deste processo. Por exemplo, permitem que o planejador decida que tipo de "filtro" ele prefere para determinado item ou situação. Os filtros selecionam quais discrepâncias entre o planejado e o realizado devem ser informadas ao planejador. Por exemplo, é comum que os planejadores prefiram não ser informados sobre pequenas diferenças em quantidades de materiais recebidos. Por exemplo, se 12.000 peças de determinado item eram esperadas no recebimento em determinado dia e, na contagem de recebimento, 11.989 foram constatadas, o planejador pode preferir não ser informado disso, pois pode ter estoque de segurança em nível suficiente para cobrir a diferença e, pelo funcionamento do MRP, sabemos que o próprio sistema vai corrigir o nível de estoque nos próximos pedidos. Nesse caso, o planejador pode ter decidido que 11.989 era uma quantidade aceitável, mas seria aceitável, por exemplo, 11.640? Em outras palavras, qual diferença percentual o sistema deveria aceitar sem emitir mensagens de ação? Alguns sistemas permitem que esse tipo de definição (de limites percentuais aceitáveis de diferença entre o planejado e o realizado) seja parametrizado pelo planejador.

Parametrização pode ser utilizada, inclusive, em processos de implantação do sistema. É comum encontrar casos de empresas que, no início de uso do sistema, por ainda não terem percorrido a "curva de experiência" suficientemente, veem-se com a necessidade de lidar com quantidade muito grande de mensagens de ação, nas primeiras rodadas do sistema. Os fornecedores (internos e externos) podem não ter sido suficientemente desenvolvidos, os processos podem ainda não ser confiáveis, as demandas podem não ser bem previstas, entre outras situações. Nesses casos, o que podemos fazer é: no início da implantação, adotar níveis um pouco mais conservadores (maiores) de estoques e tempos de segurança para fazer frente a incertezas do processo, do fornecimento, da demanda e outros. Tendo níveis mais "folgados" de estoques de segurança, o planejador pode, então, estabelecer limites mais amplos de tolerância para os parâmetros que definirão para que diferenças entre o planejado e o realizado o sistema vai emitir mensagens de exceção.

Dessa forma, o número de mensagens que ele vai receber no início é menor e mais "administrável", pois elas se referirão às diferenças mais dramáticas, que requerem ações gerenciais mais urgentes. Podendo dedicar mais tempo por mensagem de ação, o planejador, então, vai atrás das causas mais básicas das diferenças entre o planejado e o realizado, no sentido de aperfeiçoar o sistema e não apenas de resolver o caso identificado especificamente. Com uma ação sistemática sobre o sistema, partindo-se seletivamente dos problemas maiores e resolvendo suas causas mais básicas, espe-ramos, logo, redução substancial do número de mensagens de ação resultantes das rodadas. Quando o número se reduzir, o planejador, então pode pensar em reduzir, por meio da re-parametrização, a amplitude de tolerâncias para as mensagens de exceção. Dessa forma, com limites de tolerância reduzidos, esperamos aumento no-vamente do número de mensagens de ação para as próximas rodadas. Entretanto, as causas dos desvios serão menos graves que as primeiras. É hora então de o planejador, sistemática e seletivamente, buscar aprimorar o sistema novamente, para reduzir o número de mensagens de ação. Quando isso é feito, o planejador reduz novamente a amplitude de tolerância, e faz isso continuamente, em um autêntico processo de melhoria contínua no estilo que a gestão japonesa costuma chamar *kaizen*, apoiado por uma poderosa ferramenta computacional.

Assim, a longo prazo, o que buscamos é um sistema preciso, que trabalhe com tolerâncias pequenas, mas que mesmo essas tolerâncias pequenas, acarretam um número administrável de mensagens de ação, pois o sistema foi aperfeiçoado.

Como qualquer sistema, é fácil verificar que é possível usar MRP com vários graus de inteligência e com vários graus de aproveitamento dos recursos que oferece. Vale a analogia das modernas planilhas de cálculo, como Microsoft Excel. Os usuários experientes dessas planilhas sabem que podemos utilizá-las tanto para simplesmente formatar uma tabela, ajudando a manter números enfileirados em colunas, quanto podemos utilizá-las para conceber modelos de simulação financeira sofisticados. É sempre uma questão de quanto e como utilizamos os sistemas. Será que sua empresa pretende fazer uso trivial do MRP implantado ou pretende usar tudo o que esse tipo de sistema pode oferecer? Sempre tenha essa pergunta em mente, quando se trata de MRP, pois o concorrente pode ter decidido usar tudo o que o sistema pode oferecer e, neste caso, se você é um usuário trivial, não terá vida longa. O tempo de aborda-gens triviais passou. Um mundo competitivo crescentemente complexo demanda soluções e pessoas crescentemente preparadas e sofisticadas. Infelizmente (ou será felizmente?), não há como escapar dessa realidade.

3.3 RESUMO

■ Este capítulo aprofunda os conhecimentos sobre MRP – planejamento de neces-sidade de materiais (ou *Materials Requirement Planning*). A lógica de cálculo de necessidade de materiais abrange conhecimento prévio sobre um conjunto de informações do produto, como:

- estrutura de produto ou lista de materiais, com o detalhamento de todas as relações pai-filho e quantidades de itens filho necessárias por unidade do item pai (um item filho é um componente direto de outro item, chamado de pai);
- explosão de necessidades brutas de materiais: busca responder o que é necessário ter disponível, a partir da estrutura do produto, e a explosão de necessidades líquidas busca responder quanto produzir ou comprar, com a identificação do múltiplo de itens filho por unidade de item pai, considerando a disponibilidade de materiais ao longo do tempo;
- *lead times* de obtenção (produção ou compra) de cada item: visa responder quando produzir ou comprar.

- A lógica do MRP é chamada de lógica de programação "para trás" (*backward scheduling*): parte da visão de futuro de necessidade de produtos acabados, e vem "explodindo" as necessidades de componentes nível a nível, para trás no tempo. Assim, é essencial uma boa previsão de vendas para o bom funcionamento do MRP.

- Este capítulo aprofunda ainda a mecânica do MRP, descrevendo os principais registros e parâmetros necessários para o seu funcionamento, como políticas e tamanhos de lote, estoques de segurança e *lead times*. Há um exemplo do cálculo de necessidades ao longo da estrutura de produto.

- O bom funcionamento do MRP exige que alguns aspectos sejam levados em conta, sob pena de produzir erros graves, culminando em falta de produto acabado ou excesso de componentes ou produtos acabados no estoque. Entre esses aspectos, destacam-se: (a) a acurácia nos dados de estoque; (b) acurácia nas estruturas de produto; (c) parametrização correta de informações no sistema como *lead times*, tamanhos de lote e estoques de segurança para cada item.

- A gestão operacional do sistema MRP é chamada de gestão por exceção, pois o planejador irá atuar somente nos casos em que o ocorrido está diferente do planejado, exigindo assim uma ação do planejador. O sistema gera "mensagens de exceção" (ou "mensagens de ação"), detalhando as diferenças entre realizado e planejado e que merecem ação do planejador.

3.4 QUESTÕES E TÓPICOS PARA DISCUSSÃO

1. Explique por que dizemos que o MRP II tem um algoritmo de geração de programas "para trás" ou "*backward scheduling*".

2. Discuta a influência do formato das estruturas de produto (verticais: muitos níveis e poucos componentes por nível; horizontais: muitos componentes por nível e poucos níveis e quadradas: muitos níveis e muitos componentes por nível) de

uma unidade produtiva na maior ou menor adequação do uso do MRP para a geração de programas.

3. Qual a diferença que existe entre necessidades brutas e necessidades líquidas de materiais em MRP?

4. Que argumentos você pode, como gerente de planejamento de uma empresa, usar para contrapor a afirmação de seu par, o gerente comercial, de que "nos mercados em que atuamos é impossível acertar as previsões de vendas..."?

5. Discuta as diversas linhas do registro básico do MRP e a importância de levarmos em conta as convenções (início do período, fim do período ou durante o período) para cada uma delas.

6. Qual(is) a(s) diferença(s) entre a linha de "recebimento de ordens planejadas" e a linha de "recebimentos programados"?

7. Qual a influência das políticas de lotes e dos tamanhos de lotes nos níveis médios de estoques para determinado item?

8. "O estoque de segurança desta matéria-prima deve ser pelo menos igual à quantidade de material necessária para suprir a produção durante um *lead time* do item." Discuta se essa afirmação tem ou não sentido e por quê.

9. "Como este fornecedor tem entregas com grande incerteza, os lotes comprados dele devem ser grandes, não?" Como você responderia a essa pergunta formulada por um funcionário seu do setor de planejamento da empresa em que trabalha?

10. Quais as ações práticas que você pode implementar para melhorar os índices de acurácia dos registros de estoque de sua empresa?

11. Para que servem itens fantasmas e pseudoitens? Qual a diferença entre eles?

12. "A parametrização dos sistemas MRP II é uma forma de fazermos com que as particularidades de nossa realidade específica sejam reconhecidas e consideradas pelo sistema." Discuta essa afirmativa.

13. "*Lead times* são a soma dos tempos de processamento dos itens nas máquinas onde são produzidos." Discuta essa frase.

14. Do que depende a definição dos estoques de segurança de itens de estoque?

3.5 EXERCÍCIOS

1. O produto final A é produzido utilizando os itens B, C e D. O item B é montado a partir de C. O subconjunto D é produzido a partir de B. Todos utilizam 2 unidades de seus componentes. Apenas a montagem de uma unidade de B requer apenas 1 C.

a) Desenhe a estrutura do item A.

b) Quais itens provavelmente são comprados e quais itens provavelmente são fabricados internamente? Por quê?

c) Quais itens em princípio têm "demanda independente" e quais têm "demanda dependente"?

d) Qual a necessidade bruta de "C" para se produzirem 20 unidades de "A", considerando que haja zero unidades em estoque?

e) Se há 50 unidades de D, 30 unidades de B e zero unidades de C em estoque, qual a necessidade líquida de C para se produzir 50 unidades de A?

2. Qual o *lead time* TOTAL mínimo, em semanas, para atender a um pedido do produto "Caneta A", cuja estrutura é mostrada abaixo, supondo que não haja nenhum estoque? (LT dados em semanas).

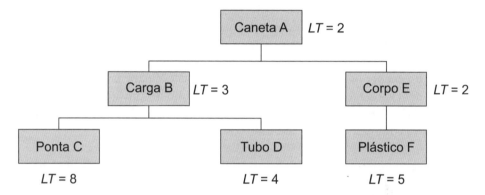

3. O produto A é montado a partir dos itens B e C (1 unidade de cada). Por sua vez, o item B é montado utilizando-se D e E como componentes diretos (1 unidade de cada). O subconjunto C é montado a partir dos componentes diretos F e H (1 unidade de cada). Finalmente, o subconjunto E é produzido a partir dos componentes diretos G e H (1 unidade de cada). Note que o item H tem 2 itens pais, ou seja, aparece como componente de dois itens. A tabela abaixo mostra os diversos *lead times* para os itens envolvidos.

a) Qual o mínimo *lead time*, em semanas, necessário para atender um pedido de cliente, supondo estoques zerados?

b) E se houver estoques suficientes dos itens D, F, G e H, mas não dos outros componentes, qual será o *lead time* total mínimo?

Item	A	B	C	D	E	F	G	H
Lead time (semanas)	1	2	5	6	3	4	1	3

4. Para a situação representada no registro básico de MRP abaixo, determine:

a) A sequência de liberação de ordens planejadas, considerando estoque de segurança igual a 0.

b) Se fosse possível utilizar "lote a lote", qual a nova sequência de liberação de ordens planejadas?

c) Qual o efeito que reduções no tamanho de lote têm no estoque médio do período analisado?

LT: 3 Lote: 25	Atraso	1	2	3	4	5	6	7	8	9	10
Necessidades brutas		15	10	20	0	15	30	0	15	0	20
Recebimentos programados		25									
Estoque projetado	20										
Receb. ordens planejadas											
Liber. ordens planejadas											

5. A empresa SuperSkate produz dois tipos básicos de patins chamados A e B. A cada semana, Rafael, seu proprietário, planeja montar 10 patins do tipo A e 5 do tipo B. Conhecidas as estruturas dos dois modelos e as informações sobre estoques a seguir, preencher os registros do MRP dos itens G e Y para as próximas 7 semanas. O item G tem *lead time* de 1 semana e tamanho de lote igual a 10 e o item Y tem *lead time* de 2 semanas e tamanho de lote igual a 20. Considere estoques de segurança como sendo zero para todos os itens.

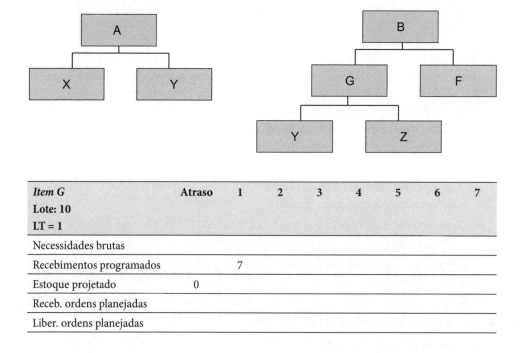

Item G Lote: 10 LT = 1	Atraso	1	2	3	4	5	6	7
Necessidades brutas								
Recebimentos programados		7						
Estoque projetado	0							
Receb. ordens planejadas								
Liber. ordens planejadas								

Item Y Lote: 20 LT = 2	Atraso	1	2	3	4	5	6	7
Necessidades brutas								
Recebimentos programados		10						
Estoque projetado	28							
Receb. ordens planejadas								
Liber. ordens planejadas								

6. Considere a estrutura abaixo e as informações de estoque:

Item	Estoque
A	10
B	40
C	60
D	60

Considere o *lead time* como sendo de 1 semana para cada um dos itens.

Não há recebimentos programados para nenhum item.

Quantas unidades do produto A podem ser entregues aos clientes no início da próxima semana, para cada uma das seguintes situações, não cumulativamente:

a) A lista de materiais de B está errada. Na verdade são necessárias 2 unidades de B para montar cada item A.

b) O estoque disponível de D é de somente 40 unidades.

c) Foi necessário eliminar 10 unidades do estoque do item C por apresentarem defeitos.

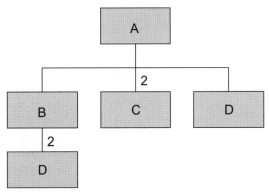

7. Utilize a estrutura abaixo e os dados da tabela para planejar a produção dos itens A e B, nos próximos 7 períodos.

a) Quais são as ordens planejadas para o item B?

b) Numa infeliz sexta-feira 13 o planejador do item A descobre que há 13 itens a menos no estoque: apenas 55 estão disponíveis e não 68 como previa. O que acontece com as ordens planejadas para o item B?

c) Assuma agora que o estoque de A (68) está correto porém sua demanda no período 1 seja de 60 unidades ao invés de 50. Reelabore os registros para os períodos 2 a 10. O que muda no planejamento de materiais de A e B?

d) Qual o impacto se a demanda de 60 unidades se repetir do período 1 ao 6, comparando com a demanda anterior de 50 unidades por período?

Item	A	B
Necessidade	50/período	calcular
Estoque inicial	68	8
Lead time	1	1
Estoque de segurança	10	0
Tamanho do lote	Lote a lote	250
Recebimentos programados	0	250 no período 1

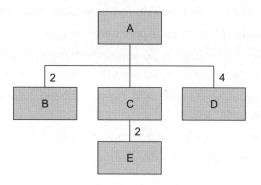

Item A	Atraso	1	2	3	4	5	6	7	8	9	10
Necessidades brutas											
Recebimentos programados											
Estoque projetado											
Receb. ordens planejadas											
Liber. ordens planejadas											

Item B	Atraso	1	2	3	4	5	6	7	8	9	10
Necessidades brutas											
Recebimentos programados											
Estoque projetado											
Receb. ordens planejadas											
Liber. ordens planejadas											

8. A empresa Só Cadeiras tem como seu carro-chefe o produto C312, uma cadeira de aço carbono anodizado, revestida com pintura preta epóxi e muito resistente a intempéries, ideal para uso externo. A venda semanal dessa cadeira foi estimada conforme tabela. Considerando as informações destacadas abaixo sobre a sua estrutura de produto, informações sobre estoque e *lead time* de cada item, utilize a planilha disponível como Material Suplementar deste livro no *site* do GEN para responder às questões abaixo (neste exercício será usado o arquivo Cap3_Exerc8). A empresa não utiliza estoque de segurança.

Semana	1	2	3	4	5	6	7	8	9	10
Estimativa de venda C312	150	200	120	230	320	250	270	180	230	150

Item	Produzido/ Comprado	Múltiplo Qtde.	Lead time	Estoque inicial
Cadeira C312	produzido	1	1 semana	150
Estrutura com tinta C312	produzido	1	1 semana	220
Assento plástico	comprado	1	3 semanas	580
Encosto plástico	comprado	1	3 semanas	620
Parafuso	comprado	8	1 semana	4200 *
Tinta epóxi preta	comprado	0,400 l	1 semana	80 litros
Estrutura C312	produzido	1	2 semanas	170
Tubo para pernas	comprado	4	2 semanas	2170
Tubo para encosto	comprado	3	3 semanas	2300
Pés borracha	comprado	4	1 semana	3000
Parafuso	comprado	8	1 semana	4200 *

* Trata-se do mesmo item usado em posições diferentes da estrutura

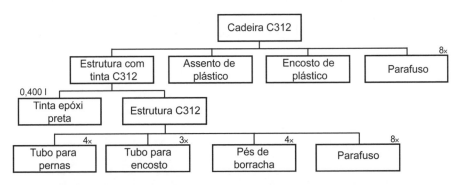

a) Qual a quantidade da Ordem de Produção da Cadeira C312 necessária para o início da semana 9?

b) Quais as quantidades das Ordens de Produção do Corpo Pintado C312 para as semanas 1 a 8? Caso o lote mínimo fosse de 150 peças, quais seriam as quantidades das Ordens de Produção?

c) Como é calculada a necessidade bruta dos parafusos? Por quê?

d) Quais as quantidades de compra semanal para os itens "Tubo para pernas" e "Tubo para encosto"?

e) Calcule as quantidades de compra/produção para todos os itens da estrutura.

f) Considere que o estoque de segurança para a Cadeira C312 seja 20 peças. Recalcule todas as ordens de compra/produção.

DICA: utilize a pasta "Exercício" para executar a inserção de dados e calcular as quantidades. Somente após explorar todos os itens do exercício, veja as respostas na pasta "Resposta Final" e "Resposta Final com ES".

3.6 EXERCÍCIOS COM PLANILHA SIMULADORA DE MRP II – CASO POLITRON

A partir deste capítulo, você poderá utilizar o caso Politron para fazer exercícios simulando a lógica de um sistema MRP II. Nas planilhas do Politron você vai encontrar funções para o Planejamento da Produção (*Sales & Operations Planning*), o MPS (Planejamento Mestre da Produção), o MRP (Planejamento de Necessidades de Materiais) e o CRP (Planejamento de Capacidade de Curto Prazo).

Em cada capítulo você encontrará exercícios adequados ao nível de conhecimento adquirido até aquele capítulo. Assim, neste Capítulo 3, abordaremos exercícios focando o conhecimento em MRP. Cada exercício trará instruções para uso e preenchimento dos dados nas planilhas, de modo que o leitor desenvolva o conhecimento adquirido no capítulo em uma aplicação prática.

No Material Suplementar, há um resumo do caso Politron para fins didáticos. Sugere-se que, ao final do livro, você se desafie a fazer o caso completo. O caso Politron e os exercícios estão disponíveis como Material Suplementar deste livro no *site* do GEN: www.grupogen.com.br.

CAPÍTULO 4

MRP II – Planejamento dos recursos de manufatura

OBJETIVOS DE APRENDIZAGEM

Ao final deste capítulo, o aluno deverá ser capaz de:

- Entender e explicar o que é um sistema MRP II.
- Diferenciar MRP de um sistema MRP II: além de orientar as decisões de planejamento típicas do MRP ("o que", "quanto" e "quando" produzir e comprar), engloba as decisões sobre "com que recursos produzir".
- Descrever os principais módulos do MRP II e suas funções básicas.
- Compreender a lógica do CRP – *Capacity Requirements Planning*, ou planejamento das necessidades de capacidade de produção.
- Entender a estrutura de planejamento hierárquico de um sistema MRP II, formado por módulos agrupados em três blocos: comando (S&OP, Gestão da Demanda e MPS/RCCP), motor (MRP e CRP), e rodas (Compras e SFC).

4.1 INTRODUÇÃO

No capítulo anterior, vimos como o MRP permite que, com base na decisão de produção dos produtos finais, determinemos o que, quanto e quando produzir e comprar os diversos semiacabados, componentes e matérias-primas. De fato, a introdução da técnica do MRP nos sistemas de planejamento das empresas contribuiu muito para simplificar a gestão dos materiais, sejam comprados ou fabricados. Entretanto, para quem vive o ambiente fabril, é notório que não basta garantir a disponibilidade dos materiais para garantir a viabilidade da produção de determinados itens em determinado momento. Há outra questão importante que não é tratada pelo MRP: há capacidade suficiente para realizar o plano de produção sugerido pelo MRP? Os recursos humanos e equipamentos são suficientes para cumprir o plano no prazo?

Como vimos, o objetivo do MRP é ajudar a produzir e comprar apenas o necessário e apenas no momento necessário (no último momento possível), visando eliminar estoques, gerando uma série de "encontros marcados" entre componentes de um mesmo nível, para operações de fabricação ou montagem. Assim, qualquer atraso na produção de um item fabricado (por exemplo, por problemas de capacidade produtiva insuficiente), em determinado ponto da estrutura do produto, irá gerar dois problemas indesejáveis: atraso na produção e na entrega do produto final, em relação às datas planejadas, e concomitante formação de estoque daqueles componentes que chegaram pontualmente, ou até mais cedo, ao "encontro". O que fazer para eliminar esses atrasos? Há duas saídas possíveis. A primeira é simplesmente garantir que haja sempre capacidade disponível, ou seja capacidade em excesso, para viabilizar a produção dentro dos prazos – ou *lead times* – considerados pelo MRP, o que certamente representa custos adicionais referentes ao investimento em equipamento e/ou instalações, além da ociosidade da mão de obra. A outra alternativa é superestimar os *lead times* de forma que, mesmo considerando-se possíveis problemas de falta de capacidade, eles sejam suficientes para garantir o término da fabricação dos itens. A consequência mais comum é a formação de estoques já que na maioria das vezes os materiais estarão disponíveis antes do momento necessário.

4.2 CONCEITOS

4.2.1 De MRP para MRP II

Como vemos, a falta de consideração da capacidade no planejamento dos materiais sempre vai implicar em custos adicionais, seja pelo excesso de capacidade, pela formação de estoques ou pelas consequências do atraso na entrega dos produtos finais ao mercado. As empresas que se utilizam apenas do MRP, dependendo do peso de cada um destes custos na composição da sua estrutura, têm que administrar um balanço entre as decisões de superestimar *lead times*, manter capacidade em excesso ou gerenciar o nível de serviço a clientes.

A evidência prática desses problemas, conseguida com a popularização do uso da técnica MRP, fez com que pesquisadores percebessem que a mesma técnica do cálculo de necessidades poderia ser utilizada, com pequeno esforço adicional, para calcular também as necessidades de outros recursos como equipamentos ou mão de obra, requerendo apenas algumas informações adicionais.

Tomando novamente o exemplo da lapiseira, desenvolvido nos capítulos anteriores, vemos na Figura 4.1 a representação esquemática do cálculo de necessidades de materiais, no qual determinamos que uma ordem de produção de 350 unidades do componente miolo interno será iniciada na semana 16, devendo estar pronta na semana 19. Agregando-se algumas informações, como o roteiro de produção do miolo interno (uma única operação de montagem realizada no setor de montagem do miolo interno, distribuída ao longo das últimas duas semanas do *lead time* de três semanas) e os tempos envolvidos (tempo de preparação de 20 minutos e tempo de processamento de 2 minutos por peça), podemos calcular a carga total requerida para a realização dessa produção (720 minutos) e determinar quando ela será necessária (ao longo das semanas 17 e 18), conforme pode ser visto na Figura 4.1. Executando-se o mesmo cálculo para todas as demais ordens de produção desse item e de outros que se utilizem do mesmo setor produtivo, podemos calcular a carga total requerida nesse setor, nesse período, para que possamos confrontá-la com a capacidade disponível (obtida com base nas horas disponíveis para trabalho, afetadas de índices previstos de aproveitamento). No exemplo da Figura 4.1, podemos identificar um "estouro de capacidade" (capacidade requerida maior que a disponível) na semana 17.

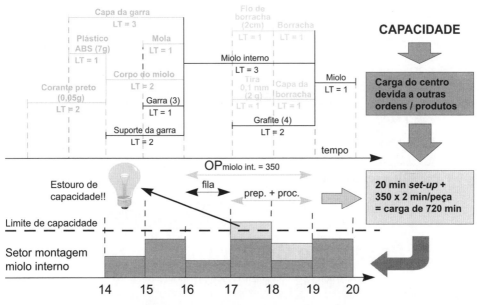

Figura 4.1 Cálculo de necessidades de capacidade.

As vantagens desse novo cálculo são claras. Como agora podemos identificar, com certo grau de precisão, problemas de falta de capacidade com alguma antecedência (já que estamos fazendo planejamento), já não é necessário manter muito excesso de capacidade em todos os recursos, pois podemos providenciar a capacidade requerida (por meio de contratações de pessoas, subcontratações de serviços, horas extras, turnos adicionais, entre outros procedimentos) com a antecedência necessária. Também já não é necessário superestimarmos todos os *lead times* para viabilizar a disponibilidade dos materiais, pois no planejamento em que se utilizam *lead times* menores que o necessário, podemos identificar com antecedência qual(is) item(ns) não conseguirão ser terminados no prazo, e estes sim teriam a produção adiantada com o correspondente replanejamento de seus componentes. Em resumo, o novo cálculo permite reduzir custos com capacidade ociosa e estoques em excesso, mantendo os níveis de confiabilidade de entrega. Obviamente, essa redução não é total, já que, como dissemos, o cálculo é feito com "certo grau de imprecisão", em virtude de algumas hipóteses assumidas que são discutidas mais pormenorizadamente no Capítulo 8 – CRP: Planejamento de capacidade dos recursos produtivos.

A inclusão do cálculo de necessidades de capacidade nos sistemas MRP fez com que um novo tipo de sistema fosse criado; um sistema que já não calculava apenas as necessidades de materiais, mas também as necessidades de outros recursos do processo de manufatura. Com o intuito de deixar claro que se tratava de uma extensão do conceito de MRP original, já bastante difundido, é dado ao novo sistema o nome de *manufacturing resources planning*, mantendo-se a sigla original então identificada como MRP II (lemos MRP dois).[1] O MRP II diferencia-se do MRP pelo tipo de decisão de planejamento que orienta; enquanto o MRP orienta as decisões de o que, quanto e quando produzir e comprar, o MRP II engloba também as decisões referentes a como produzir, ou seja, com que recursos, tal como ilustrado pela Figura 4.2.

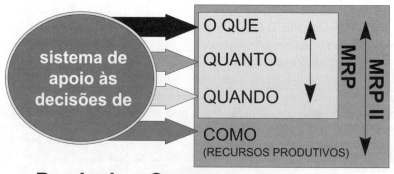

Figura 4.2 Abrangência do MRP e do MRP II.

---

[1] O MRP original ficou também conhecido como *MRP I* (MRP um) para diferenciar-se do MRP II.

Na verdade, o MRP II é mais do que apenas o MRP com cálculo de capacidade. Há uma lógica estruturada de planejamento implícita no uso do MRP II, que prevê uma sequência hierárquica de cálculos, verificações e decisões, visando chegar a um plano de produção que seja viável, tanto em termos de disponibilidade de materiais como de capacidade produtiva. Vimos que o cálculo de necessidades de materiais, baseado numa decisão de produção de produtos acabados, deve ser feito antes do cálculo de capacidade para que determinemos o momento e a quantidade das ordens de produção. Em caso de problemas (estouros de capacidade, por exemplo), podemos adicionar capacidade por meio de horas extras, turnos adicionais ou subcontratações, antecipar ou postergar a liberação de ordens, visando ajustar o plano original do MRP a eventuais restrições de capacidade. Entretanto, se os problemas de capacidade forem muito grandes, inviabilizando soluções desse tipo, não haverá outra saída senão reiniciar o processo todo com alterações na decisão inicial de produção de produtos acabados. Como esse processo pode repetir-se várias vezes, tornando-se moroso e custoso, seria interessante tentar garantir que a decisão inicial de produção de produtos acabados fosse razoavelmente viável, de forma que eventuais problemas pudessem ser resolvidos apenas com pequenos ajustes.

Isso obviamente demandaria algum cuidado especial no processo de tomada dessa decisão (a qual depende fortemente das previsões de vendas), ao mesmo tempo que deveria ser coerente com os esforços de vendas que a empresa pretende fazer, proagindo sobre seu mercado. Tudo isso deveria estar coerente também com as decisões de capacidade que requerem prazo mais longo para sua efetivação (aquisição de equipamentos ou implantação de novas unidades produtivas, por exemplo). Além disso, para se garantir a eficácia de todo o processo, deveria haver um procedimento claro de controle e de replanejamento.

Para dar conta da complexidade que tentamos expor, um processo estruturado e hierárquico de planejamento foi sendo desenvolvido até formar o que hoje conhecemos pela sigla de MRP II. Esse processo é tão mais complexo e abrangente que o MRP que muitos consideram o nome MRP II inadequado, pois levaria as pessoas menos informadas a achar que, "se já temos o MRP, que grande diferença esse MRP II pode fazer?", ou "como já temos o MRP, será fácil e rápido implementarmos o MRP II!", afirmações claramente equivocadas como poderemos verificar ao longo deste livro.

Mais fácil do que tentar agora mudar um nome conhecido mundialmente é procurar transmitir, de forma eficaz, os conceitos que fazem do MRP II claramente a filosofia de planejamento mais difundida entre as empresas, em nossos dias. É isso que tentaremos fazer adiante.

FIQUE ATENTO

O MRP II não é apenas um sistema MRP com cálculo de capacidade produtiva. Há no MRP II a estrutura de uma lógica de planejamento hierárquico composto por vários módulos hierarquicamente relacionados, que serão detalhados no próximo tópico.

4.2.2 Principais módulos do MRP II

O sistema MRP II é composto de uma série de procedimentos de planejamento agrupados em funções. Essas funções estão normalmente associadas a módulos de pacotes de *software* comerciais, desenvolvidos para suportar essa filosofia de planejamento. Neste livro, vamos usar a terminologia usual de *módulos*, para designar as diversas funções de planejamento do MRP II; entretanto, vale ressaltar que, em tese, todas essas funções poderiam ser executadas manualmente, prescindindo de ferramentas computacionais, não fosse a quantidade de dados a serem tratados em situações reais. Essa observação é importante pois, neste livro, vamos nos concentrar nos conceitos que embasam cada uma das funções do MRP II, sem considerar as restrições deste ou daquele *software* comercial em particular. Vamos tratar da boa prática de planejamento, dentro da filosofia MRP II, que pode estar suportada em sua totalidade ou não pelo *software* que determinada empresa venha a adotar ou desenvolver. De fato, muitos dos conceitos tratados neste livro vão além daquilo que um *software* poderia fazer (ao menos no nível atual de desenvolvimento), pois envolvem questões organizacionais, políticas e procedimentos multifuncionais de decisão, entre outros aspectos.

Embora o procedimento mais comum para analisar um sistema hierárquico de tomada de decisões como o MRP II seja partir dos níveis mais altos e descer analisando cada passo do processo, vamos procurar construir o sistema MRP II, partindo do já conhecido MRP e agregando os demais módulos na medida da necessidade. Esperamos que esse processo, desenvolvido com a experiência didática para alunos de graduação, pós-graduação e profissionais de empresas, facilite a visão e a compreensão do todo ao final.

4.2.2.1 Cadastros básicos

O primeiro aspecto importante para garantir a eficácia do MRP II é a existência de uma base de dados única, não redundante e acurada que integre toda a empresa por meio da informação. As diversas informações necessárias para o processo de planejamento MRP II normalmente são de responsabilidade de setores diferentes que devem abrir mão de seus controles e bases de dados departamentais, para manter uma única base na qual cada informação estará igualmente disponível para toda a empresa. No Capítulo 3, discutimos sobre a importância da acurácia das informações necessárias ao MRP e como mantê-la. Em capítulos posteriores, voltaremos a tratar desse assunto em relação a informações específicas necessárias a outros módulos do MRP II.

Os principais cadastros necessários incluem:

- *cadastro mestre de item*: contendo informações como código, descrição, unidade de medida, data de efetividade, política de ordem, *lead time*, estoque de segurança, entre outras;
- *cadastro de estrutura de produto*: contendo as ligações entre itens pais e itens filhos, quantidades necessárias dos itens filhos por unidade do item pai, unidades de

medida, código de mudança de engenharia, datas de início e término de validade, entre outras informações;
- *cadastro de locais*: onde são definidos os locais de armazenagem dos itens, incluindo unidades fabris, departamentos, corredores, prateleiras, entre outros;
- *cadastro de centros produtivos*: incluindo código, descrição, horário de trabalho, índices de aproveitamento de horas disponíveis, entre outros itens;
- *cadastros de calendários*: que fazem a conversão do calendário de fábrica no calendário de datas do ano e armazena informações de feriados, férias, entre outras;
- *cadastro de roteiros*: incluindo a sequência de operações necessárias para a fabricação de cada item, os tempos associados de emissão da ordem, fila, preparação, processamento, movimentação, ferramental necessário etc.

4.2.2.2 MRP – *material requirements planning* – e CRP – *capacity requirements planning*

O processo MRP/CRP tem como objetivo gerar o plano viável e detalhado de produção e compras. Como vimos no Capítulo 3, o MRP é o módulo que, com base na decisão de produção de produtos acabados, calcula as necessidades de materiais, ou seja, quantidades e momentos de liberação e vencimento (término) de cada ordem de produção, utilizando para isso informações do cadastro de estruturas de produtos, posições de estoque e parâmetros dos itens. É um módulo de cálculo que, além de determinar a liberação de ordens, emite relatórios de mensagens de ação, no caso de não haver disponibilidade de determinados materiais, para que o programador possa fazer os ajustes necessários na programação, apressar o recebimento de materiais, entre outras providências. O relatório de mensagens de ação permite analisar a viabilidade do plano sugerido pelo MRP, em termos de materiais.

Uma vez verificada a viabilidade em termos dos materiais, o plano de produção é inserido no módulo de cálculo de capacidade, denominado de CRP. Esse módulo, como já foi visto, utiliza informações de centros produtivos, roteiros e tempos, calculando as necessidades de capacidade para cada centro, período a período, gerando um gráfico de carga como o mostrado na Figura 4.3, que permite identificar excessos de necessidade de capacidade (estouros) ou ociosidade, para que o programador tome as providências necessárias em caso de inviabilidade do plano: antecipação de ordens, adiamento de ordens, provisão da capacidade necessária, entre outras.

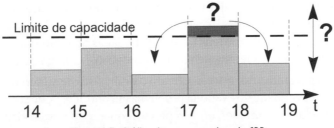

Figura 4.3 Gráfico de carga gerado pelo CRP.

Depois de verificada a viabilidade do plano em termos de capacidade, fazendo-se os ajustes eventualmente necessários, o resultado será o plano detalhado de materiais e capacidade, contendo as indicações de:

- o que e quanto produzir em cada período (ou *time bucket*);
- o que e quanto comprar em cada período (ou *time bucket*);
- assim como as providências especiais a serem tomadas pelo programador:
    - apressamento de ordens abertas (recebimentos programados) de compras ou produção;
    - subcontratação de serviços;
    - contratação de turnos extras de trabalho;
    - solicitação de horas extras, entre outras.

O fluxo de informações que inclui esses dois módulos pode ser visualizado esquematicamente na Figura 4.4.

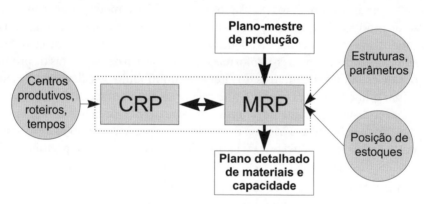

Figura 4.4 Módulos MRP e CRP.

Convém comentar que o processo de gerar um plano de produção viável não é tão simples como pode parecer. Como os módulos MRP e CRP trabalham separadamente, fica implícito que o plano do MRP *não considera limitações de capacidade*, que serão posteriormente verificadas no CRP. Logo, se ajustes forem necessários em função da análise dos relatórios de capacidade, como antecipação ou adiamento de ordens, por exemplo, teremos que voltar à questão de materiais, no MRP, para verificar se, por um lado, todos os componentes necessários a ordens antecipadas estão disponíveis e, por outro, se os itens cujas ordens foram postergadas não irão impedir a abertura de ordens de itens pais, podendo até afetar a produção e entrega do produto final.

É necessário, portanto, um processo iterativo de análises de materiais e capacidade que, conforme a severidade do eventual problema encontrado, pode ser simples e feito manualmente pelo programador, ou complexo, requerendo nova rodada de cálculos com o *software*. Em casos muito complexos, a única solução pode ser voltar ao plano de produção de produtos finais, efetuar modificações e iniciar o processo MRP/CRP novamente. É importante que procedimentos adequados às especificidades de cada empresa sejam definidos claramente quando da implantação do sistema MRP II, pois esse processo não é trivial e não há uma receita única válida para todos os casos.

Novas rodadas de cálculos não precisam necessariamente ser demoradas e custosas, pois é possível efetuar cálculos parciais. Há três formas básicas de executar o planejamento da produção utilizando o MRP II: forma regenerativa, forma *net-change* (ou de mudanças líquidas) e forma seletiva. Elas diferem na maneira com que o sistema replaneja as necessidades de materiais com base em mudanças no ambiente produtivo (alterações de demanda, chegadas de materiais, término de ordens de produção etc.).

Na forma *regenerativa*, o sistema parte da decisão de produção de produtos acabados, explodindo as necessidades de produtos em necessidades de materiais. As necessidades líquidas são completamente recalculadas e todas as ordens de produção e compra (com exceção das ordens firmes e já abertas) são completamente regeradas. Normalmente, o processo regenerativo é processado em *batch* e, mesmo com o avanço da tecnologia, ainda envolve volume (e correspondente tempo) de processamento considerável. Por isso, normalmente o processamento regenerativo é feito tipicamente a cada semana (para situações em que as alterações no ambiente produtivo são muito frequentes, como as indústrias com produção altamente repetitivas), quinzena ou mesmo mês (para ambientes menos dinâmicos).

A forma *net-change* é diferente. Sempre que ocorre pelo menos uma alteração com referência a um item, este é "marcado" pelo sistema. Essas marcas vão servir de base para que o processamento *net-change* recalcule necessidades e gere novamente as ordens apenas dos itens marcados. Com isso o tempo de processamento fica muito reduzido, já que apenas os itens que sofreram alterações no período são recalculados.

Normalmente, as empresas utilizam-se dessas duas formas de processamento – normalmente processando *net-change* diariamente e regenerativo com a periodicidade já discutida. A razão para rodar o sistema na forma regenerativa é "limpar" a base de informações do sistema. Caso processemos o MRP II apenas no modo *net-change* por um período muito longo, haverá tendência de as ordens ficarem mais "picadas", com ordens pequenas possivelmente sendo geradas para atender a alterações localizadas. Como o processo regenerativo parte do programa de produção de produtos acabados e regera completamente todas as ordens planejadas, é possível ao sistema, com uma "visão" global, reagrupar as necessidades "picadas" em um número mais conciso de ordens de produção e compra.

Já na forma *seletiva*, o programador elege os itens (ou níveis da estrutura de produtos) que deseja recalcular. Essa forma é particularmente útil quando os problemas de capacidade e/ou de materiais são razoavelmente complexos, requerendo o processo iterativo com recálculos, como mencionado, já que o recálculo de um ou poucos itens é feito quase instantaneamente. Infelizmente, nem todos os *softwares* comercialmente disponíveis oferecem essas três possibilidades, sendo que alguns permitem apenas o recálculo regenerativo, o que normalmente prejudica bastante a agilidade e flexibilidade do processo de planejamento.

Toda essa discussão esclarece uma das limitações da lógica MRP/CRP que a torna, para determinadas situações, menos eficaz do que aquela encontrada em sistemas de programação com capacidade finita de produção, os quais, por meio de simulação, consideram simultaneamente as questões de materiais e capacidade, gerando um programa de produção viável nos dois aspectos. De maneira geral, podemos dizer que o processo MRP/CRP de programação da produção pode ser considerado inadequado para algumas empresas com processos produtivos que apresentem roteiros complexos e múltiplos alternativos, restrições fortes que condicionem o sequenciamento das ordens, possibilidade de divisão (*split*) ou sobreposição (*overlapping*) de ordens, entre outros aspectos. As características, o funcionamento e a adequação dos sistemas de programação com capacidade finita, assim como suas possíveis formas de integração com os demais módulos do MRP II, serão discutidos no Capítulo 9.

O processo MRP/CRP é considerado o "motor" do sistema MRP II por sua característica de automação de cálculo, uma vez que os principais parâmetros estejam definidos e que a direção principal – o plano de produção de produtos acabados – tenha sido dada. Além disso, é essencialmente um processo de planejamento, pois a execução vem em etapa posterior. Normalmente, o MRP/CRP é executado por elementos dedicados a esse processo, dentro da área de planejamento da empresa.

O processo que dirige o MRP/CRP, gerando o plano de produção de produtos finais, que será o dado de entrada para que o MRP possa executar o cálculo de necessidades, é denominado de Planejamento-mestre da Produção e será discutido a seguir.

> ## ⊘ FIQUE ATENTO
>
> Os módulos MRP e CRP trabalham separada e sequencialmente, exigindo um processo iterativo: primeiro verifica-se a análise de materiais no MRP, em seguida examina-se a disponibilidade de capacidade, e eventuais ajustes devem ser revistos em um novo cálculo no MRP. O próximo tópico irá explorar a importância de uma análise anterior na hierarquia de planejamento, através dos módulos MPS e RCCP.
>
> Empresas com processos produtivos complexos podem encontrar em sistemas de programação com capacidade finita uma solução mais adequada, pois consideram simultaneamente as duas análises (o que será explorado no Capítulo 9).

4.2.2.3 MPS – *master production schedule* – e RCCP – *rough cut capacity planning*

O processo de MPS/RCCP é o responsável por elaborar o plano de produção de produtos finais, item a item, período a período, que é o dado de entrada para o MRP. O módulo *MPS*, ou planejamento-mestre de produção não é um módulo essencialmente de cálculo como o MRP, mas de tomada de decisão. A equação básica do MPS é:

> Estoque Final = Produção – Previsão de Vendas – Carteira + Estoque Inicial

Isto é, dados a previsão de vendas no período, a carteira de pedidos e o estoque inicial, o estoque final é função da decisão de produção. Essa decisão tem implicações importantes, pois a definição da produção e, consequentemente, dos estoques de produtos finais tem impacto muito grande sobre como a empresa vai servir seu mercado consumidor.

As principais informações necessárias para a tomada de decisões no MPS, conforme ilustrado na Figura 4.5, são:

- a posição dos estoques de produtos finais, cuja necessidade de acurácia já foi discutida no Capítulo 3;
- a previsão de vendas detalhada produto (final) a produto, discutida mais adiante quando tratarmos da gestão da demanda, assunto do Capítulo 7;
- a carteira de pedidos já aceitos.

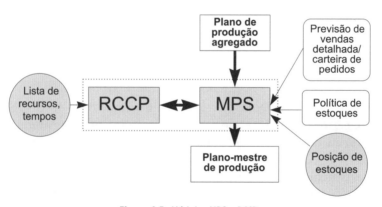

Figura 4.5 Módulos MPS e RCCP.

Além dessas informações, é fundamental que haja uma *política de estoques* que defina o papel dos estoques de produtos acabados: se os estoques vão agir apenas como uma segurança contra as incertezas da demanda e/ou do próprio processo produtivo, ou se os estoques vão atuar também como um "amortecedor" entre a demanda, que pode variar no tempo, e a produção, que desejamos manter o mais estável possível. A existência de uma política clara facilita muito a tomada de decisão do MPS no dia a dia.

Outro aspecto importante para direcionar o plano mestre de produção é o plano de produção agregado ou de longo prazo. Esse plano é o resultado de outro processo dentro da filosofia MRP II, denominado de S&OP (do inglês, *sales & operations planning*, ou planejamento de vendas e operações), o qual será discutido mais adiante. O importante a ressaltarmos neste ponto é que esse plano leva em conta objetivos de prazo mais longo e é definido considerando decisões de capacidade que requerem prazos também mais longos para se efetivarem, como implantação de novas linhas de produção, aquisição de grandes equipamentos, desativação ou construção de novas plantas. Justamente por isso, esse plano de longo prazo é agregado, tratando de famílias de produtos e não de produtos finais específicos. É, portanto, importante garantirmos que o MPS seja uma desagregação desse plano de longo prazo, para que as decisões de curto e médio prazo estejam coerentes com as decisões de longo prazo.

O módulo *RCCP*, ou planejamento aproximado de capacidade, é o responsável por fazer um cálculo de capacidade que, embora seja grosseiro, pode ser executado rapidamente. Também denominado de cálculo de capacidade de recursos críticos, o RCCP tem o objetivo de apoiar a elaboração de um plano-mestre que seja pelo menos aproximadamente viável, em termos de capacidade. Dizemos aproximadamente viável pois não é um cálculo detalhado e preciso, já que para isso seria necessário processar o MRP e o CRP, como visto. Quando discutimos o processo de análise de capacidade no CRP, no qual destacamos a dificuldade de gerar um plano viável nos casos em que o CRP apresenta problemas sérios de "estouro" de capacidade, mencionamos a eventual necessidade de voltar ao MPS, modificá-lo e reiniciar o processo. Surge, neste caso, a necessidade de, não somente saber que modificações fazer para que o novo MPS possa gerar um plano viável, mas, preferencialmente, gerar um plano que já seja aproximadamente viável na primeira vez. O objetivo é gerar um plano que, se apresentar problemas de capacidade no CRP, apresente problemas que possam ser resolvidos com ajustes, sem a necessidade de voltar ao MPS.

Como pode ser visto na Figura 4.5, o RCCP utiliza como dado de entrada a relação de ordens planejadas pelo MPS, transformando essa "intenção" de produção em necessidades de capacidade com base em uma lista de recursos críticos necessários ao longo de todo o processo produtivo, quer seja para produzir o produto final quer seus componentes, vinculados diretamente ao produto final e à data de sua produção (data de abertura ou fechamento da ordem). O resultado é um gráfico de carga similar ao do CRP (veja Figura 4.3), gerado apenas para aqueles recursos considerados críticos: gargalos, recursos com alta taxa de utilização, recursos cujo aumento de capacidade é difícil, muito caro ou impossível, entre outros. O funcionamento do RCCP será discutido com mais detalhe no Capítulo 8.

Um dos principais aspectos do planejamento-mestre de produção (MPS) é sua natureza multifuncional. Isto é fácil de compreender se analisarmos a própria equação básica. A decisão do plano de produção, como seria de esperar, tem grande impacto no desempenho do setor produtivo, pois irá definir a necessidade de capacidade período a período, com implicações nos níveis de ociosidade, horas extras necessárias, subcontratações etc. Mudanças frequentes nesse plano de produção geram a necessidade de replanejamentos também frequentes no nível do MRP/CRP, gerando mudanças no chão de fábrica que normalmente vêm acompanhadas de custos adicionais. Além disso, a viabilidade do plano está condicionada à disponibilidade, tanto de capacidade como de materiais. Tudo isso faz com que a área de planejamento esteja completamente envolvida nesse processo.

Por outro lado, a qualidade da decisão depende fortemente da qualidade da previsão de vendas, assim como do empenho da empresa, notadamente da área comercial, em fazer essa previsão "acontecer", induzindo a atuação de seus vendedores e representantes comerciais. Além disso, na impossibilidade de produzir tudo o que seria desejável para atender à demanda, seja por falta de capacidade seja de material, alguém tem de decidir em que produtos finais aplicar os materiais e capacidade disponíveis, de modo a melhor atender ao mercado. Obviamente, ninguém melhor do que a área comercial para orientar essas decisões. Além disso, se à área de produção interessa não fazer alterações frequentes no plano de produção de produtos finais, pelos motivos já comentados, a área comercial certamente gostaria de propor alterações à medida que seus clientes mudam seus pedidos e/ou à medida que a carteira de pedidos real difere da prevista. Vale lembrar que estamos falando de produção e vendas de cada item de produto acabado, considerando modelo, tamanho, cor ou outra característica específica que defina determinado item conforme oferecido ao mercado. Qualquer pessoa que já tenha estado envolvida no processo logístico de uma empresa tem uma boa ideia da magnitude dessas mudanças.

Fazer com que uma das áreas envolvidas tome sozinha a decisão do MPS significa induzir a melhoria apenas de aspectos isolados (redução de estoques de produto final *ou* boa utilização da capacidade *ou* bom nível de atendimento a clientes *ou* redução de custos na produção) o que certamente compromete o desempenho global da empresa. Por isso, é recomendável que o processo de decisão do MPS seja realizado por uma equipe multifuncional, da qual, imprescindivelmente, façam parte elementos gerenciais ao menos das áreas de planejamento e comercial.

Boa parte do trabalho da área comercial dentro do MRP II está relacionada ao módulo de gestão da demanda, que será discutido a seguir.

4.2.2.4 Gestão de demanda

O conceito de gestão ou administração de demanda não é muito difundido, talvez por não ser trivial. Quando pensamos em administrar algo, um processo, por exemplo, normalmente pressupomos que ele esteja, em certa medida, sob nosso controle. É assim com a administração da produção, de suprimentos ou logística. Mas se a demanda vem do ambiente externo à empresa, fora de seu total controle, que pode crescer e diminuir ao sabor das forças do mercado, como podemos pensar em administrar ou gerir a demanda? Segundo esse ponto de vista, todo o esforço, então, deveria concentrar-se na gestão da produção ou, sendo mais específico, do MPS, a partir da melhor estimativa da demanda futura (notadamente nos ambientes *assembly to order* e *make to stock*). Essa visão é inadequada por várias razões:

- Poucas empresas são tão flexíveis que possam, de forma eficiente, alterar substancialmente seus volumes de produção ou o *mix* de produtos produzidos de um período para o outro, de forma a atender a variações de demanda.

- Para muitas empresas, principalmente as multidivisionais, ao menos parte da demanda não vem do ambiente externo, mas de outras divisões ou de subsidiárias, o que permite esforços de administração dessa demanda.
- Empresas que têm relações de parceria com seus clientes podem negociar quantidade e momento da demanda por eles gerada, de modo a melhor adaptá-la a suas possibilidades de produção.
- A demanda de muitas empresas, principalmente as que produzem produtos de consumo, pode ser criada ou modificada, tanto em termos de quantidade como de momento, por meio de atividades de marketing, promoções, propaganda, esforço de venda, entre outras.
- Mesmo empresas que produzem outros tipos de produtos podem exercer influência sobre a demanda por meio de esforço de venda, de sistemas indutores de comportamento de seus vendedores e representantes comerciais: sistemas de cotas e comissões variáveis, por exemplo.

É mediante a função[2] de *Gestão da Demanda* que a área de venda/marketing insere as informações do mercado no processo de planejamento MRP II. Ela inclui várias atividades, como previsão, cadastramento de pedidos, promessa de data de entrega, serviço ao cliente, distribuição física e outras atividades que envolvem contato com os clientes. Envolve também a gestão de outras fontes de demanda, como peças de reposição para assistência técnica, demanda gerada entre unidades produtivas, demanda gerada por centros de distribuição, entre outras. Essa função será discutida em mais detalhe no Capítulo 7; entretanto, vale comentar algo sobre os principais requisitos da boa gestão da demanda:

1. ***Habilidade para prever a demanda***: é muito importante que a empresa saiba utilizar todas as ferramentas disponíveis para conseguir antecipar a demanda futura com alguma precisão. Isto pode envolver formar e manter uma base de dados históricos de vendas, assim como informações que expliquem suas variações e comportamento no passado, utilizar modelos matemáticos adequados que ajudem a explicar o comportamento da demanda, compreender como os fatores ou variáveis internas (promoções etc.) e externas (clima, condições econômicas etc.) influenciam o comportamento da demanda, coletar informações relevantes do mercado e ser capaz de derivar daí uma estimativa da demanda futura.

2. ***Canal de comunicação com o mercado***: este item poderia estar incluído no anterior, mas sua importância é tão grande e ele é tão negligenciado que vale destacá-lo. Normalmente, as pessoas que mantêm contato com os clientes (vendedores e representantes de vendas) estão preocupadas somente em vender, desprezando uma função extremamente importante: a de trazer informações dos clientes e do mercado para a empresa, numa base contínua e permanente. De fato, não podemos censurá-los,

---

[2] Não estamos usando aqui a denominação de "módulo", pois esta função do MRP II normalmente não é apoiada por um único módulo do *software*, não sendo sequer apoiada em sua totalidade pelo software como um todo.

já que muito poucas empresas colocam explicitamente em suas atribuições essa função ou vinculam o desempenho nesta atividade a algum sistema de remuneração ou reconhecimento. Enquanto o trabalho de previsão estiver sendo feito apenas com base em dados históricos ou contando com o apoio apenas do pessoal que mantém pouco ou nenhum contato com o mercado, a empresa estará desperdiçando uma fonte inestimável de informações para fazer de seu sistema de previsão de vendas um elo eficaz dentro do sistema MRP II.

3. *Poder de influência sobre a demanda*: além de tentar prever o comportamento da demanda, é fundamental que a empresa procure influenciá-lo. Essa influência pode dar-se não só sobre a demanda já manifesta, negociando parcelamento de entrega com os clientes, por exemplo (muitas vezes, esse parcelamento é até interessante para o cliente que por falta de informação trabalha com restrições fictícias de lote mínimo de compra), ou sobre a demanda que ainda vai acontecer, incentivando vendedores e representantes de vendas a oferecerem ao mercado determinado *mix* de produtos que melhor ocupe a capacidade, ou ainda por meio de promoção e propaganda.

4. *Habilidade de prometer prazos*: extremamente importante para garantir desempenho em confiabilidade de entrega, a atividade de promessa de prazo também é de responsabilidade de quem faz a gestão da demanda. No sistema MRP II, uma ferramenta fundamental para auxiliar essa atividade é o cálculo da quantidade *disponível para promessa*, que é discutido em detalhe no Capítulo 7. Basicamente, esse cálculo leva em conta o estoque disponível e a produção planejada para calcular o quanto pode ser prometido aos clientes período a período, descontando os pedidos já confirmados em carteira.

5. *Habilidade de priorização e alocação*: obviamente, o objetivo do planejamento é criar condições para que a empresa consiga atender a toda a demanda dos clientes. Contudo, se ocorre de não haver produtos suficientes ou se os recursos e materiais necessários não estão disponíveis, é preciso decidir quais clientes serão atendidos total ou parcialmente e quais terão que esperar. Essa decisão é de responsabilidade da área comercial.

A Gestão da Demanda forma com o processo MPS/RCCP, discutido anteriormente, um processo único e integrado, conforme ilustrado pela Figura 4.6, tendo como

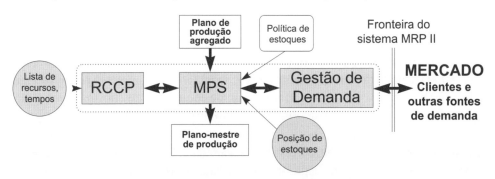

Figura 4.6 MPS/RCCP e gestão de demanda.

principais atores as áreas de planejamento e comercial. Dessa forma, podemos dizer que o processo Gestão de Demanda/MPS/RCCP é o responsável pela interface entre o sistema MRP II e o mercado consumidor.

4.2.2.5 SFC – *shop floor control* – e Compras

Esses dois módulos são os responsáveis por garantir que o plano de materiais detalhado seja cumprido da forma mais fiel possível. O módulo *SFC*, ou controle de chão de fábrica, é o responsável pelo sequenciamento das ordens, por centro de produção, dentro de um período de planejamento e pelo controle da produção propriamente dita, no nível da fábrica. Ele faz a interface entre o planejamento e a fábrica como ilustrado pela Figura 4.7.

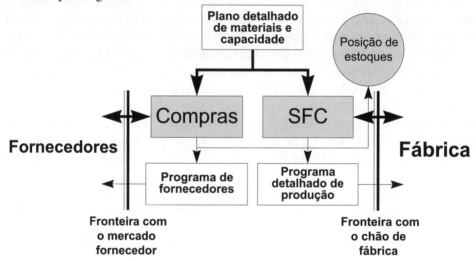

Figura 4.7 Módulos de SFC e compras.

Sistemas alicerçados no planejamento e acompanhamento de ordens de produção, como o MRP II e, particularmente, o módulo SFC, baseiam-se normalmente no princípio de que a produção é do tipo *job shop*, normalmente caracterizado como uma produção com arranjo físico funcional (recursos agrupados por função), em que os itens têm roteiros de produção variados, passando por diferentes partes da fábrica onde sofrerão a sequência de operações definida pelo roteiro estabelecido e pela tecnologia envolvida. Esse tipo de produção caracteriza-se normalmente por longos *lead times* (tempos de ressuprimento), nível de material em processo relativamente alto e são buscados altos índices de utilização de equipamentos (normalmente com presença de filas de ordens para processamento pelos recursos).

Se o módulo de controle de fábrica dos sistemas do tipo MRP II é adequado a algum tipo de sistema produtivo, esse tipo é o *job shop*. Entretanto, de maneira geral, o uso dos módulos de controle de fábrica dos sistemas MRP II de forma estrita (sem que o sistema seja substancialmente alterado para adequar-se ao usuário) tem sido bastante limitado, tanto no Brasil como no exterior. O alto volume de informações de apontamento necessário, informando ao sistema detalhada, frequente e precisamente o que ocorre na fábrica parece não ser compatível com a moderna visão gerencial de se eliminarem, tanto quanto possível, as atividades que não agregam valor aos produtos. Além disso, outra questão a colocar é a utilização que o SFC faz dos dados coletados, com ênfase quase exclusiva na função de acompanhamento, não auxiliando a geração de programas mais inteligentes que aqueles sugeridos pelo módulo MRP.

Nesse sentido, por um lado, parece haver tendência de as empresas tentarem fazer seus controles de fábrica de forma menos formalizada e centralizada, para isso se utilizando de ferramental mais simples que permita decisões locais, como os sistemas do tipo *kanban*, por exemplo (veja, no Capítulo 10, uma discussão sobre o convívio do sistema MRP II com o *kanban*). Por outro lado, em ambientes fabris muito complexos, nos quais há vários roteiros alternativos, as decisões de sequenciamento das ordens de produção sofrem muitas restrições em função dos tempos de preparação, são comuns os artifícios de divisão e sobreposição de lotes, comentados anteriormente, pode ser necessária e conveniente a adoção de sistemas de programação da produção com capacidade finita, para que tenhamos um controle adequado das ordens de produção, além disso, tais ambientes permitam programações detalhadas mais inteligentes. Esse tipo de sistema será discutido em mais detalhe no Capítulo 9.

As atividades do módulo de controle de fábrica SFC começam com a liberação da ordem de produção, quando o sistema faz alocação dos materiais a serem utilizados, descontando-os do estoque disponível. A partir daí, o SFC permite que sejam informados os tempos efetivamente gastos nas operações, os materiais efetivamente utilizados, os momentos de término de cada operação, entre outros, para que possamos fazer o controle de utilização de recursos, comparando-se real e padrão (é óbvio que o grau de controle depende do grau de detalhamento da atividade de apontamento da produção, uma atividade que não agrega valor diretamente ao produto; logo, a necessidade de controle, principalmente de forma centralizada por meio do sistema, deve ser muito bem avaliada), assim como acompanhar a evolução da ordem de produção ao longo do decorrer do *lead time*, de forma a identificar possibilidades de atraso que mereçam atenção especial. Com o fechamento da ordem de produção, os itens produzidos são transferidos para o estoque, atualizando os registros do estoque disponível, conforme mostrado na Figura 4.7.

Um tipo de informação crítica para o módulo de controle de fábrica são as mudanças nos planos de materiais, como revisões de prazos e quantidades a entregar das ordens já abertas. Só de posse desse tipo de informação, o estabelecimento de prioridades locais na fábrica pode ser feito de forma precisa e eficaz. Há importantes interações entre o módulo de controle de fábrica e os módulos de planejamento das necessidades de materiais (MRP) e planejamento das necessidades de capacidade (CRP). As realimentações são de dois tipos: informações de *status* (posição do sistema) e sinais de alerta. Informações de *status* incluem onde estão as ordens, contagens de verificação de quantidades, fechamento de ordens, entre outros. Os "sinais de alerta" sinalizam possíveis inviabilidades no plano de materiais, isto é, se é possível, no nível detalhado, executar o que foi planejado de forma mais agregada.

O módulo de *Compras* tem função semelhante ao SFC, controlando as ordens de compra de materiais. Como visto na Figura 4.7, esse módulo faz a interface entre o planejamento e os fornecedores de componentes e matérias-primas. Sua atividade cobre negociação de programações de entrega com os fornecedores, abertura das ordens de compra, emissão e acompanhamento dos pedidos e fechamento das ordens de compra, quando do recebimento dos materiais, atualizando os registros de estoque na entrada do almoxarifado (normalmente chamado "recebimento" nas empresas). Funcionalidades usuais dos pacotes de *software* são o apoio à avaliação de desempenho de fornecedores, principalmente em relação a prazo e qualidade, *follow up* de compras, avaliação de compradores e suporte à transferência eletrônica de informações (EDI).

4.2.2.6 S&OP – *sales and operations planning*

O processo de *S&OP*, ou planejamento de vendas e operações é um dos mais importantes e talvez o mais negligenciado em empresas usuárias de MRP II. Talvez uma das razões esteja relacionada ao fato de que esse processo não é apoiado adequadamente pelos pacotes de *software* MRP II disponíveis. Outro fator importante refere-se ao pessoal que deve estar incluído no processo de decisão, pois envolve basicamente alta direção da empresa, diretoria e superintendência, as quais normalmente não estão sensibilizadas a respeito da importância de termos controle sobre o sistema MRP II neste nível. Apesar disso, mais e mais empresas no mundo, e também no Brasil, têm descoberto as vantagens de realizar formal e sistematicamente esse processo de planejamento.

O S&OP é um processo de planejamento que trata principalmente de decisões agregadas que requerem visão de longo prazo do negócio. A relação entre a agregação de informações e decisões e o horizonte de planejamento foi discutida no Capítulo 1. Essas decisões podem ser referentes a contratação e/ou demissão de mão de obra, aquisição de equipamentos, ampliação de linhas de produção, ativação e desativação de unidades fabris, entre outras, ou seja, decisões que exigem um prazo relativamente longo para que se tornem realidade. Todas essas decisões estão vinculadas à decisão de o que, quanto e quando produzir no futuro, sendo que, como estamos lidando com horizontes longos, é conveniente que as decisões de produção sejam relativas a famílias ou grupos de produtos e não a produtos específicos. Da mesma forma, os períodos considerados no planejamento, normalmente, são mais agregados (meses ou bimestres, por exemplo).

A equação básica do S&OP é a mesma do MPS, ou seja: [estoque final = estoque inicial + produção – vendas previstas] e as diferenças básicas referem-se ao horizonte de planejamento e à agregação dos dados, como pode ser visto na Tabela 4.1.

Tabela 4.1 Diferenças básicas entre o S&OP e o MPS

Características típicas	S&OP	MPS
Horizonte de planejamento	12 a 24 meses	2 a 5 meses
Período de replanejamento	1 a 2 meses	1 semana
Item planejado	famílias de produtos	produtos finais
Participantes do planejamento	Superintendência, Diretorias de Manufatura, Marketing, Finanças e Engenharia	Gerências de Manufatura e Marketing/Vendas

Além desses aspectos, o S&OP tem outra característica importante: a integração entre diversos setores da empresa, como manufatura, marketing, finanças, engenharia de produto, logística, num processo de planejamento que garanta a coerência das decisões tomadas por essas áreas, ao menos no nível tático. Sem um processo formal de integração entre as áreas funcionais, a organização incorre em riscos altos de incoerência de decisões que podem certamente comprometer o desempenho global. Como exemplos de falta de coerência entre decisões de diferentes áreas funcionais, podemos mencionar:

- promoção de venda, feita pela área de marketing, de produtos que ainda não foram lançados/liberados pelo setor de engenharia e desenvolvimento de produto;
- quando liberados pela engenharia, os produtos requerem componentes cujos *lead times* não foram adequadamente considerados, comprometendo mais ainda os prazos de entrega prometidos ao mercado;
- decisão do setor de manufatura de formar estoque de matéria-prima sem cobertura de capital de giro que foi utilizado, pelo setor de finanças, para investimento em ativos;
- esforço de vendas do setor de marketing, baseado em *mix* de produtos desbalanceado em relação à capacidade, gerando ociosidade e atraso de entrega por parte do setor de manufatura;
- descontos de preço e financiamento a clientes para aumento de faturamento, decidido pelo setor de marketing, com comprometimento da margem bruta total e/ou sem cobertura de capital de giro;
- novo produto em desenvolvimento, pelo setor de engenharia e desenvolvimento, que conta com o uso de recursos em desativação pelo setor de manufatura;
- ação não planejada de desenvolvimento, pelo setor de vendas/marketing, de novos mercados que geram necessidade extra de produção, que esbarra em restrições de fornecimento de componentes, não consideradas a tempo.

O leitor que se identificou com pelo menos algum dos exemplos dados (ou suas variações), pode desconfiar que sua empresa não tem ou não executa um processo formal de S&OP de maneira eficaz. Talvez seja hora de pensar em fazê-lo!

O resultado do S&OP, cujo processo de tomada de decisão será mais discutido no Capítulo 5, é um conjunto de planos coerentes que servirão de metas a serem perseguidas pelas áreas envolvidas. Os principais são:

- o plano de vendas agregado (por famílias de produtos), definido de forma coerente com as informações de mercado e com as possibilidades de intervenção neste por parte do setor de vendas/marketing. Mais do que uma simples previsão, sobre a qual depositamos toda a esperança, o plano de vendas deve representar a meta que irá direcionar todos os esforços de vendas da empresa;
- o plano de produção agregado (por famílias de produtos), definido em função da política de estoques da empresa e cuja viabilidade, tanto em termos de capacidade de recursos críticos, como de disponibilidade de materiais críticos, já tenha sido devidamente analisada nos níveis de agregação coerentes com o horizonte de planejamento adotado. Este plano deverá subordinar o MPS, ou seja, o plano-mestre de produção de produtos finais;
- o orçamento da empresa para o período coberto pelo horizonte de planejamento, devidamente consistente com as necessidades de formação de estoques, de produção, de aquisição de materiais, de incremento de capacidade, entre outras;
- o plano de introdução de novos produtos e desativação de produtos existentes, devidamente coerentes com os planos de vendas, produção e financeiro (orçamento).

A Figura 4.8 ilustra esquematicamente as entradas e saídas do processo de S&OP.

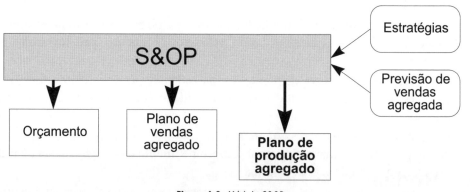

Figura 4.8 Módulo S&OP.

4.2.3 Estrutura do sistema MRP II

O fluxo de informações e decisões que caracteriza o sistema MRP II pode ser visto no todo na Figura 4.9.

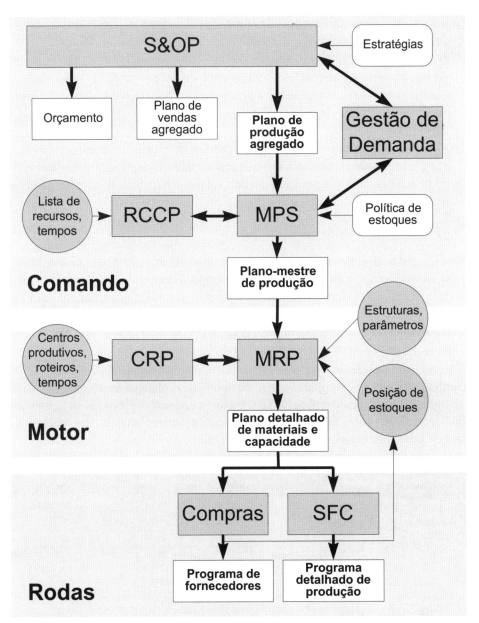

Figura 4.9 Sistema MRP II.

Nessa figura, podemos identificar três grandes blocos dentro do sistema MRP II:

1. *O comando*: composto pelos níveis mais altos de planejamento (S&OP, Gestão de Demanda e MPS/RCCP) que é o responsável por "dirigir" a empresa e sua atuação no mercado. É principalmente neste bloco que recai a responsabilidade

pelo desempenho competitivo da empresa, sendo portanto um nível de decisão de alta direção.

2. *O motor*: composto pelo nível mais baixo de planejamento (MRP/CRP), responsável por desagregar as decisões tomadas no bloco de "comando", gerando decisões desagregadas nos níveis requeridos pela execução, ou seja, o que, quanto e quando produzir e/ou comprar, além das decisões referentes a gestão da capacidade de curto prazo.

3. *As rodas*: compostas pelos módulos ou funções de execução e controle (Compras e SFC), responsáveis por apoiar a execução detalhada daquilo que foi determinado pelo bloco anterior, assim como controlar o cumprimento do planejamento, realimentando todo o processo.

4.2.3.1 Característica hierárquica do MRP II

O conjunto dos módulos apresentados forma uma estrutura de planejamento hierárquico, na qual as decisões tomadas nos níveis superiores condicionam as decisões de níveis inferiores. Além disso, essa estrutura permite vincular o planejamento de longo prazo, realizado pelo S&OP, às decisões detalhadas de curtíssimo prazo, gerenciadas e controladas pelo SFC, garantindo alto grau de coerência "vertical" entre os diversos níveis de decisões tomadas na manufatura.

Assim, como podemos ver pela Figura 4.10, os níveis mais altos lidam com horizontes de planejamento mais longos, períodos de replanejamento maiores, dados mais agregados e períodos (*time buckets*) maiores, enquanto que os níveis mais baixos consideram horizontes de planejamento e períodos de replanejamento mais curtos, além de lidar com informações mais desagregadas.

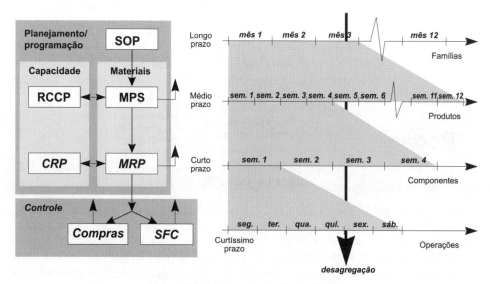

Figura 4.10 Estrutura hierárquica de MRP II.

Um aspecto importante a considerar é que, normalmente, parte dessa coerência vertical é garantida pelo próprio uso de um *software* MRP II, já que o vínculo entre a produção de produtos finais e a produção e compra de componentes e matérias--primas é feito utilizando-se as informações armazenadas nos arquivos de estrutura de produtos. Da mesma forma, o vínculo entre a produção de componentes e a execução das diversas operações da fabricação é feito por meio dos dados de roteiro de produção, também armazenados na base de dados do sistema. Entretanto, a coerência entre os dois níveis contidos no bloco de comando do MRP II – S&OP e MPS – em geral não é suportada por uso de *software*, mas por uma disciplina de procedimentos cuja operação no dia a dia não é trivial, requerendo a implantação de um sistema de planejamento muito bem desenhado. Esse e outros fatores chamam a atenção para os cuidados no uso do sistema MRP II.

4.2.3.2 Uso do MRP II

O primeiro pressuposto para o bom uso do sistema MRP II é o entendimento de suas características. O MRP II está baseado na utilização de um *software* que apoie a filosofia. Assim, o MRP II é um sistema no qual a tomada de decisão é bastante centralizada, restando pouca margem de manobra para quem executa as atividades planejadas, como os operadores de máquinas, por exemplo. O princípio básico é de que todos tentarão cumprir os programas estabelecidos pelo sistema da forma mais fiel possível. Isto pode ter implicações no nível de responsabilidade e comprometimento que esperamos da mão de obra, já que o processo de decisão é pouco participativo. Além disso, o MRP II é um sistema considerado "passivo", visto que aceita passivamente seus parâmetros, como tempos de preparação de máquina (incluídos no tempo de ressuprimento), níveis de estoques de segurança, níveis de refugos, entre outros, não incluindo nenhuma sistemática de questionamento e melhoria desses parâmetros. O MRP II automatiza muito e melhora pouco, como dizem alguns de seus críticos mais ácidos. O fato é que, por ser passivo e centralizado, ele não parece favorecer o engajamento dos operários na melhoria do sistema produtivo, assumindo a responsabilidade por grande parte das decisões, deixando os operários na função de "cumpridores" do plano.

Em face dessas características, é preciso que a empresa que pretenda implantar o sistema MRP II preveja, em seu processo de implantação, instrumentos (políticas e procedimentos) que assegurem o processo de melhoria contínua do sistema produtivo, fazendo refletir nos parâmetros do sistema as melhorias incorporadas. Em outras palavras, é importante que o espírito da filosofia *Just in time*[3] (redução de desperdícios e aprimoramento contínuo) esteja presente, ainda que não utilizamos as técnicas JIT de gestão de fluxo de materiais (*kanban*) em nenhuma parte do pro-

---

[3] Para mais detalhes a respeito da filosofia ou do sistema JIT, veja o Capítulo 20 de Corrêa e Corrêa (2017).

cesso. O Capítulo 10 trata especificamente do uso do sistema MRP II em conjunto com outros sistemas, entre eles o *Just in time*.

Uma das principais vantagens do MRP II é sua natureza dinâmica. É um sistema que reage bastante bem às mudanças. Essa é uma condição que se torna mais importante a cada dia, em um ambiente competitivo crescentemente turbulento. A mudança de um item de programa-mestre pode parecer muito simples, mas, na verdade, pode afetar centenas de componentes. Reconhecer esse tipo de influência sem um sistema do tipo MRP II seria bastante difícil, para a maioria das empresas. Essa característica faz com que o MRP II seja especialmente útil para situações em que as estruturas de produtos sejam complexas, com vários níveis e vários componentes por nível e em que as demandas sejam pouco estáveis ou instáveis.

Sendo um sistema de informações integrado, que disponibiliza para grande número de usuários uma substancial quantidade de informações, o sistema MRP II permite uma troca de informações que, se bem aproveitada, pode trazer inúmeros benefícios para a empresa que o adote. Entretanto, há o outro lado da moeda. O sistema MRP II tem também importantes limitações que devem ser bem compreendidas por todos aqueles que o utilizam e que porventura estejam considerando a possibilidade de utilizá-lo. Um ambiente que utilize MRP II é altamente "computadorizado". Isto significa que, embora uma quantidade muito grande de dados seja posta disponível, esses dados também precisam ser informados ao sistema de forma sistemática (o MRP II não tolera controles "paralelos") e com alta precisão, já que o sistema depende visceralmente deles para seus procedimentos. Isto demanda que os envolvidos com o uso do sistema sejam bastante disciplinados em seus procedimentos de entrada de dados. Isto nem sempre é fácil de obter e normalmente representa alterações na forma de trabalho das pessoas, que normalmente tendem a ser menos formais do que o necessário. Essa mudança na forma de as pessoas trabalharem coloca justamente sobre as pessoas a maior parte da preocupação, quando da implantação do sistema.

Outro aspecto importante se refere à adequação do sistema MRP II à empresa. Não podemos esperar que a lógica estruturada de planejamento descrita neste capítulo, e detalhada nos demais, seja fielmente adequada a qualquer empresa e processo produtivo. Dependendo do tipo de processo produtivo (contínuo, linha, *batch*, *job shop* ou por projetos), da complexidade de estruturas de produtos e roteiros, assim como das prioridades competitivas da empresa no(s) mercado(s) em que atua (custo, qualidade, velocidade de entrega, confiabilidade de entrega e/ou flexibilidade), a forma de a empresa estruturar seu processo de planejamento pode ser diferente. É necessário que a empresa, com base em suas características específicas, "desenhe" o sistema de planejamento que melhor garanta o atendimento aos objetivos definidos para sua manufatura. Esse desenho, feito tomando-se como base determinada filosofia de planejamento (por exemplo, o sistema MRP II), deverá ser o guia para, utilizando-se o ferramental computacional disponível, implantar o sistema de planejamento mais adequado.

CAP. 4 ■ MRP II – PLANEJAMENTO DOS RECURSOS DE MANUFATURA | **161**

Esse desenho normalmente é elaborado em duas fases, sendo a primeira mais geral, de amplitude macro, englobando todos os principais processos que façam parte ou que tenham interfaces com o sistema de planejamento. Posteriormente, cada um dos principais processos é sucessivamente detalhado para que possamos chegar ao nível de detalhe de procedimentos de operação do planejamento. São esses procedimentos, escritos e formalizados que irão garantir que o desenho do sistema de planejamento, uma vez concebido, não seja esquecido, perdendo-se no tempo.

Tudo o que foi discutido faz com que o processo de implantação seja uma das maiores preocupações das empresas que pretendem adotar o sistema MRP II. Este tem sido apontado como o maior responsável pelo ainda grande número de insucessos em seu uso e será discutido em detalhes no último capítulo. Além daqueles já citados, os aspectos mais importantes que devem ser considerados na implantação de sistemas de MRP II são (para um tratamento mais detalhado sobre a implantação de sistemas MRP II, veja o Capítulo 12):

■ *O comprometimento da alta direção*: a implantação de um sistema do porte do MRP II só terá chance de sucesso se a alta direção da empresa estiver comprometida com seus resultados.

■ *A educação e o treinamento*: sem dúvida, os principais responsáveis pelas implantações de sucesso, a educação em conceitos de MRP II, utilizando-se as mais modernas ferramentas, e o treinamento no uso do sistema devem ser extensivos a todos os usuários diretos e indiretos do sistema, em todos os níveis, e feito desde a etapa de escolha do sistema, passando pela implantação e até o uso regular.

■ *A escolha adequada de sistema,* hardware *e* software: embora não garantam o sucesso da implantação, escolhas adequadas podem prevenir problemas futuros, já que essas decisões são difíceis de reverter. Infelizmente, a maioria das empresas coloca um peso excessivamente grande sobre essas decisões, em função do volume dos investimentos necessários, reservando pouca atenção para os demais aspectos, normalmente mais importantes.

■ *A acurácia dos dados de entrada*: o MRP II depende visceralmente de uma base de dados acurada e atualizada. Começar a utilizar o MRP II antes de atingir os níveis requeridos de acurácia de dados é assumir um risco grande de desacreditar o sistema rapidamente junto a seus usuários, o que é a maneira mais fácil de chegarmos ao fracasso de implantação. O esforço de conseguirmos os níveis desejados de acuidade de dados pode demandar um longo e trabalhoso processo de mudanças de rotinas e procedimentos, o que nem sempre é fácil ou barato. Mas é condição essencial para conseguirmos obter as potenciais vantagens que o sistema pode oferecer.

■ *O gerenciamento adequado da implantação*: o gerenciamento da implantação deve ser feito de forma criteriosa, cuidadosa e coordenada, conforme a melhor técnica de gestão de projetos, tomando-se o cuidado de envolver todas as pessoas que terão contato com o sistema (quer seja como usuários quer seja como operadores) desde as primeiras etapas do processo. A equipe de implantação deve contar com a participação de pessoas provenientes de todas as funções envolvidas; elas devem ser pessoas que tenham bom trânsito e influência em seus setores de origem e, se possível, devem dedicar-se ao projeto de implantação em tempo integral. Não devemos nunca esquecer os aspectos humanos numa implantação de MRP II. Em última análise, seu sucesso ou insucesso é uma função direta de como as pessoas o aceitam e lidam com ele.

O processo de implantação do sistema MRP II é tratado de forma bastante detalhada no último capítulo deste livro, refletindo a experiência dos autores em anos de implantação desse tipo de sistema. Ele deve ser lido com atenção, pois o melhor *software* que o dinheiro pode comprar de pouco servirá se sua implantação não for feita de forma adequada.

4.3 RESUMO

- Esse capítulo discute a importância de expandir a visão do MRP, que é centrada na análise da disponibilidade de materiais de produção, para englobar a verificação de disponibilidade da capacidade produtiva (equipamentos e recursos humanos). Os sistemas MRP II fazem esse papel, orientando as decisões, não apenas de "o que", "quanto" e "quando" produzir e comprar, mas também "como" produzir e comprar.
- O MRP II não pode se resumir a um sistema MRP com cálculo de capacidade produtiva. Há uma lógica estruturada de planejamento hierárquico, que pode ser dividido em três grandes blocos:
  - Comando: é o nível mais alto da hierarquia de planejamento, responsável por "dirigir" a empresa e sua atuação no mercado sendo, portanto, um nível de alta direção. Os seus módulos são: S&OP – *Sales and Operations Planning* (detalhado no Capítulo 5); Gestão de Demanda (Capítulo 7); MPS – *Master Production Schedule* e RCCP – *Rough Cut Capacity Planning* (respectivamente, Capítulos 6 e 8);
  - Motor: é o nível mais baixo de planejamento, composto pelos módulos MRP e CRP – *Capacity Requirements Planning* (detalhado no Capítulo 8), que desagregam as informações do nível superior e decidem a execução: o que, quanto e quando produzir e comprar (função do MRP), além da gestão de capacidade de curto prazo (função do CRP);
  - Rodas: composto por módulos de execução e controle, apoiando a execução das decisões tomadas no nível anterior: Compras e SFC – *Shop Floor Control* (detalhado no Capítulo 9).

4.4 QUESTÕES E TÓPICOS PARA DISCUSSÃO

1. Qual a diferença entre MRP I e MRP II?
2. Faça um paralelo entre a evolução do sistema MRP II e a evolução da tecnologia de informática (*hardware* e *software*).
3. Quais os principais módulos que devem estar presentes em um sistema integrado para que possamos considerá-lo um MRP II?
4. "Não há uma ordem preferencial dos módulos de MRP II que uma empresa decida adotar. São todos totalmente modulares e podem, portanto, ser implantados independentemente e de forma autocontida." Discuta essa afirmação.
5. Num MRP II o cálculo de capacidade é feito *a posteriori* do cálculo de materiais. Entretanto, na lógica hierárquica do MRP II, o cálculo do RCCP (*rough-cut capacity planning*) que calcula capacidade é feito antes do cálculo do MRP (*material requirements planning*), que calcula materiais. Discuta esse aparente paradoxo.
6. Quais as vantagens e desvantagens dos modos de "rodar" o MRP II "regenerativo" e *net-change*?
7. Por que em geral é arriscado para uma empresa deixar as decisões de plano-mestre de produção (MPS) a cargo de um só setor, por exemplo, o setor de planejamento?
8. Qual o papel da função de gestão de demanda em sistemas MRP II?
9. Faça um paralelo entre as funções dos módulos de compras e de controle de fábrica (SFC) em sistemas MRP II.
10. "Um sistema de MRP II sem um bom processo de *Sales & Operations Planning* pode até trazer eficiência para a empresa, mas, como o que buscamos na maioria das vezes é eficácia e não apenas eficiência, o processo de *Sales & Operations Planning* torna-se essencial." Discuta essa afirmação.
11. O sistema MRP II é nitidamente um sistema de planejamento hierárquico de produção. Explique o que isto quer dizer.

CAPÍTULO 5

S&OP – Planejamento de vendas e operações

OBJETIVOS DE APRENDIZAGEM

Ao final deste capítulo, o aluno deverá ser capaz de:

- Compreender a importância da função de planejamento de vendas e operações (S&OP) para a integração e gestão da empresa.
- Entender o que é o S&OP, seus objetivos, pré-requisitos e a importância de uma política interna para seu bom funcionamento.
- Assimilar a ideia de que o processo de S&OP é complexo e evolutivo, nem sempre aderente aos pacotes ERP de mercado.
- Descrever o funcionamento do processo de S&OP e suas etapas.

5.1 INTRODUÇÃO

Mais do que um simples módulo ou função do sistema MRP II, o S&OP – *sales and operations planning* ou planejamento de vendas e operações[1] pode e deve exercer uma função mais importante dentro do processo de gestão da empresa. Parte desse papel se refere à integração vertical entre níveis de decisão diferentes, e.g. estratégicos e operacionais, visando garantir que aquilo que foi decidido estrategicamente, com uma perspectiva de longo prazo, seja efetivamente realizado por meio das decisões operacionais. Representaria assim o elo entre as reuniões de planejamento estratégico da alta direção e as decisões gerenciais do dia a dia da produção. Outra parte se refere à integração horizontal entre decisões de mesmo nível, mas de diferentes funções da empresa, como marketing, manufatura, finanças, entre outras. Desse ponto de vista, representaria também o elo de ligação entre as diferentes funções que garante que todos estejam colocando seus esforços na mesma direção.

5.2 CONCEITOS

5.2.1 Por que *sales & operations planning*?

Nos dois casos, a chave do sucesso está no processo de execução do S&OP, o qual será discutido mais adiante. Entretanto, é importante inicialmente entender melhor por que devemos estabelecer, formal e sistematicamente, esse nível de planejamento. O desconhecimento de sua necessidade é o primeiro empecilho a sua implementação.

5.2.1.1 Integrando estratégias de marketing, manufatura, finanças e P&D

A prática hoje consagrada de gestão empresarial propõe uma abordagem hierárquica para o processo de gestão estratégica, para que a empresa possa criar e manter vantagens competitivas. Esse processo estabelece três níveis de estratégia: estratégia corporativa, estratégia do negócio e estratégia funcional. O nível corporativo trata de decisões que, por sua natureza, não podem ser descentralizadas sem que se corra o risco de subotimizações. O nível da unidade de negócios é uma subdivisão do nível corporativo, para os casos em que a organização opere com unidades de negócios independentes, cujos respectivos planejamentos estratégicos deverão subordinar-se ao planejamento corporativo. No caso de uma empresa operar com apenas uma unidade de negócio, pode haver apenas o nível corporativo. Em ambos os casos, o processo consiste na análise e adequação de oportunidades aos recursos da empresa,

---

[1] Empresas diferentes têm dado nomes diferentes a esse nível de planejamento, como planejamento agregado de produção, planejamento estratégico de produção, planejamento de vendas e produção, entre outros. O nome obviamente não é importante e sim as características que serão descritas adiante. Adotaremos a denominação consagrada *S&OP – sales and operations planning –*, por entender o valor da uniformização de terminologia na difusão dos conceitos.

visando à identificação de uma ou mais estratégias econômicas ou de mercado. O nível funcional não somente consolida os requisitos funcionais demandados pela estratégia corporativa, mas também se constitui, acima de tudo, no arsenal de armas competitivas que irão transformar-se nas competências distintivas da empresa.

A principal preocupação de empresas, ao menos no setor privado, tem recentemente se voltado para como gerenciar suas áreas funcionais de modo a obter, manter e ampliar seu poder competitivo. Podemos definir, então, as estratégias funcionais como ferramentas cujo objetivo principal é o aumento da competitividade da organização e, para tal, buscam organizar os recursos de cada área funcional da empresa e conformar um padrão de decisões coerente, para que esses recursos possam prover um composto adequado de características de desempenho que possibilite à organização competir eficazmente no futuro.

O conteúdo de uma estratégia funcional constitui-se de seus objetivos e de suas áreas de decisão e pode ser caracterizado como um padrão coerente de uma grande quantidade de decisões individuais que afetam o desempenho de determinada área funcional. Dada a complexidade das principais funções da empresa (manufatura e marketing, entre outras), é conveniente classificar essas decisões em áreas de decisão estratégicas, que compreendem famílias de problemas afins, com os quais os gerentes funcionais têm que se preocupar. As áreas de decisão são aqueles conjuntos relacionados de decisões gerenciais a respeito dos *recursos operacionais*, humanos, tecnológicos (equipamentos) e sistemas, que influenciam o desempenho de cada área funcional em relação ao atendimento de seus objetivos.

Os objetivos, por sua vez, são definidos por aqueles critérios que permitem à organização competir no mercado. No caso da estratégia de manufatura, como foi discutido no Capítulo 1, exemplos de objetivos são custo, qualidade, velocidade de entrega, confiabilidade de entrega e flexibilidade. No caso da estratégia de marketing, exemplos de objetivos podem ser flexibilidade comercial, formas de pagamento, atendimento comercial, pontos de distribuição, promoção, entre outros. No caso da estratégia de desenvolvimento de produtos, podemos citar inovação, velocidade de introdução de novos produtos (*time-to-market*), entre outros exemplos. Cada área funcional deve ter seus objetivos de desempenho estabelecidos e priorizados de forma a melhor contribuir com a competitividade da empresa.

As estratégias dos diferentes negócios de uma organização devem ser coerentes e, esperamos, sinérgicas, para que os objetivos da estratégia corporativa da organização sejam alcançados. De forma similar, as várias estratégias funcionais – de manufatura, de marketing, financeira, entre outras – também devem ser coerentes, integradas e sinérgicas, para gerar poder de competitividade ao negócio (veja a Figura 5.1).

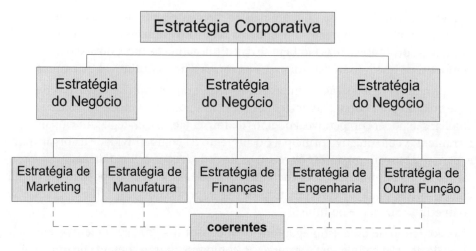

Figura 5.1 Estrutura hierárquica da gestão estratégica.

A coerência entre as diversas estratégias funcionais deve ser garantida durante o processo de formulação destas estratégias.[2] Corrêa e Corrêa (2017) esboçam uma proposta de processo de formulação de estratégia de manufatura, utilizando modelos contingenciais e cenários, que visa, entre outros objetivos, atingir coerência entre as estratégias funcionais. Além da coerência interfuncional, é necessário garantir coerência intrafuncional, ou seja, entre a estratégia de determinada função, as políticas definidas para suas áreas de decisão e as várias decisões individuais que, tomadas em seu conjunto, representam a execução em si da estratégia, tendo, portanto, crucial importância para o atendimento dos objetivos da área de decisão, da função envolvida, do negócio e da corporação.

A coerência entre as estratégias funcionais (que chamaremos coerência horizontal alta) e a coerência entre os diversos níveis de decisão no âmbito de cada função (coerência vertical) deveriam garantir a coerência entre as decisões operacionais funcionais (coerência horizontal baixa) – a Figura 5.2 ilustra este ponto. Contudo, garantir as coerências horizontal alta e vertical não é tarefa fácil; as dificuldades são várias:

a. Um processo de formulação das estratégias funcionais que garanta a coerência horizontal alta tem vários pressupostos que, além de nem sempre estarem totalmente presentes, são de fato difíceis de obter sem um gerenciamento diligente. Entre outros, o comprometimento da alta direção e dos dirigentes funcionais com o processo, além do profundo entendimento, por parte dos dirigentes funcionais, das implicações estratégicas das decisões de suas respectivas funções.

---

[2] Para mais detalhes sobre formulação de estratégias funcionais, veja Corrêa e Corrêa (2017), Capítulo 16; Corrêa e Gianesi (2018), Capítulo 6; Prochno e Corrêa (1995). Embora os textos tratem de estratégia de manufatura e operações de serviços, os conceitos podem ser perfeitamente adaptados para outras áreas funcionais.

Figura 5.2 Necessidade de coerência entre as decisões operacionais das diversas funções da empresa.

b. Ambientes turbulentos, como o brasileiro, requerem replanejamentos constantes. As empresas brasileiras não podem dar-se ao luxo de esperar por, digamos, seis meses para rever seu plano estratégico, requerendo que replanejamentos sejam disparados também por mudanças relevantes que afetam alguma das funções da empresa. Ocorre que a mesma turbulência afeta também as decisões operacionais de cada uma das funções, requerendo mudanças de rumo que podem fazer com que a coerência conseguida por meio dos planejamentos estratégicos funcionais (horizontal alta) seja erodida no dia a dia, a menos que, sistematicamente, as diversas funções estejam comunicando-se para reajustar suas decisões para reganhar coerência (horizontal baixa) entre suas decisões.

c. Os dirigentes das diversas funções têm seus próprios objetivos e agendas pessoais que interferem, em maior ou menor grau, nos objetivos expressos pelas estratégias funcionais.

d. Os tomadores de decisões de diversos níveis, no âmbito de determinada função têm também seus próprios objetivos pessoais e agendas que interferem, em maior ou menor grau, nos objetivos derivados da estratégia funcional.

Com estas dificuldades, não podemos esperar 100% de coerência, nem entre estratégias funcionais nem entre os diversos níveis de decisão de determinada função. Se fizermos um exercício numérico, supondo que consigamos 80% de coerência entre cada nível de decisão, teremos um grau de coerência de apenas 33% entre as decisões operacionais de duas funções diferentes, como ilustrado pela Figura 5.3. Mais funções interagindo fariam com que este percentual diminuísse mais e exponencialmente.

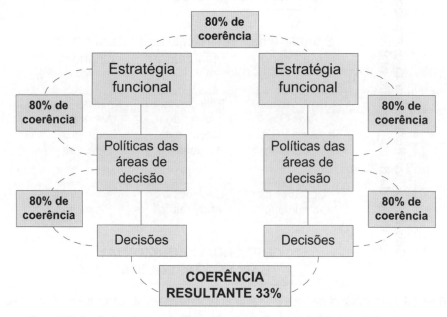

Figura 5.3 Coerência entre as estratégicas funcionais (horizontal alta) e coerência entre os diversos níveis de decisão no âmbito de cada função (vertical) não garantem a coerência entre as decisões operacionais funcionais de duas ou mais funções (horizontal baixa).

Um dos resultados práticos dessa falta de coerência são decisões conflitantes que acabam comprometendo o desempenho da empresa e seu poder de competitividade. Alguns exemplos de decisões conflitantes são ilustrados a seguir:

- Promoção de venda, feita pela área de marketing, de produtos que ainda não foram lançados/liberados pelo setor de engenharia e desenvolvimento de produto.
- Quando liberados pela engenharia, os produtos requerem componentes cujos *lead times* não foram adequadamente considerados, comprometendo mais ainda os prazos de entrega prometidos ao mercado.
- Decisão do setor de manufatura de formar estoque de matéria-prima sem cobertura de capital de giro, que foi utilizado, pelo setor de finanças, para investimento em ativos.
- Esforço de vendas do setor de marketing, baseado em *mix* de produtos desbalanceado em relação à capacidade, gerando ociosidade e atraso de entrega, por parte do setor de manufatura.
- Descontos de preço e financiamento a clientes para aumento de faturamento, decidido pelo setor de marketing, com comprometimento da margem bruta total e/ou sem cobertura de capital de giro.

CAP. 5 ■ S&OP – PLANEJAMENTO DE VENDAS E OPERAÇÕES | **171**

- Novo produto sendo desenvolvido, pelo setor de engenharia e desenvolvimento, que deverá utilizar recursos em processo de desativação pelo setor de manufatura.

- Decisão da área de manufatura em investir em máquinas mais produtivas que requerem maiores tempos de troca de produto ou lotes mínimos de produção maiores, enquanto as áreas de marketing e desenvolvimento de produto intensificam o lançamento de uma variedade cada vez maior de produtos, o que exigiria máquinas mais flexíveis.

- Ação de desenvolvimento, pelo setor de vendas/marketing, de novos mercados que geram necessidade extra de produção, que esbarra em restrições de fornecimento de componentes, não consideradas a tempo.

O que podemos concluir desta análise é que é necessário estabelecer mecanismos para garantir a coerência entre decisões de áreas funcionais diferentes em outros níveis que não apenas o nível de formulação das estratégias funcionais (horizontal alta). Além de garantir coerência entre as decisões operacionais, tais mecanismos deveriam favorecer outros aspectos fundamentais para a implementação de estratégias funcionais que forneçam vantagens competitivas, entre outras:

a. *Coerência temporal*: cada área funcional toma decisões em determinado momento do tempo e planeja tomar outras decisões em períodos futuros, preparando-se para tanto. É necessário garantir a coerência entre as decisões tomadas por diferentes funções, não só no momento presente, mas ao longo do tempo; para tanto, deve haver coerência entre os processos de planejamento das diversas áreas funcionais.

b. *Proatividade*: cada área funcional deve ter papel proativo, contribuindo ativamente para a obtenção de uma situação competitiva, em vez de simplesmente reagir às solicitações de outras áreas funcionais.

c. *Quebra de barreiras organizacionais*: a própria estrutura funcional (ainda presente na maioria das organizações, a despeito de todo o recente movimento de reengenharia), hierarquizada e burocratizada, dificulta a coerência entre decisões operacionais de diferentes funções, ao mesmo tempo que favorece o surgimento de objetivos funcionais não sinérgicos ou, mais gravemente, conflitantes, que contribuem pouco ou não contribuem para os objetivos da organização. É necessário favorecer uma cultura de integração, quebrando as barreiras existentes entre as várias áreas funcionais, fazendo com que a maior parte das decisões tenha caráter multifuncional.

A busca de coerência entre as decisões de diferentes funções requer um processo de negociação entre as diferentes áreas funcionais. No caso do estabelecimento de estratégias funcionais, o foco da negociação deve ser um conjunto de critérios de desempenho estabelecidos entre setores numa estrutura cliente interno/fornecedor interno. Essa negociação deve ocorrer dentro de um processo de planejamento estratégico disparado por mudanças relevantes ou, em sua improvável ausência, pela passagem do tempo. No caso de decisões operacionais, o foco da negociação deve estar em um processo que tenha as seguintes características:

- seja por natureza integrador, envolvendo diversas funções da empresa;
- seja ágil, incluindo revisões ou replanejamentos frequentes que possibilitarão o monitoramento adequado da coerência das decisões; e
- tenha impacto relevante no desempenho competitivo da empresa.

Um dos processos que atendem a essas características é o logístico, ou, em terminologia mais convencional, processo de planejamento e controle da produção. É um processo integrador, já que as decisões de *o que, quanto e quando* produzir têm impacto fundamental na função de marketing, pois definem o que estará disponível para o atendimento do mercado e dependem do apoio da função de finanças para que recursos estejam disponíveis, além do impacto óbvio na função de manufatura. É um processo ágil que conta com replanejamentos frequentes, mensais, semanais ou diários, dependendo do nível de planejamento (curto, médio ou longo prazo). O impacto das decisões de planejamento e controle da produção no desempenho competitivo pode ser avaliado considerando-se os principais critérios competitivos. Este impacto é discutido em maior detalhe no Capítulo 1.

O processo de planejamento e controle da produção, estruturado para atender aos requisitos citados de integração das diversas áreas funcionais, é o processo de *sales and operations planning*, ou S&OP. Este processo deve integrar, tanto no nível de políticas como no nível de decisões (ao menos de médio e longo prazos), as funções de manufatura, marketing, finanças e engenharia e desenvolvimento de produtos, conforme ilustra a Figura 5.4.

Figura 5.4 S&OP integrando as principais funções da empresa.

Um dos principais objetivos do S&OP é gerar planos de vendas, produção, financeiro e de introdução de novos produtos, que sejam realistas, viáveis e coerentes uns com os outros e coerentes com os objetivos estratégicos da organização. Isto é conseguido por meio de um processo do qual participam elementos de todas as principais áreas da empresa, para que analisemos os impactos de cada decisão em todas as áreas envolvidas.

> **PARA PENSAR**
> Veja que até o momento foi discutida a importância do planejamento de vendas e operações (S&OP) como um processo de gestão. A integração horizontal entre as diversas funções da empresa e a integração vertical entre os diferentes níveis hierárquicos é essencial para o sucesso desse processo de gestão. Ferramentas como um módulo S&OP de um pacote ERP/MRP II, ou uma ferramenta de apoio como uma planilha eletrônica, serão efetivas somente com o entendimento e consolidação do processo de S&OP. Sua empresa tem um processo de S&OP implementado? Se sim, descreva-o.

5.2.1.2 Integrando as decisões de planejamento à estratégia de manufatura

A abordagem hierárquica dos sistemas MRP II, quando bem implementada, pode prover a ligação adequada entre as decisões de curto prazo e as decisões de médio a longo prazos. Essa hierarquia normalmente garante a coerência vertical das decisões, cuja importância foi ressaltada anteriormente. O nível mais alto de planejamento na filosofia MRP II e, portanto, o ponto de partida para o processo de planejamento hierárquico é o *Sales and Operations Planning* (S&OP).

É nesse nível de planejamento que as prioridades estabelecidas na estratégia de manufatura (ênfase em custos baixos, ênfase em confiabilidade ou velocidade de entrega, ênfase em flexibilidade, entre outras) devem ser explicitamente colocadas, condicionando as decisões de planejamento. Os níveis globais de estoques, os níveis de ociosidade e variação da carga de trabalho, a alocação de capacidade a diferentes linhas ou famílias de produtos, entre outros aspectos, são definidos no nível do S&OP e devem levar em conta as prioridades estratégicas. A partir daí, as decisões do S&OP são desagregadas aos níveis inferiores (MPS e MRP), garantindo a coerência entre a estratégia de manufatura e as decisões operacionais. O exemplo citado no Boxe 5.1 dá uma ideia da importância do processo de S&OP na integração das decisões de planejamento à estratégia de manufatura.

BOXE 5.1

Implementando a estratégia de manufatura na Malharia Santa Gemma[3]

A Malharia Santa Gemma, sediada em São Paulo, produz tecidos para confecção de peças de vestuário, tendo um faturamento anual de cerca de R$ 120 milhões. Em 2014, ela produzia cerca de 900 produtos finais diferentes, entre tecidos lisos, listados e estampados. O processo produtivo da maioria dos produtos envolve a fabricação do tecido, o tingimento e o acabamento. A empresa produz cerca de 70 tecidos diferentes, sendo que a grande variedade de produtos finais é decorrente da variedade de cores para cada tecido, cerca de 10 a 12 cores diferentes. Estes produtos atendiam a diversos mercados, alguns deles priorizavam preço baixo (confecções médias e grandes que compravam alto volume de uma variedade restrita de produtos), enquanto outros priorizavam variedade, inovação e flexibilidade (confecções pequenas que compravam pequenas quantidades de vários produtos diferentes).

Após um processo de decisão estratégica, no final de 2014, a empresa decidiu focar seus esforços para competir nos mercados que requeriam alto volume e baixo preço. Infelizmente, isto não poderia ser feito de uma hora para outra, pois a empresa ainda não se considerava apta para competir eficazmente em preço nesses mercados. No início de 2015, foi então iniciado um processo de substituição de equipamentos no setor de tinturaria, desativando máquinas de porte médio e pequeno, mais flexíveis mas pouco produtivas, substituídas por máquinas de maior porte, mais produtivas mas que requeriam lotes mínimos maiores. A troca foi feita progressivamente e finalizada em meados de 2015.

Como a quantidade demandada pelos mercados de alto volume consumia apenas cerca de 65% da nova capacidade produtiva (a direção avaliou em seis meses o período necessário para que a troca dos equipamentos gerasse a esperada redução de custos e a empresa firmasse sua posição competitiva, aumentando sua fatia de mercado), a empresa considerou que seria adequado aproveitar a parte da capacidade que ficaria ociosa para produzir produtos para os mercados de baixo volume e variedade. Esses produtos permitiam margens mais altas e, havendo capacidade disponível, não parecia fazer sentido abandoná-los de imediato. A empresa definiu que os produtos de alto volume seriam produzidos para estoque, a partir de um processo de previsão de vendas, enquanto os demais seriam produzidos contra pedido, requerendo um prazo de entrega de 15 dias.

No final de 2015, a Santa Gemma viu-se em dificuldades. Sua fatia de mercado nos produtos de alto volume não havia aumentado, como era esperado. Pior que isso, o mercado estava descontente com seu desempenho nas entregas, já que o objetivo de entrega imediata desses produtos não se havia concretizado, ocorrendo frequentemente falta de produtos em estoque por atrasos na produção. A participação dos produtos de baixo volume havia aumentado e, fruto da falta de flexibilidade dos equipamentos, os estoques desses produtos estavam aumentando sem perspectiva de redução, já que muitos produtos (cores) eram praticamente exclusivos de um ou dois clientes. Altos custos com estoque, nível de serviço a clientes ruim e baixa produtividade eram os resultados da inadequação do novo setor produtivo ao mercado a que a

---

[3] Este exemplo foi extraído da experiência dos autores. O nome da empresa e algumas de suas características foram mascarados para impedir a identificação, sem contudo alterar a essência da situação pela qual passou a empresa.

empresa estava efetivamente atendendo. Uma análise mais detalhada da situação mostrou, entre outros aspectos, o seguinte:

- o departamento de moda (equivalente à engenharia de produto), criado em meados de 2014, havia ficado fora das discussões referentes às mudanças na manufatura e continuava a lançar novos produtos, aumentando a variedade de tecidos e cores "em cartela" (produtos de baixo volume);
- os representantes comerciais, responsáveis pela venda dos produtos em todo o Brasil continuavam vendendo o que o mercado queria comprar, sendo que a base existente de clientes continuava a solicitar produtos de baixo volume;
- no dia a dia, o setor de programação de produção era obrigado a decidir sobre a prioridade de diversas ordens de produção, algumas referentes a produtos de alto volume para estoque e outras para produtos de baixo volume, com pedidos já em carteira. Por pressão da área comercial e dos clientes que já tinham pedidos colocados, as ordens de produção de produtos de baixo volume acabavam ganhando prioridade, o que gerava atrasos na produção para estoque, dificultando a pronta entrega de produtos que a empresa originalmente pretendia priorizar.

O que ficou patente para a direção da empresa foi que a Santa Gemma não havia conseguido implementar sua nova estratégia, pois, no dia a dia, as decisões operacionais, do planejamento da produção, da área comercial ou do departamento de moda, não refletiam a estratégia definida. Foi então, no início de 2016, que a empresa iniciou a implantação de um processo formal de planejamento de produção de longo prazo em famílias de produtos, buscando integrar os principais setores da empresa em torno das decisões de produção. Em abril daquele ano, foi realizada a primeira reunião de *sales and operations planning*.

Ao longo de 2016, a empresa conseguiu reverter a situação, firmando seu lugar no mercado de alto volume e abandonando progressivamente o mercado de baixo volume, como era desejado. O processo de S&OP passou a estabelecer diretrizes mais claras para o departamento de moda, em sua função de desenvolvimento de novos produtos, cujo planejamento passou a ser discutido e negociado com os demais setores, sem perder de vista os objetivos estratégicos da Santa Gemma. A área comercial começou a elaborar um plano de vendas que refletia não só as necessidades do mercado (por meio da previsão de vendas), mas também os objetivos da empresa, estabelecendo cotas máximas para os produtos de baixo volume, o que possibilitou que o gerente comercial desenvolvesse um sistema de incentivo aos representantes que induzisse o esforço para o cumprimento do plano de vendas estabelecido. A desagregação do plano agregado no planejamento de produtos finais passou a ser feita de forma que as prioridades do dia a dia ficassem bastante claras: poderia ser tolerado um atraso de entrega para os produtos de baixo volume, mas não deveria faltar produto de alto volume em estoque para entrega imediata. Assim, a Santa Gemma conseguiu reduzir seus custos e melhorar o atendimento a clientes nos mercados que havia decidido priorizar.

O processo de S&OP é a ferramenta por meio da qual a alta administração, em particular o Diretor Geral,[4] pode obter maior grau de controle sobre as operações da empresa. Ele é o elemento que faz a ligação entre a manufatura e a alta administração,

---

[4] Estamos utilizando aqui a denominação de Diretor Geral para identificar o mais alto executivo da empresa, o qual pode receber na prática denominações diferentes, como superintendente, presidente, diretor executivo, entre outras.

pois, sendo agregado – tratando da produção, vendas e estoques de famílias de produtos em períodos mensais ou trimestrais –, permite que a alta administração tenha visão global das operações da manufatura, estabelecendo metas globais que deverão ser seguidas pelos níveis de planejamento mais detalhados. É também o elemento que faz a ligação entre a manufatura e as demais funções da empresa, à medida que o plano, em unidades produzidas, seja traduzido na linguagem de cada setor: unidades para o setor de vendas, valores monetários para os setores de marketing e finanças, recursos necessários dos setores de manufatura e engenharia, entre outros. Estabelece, portanto, o elo para a comunicação vertical (planejamento do negócio – S&OP – MRP II) e horizontal entre setores, constituindo um processo regular e frequente no qual o Diretor Geral se encontra com os dirigentes das áreas funcionais para atualizar os planos de cada área, tendo como centro da discussão o que será produzido nos períodos do próximo ano ou mais. Dessa forma, o processo promove uma cultura de trabalho em equipe entre os dirigentes, permitindo o entendimento mútuo das capacidades, restrições e dificuldades de cada setor, garantindo, ao final, planos funcionais realísticos e coerentes.

Ele permite que a empresa opere o MRP II em seu máximo potencial. Um sistema MRP II sem S&OP nada mais é que um sistema operacional da média gerência, trazendo apenas um retorno parcial, muito menor do que o que esse sistema é capaz de trazer. Infelizmente, uma das razões para a ainda pequena difusão desse nível de planejamento entre as empresas de manufatura é que sua falta não impede que as decisões operacionais funcionais sejam tomadas; apenas não se garante sua boa qualidade e coerência.

Compreendendo a necessidade de se executar o S&OP, muitos dirão: "Ora, mas nós já fazemos planejamento de produção de longo prazo há muito tempo! Qual é a novidade?" Com certeza, a maioria das empresas faz algum tipo de planejamento de produção de longo prazo; entretanto, para que esse processo traga os benefícios já discutidos, é preciso que tenha algumas características especiais. Portanto, é bom deixarmos claro o que está por trás da sigla S&OP.

5.2.2 O que é o S&OP?

O S&OP é um processo de planejamento e, como tal, apresenta as características gerais discutidas no Capítulo 1: procura identificar como a visão de determinado horizonte de futuro, juntamente com o conhecimento da situação atual, podem influenciar as decisões que estão sendo tomadas agora e que visam a determinados objetivos. É um processo de planejamento contínuo caracterizado por revisões mensais e contínuos ajustes dos planos da empresa à luz das flutuações da demanda do mercado, da disponibilidade de recursos internos e do suprimento de materiais e serviços externos. Ele se insere no processo global de planejamento como ilustrado na Figura 5.5.

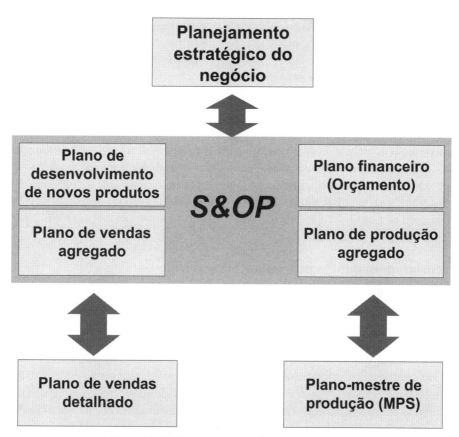

Figura 5.5 S&OP no processo de planejamento global.

5.2.2.1 Objetivos do S&OP

O processo de *sales and operations planning* têm alguns objetivos específicos que podem servir para caracterizá-lo, ou seja, somente estaremos executando eficazmente o S&OP se esses objetivos estiverem sendo alcançados.

Suportar o planejamento estratégico do negócio

Significa garantir, por meio de análises e revisões periódicas, que o planejamento estratégico é viável e está sendo cumprido. Como esse planejamento estratégico normalmente é expresso em moeda, ele fica um pouco distante da realidade de algumas áreas que estão acostumadas a lidar com unidades de medida físicas de vendas e produção. Além disso, sendo o planejamento estratégico revisto a períodos normalmente longos (anualmente), é necessário que um processo de planejamento mais ágil dê conta das flutuações dos mercado consumidor e fornecedor, assim como das mudanças nos recursos internos. O S&OP deve fornecer a ligação entre o plano estratégico de negócio da companhia e as operações de cada departamento, garantindo que os planos operacionais estão em compasso com os planos do negócio ou evidenciando os desvios.

Garantir que os planos sejam realísticos

Como o cumprimento do plano de determinada área da empresa normalmente depende de outras áreas – o plano de vendas depende da capacidade de produção, o plano de produção depende da disponibilidade de suprimento de materiais, o plano de estoque depende da disponibilidade financeira –, somente podemos garantir a viabilidade de um plano se ele for validado pelas demais áreas da empresa. Assim, o processo de tomada de decisão do S&OP deve ser tal que garanta a viabilidade dos planos por meio da participação de todas as áreas na tomada de decisão. O objetivo é fazer com que cada decisão seja tomada levando-se em conta os impactos gerados em todas as áreas da empresa.

Gerenciar as mudanças de forma eficaz

Isto significa tomar um papel ativo diante das mudanças futuras, não simplesmente reagindo a elas. A introdução de novos produtos, a mudança de foco nos mercados, as alterações de volume de produção, entre outros, devem ser executadas analisando-se os impactos em todas as áreas para que possamos garantir que essas mudanças serão realizadas no prazo esperado (veja caso da Malharia Santa Gemma, no Boxe 5.1). Há casos mais corriqueiros em que, em vez de promover uma sessão de S&OP, o superintendente decide, por exemplo, que a produção deve passar a trabalhar em dois turnos para acompanhar o aumento de demanda e a avalancha de novos pedidos que a empresa está recebendo. Assim, o departamento de vendas, confiante na ordem superior, passa a prometer prazos e a aceitar pedidos. Na produção, o tempo para admissões e treinamento de pessoal supera o esperado, os fornecedores não conseguem acompanhar o aumento nos pedidos, crescem estoques de alguns produtos, há falta de outros, há a necessidade de horas extras em algumas áreas, ociosidade em outras. Os lucros caem e perdem-se oportunidades, a imagem da empresa é afetada. O tempo para a recuperação desse desastre é um problema à parte.

Gerenciar os estoques de produtos finais e/ou a carteira de pedidos de forma a garantir bom desempenho de entregas (nível de serviço a clientes)

A gestão dos níveis de estoques de produtos finais (para quem produz para estoque) e da carteira de pedidos (para quem produz contra pedido) é fundamental para o desempenho da empresa e deve ser assumida pelo Diretor Geral. Estoques muito altos geram custos adicionais, enquanto estoques muito baixos ou desbalanceados podem comprometer o atendimento dos pedidos de clientes. Uma carteira de pedidos muito grande pode estar gerando um prazo de entrega muito longo, enquanto uma carteira pequena pode gerar custos operacionais excessivos em função da ociosidade dos recursos. O objetivo do S&OP é agir sobre as vendas e sobre a produção para tentar manter os estoques e/ou carteira de pedidos dentro dos níveis adequados para o bom desempenho da empresa. Ainda que não seja muito simples obter o consenso sobre quais são os níveis adequados, o processo de revisão dessas metas e a análise das consequências de alterá-las representam a melhor forma de gestão.

Avaliar o desempenho

O S&OP incorpora medidas para identificar o quanto o desempenho real se desviou dos planos. Com isso, conseguimos separar as atividades que estão fora de controle daquelas que estão sob controle, para que a atenção gerencial possa ser focalizada e ações corretivas possam ser tomadas. Medidas de desempenho típicas referem-se a cumprimento dos planos de vendas e produção, níveis de estoques de produtos acabados, matérias-primas, produtos intermediários e estoque em processo, níveis de produtividade em setores críticos, pontualidade de entregas, pontualidade de fornecedores, pontualidade nas ordens de produção na fábrica, entre outras.

Desenvolver o trabalho em equipe

O processo do S&OP deve criar as condições para que cada departamento participe do planejamento global da empresa. O caráter de participação e negociação para a tomada de decisões é um dos pontos-chaves do S&OP. Para muitas empresas, começar a executar o S&OP pode ser um processo mais ou menos traumático se ainda não houver uma cultura de trabalho em equipe, principalmente nos níveis mais altos. Entretanto, posto o processo em marcha, o trabalho em equipe é tanto um pressuposto do S&OP como uma consequência altamente desejável. Seja na alta direção, seja na média gerência, o processo de *sales and operations planning* contribui para a quebra das barreiras organizacionais, fazendo com que as decisões tenham caráter mais multifuncional.

PARA PENSAR

S&OP é um processo de planejamento contínuo caracterizado por revisões mensais e contínuos ajustes dos planos da empresa à luz das flutuações da demanda do mercado, da disponibilidade de recursos internos e do suprimento de materiais e serviços externos. Ele se insere no processo global de planejamento da empresa, alinhando-se ao planejamento estratégico e gerando planos operacionais para as diversas áreas funcionais da empresa.

O S&OP é um processo multifuncional e exige o trabalho em equipe. Um cenário muito comum em reuniões de S&OP é trabalhar para chegar em um consenso entre ações conflitantes. Por exemplo: a área de vendas quer aumentar volumes; a área de marketing não concorda com o plano de aumentar volumes, pois está concentrado em um produto que está em *phase out*; a área financeira precisa melhorar o faturamento da empresa, e esse aumento de volumes é bem-vindo; a área de operações não tem materiais para atender a esse volume nos próximos 4 meses. Você acha que existiria consenso nessa situação? Se não, como arbitrar essa situação?

5.2.2.2 Pré-requisitos do S&OP

Alguns pré-requisitos são necessários para alcançar os objetivos expostos. Entre eles estão o entendimento claro do processo por parte dos participantes e o comprometimento desses com o processo de planejamento em todas as suas fases e o estabelecimento de uma política de *sales and operations planning*. Ao contrário de outros módulos do MRP II, o S&OP, ainda que possa e deva ser apoiado por alguma ferramenta computacional, tem muito pouco a ver com *software*. O aspecto central do S&OP são as pessoas, representantes das principais áreas da empresa, e o processo de negociação entre eles, para chegarmos a um conjunto de planos operacionais coesos para as diversas áreas. Daí os pré-requisitos do S&OP serem também centrados nas pessoas.

Entendimento do processo

É fundamental que todos os participantes compreendam o que é e quais os benefícios que o S&OP pode trazer. As pessoas devem entender que compartilhar informações não significa perder o controle, mas, ao contrário, ganhar controle, uma vez que todos irão trabalhar em conjunto visando claramente ao mesmo objetivo. O desenho preliminar do processo de decisão específico a ser adotado por determinada empresa deve ser elaborado por uma equipe representada por todos as áreas envolvidas.[5] Esse desenho será sempre preliminar pois o processo deverá ser definitivamente conformado à medida que estiver em operação, por meio de críticas e sugestões dos participantes. Tal caráter participativo garante o entendimento do processo em todas as suas fases. De qualquer forma, dificilmente a empresa escapará da necessidade de passar por sessões de educação e treinamento sobre os conceitos principais por trás do processo de *sales & operations planning*.

Comprometimento dos participantes

A empresa deve comprometer-se a fornecer os recursos (inclusive tempo) necessários para o processo. A equipe principal deverá ser composta por executivos de vendas, marketing, engenharia, produção, finanças e recursos humanos. É imprescindível que o Diretor Geral participe de todas as reuniões de S&OP, se quiser que os benefícios surjam. Não há *sales & operations planning* sem o comando do principal executivo da empresa. Sua participação é essencial por vários motivos. Primeiro, porque há algumas decisões que devem ser de sua responsabilidade, pois atravessam duas ou mais áreas funcionais e são fundamentais para o negócio (os níveis globais de estoques de acabados e o tamanho da carteira de pedidos são exemplos). Segundo, porque é necessário dirimir conflitos e *trade-offs*[6] entre decisões que certamente aparecerão,

---

[5] Nos casos em que a empresa se utilizar de apoio externo para desenhar o processo, essa equipe deverá ao menos criticar e, posteriormente, validar a proposta.

[6] Compromissos entre características de desempenho que muitas vezes o processo de decisão carrega. Por exemplo, há *trade-off* entre optar por uma tecnologia de produção absolutamente dedicada a apenas um produto – provavelmente a característica de desempenho "produtividade" será bastante

havendo na equipe defensores ferrenhos para cada alternativa. Por último, a participação e o comprometimento do Diretor Geral são fundamentais para o comprometimento dos demais participantes. Uma vez que ele se comprometa totalmente com o processo, os outros executivos-chaves também darão prioridade para o S&OP sobre outros compromissos.

5.2.2.3 Definição de uma política de *sales & operations planning*

A política de *sales & operations planning* consiste em um documento que contém os principais parâmetros que definirão as características do processo de planejamento. Ela estabelece aspectos que normalmente não são muito mutáveis e cuja definição prévia facilita a tomada de decisões. Esses parâmetros poderão ser alterados a qualquer momento desde que haja justificativas e consenso, principalmente se for no sentido de aprimorar o processo de decisão. É importante que haja consenso e comprometimento de todos com essa política. O conteúdo de uma política de S&OP inclui, entre outros aspectos, os objetivos do processo, um sumário das principais fases com as responsabilidades de cada área, o cronograma das principais fases e a agenda das reuniões, os participantes obrigatórios e aqueles potencialmente convocáveis, a política para a definição de famílias de produtos, o horizonte de planejamento a ser considerado, os períodos de congelamento do planejamento, os resultados esperados de cada ciclo do processo e os procedimentos da revisão crítica e aprimoramento.

Objetivo

Sendo o S&OP um processo a ser implantado e aprimorado continuamente, é importante que a empresa estabeleça de forma clara quais são os objetivos específicos que espera atingir, para que o próprio processo de planejamento possa ser avaliado, em face do atendimento desses objetivos para que possamos dirigir o aprimoramento.

Processo

O processo de *sales & operations planning*, como será visto mais adiante, é composto de uma série de atividades preparatórias ("lições de casa") que devem ser executadas pelos diversos departamentos ou setores envolvidos, para que a alta direção seja capaz de avaliar alternativas e decidir com base em dados previamente preparados. As linhas mestras desse processo devem estar explícitas para que possamos detalhar os procedimentos, devendo haver consenso e comprometimento com a espinha dorsal do processo.

---

favorecida por essa decisão – e a necessidade que a empresa possa ter em termos de "flexibilidade", já que a adoção de uma tecnologia absolutamente dedicada representa necessariamente um prejuízo para a organização em sua tentativa de ser flexível.

Cronograma

Para cada ciclo mensal de planejamento, as datas-limites para as atividades preparatórias devem estar estabelecidas e a programação das reuniões que envolvem a alta direção devem estar estabelecidas para um horizonte futuro suficientemente grande, para que não haja problemas de superposição a outros compromissos.

Participantes

Os participantes da reunião de *sales & operations planning* devem estar aqui definidos. Eles não poderão estar ausentes das reuniões. Entretanto, é possível que ocorram compromissos inadiáveis que impeçam o comparecimento de algum componente da equipe; neste caso, deve estar explícito que seu substituto deve ter autonomia para tomar decisões em seu lugar. Muitas empresas optam por agregar à equipe da alta direção alguns participantes potenciais que devem estar preparados para participar da reunião e fornecer determinadas informações necessárias. A lista sugerida de participantes obrigatórios e potenciais é mostrada na Tabela 5.1.

Tabela 5.1 Participantes sugeridos do processo de S&OP

Área	Participantes obrigatórios	Potenciais participantes
Alta administração	Diretor Geral	
Vendas	Diretor de Vendas	Gerentes de Vendas
		Gerente de Atendimento ao Cliente
		Gerente de Distribuição
		Gerente de Assistência Técnica
Marketing	Diretor de Marketing	Gerentes de Produto
		Gerente de Demanda
Manufatura	Diretor de Manufatura ou Industrial	Gerente Industrial, de Produção ou de Fábrica
		Gerente de Suprimentos
		Gerente de Garantia da Qualidade
Engenharia ou P&D	Diretor de Engenharia ou P&D	Gerente de Desenvolvimento
		Gerente de Métodos e Processos
Finanças	Diretor Financeiro	Gerente de Orçamento
		Gerente de Custos
Recursos Humanos	Diretor de Recursos Humanos	Gerente de Pessoal

Definição das famílias de produtos

A empresa deve definir grupos ou famílias de produtos para o planejamento no nível do S&OP. Por que gerenciar num nível agregado? Porque não é prático para a alta direção analisar cada produto que a empresa produz. Em vez disso, a ideia é gerenciar famílias e não produtos, taxas de produção e não ordens específicas. O

CAP. 5 ■ S&OP – PLANEJAMENTO DE VENDAS E OPERAÇÕES | **183**

problema implícito na formação das famílias de produtos é que as áreas de vendas e marketing veem as famílias de determinada forma – segundo a função dos produtos, sua aplicação, seus mercados, ou seja, uma visão orientada para o cliente –, enquanto a manufatura vê de outra – segundo os processos produtivos, os recursos ocupados, ou seja, uma visão de fábrica. É necessária a adoção de um dos pontos de vista, sendo que para o outro deve haver uma tabela de conversão, que determine o impacto de cada "família de marketing" sobre cada "família de manufatura".

Quanto maiores as famílias, e portanto em menor número, melhor, pois haverá menos trabalho no planejamento, além do que a previsão de vendas é sempre mais precisa quanto maior o agrupamento, conforme já discutido no Capítulo 1. Devemos garantir, no entanto, a "significância" das famílias, ou seja, agregá-las demais pode também levar à perda de pontos importantes para a decisão. Para que a família seja apropriada, deve, tanto quanto possível, adequar-se à manufatura, à engenharia e ao marketing. Podemos criar uma família relacionada a serviços de peças de reposição, caso o tipo de produto exija. Produtos em introdução ou no início de seu ciclo de vida poderiam configurar outra família, já que normalmente requerem políticas de estoque diferenciadas. Outro caso é o de pedidos de emergência, nas quais podemos geralmente prever o volume de ordens de emergência (embora não possamos prever quais produtos serão necessários), e reservar capacidade para elas.

Horizonte de planejamento

A empresa deve estabelecer um adequado horizonte de planejamento. Este será definido em função do recurso crítico em relação ao tempo, seja ele material, equipamento ou pessoas. O horizonte de planejamento deve ser suficientemente longo para permitir as análises de "o que aconteceria se...?". Normalmente, é de no mínimo um ano, havendo casos onde são utilizados dois anos ou até mais.

O horizonte de planejamento deve ser suficiente para que todos os setores tenham a possibilidade de prover os recursos necessários à produção pretendida, permanecendo constante dentro da lógica MRP II de "rolar o horizonte" à medida que o tempo passa.

Time fences

A empresa deve estabelecer e gerenciar os *time fences*.[7] Todas as áreas da empresa devem compreender que as mudanças nos planos são relacionadas ao horizonte, ou seja, quanto mais próximo da data atual (curto prazo), maior será o custo de uma mudança nos planos de produção ou vendas, tanto em termos de prioridade como de taxas ou volume, sendo muitas vezes impossível realizar mudanças dentro de determinado prazo. Os *time fences* definem os seguintes intervalos no horizonte de planejamento:

---

[7]   Veja o Capítulo 6, para uma discussão mais detalhada sobre os *time fences*, que são intervalos de tempo dentro dos quais as ordens de produção têm diferentes status, podendo representar período de congelamento, nos quais as ordens não são alteradas pelo sistema.

1. O primeiro intervalo, delimitado pelo *time fence* A da Figura 5.6, corresponde àquele dentro do qual não há tempo suficiente para obter novos materiais ou adicionar capacidade de forma minimamente econômica. Muitas vezes, ainda que aceitássemos custos adicionais, poderia não ser absolutamente viável fazer alterações no plano. Neste intervalo, deverá haver apenas mudanças de emergência, dentro de limites estritos preestabelecidos.
2. O segundo intervalo, delimitado pelo *time fence* B da Figura 5.6, corresponde ao período para o qual a capacidade já está definida e as compras de material já estão firmes. Consequentemente, mudanças sempre representarão custos adicionais, devendo ser evitadas ou ao menos analisadas com cuidado.
3. No terceiro intervalo, além do *time fence* B da Figura 5.6, as mudanças podem ser realizadas sem grandes problemas, pois há tempo suficiente para adquirir materiais ou adicionar a capacidade necessária.

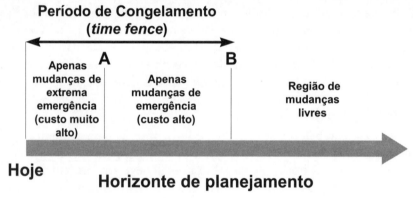

Figura 5.6 Período de congelamento (*time fence*).

Pode ser conveniente estabelecer *time fences* diferentes para cada família de produtos, em função das diferenças nos roteiros de produção e nos *lead times* de materiais. No MPS, também é usual trabalhar com *time fences*; entretanto, enquanto no S&OP as mudanças se referem a volume agregado, no MPS elas se referem mais a alterações de *mix* de produtos dentro de uma família (veja o Capítulo 6). As mudanças de volume normalmente são mais difíceis de fazer do que aquelas de *mix* de produtos.

Ao contrário do que às vezes pensamos, os *time fences* não "engessam" o planejamento ou tiram a flexibilidade da empresa. Toda flexibilidade tem custos associados, e a adoção de *time fences* pressupõe que, naquele horizonte, os custos de mudança são normalmente maiores que os custos de não mudar (resultantes do não atendimento adequado do mercado). Entretanto, nada impede que cada caso seja analisado e os custos de mudar e não mudar os planos sejam pesados para que tomemos a decisão mais adequada. Os *time fences* geralmente facilitam o processo de decisão, já que as análises dentro do período de congelamento normalmente recomendam a não mudança dos planos.

A área de marketing normalmente deseja que os *time fences* sejam os menores possível a fim de atender rapidamente aos clientes; engenharia, compras e manufatura, ao contrário, desejam *time fences* mais longos, pois mudanças nessas áreas são demoradas e caras. A definição dos *time fences* deve resultar de um processo de negociação, levando em conta os objetivos de desempenho estratégico da empresa, ou seja, a importância relativa entre os critérios de custos e flexibilidade.

Os *time fences* estão diretamente relacionados aos *lead times*, que devem sempre ser melhorados. Nem *time fences* nem *lead times* devem ser considerados estáticos ou fixos.

Responsabilidades

A política de S&OP deve conter também a definição das atribuições de responsabilidades por decisões referentes a alterações nos planos, adição ou redução de recursos críticos, entre outras. A Tabela 5.2 ilustra alguns exemplos de decisões e sugestões de elementos responsáveis.

Tabela 5.2 Alguns exemplos de atribuição de responsabilidades no S&OP

Decisões	Responsáveis
Capital para formação de estoque (estoque de segurança, sazonalidade etc.)	Diretor Geral, Diretor Industrial, Diretor Financeiro
Capital para investimento em equipamentos e instalações	Diretor Geral, Diretor Industrial
Capital para investimento em melhorias	Diretor Geral, Diretor Industrial
Grandes alterações no *mix* de produção de alguma família dentro do *time fence*	Diretor Geral, Diretor de Vendas e Marketing, Diretor Industrial
Acréscimo ou redução de horas extras	Diretor Industrial, Gerente de Fábrica
Transferência de funcionários entre departamentos, centros de trabalho ou linhas de produção	Diretor Industrial, Gerente Industrial ou de Fábrica
Ampliação ou redução de subcontratação e fornecimento	Diretor Industrial, Gerente Industrial, Gerente de Suprimentos
Admissão e demissão de pessoal (temporário ou permanente)	Diretor Geral, Diretor Industrial, Gerente Industrial ou de Fábrica, Gerente de Recursos Humanos

Resultados

Os resultados esperados de cada ciclo de *sales & operations planning* devem ser claramente estabelecidos. Alguns exemplos são:

- estabelecimento das metas mensais de faturamento;
- projeção de lucros;
- projeção de estoques;

- fluxo de caixa projetado;
- determinação das quantidades mensais de produção para serem firmadas dentro do período de congelamento;
- estabelecimento de orçamentos de compras e despesas de capital;
- definição de limites de tolerância para variações no Plano-mestre de Produção (MPS).

Revisão crítica

Um aspecto importante do *sales & operations planning* é o aprimoramento contínuo de seu processo. Uma maneira de instituir formalmente esse aprimoramento é realizar ao final de cada ciclo uma revisão crítica determinando o que potencialmente pode ser melhorado:

- adição de novos participantes;
- aprimoramento de ferramentas de planejamento;
- preparação de informações para as reuniões;
- modificações no processo de reunião;
- alteração de sequência de tópicos de discussão, entre outros fatores.

SAIBA MAIS

De acordo com um estudo da consultoria Gartner de 2013, empresas que têm processos de S&OP amadurecidos tiveram um incremento em 5,6% em seu faturamento, uma redução de 7,5% nos custos e um acréscimo de 7,2% na lucratividade em relação à situação pré-S&OP. O estudo comprovou o impacto positivo do processo de S&OP em empresas de diversos setores. Especificamente no setor industrial, as empresas atingiram reduções de 7% em níveis de estoque, e incrementos em torno de 23% na acurácia das previsões de venda.

Fonte: <https://blog.kinaxis.com/2017/06/driving-profitability-through-advanced-sop/>. Acesso em: 21 fev. 2018.

5.2.2.4 A ferramenta de planejamento

A ferramenta utilizada para o *sales & operations planning* não precisa ser sofisticada. Os pacotes ERP ainda não se têm mostrado adequados para a necessária integração dos dados importantes para esse nível de planejamento, tão pouco são flexíveis para se adaptarem a um processo evolutivo de aprimoramento. Embora tenham surgido aplicativos específicos e aplicativos integrados aos pacotes ERP que consolidam informações de diversas áreas em relatórios simples e de boa visualização, a maioria das empresas que realiza o S&OP ainda trabalha com planilhas eletrônicas desenvolvidas sob medida para suas necessidades. Alguns dos motivos que dificultam a integração entre sistemas ERP e S&OP têm origem em suas características distintas. Enquanto o ERP tem uma perspectiva transacional, registrando e calculando transações, a perspectiva do S&OP é "planejar". Olhar para o futuro, colaborando com a preparação para o futuro. Outra característica que diferencia o S&OP é o escopo de trabalho: o S&OP depende de informações que vêm de fontes externas como clientes e consumidores. Independentemente da ferramenta ERP adotada, o mais importante é que as informações estejam disponíveis e visíveis para a tomada de decisões, para que as reuniões de S&OP não sejam gastas "garimpando-se" as informações necessárias e sim tomando-se decisões com base nelas. Três tipos de informação são importantes:

- Qual foi o desempenho passado?
- Qual a situação atual?
- Quais são os atuais planos para o futuro?

A Figura 5.7 ilustra um exemplo simples de planilha para o planejamento de uma família de produtos produzidos para estoque. A planilha está dividida em três partes:

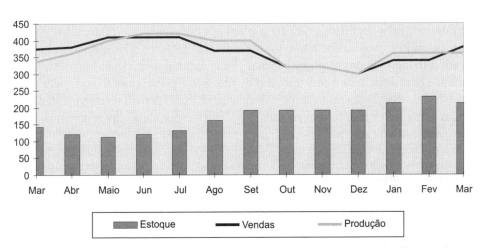

Figura 5.7 Exemplo de planilha S&OP para produção para estoque de determinada família de produtos.

a primeira apresenta o plano de vendas, a segunda o plano de produção e a terceira o estoque projetado de produtos acabados. Nas três partes, a planilha apresenta dois planos: um deles, denominado de plano atual, mostra o que foi decidido no ciclo de S&OP do período anterior, o outro, denominado novo plano, representa a proposição de plano que está sendo discutida no ciclo atual.

O período de planejamento (também conhecido como *time bucket*) ideal é mensal e neste exemplo o horizonte de planejamento é de 12 meses. É interessante perceber que a linha *plano atual* mostra um horizonte de 12 meses a partir do mês passado, ou seja, 11 meses a partir da data atual, enquanto o novo plano tem um horizonte de 12 meses. As três primeiras colunas (meses) representam as informações históricas dos últimos três meses; na linha *plano atual*, são mostrados os últimos valores planejados para cada mês e na linha *novo plano* são mostrados os valores reais obtidos nos últimos meses. São também apresentados na planilha os desvios ou diferenças entre o que foi planejado e o que foi realmente obtido, tanto para vendas como para produção e estoques.

Para efeito de visualização, é sempre conveniente apresentar os planos de vendas, produção e estoque projetado em forma gráfica, principalmente nas sessões de S&OP, pois tabelas e planilhas com números por vezes mascaram um pouco as informações, pela dificuldade de visualização de tendências, por exemplo. A Figura 5.7 ilustra também um gráfico com as informações referentes à planilha correspondente.

Resumidamente, o processo inicia-se com a revisão do desempenho passado (colunas de *histórico* na Figura 5.7). No exemplo apresentado, podemos verificar que, enquanto as vendas têm sido superiores ao planejado, a produção não tem conseguido alcançar suas metas. O resultado foi uma redução não planejada nos estoques de produtos finais, podendo comprometer o atendimento a clientes.[8] Segundo a lógica do S&OP, o que não é intuitivo para muitos, o desempenho das vendas não foi melhor do que o esperado; foi diferente do esperado e isso é ruim, seja diferente para maior ou para menor. Uma vez que estabelecemos um plano, ter bom desempenho significa cumprir o plano, pois desvios não planejados podem estar trazendo custos também não planejados. Não estamos advogando aqui que se devam restringir vendas só porque foram planejadas em níveis mais baixos do que a realidade se mostra, mas que o trabalho de previsão e planejamento seja melhorado para que tais discrepâncias sejam minimizadas. As causas para os desvios, tanto de vendas como de produção, necessitam ser identificadas, devendo-se ter uma visão

---

[8] É importante ressaltar que, tratando-se de dados agregados, ter algum estoque de produtos de determinada família de produtos não significa garantia de atendimento a clientes, pois esse estoque pode estar desbalanceado se considerarmos a demanda específica de cada um dos produtos de uma família. Por isso, normalmente se procura garantir determinado volume agregado na esperança de não comprometer o atendimento de produtos específicos. Obviamente, quanto mais bem gerenciados estiverem os estoques no nível detalhado, produto a produto, menores poderão ser os estoques no nível agregado.

clara do cenário futuro: podemos eliminar as causas dos desvios? Em que prazo? Os planos anteriores não eram realísticos? Estamos trabalhando com dados irreais? Que desempenho é esperado no futuro? Estas questões devem estar respondidas antes que possamos propor novos planos.

O passo seguinte traz o plano de vendas, que deve refletir as informações tanto de previsão de vendas, ou seja, o quanto esperamos que o mercado esteja disposto a comprar desta família de produtos, como da disposição da empresa em oferecer determinada família de produtos ao mercado; afinal, tendo recursos limitados, nem sempre será interessante para a empresa procurar atender a todo o potencial de mercado para determinada família, alocando recursos que poderiam ser utilizados na produção de outros produtos estrategicamente mais interessantes. Portanto, o plano de vendas deve refletir, em termos operacionais, o posicionamento estratégico da empresa em relação aos produtos que produz e aos mercados a que atende.

Dada uma proposta de plano de vendas, é proposto o plano de produção que gere uma projeção de estoques de produtos acabados que atenda às políticas da empresa para aquela família de produtos. Esse plano de produção precisa ser verificado, tanto em termos de capacidade como em termos de materiais críticos (principalmente aqueles de longo *lead time*). No exemplo da Figura 5.7, a empresa hipotética refez o plano de vendas para essa família, refletindo novas expectativas de mercado (volumes de vendas superiores aos anteriores), refazendo também seu plano de produção e procurando recuperar um nível de estoques de produtos acabados adequado a sua operação. Notemos que pela impossibilidade de aumentar os níveis planejados de produção dentro de um horizonte de dois meses, o estoque projetado deverá baixar ainda mais para que possa começar a recuperar-se a partir do terceiro e quarto meses. Isto pode ser facilmente visualizado no gráfico da mesma figura.

No caso de famílias de produtos produzidos contra pedido, não planejamos estoques de produtos acabados, mas é necessário gerenciar a carteira de pedidos. Carteiras muito grandes representam prazos de entrega longos, significando mau atendimento ao mercado. Carteiras muito pequenas representam riscos de ociosidade e má utilização da capacidade. A Figura 5.8 ilustra uma planilha de planejamento para uma família de produtos produzidos contra pedido. Ela contém o plano de vendas e o plano de produção, nos mesmos moldes da planilha mostrada na Figura 5.7. A diferença fica por conta da carteira de pedidos, já que não há estoques finais planejados.

No exemplo da Figura 5.8, ao analisar o desempenho da empresa em relação a uma família de produtos feitos contra pedido, percebemos que a empresa vem tentando reduzir o tamanho de sua carteira de pedidos. O planejado seria estar com uma carteira equivalente a 45 dias de produção (30 × 270/180), reduzindo-a para cerca de 30 dias em mais ou menos quatro meses e visando adequar seus prazos de entrega às necessidades do mercado. Entretanto, o que vemos é uma carteira atual real de cerca de 65 dias (30 × 349/165). Refazendo seu plano de vendas, também refletindo hipoteticamente as novas expectativas do mercado, a empresa vê a necessidade de aumentar seu volume de produção, o que efetivamente não pode ser feito até o terceiro mês. Como consequência, a carteira somente poderá ser reduzida a cerca de 30 dias em mais ou menos oito meses, o que talvez poderia sugerir refrear as vendas, selecionando os clientes para manter um nível de atendimento razoável. Novamente, o gráfico da Figura 5.8 expõe as informações de forma clara. Esses exemplos hipotéticos visam dar ideia ao leitor do uso de uma ferramenta simples para o planejamento de vendas e operações (*sales and operations planning*). Exercícios ao final do capítulo, baseados em simulação em planilhas, irão ampliar a discussão e ajudar o leitor a entender alguns problemas relacionados ao planejamento de vendas e operações. No Material Suplementar deste livro disponível no *site* do GEN, o leitor terá acesso às planilhas de apoio aos exercícios, bem como às respostas que discutem as soluções.

		HISTÓRICO			PLANEJAMENTO										
	Meses	Jan	Fev	Mar	Abr	Maio	Jun	Jul	Ago	Set	Out	Nov	Dez	Jan	Fev	Mar
	Dias no mês	20	17	20	21	19	21	23	21	22	22	20	17	20	17	22
Plano de Vendas															
Plano Atual		160	160	160	160	160	160	160	160	160	160	160	160	160	160	160
Novo Plano		164	185	175	175	175	175	175	185	185	185	185	200	200	200	200
Diferença		4	25	15												
Diferença Acumulada		4	29	44												
Plano de Produção															
Plano Atual		180	180	180	180	180	180	180	180	180	160	160	160	160	160	
Novo Plano		175	165	165	175	175	210	210	210	210	200	200	200	200	200	200
Diferença		-5	-15	-15												
Diferença Acumulada		-5	-20	-35												
Carteira															
Plano Atual		310	290	270	250	230	210	190	170	150	150	150	150	150	150	
Novo Plano	330	319	339	349	349	349	314	279	254	229	214	199	199	199	199	199
Diferença		9	49	79												

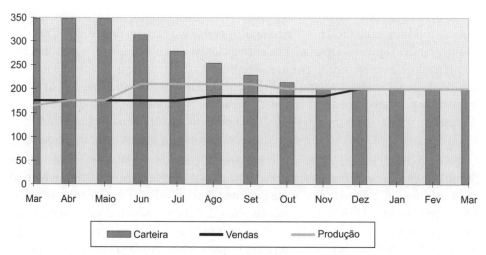

Figura 5.8 Exemplo de planilha S&OP para produção contra pedido de uma determinada família de produtos.

Com os planos de vendas, produção, estoques e carteira de pedidos esboçados para todas as famílias, podemos consolidá-los para obtermos planilhas de utilização de recursos, que auxiliarão a análise de viabilidade dos planos além de permitir a gestão dos recursos no médio e longo prazos, planilhas de análise de desempenho econômico, que podem permitir simulações de como utilizar a capacidade produtiva de modo a maximizar o lucro, além do fluxo de caixa projetado para que possamos verificar a aderência ao orçamento e gerenciar os recursos financeiros no médio e longo prazos. A Figura 5.9 ilustra essa estrutura.

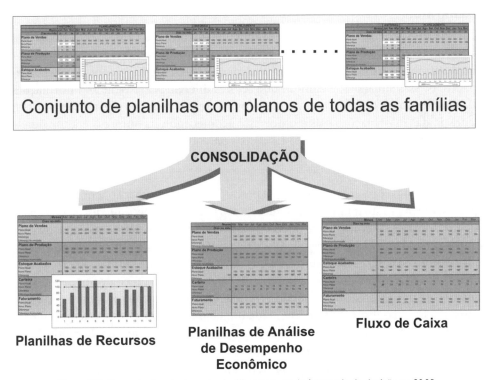

Figura 5.9 Exemplo de estrutura de planilhas para apoio à tomada de decisão no S&OP.

5.2.2.5 Informações importantes para o S&OP

O bom desempenho de qualquer planejamento, como foi visto no Capítulo 1, depende das informações disponíveis para a tomada de decisões. No caso do processo de *sales & operations planning*, é importante ressaltar algumas informações que devem ser especialmente bem tratadas.

Desempenho passado

Um dos aspectos mais importantes do processo de S&OP é a análise do desempenho passado. Produzir, vender e entregar produtos em quantidades e datas diferentes do que foi planejado não são exceções, são a regra. A redução dos desvios em relação ao planejado depende de análise cuidadosa do desempenho passado, identificação de causas dos desvios, avaliação de alternativas de eliminação das causas além de comprometimento e acompanhamento da implementação das medidas corretivas. Planejar olhando somente para a frente traz o risco de perpetuar problemas que geram desvios, fazendo com que o planejamento não seja uma ação consciente e dirigida para a obtenção de determinado desempenho, mas uma simples esperança num futuro melhor.

Estado atual

Talvez a informação mais básica para o planejamento, o levantamento do estado atual em relação à produção, vendas, estoque e carteira de pedidos possa representar um desafio para empresas pouco estruturadas ou sem sistemas de informação integrados. Nessas situações, é comum que setores diferentes apresentem informações conflitantes sobre o mesmo tema ou dados diferentes sobre os mesmos eventos. A acurácia das informações sobre o que está acontecendo na empresa e a unicidade dessas informações são condições essenciais para um S&OP eficaz.

Parâmetros

Os parâmetros representam dados que permitem a transformação, por exemplo, de quantidades a produzir em necessidades de capacidade ou necessidades de materiais, quantidades de venda em fluxos de receita, quantidades de estoque em capital de giro, entre outros. De fato, estamos falando de dados de tempos e roteiros de produção, custos, preços etc. O cuidado especial que devemos tomar na definição desses parâmetros deve-se ao fato de que não é tão difícil determinar o preço de um produto ou o tempo de utilização de determinado recurso para a produção de um produto, mas não é tão trivial definir o preço médio de uma família de produtos, o tempo médio de utilização de um recurso por unidade produzida de uma família de produtos ou o roteiro mais aproximado para uma família.

A dificuldade vem do fato de que esses parâmetros muitas vezes podem variar substancialmente em função do *mix* de produtos produzidos ou vendidos de determinada família. Assim, é importante que esses parâmetros sejam reavaliados periodicamente para garantir que permaneçam aderentes à realidade.

Previsões

As previsões são a alma de qualquer processo de planejamento. O S&OP pode ser considerado um caso especial, pois a previsões necessárias são de médio e longo prazos e, ainda que estejamos usando o artifício da agregação dos dados (famílias de produtos e períodos maiores – veja o Capítulo 1 para uma discussão sobre o tema), poucos se sentem muito confortáveis em fazer previsões desse tipo, principalmente em ambientes turbulentos como o brasileiro. Entretanto, é necessário quebrar os conceitos segundo os quais "é impossível fazer previsões de longo prazo" e "é inútil fazer planejamento de longo prazo em nosso país". Alguns aspectos sustentam uma mudança de visão:

a. Planejar o longo prazo não é desejável; é inevitável. Considerando-se que há recursos que requerem um tempo longo para que possam ser colocados disponíveis, como novos equipamentos, mão de obra de determinada capacitação, novas linhas de produção ou plantas, é indispensável que verifiquemos sua necessidade a longo prazo para que possamos tomar *hoje* uma decisão de adquirir ou não o recurso. Colocada a questão, adiar a decisão por receio das incertezas de previsões significa *decidir* não adquirir o recurso no momento; portanto, não ter o recurso disponível no futuro. Muitos dirigentes iludem-se ao pensar que adiar decisões significa não decidir; na verdade, significa decidir pelo "não". Se, por um lado, o futuro da empresa depende das decisões tomadas agora, por outro, estas decisões dependem da melhor visão de futuro que podemos ter hoje.

b. O alto grau de incertezas das previsões é também uma das razões apontadas para evitar fazer previsões a longo prazo. Afinal, quão boa precisa ser a previsão para ser útil? 90, 70, 80% de acerto? A realidade é que a previsão precisa ser apenas tão boa ou melhor que a dos concorrentes, já que isso permite que a empresa tome decisões tão boas ou melhores do que as deles, dependendo de seu processo de planejamento e de tomada de decisão. Se o mercado é incerto e o ambiente é turbulento, estes são dados para qualquer empresa que esteja competindo nesse mercado e ambiente. Portanto, não fazer previsões pode significar tomar decisões piores do que os concorrentes.

c. É comum ouvir que é inútil fazer previsões porque os erros são muito grandes por conta das incertezas do mercado. Ninguém discorda de que existem mercados mais incertos e mercados mais previsíveis; mas todos dizem que trabalham justamente com os mercados mais incertos. A maioria das empresas que procuraram aprimorar seus sistemas de previsão descobriram que parte da incerteza das previsões vem parte do mercado, mas uma parte substancial vem da falta de competência interna para fazer previsões. Descobriram também que fazer previsões é um processo de aprimoramento continuado. Qual a recomendação? Começar já!

O Capítulo 7 discutirá o processo de previsão de vendas.

Restrições externas importantes

Essas informações referem-se a limitações importantes em termos de obtenção de matérias-primas ou insumos, volume de terceirização de serviços (acabamento superficial ou tratamento térmico em metais, por exemplo), capacidade de distribuição de produtos e outros recursos que não sejam normalmente considerados no cálculo normal de capacidade. O objetivo é antecipar problemas que possam surgir com relação a esses recursos quando pretendemos impor aumentos severos de volume de produção.

A preocupação inversa também é válida. Não é raro que algumas pequenas empresas fornecedoras de matérias-primas, componentes ou serviços sejam muito dependentes de um ou poucos clientes. Quando estes reduzem drasticamente o volume de produção de determinados produtos, ainda que temporariamente, podem paralisar (ou quase) as atividades de determinadas empresas fornecedoras, levando-as a uma situação insustentável, comprometendo fornecimentos futuros. Nesses casos, é importante considerar a hipótese de manter certo nível de produção dos produtos, formando estoques, para evitar "matar" o fornecedor.

FIQUE ATENTO

É importante destacar que a qualidade do processo de S&OP depende da boa qualidade das informações. A área de planejamento e controle da produção deve ter um cuidado especial no levantamento das informações retratadas acima.

5.2.2.6 Resultados do *sales & operations planning*

O *sales & operations planning* é um processo que requer investimento relativamente baixo, podendo trazer muitos benefícios a curto prazo, desde que bem trabalhado.

O S&OP é o nível de planejamento para a resolução, pela alta administração, dos conflitos entre áreas funcionais. Esses conflitos geralmente surgem quando os diversos setores ou departamentos buscam de forma míope atingir seus objetivos funcionais; como muitos desses objetivos são conflitantes (reduzir custos na produção e aumentar faturamento aceitando pedidos de última hora, por exemplo), é necessário um mecanismo de arbitramento. O plano resultante do processo de S&OP, traduzido para as diversas áreas, estabelece objetivos claros para cada uma delas: a manufatura deve atingir o plano de produção; a área de finanças deve prover os recursos do orçamento; a área comercial deve atingir o plano de vendas. Assim definidos, esses objetivos estarão consequentemente coesos e integrados aos objetivos corporativos, provendo medidas para a avaliação do desempenho de cada área, atividade esta que deve estar integrada ao processo de planejamento.

O S&OP permite eliminar também as chamadas *hidden decisions*, ou seja, ações executadas por alguns departamentos, resultantes de vácuos decisórios, que se configuram em decisões da empresa, embora não explícitas. Esse fenômeno é muito comum e fica evidenciado quando comparamos aquilo que realmente está acontecendo no dia a dia da empresa, com aquilo que a alta direção *acredita* que está acontecendo. No S&OP, os planos e as decisões são explícitos e visíveis, uma vez que as pessoas dividem as mesmas informações e trabalham com um mesmo objetivo. Esse processo leva a ações direcionadas e não a comportamentos descoordenados.

O S&OP é, então, um meio de "orquestrar" todos os departamentos, uma vez que ele comunica os planos tanto horizontal (todas as áreas funcionais) como verticalmente (dentro de cada departamento). Assim, o S&OP força a empresa a melhorar suas comunicações interdepartamentais.

Cada departamento deve comunicar, durante a reunião de S&OP, a viabilidade ou não da execução do plano proposto para sua área. Dessa forma, o S&OP gera um plano realista, capaz de atingir os objetivos da empresa. Além disso, cada departamento passa a ter conhecimento do que os demais normalmente podem ou não fazer, facilitando a resolução de conflitos entre eles.

O S&OP permite que façamos um ajuste fino do plano estratégico de longo prazo da empresa e do plano anual do negócio. Enquanto esses dois planos são normalmente revistos uma vez a cada ano, o plano de operações é continuamente revisado por meio do S&OP, conforme ilustrado pela Figura 5.10. A vantagem disso é que, como as condições do mercado e a capacidade da empresa mudam constantemente, planos estáticos podem tornar-se rapidamente desatualizados, levando, por exemplo, a perdas de oportunidades num ocasional crescimento de demanda.

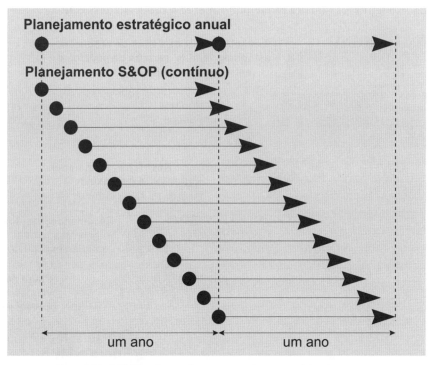

Figura 5.10 O S&OP revisa continuamente o plano estratégico da empresa.

5.2.3 Processo do *sales & operations planning*

O processo de S&OP consiste em cinco etapas sucessivas: levantamento de dados históricos que apresentem não só o estado atual da empresa em relação a vendas, produção, estoques, como também o desempenho passado em relação a estes e outros aspectos; planejamento de demanda, incluindo a gestão das previsões e a elaboração do plano de vendas; planejamento de materiais e capacidade, reunião preliminar de S&OP, na qual são envolvidos os demais setores da empresa para análise dos planos e identificação de problemas e alternativas; e, finalmente, a reunião executiva de S&OP, na qual os planos são validados junto à alta direção da empresa.

De forma resumida, vendas e marketing comparam a demanda real passada ao plano de vendas, verificando o potencial do mercado e projetando demandas futuras. O plano atualizado de demanda é então comunicado à manufatura, que elabora o plano de produção, verificando as necessidades de capacidade, em termos agregados, assim como as necessidades de materiais críticos. Todas as dificuldades em atender a demanda são trabalhadas, ou os planos de vendas são alterados, em um processo que é concluído numa reunião formal, liderada pelo Diretor Geral da empresa. O resultado final é um plano atualizado de operações que deverá atender à demanda. Esse plano deve, então, ser desagregado para dar origem ao plano-mestre de produção, o MPS. A Figura 5.11 ilustra esquematicamente o processo de S&OP.

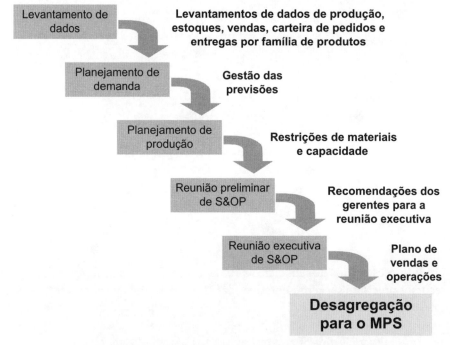

Figura 5.11 Processo mensal do *sales & operations planning*.

Obviamente, esse processo não pode ser executado de forma instantânea (e tampouco podemos fazer o tempo parar ao final do mês), de tal modo que sempre haverá uma superposição entre o ciclo de planejamento e o período planejado, como mostra a Figura 5.12. Quanto mais rápido for o ciclo de planejamento, menor será esta superposição e mais ágil será a resposta da empresa às mudanças na demanda do mercado. Entretanto, é necessário que demos tempo para que todas as etapas do processo sejam executadas adequadamente, pois delas depende a qualidade da decisão final. A redução do tempo de ciclo de planejamento vem com o aprimoramento do processo, conseguido à medida que este é repetido mensalmente. O importante é conseguir que o processo e sua duração sejam consistentes, mês a mês, e que todas as áreas envolvidas estejam comprometidas em aprimorá-lo, levantando e analisando as informações e elaborando suas recomendações de forma rápida para que a última etapa, a reunião executiva, seja realizada o mais cedo possível.

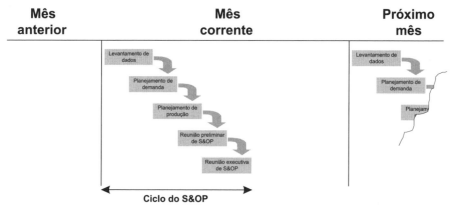

Figura 5.12 Ciclo mensal de S&OP.

5.2.3.1 Preparação dos dados históricos

Uma vez definidas as famílias de produtos e os aspectos de desempenho que desejamos analisar no processo de S&OP, é preciso instituir mecanismos sistemáticos de levantamento e preparação dos dados que serão utilizados no planejamento. Normalmente, os dados disponíveis na empresa não se encontram no formato ideal ao processo de decisão neste nível de planejamento. Os dados de vendas, estoques e produção, muitas vezes, estão desagregados por produto e precisam ser agregados por famílias. Estas, por sua vez, sofrem alterações devido às introduções e desativações de produtos, resultados de seus ciclos de vida. Os parâmetros de tempos e utilização de recursos precisam ser representativos das famílias, sendo que nem sempre médias simples são a melhor solução. Esses parâmetros precisam ser revistos periodicamente, não só devido às mudanças na composição das famílias, como também devido a variações no *mix* de produção e vendas.

Embora seja uma etapa preparatória, ela é fundamental ao processo de S&OP pois vai embasar todas as análises e decisões que serão tomadas ao longo do processo. Todas as áreas envolvidas devem ter responsáveis específicos pela preparação dessas informações, sendo incorporada em suas atividades rotineiras, com datas mensais definidas para a entrega dos resultados.

5.2.3.2 Planejamento de demanda

O planejamento da demanda, responsabilidade da área de vendas e *marketing*, consiste na elaboração de um plano de vendas tentativo, que indicará o que a empresa está disposta a vender ou oferecer ao mercado, para cada família de produtos, mês a mês ao longo do horizonte de planejamento. Esse plano de vendas é tentativo, pois neste ponto ainda não foram analisadas as limitações de capacidade de produção, que poderiam fazer com que nem tudo o que o mercado estivesse disposto a comprar pudesse ser produzido, requerendo decisões de priorização de determinadas famílias.

O dado inicial do planejamento de demanda é a previsão de vendas, elaborada com base em dados históricos de vendas, tratados estatisticamente, além de informações importantes provenientes do pessoal de contato com clientes (vendedores, representantes, responsáveis por assistência técnica, entre outros) e informações coletadas na imprensa e no mercado sobre fatores conjunturais que podem influenciar o comportamento da demanda. A análise estruturada do conjunto dessas informações vai gerar a melhor estimativa do que o mercado está disposto a consumir no futuro.

Como os dados históricos e muitas das informações são desagregadas produto a produto, o primeiro passo é definir se é preferível prever e planejar agregadamente e, então, desdobrar a previsão em produtos detalhados, ou, ao contrário, prever em detalhes e agregar em famílias. O importante, nos dois casos, é que as previsões agregadas e detalhadas estejam interligadas e coerentes. É importante notar também que famílias diferentes podem requerer processos de previsão diferentes, com utilização de diferentes ferramentas. No caso de famílias de produtos que são distribuídos ao mercado por meio de centros de distribuição nacional e regionais, é importante notar que há defasagem entre o momento de venda (emissão de nota fiscal ao cliente), a partir do centro de distribuição regional, e o momento de produção para ressuprir o centro de distribuição nacional. Nesses casos, uma ferramenta útil pode ser o DRP – *distribution resource planning* – ou planejamento dos recursos de distribuição, que, juntamente com o processo de gestão de demanda, será analisado em mais detalhe no Capítulo 7.

5.2.3.3 Planejamento de produção

O planejamento de capacidade e materiais, ou planejamento da produção, é de responsabilidade da área de manufatura, executado pelo planejamento e apoiado pela produção e suprimentos. O objetivo é elaborar um ou mais planos alternativos de produção para cada família de produtos que procurem atender à demanda, representada pelo plano de vendas, gerar os níveis desejados de estoques, expressos pela política de estoques de cada família de produtos, e que sejam viáveis tanto em termos de capacidade como em termos de materiais críticos. A ideia de que podem ser gerados planos alternativos de produção vem do fato de que raramente conseguimos estabelecer um plano que atenda a todos esses objetivos, sem que haja problemas a serem resolvidos. Algumas das questões normalmente tratadas são:

- antecipação de produção com formação de estoques para atendimento de demanda futura;
- ampliação de capacidade por meio de horas extras, subcontratação, contratação de mão de obra, aquisição de equipamentos, instalação de novas linhas de produção, entre outras medidas;
- gerenciamento de atrasos (carteira de pedidos) para compatibilizar a demanda com as possibilidades de produção;
- aquisição de materiais críticos em tempos menores do que os normais (com certeza a custos adicionais) para possibilitar aumentos de volume de produção;
- desenvolvimento de novos fornecedores para fazer frente a limitações de fornecimento, entre outras.

As principais questões aqui envolvem a decisão de como estabelecer o plano de produção ao longo do horizonte de planejamento de forma a atender à demanda utilizando bem a capacidade disponível e formando o mínimo de estoques. Se a demanda é constante, ou quase, isto pode ser conseguido sem muito esforço; entretanto, raramente esta é a situação. Com a demanda variável no horizonte de planejamento, é preciso optar entre duas políticas extremas indicadas na Figura 5.13: fazer a produção acompanhar a demanda ou nivelar a produção no horizonte de planejamento.

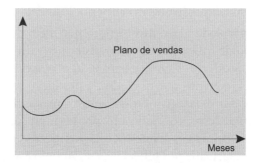

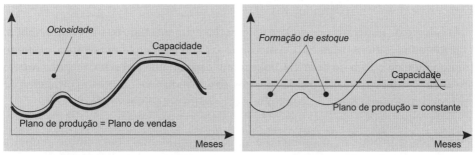

Figura 5.13 Políticas opostas de produção.

Na primeira opção extrema, acompanhar a produção, conseguimos evitar a formação de estoques de produtos finais, mas arcamos com os custos de ociosidade ou baixa utilização de capacidade. Adotando-se a segunda opção extrema, nivelar a produção, conseguimos uma boa utilização da capacidade à custa da formação de estoques no período em que a produção é maior que a demanda, para que esses estoques possam ajudar a atender à demanda no período em que ela é maior do que a produção nivelada. Na prática, a melhor opção está entre essas duas extremas, combinada ainda com possibilidade de alteração da capacidade ao longo do horizonte, não atendimento, administração de atrasos, entre outros fatores, conforme já discutido.

Para determinada alternativa de plano de produção, é necessário avaliar o montante de capacidade requerida para executá-lo. Esse cálculo de capacidade não precisa ser detalhado, já que isto ficará por conta dos níveis mais baixos de planejamento (MPS/RCCP e MRP/CRP) dentro da estrutura do MRP II (veja o Capítulo 4). O importante aqui é verificar de maneira grosseira a utilização de capacidade principalmente em relação a recursos considerados críticos. Os recursos críticos são os equipamentos ou pessoas, cuja disponibilidade dificilmente pode ser aumentada (não pode haver subcontratação, ser realizada em outro equipamento ou ainda exige alto nível de qualificação de funcionários que não podem ser contratados de uma hora para outra) ou, ainda, aqueles que requerem longo tempo para alteração de capacidade (aquisição de novos equipamentos). Em muitos casos, os recursos críticos podem mudar de tempos em tempos, e devem ser periodicamente revistos.

O cálculo de capacidade nesse nível é feito por meio de fatores que vinculam determinado tempo de utilização de recursos críticos diretamente à quantidade de produtos finais produzidos em determinado período. Como os períodos são normalmente meses, a menos que os ciclos de produção sejam muito longos, não é necessário considerar defasagem (*offset*) entre a produção do produto final e o consumo de determinado recurso utilizado, por exemplo, para processar um componente ou a matéria-prima nos primeiros estágios da produção. Para mais detalhes sobre o cálculo de capacidade produtiva, veja o Capítulo 8 – CRP: Planejamento de capacidade dos recursos produtivos.

O cálculo de materiais no S&OP é feito exclusivamente para os materiais também considerados críticos. Materiais críticos são os que têm *lead time* de fornecimento muito longo ou cuja base de fornecedores tem capacidade limitada de fornecimento (caso de algumas matérias-primas básicas consumidas em grande quantidade por empresas de grande porte ou componentes com fornecedores únicos).

O importante é notar que, seja no que se refere a materiais seja no que se refere a capacidade produtiva, o essencial é antecipar problemas cuja solução requeira um tempo longo para ser implementada e garantir a viabilidade do plano neste sentido, ou seja, os problemas que escaparem desta análise deverão ser resolvidos nos prazos compatíveis com os níveis de planejamento mais baixos (como já citado, MPS e MRP).

5.2.3.4 Pré-reunião de S&OP

A pré-reunião de *sales & operations planning* é a última etapa de preparação do processo de S&OP. Ela é responsável por elaborar as recomendações que serão levadas à alta administração para que as decisões finais sejam tomadas na reunião executiva de S&OP. É aqui que a empresa exercita a quebra das barreiras funcionais, já que a maior parte dos conflitos que normalmente aparecem entre as áreas que disputam planos alternativos diferentes deve ser resolvida ou ao menos tratada, para que possa ser decidida na reunião executiva.

Algumas empresas consideram conveniente fazer várias reuniões preparatórias, cada uma agregando duas ou três áreas diferentes, em vez de uma única reunião com a participação das gerências de vendas, planejamento, produção, marketing, engenharia e finanças. Não há uma receita única e a forma mais adequada vai depender da capacidade do corpo gerencial de trabalhar em equipe e resolver conflitos, assim como do porte da organização.

O desafio é tentar chegar a um consenso sobre os planos de cada uma das áreas, facilitando o processo final na reunião executiva. O que pode facilitar a obtenção de um consenso é a noção explícita de como a empresa compete nos mercados em que atua, ou seja, quais são os critérios competitivos mais importantes para dado par família de produtos/mercado (custo, qualidade, prazo de entrega, confiabilidade de prazo ou flexibilidade). Normalmente, planos alternativos tendem a privilegiar mais o desempenho em um ou outro critério competitivo, que podem ser de forma mais ferrenha defendidos por esta ou aquela área funcional. A noção clara e explícita da estratégia de manufatura para cada família de produtos pode direcionar a obtenção de consenso em torno de planos que lhe sejam coerentes.

Embora a maior parte do trabalho esteja por conta das áreas de vendas/marketing e manufatura, outras áreas têm participação importante nesta fase. A engenharia tem papel fundamental nas empresas que introduzem novos produtos com certa frequência. Muitas empresas criam famílias independentes para abrigar os novos produtos, mesmo que eles possam ser incluídos em alguma família já existente. Essa prática tem o objetivo de dar maior visibilidade aos novos produtos nas discussões de S&OP. A ênfase é em como os novos produtos afetam o plano agregado, qual o impacto no negócio e de que forma eles causam conflitos de capacidade com os produtos já existentes. Em empresas que projetam sob encomenda (*engineer-to-order*), o papel da engenharia é tão importante (ou mais) quanto o da manufatura. A engenharia deve analisar os planos de venda antes da manufatura, em alguns casos.

A área financeira é geralmente responsável por transformar os planos expressos em unidades, toneladas ou metros cúbicos em reais ou dólares, para que possam ser confrontados com o orçamento e com o plano estratégico do negócio, normalmente expressos em moeda. Em muitas empresas, a área financeira é também responsável por auditar os dados utilizados pelas outras áreas funcionais.

5.2.3.5 Reunião executiva de S&OP

Quanto mais bem executadas as etapas preparatórias do processo de *sales and operations planning*, mais fácil e rápida será a etapa final, a reunião executiva de S&OP. Talvez o maior desafio da alta direção não esteja nessa reunião, na qual sua participação é mais explicitamente efetiva, mas na indução da atitude da média gerência para garantir boa preparação do processo. A média gerência estará, assim, demonstrando maturidade para efetivamente gerenciar as operações da empresa, garantindo dois aspectos fundamentais e tratados no início deste capítulo:

a. a coerência e o consenso entre os planos funcionais de cada área, conseguidos por meio da resolução dos conflitos (coerência horizontal);
b. a coerência dos planos com a estratégia de manufatura, fazendo com que os critérios competitivos corretos sejam priorizados (coerência vertical); a coerência vertical é conseguida por meio da consideração explícita da estratégia na resolução dos conflitos.

Conforme ilustra a Figura 5.14, em empresas em que a média gerência não é capaz de resolver os conflitos gerados na busca de coerência entre os diversos planos funcionais (de vendas, de produção, financeiros, entre outros), é requerida participação

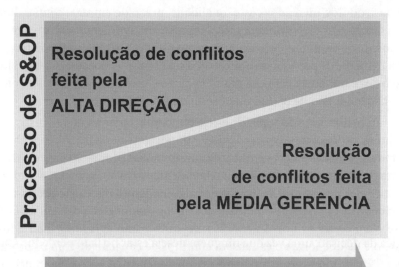

Figura 5.14 Necessidade de participação da alta direção no processo de S&OP diminui com o aumento da maturidade da média gerência.

maior da alta direção no processo de S&OP, colocando-se sobre a reunião executiva um peso maior. Embora não desejável, essa pode ser a única forma de iniciar o processo se a média gerência ainda não tem a maturidade necessária. Uma vez que o processo esteja em operação, é essencial que a média gerência seja capacitada e induzida a trabalhar em equipe, a considerar explicitamente a estratégia competitiva da empresa em suas decisões e a levar para a alta direção cada vez menos conflitos por resolver. À medida que a média gerência amadurece esse processo, assumindo a direção das operações, reduz a participação da alta gerência que fica responsável na maioria das vezes por validar as decisões sugeridas pelos gerentes. Essa maturidade não vem da noite para o dia e precisa ser trabalhada e incentivada com educação, treinamento e medidas de avaliação de desempenho coerentes. Geralmente, significa mudar a forma com a qual as pessoas estão acostumadas a trabalhar, devendo receber a atenção merecida a todo processo de mudança.

A reunião executiva de S&OP requer alguns pressupostos para que seja eficaz:

a. *Presença e participação dos envolvidos* – é fundamental que o Diretor Geral cobre energicamente a participação dos membros da alta direção representantes das áreas envolvidas. Para isso, é importante que as reuniões de S&OP estejam marcadas com bastante antecedência (programação para vários meses) para que os participantes possam garantir seu agendamento. Mais importante ainda é a presença do próprio Diretor Geral, com a qual este passará a mensagem a respeito da importância e prioridade do processo.

b. *Distribuição antecipada do "kit" de S&OP* – os participantes devem vir preparados para a reunião e para isso devem receber, antecipadamente, a pauta da reunião, com os itens específicos que serão tratados, o conjunto de planos das diversas áreas, gerados nas etapas preparatórias, acompanhados das respectivas hipóteses assumidas na elaboração dos planos.

c. *Criação de um ambiente positivo para a reunião* – as reuniões de S&OP não devem ser transformadas em "caça às bruxas" em virtude do desempenho passado e, para isso, embora a análise do desempenho seja uma atividade importante, o foco deve ser a elaboração de planos para o futuro. Embora o S&OP tenha características de um processo participativo e democrático, as decisões não devem ser tomadas por contagem de votos, o que tende a gerar vencedores e perdedores, viesando a lógica da decisão, uma vez que ninguém deseja estar no lado perdedor. O diretor geral deve escutar o que cada área acha que é o melhor para a organização e tomar suas decisões, arbitrando os conflitos, em casos de impasse que não puderam ser resolvidos negociadamente.

A pauta de uma reunião típica tem os seguintes itens:

1. *Tópicos especiais*: o Diretor Geral inicia a reunião colocando tópicos especiais que venham a dar o tom da reunião como, por exemplo, pressão da matriz por resultados financeiros, volume de clientes insatisfeitos, anúncio de tendências econômicas que possam afetar a operação da empresa, novo contrato de fornecimento, entre outros.

2. *Avaliação do desempenho da empresa*: o acompanhamento do resultado da empresa em relação a um conjunto de indicadores que meçam o desempenho das operações é essencial para dirigir os esforços de melhoria. Devemos, entretanto, evitar que esta parte da reunião tome proporções maiores do que necessário, mantendo-se, como já foi mencionado, o foco em "o que fazer no futuro para melhorar o desempenho". Outro aspecto fundamental é o estabelecimento das tendências de desempenho futuro. Indicadores importantes de ser analisados são, entre outros:

- nível de serviço a clientes (disponibilidade de produtos produzidos para estoque, pontualidade de entrega, prazo de entrega, qualidade, devoluções de clientes);

- níveis de estoques (produtos acabados, matérias-primas e material em processo);

- desempenho da área comercial (acurácia de previsão de vendas, cumprimento do plano de vendas);

- desempenho da área de manufatura (cumprimento do plano de produção, produtividade);

- cumprimento dos planos de desenvolvimento e introdução de novos produtos.

3. *Revisão das hipóteses assumidas nos planos e restrições importantes*: é importante aqui ressaltar as principais hipóteses assumidas a respeito da economia, do mercado, dos concorrentes e questões internas à empresa, assim como as principais restrições de recursos ou de fornecedores. As questões que forem relativas a apenas uma ou outra família de produtos poderão ser tratadas no item seguinte.

4. *Análise dos planos família a família*: esta é a parte mais importante da reunião, na qual são analisados os planos de vendas, produção e estoques para cada uma das famílias de produtos definidas. Como normalmente estamos trabalhando com planilhas, é útil o uso de projeção das planilhas do microcomputador em telas para que todos os participantes possam visualizar facilmente os dados e suas simulações. Inicialmente, é feita a análise do plano de vendas, analisando-se o desempenho passado, a situação atual e o que esperamos do futuro. Em seguida, é discutido o plano de produção e o correspondente plano de estoques, analisando-se o desempenho passado, as expectativas realísticas em relação ao desempenho futuro, assim como as necessidades de mudanças nos planos, verificando os prazos possíveis e os custos correspondentes. Alternativas são avaliadas, tanto no plano de vendas (por meio de promoções ou esforços de vendas especiais, por exemplo) como no plano de produção (alterações de capacidade), para o que as simulações do tipo "o que aconteceria se...?", utilizando as planilhas, são especialmente úteis. Finalmente, decisões são tomadas para cada família.

5. *Discussão sobre introdução de novos produtos*: similar ao anterior, mas referente à família de novos produtos (nos casos em que há uma família de novos produtos), a qual, por conter grau de incertezas maior que as demais, merece maior atenção do planejamento.

6. *Projetos especiais*: pode ser interessante aqui discutir o andamento de alguns projetos especiais que podem ter impacto em diversas áreas como, por exemplo, ampliações de capacidade, implantação de sistemas integrados de gestão, sistemas de qualidade total, novas tecnologias, aquisições de empresas, reorganizações, entre outros.

7. *Revisão das decisões da reunião*: visando eliminar confusões e mal-entendidos, as decisões tomadas devem ser revistas e a ata da reunião deve ser lida resumidamente e validada por todos para ser comunicada a toda a empresa.

8. *Revisão crítica do processo*: esta é a atividade mais importante para o aprimoramento do processo e, embora seja feita ao final, não deve jamais ser suprimida. A revisão crítica deve envolver questões como:

- Todos estavam preparados para a reunião?
- Todas as informações necessárias estavam disponíveis?
- Todos os participantes necessários foram convocados?
- As questões foram tratadas no nível de detalhe adequado?
- Foram tomadas as decisões necessárias?
- O que podemos fazer para aprimorar o processo?

5.3 RESUMO

- O planejamento de vendas e operações (S&OP) é muito mais que um módulo do sistema MRP II. É um importante processo da função de planejamento e controle da produção que tem o objetivo de integrar diversas áreas funcionais, como manufatura, marketing, recursos humanos, vendas, finanças, engenharia e desenvolvimento de produto. Essa integração objetiva gerar planos de cada área realistas, viáveis e coerentes entre si, e coerentes com os objetivos estratégicos da empresa.

- O S&OP é o nível mais elevado no planejamento hierárquico do MRP II, tendo como principais objetivos: suportar o planejamento estratégico do negócio; garantir que os planos sejam realísticos; gerenciar as mudanças de forma eficaz; gerenciar os estoques de produtos finais e/ou a carteira de pedidos de forma a garantir bom nível de serviços aos clientes; avaliar o desempenho; e desenvolver o trabalho em equipe.

- O aspecto central do S&OP são as pessoas. É o processo de negociação entre as diversas áreas da empresa que levará a um conjunto de planos operacionais coesos e realistas. Como pré-requisitos do S&OP, podemos enfatizar o entendimento do processo e o comprometimento dos participantes.

206 | PLANEJAMENTO, PROGRAMAÇÃO E CONTROLE DA PRODUÇÃO ■ Corrêa – Gianesi – Caon

- A maioria dos pacotes ERP/MRP II ainda não apresenta soluções adequadas para a integração de todos os dados e ao mesmo tempo permitir a adaptação ao longo do aprimoramento do processo, o que tem levado várias empresas a utilizar planilhas eletrônicas. É mais importante ter informações disponíveis e visíveis em relação ao desempenho passado, à situação atual e aos planos futuros da empresa.

- Dados de produção, estoques, vendas, carteira de pedidos e entregas, aliado à previsão da demanda no médio e longo prazo, permitem fazer um planejamento de vendas e de operações (produção), detalhando restrições de materiais e de capacidades. Em uma reunião preliminar de S&OP envolvendo nível gerencial das diversas áreas discutem-se recomendações para serem debatidas na reunião de S&OP com a alta direção da empresa, de onde sairá o plano de vendas e operações.

5.4 QUESTÕES E TÓPICOS PARA DISCUSSÃO

1. Quais as funções mais importantes exercidas pelo módulo de S&OP dentro do processo de gestão da empresa?
2. Por que esse nível de planejamento deve ser estabelecido de maneira formal e sistemática?
3. O que significa garantir as coerências interfuncional e intrafuncional? Por que devemos garantir a existência das duas?
4. Quais são os objetivos específicos a serem alcançados com o S&OP?
5. Que pré-requisitos são necessários para alcançar esses objetivos? Por quê?
6. O que entendemos por definir uma política de S&OP? O que constitui esta política?
7. Que ferramentas são adequadas para o S&OP?
8. Qual a importância da qualidade das informações utilizadas no S&OP? Que informações devem merecer especial atenção?
9. Quais os benefícios que o uso adequado do S&OP traz para a empresa?
10. Quais as etapas que compõem o processo periódico de S&OP?

5.5 EXERCÍCIOS

Os exercícios abaixo devem ser feitos com a utilização da planilha de apoio Cap5_ Exerc1-2, disponível como Material Suplementar deste livro no *site* do GEN.

1. Um fabricante de televisores tem enfrentado uma variação muito grande em sua demanda de TVs de LED de 42 polegadas nos últimos 2 meses. No S&OP de início de abril, a equipe de vendas argumenta que esse aumento é consistente, e que o plano de vendas deve ser aumentado em 15% nos próximos 4 meses a partir de abril, e 10% nos meses seguintes. Imagine que você é o diretor de manufatura e

que precisa dar uma resposta sobre a viabilidade desse plano. As informações que você tem sobre sua área são:

- a estratégia da empresa é produzir para estoque;
- as telas de LED são importadas, e exigem um prazo de 5 meses para estarem disponíveis na fábrica;
- o estoque de telas de LED de 42 polegadas no final da produção de março é de 4.500 unidades;
- a previsão de chegada de importação para o início dos meses de maio, junho, julho e agosto são, respectivamente: 4.000, 4.500, 4.500 e 4.500 unidades;
- a capacidade de produção está no seu limite, e não é possível ampliar a produção em abril. Pode-se contratar e treinar novas pessoas, tendo uma expectativa de aumento de 5% na capacidade de maio em relação ao plano atual, e 10% em junho também em relação ao mês de junho no plano atual. A partir de julho consegue-se atingir aumentos de capacidade de 20%, sempre em relação aos respectivos meses do plano atual;
- a empresa procura manter uma quantidade de estoque de produto acabado equivalente a 30% do plano de vendas.

a) Utilizando os dados da tabela abaixo, e seguindo as restrições acima descritas, calcule qual o melhor plano de produção que pode ser oferecido à área de vendas no S&OP.

b) Qual a diferença em relação ao desejado pela equipe de vendas? Essa diferença é aceitável? Como você acha que deve ser o comportamento do diretor de manufatura no S&OP?

Dica: Utilize a pasta Exercício 1 na planilha Cap5_Exerc1-2, disponível como Material Suplementar deste livro no *site* do GEN, para fazer esse exercício. Insira primeiro o novo plano de vendas (linha 6 da planilha), para depois calcular o novo plano de produção seguindo as restrições (linha 11). Verifique o impacto no estoque de produtos acabados (linha 16) e qual deve ser o ajuste no novo plano de vendas para que não haja estoque negativo.

Em unidades		HISTÓRICO			PLANEJAMENTO											
Meses		Jan	Fev	Mar	Abr	Mai	Jun	Jul	Ago	Set	Out	Nov	Dez	Jan	Fev	Mar
Dias no mês		20	17	20	21	19	21	23	21	22	22	20	17	20	17	22
Plano de vendas																
Plano atual		3400	3800	4000	4100	4000	4200	4000	4200	4200	4500	4500	4000	3600	3900	
Novo plano		3400	4350	4600												
Diferença		0	550	600												
Diferença acumulada		0	550	1150												
Plano de produção																
Plano atual		3500	3800	4000	4100	4000	4200	4300	4200	4200	4300	4500	4000	3500	3500	
Novo plano		3500	4000	4100												
Diferença		0	200	100												
Diferença acumulada		0	200	300												
Estoque de acabados																
Plano atual		1000	1000	1000	1100	1200	1200	1200	1200	1200	1200	1200	1200	1000	1000	
Novo plano	1400	1500	1150	650	650	650	650	650	650	650	650	650	650	650	650	
Diferença		500	150	-350												

2. Um fabricante de tecidos chegou ao final de março com uma situação atípica. Uma linha de produtos teve uma venda muito acima do planejado nos meses de novembro e dezembro, acarretando em uma carteira de 96 mil metros na virada do ano, equivalente a 76 dias. Esse volume é bem superior à meta de 20 dias em carteira. Ao mesmo tempo que tem um elevado número de pedidos em carteira, a área de vendas trouxe uma notícia bombástica à reunião de S&OP em início de abril: o principal cliente da empresa deixaria de comprar essa linha de tecidos. O volume de vendas terá uma redução de 30% em quantidade a partir de Maio em relação ao plano atual. A equipe de vendas se comprometeu a manter o volume de vendas do plano atual no mês de Abril.

O elevado número de pedidos em carteira fez com que a área de manufatura contratasse um grupo de funcionários temporários para as operações de fabricação, tingimento e acabamento. Esse grupo de funcionários começou em Março, com o objetivo de trabalhar na empresa até Agosto, elevando o volume de produção de 40 mil metros por mês para 55 mil metros por mês. Após esses seis meses, haveria uma redução dos pedidos em carteira a níveis aceitáveis, podendo-se dispensar essa equipe temporária. Contudo, frente a essa notícia de redução de demanda, a área de manufatura deverá reavaliar o plano de produção. Não existe nenhuma limitação de materiais. A equipe de temporários precisa permanecer na empresa por pelo menos 3 meses.

A empresa adota um planejamento de produção contra pedidos. Fixa-se um patamar de produção, reprogramando-a quando há excesso de pedidos em carteira ou atendimento integral dos pedidos.

a) Quais seriam os patamares de produção em um novo plano de produção? Analise quais as possíveis ações que a área de manufatura deve tomar.

b) Qual o impacto desse novo plano na empresa? Como deve ser o direcionamento na reunião de S&OP?

c) Caso o patamar mínimo de produção fosse 40 mil metros por mês, qual seria a sua proposta de plano de produção?

Dica: Utilize a pasta Exercício 2 na planilha Cap5_Exerc1-2, disponível como Material Suplementar deste livro no *site* do GEN, para fazer esse exercício. Insira primeiro o novo plano de vendas (linha 6 da planilha), seguindo o novo plano proposto pela equipe de vendas. Veja o comportamento da carteira de pedidos caso seja mantido o plano atual de produção. Execute as ações necessárias para reduzir os pedidos em carteira, seguindo as restrições existentes.

Em mil metros		HISTÓRICO			PLANEJAMENTO										
Meses		Jan	Fev	Mar	Abr	Mai	Jun	Jul	Ago	Set	Out	Nov	Dez	Jan	Fev	Mar
Dias no mês		20	17	20	21	19	21	23	21	22	22	20	17	20	17	22
Plano de vendas																
Plano atual		40	40	45	40	45	40	40	40	45	45	45	50	40	40	
Novo plano		45	40	38												
Diferença		5	0	-7												
Diferença acumulada		5	5	-2												
Plano de produção																
Plano atual		40	40	55	55	55	55	55	55	45	45	45	45	45	45	
Novo plano		40	41	48												
Diferença		0	1	-7												
Diferença acumulada		0	1	-6												
Carteira																
Plano atual		20	20	20	20	20	15	15	15	15	15	15	15	15	15	
Novo plano	96	101	100	90	90	90	90	90	90	90	90	90	90	90	90	90
Diferença		81	80	70												
Carteira em dias		76	73	56	-	-	-	-	-	-	-	-	-	-	-	-

5.6 EXERCÍCIO COM PLANILHA SIMULADORA DE MRP II – CASO POLITRON

Como no Capítulo 3, utilizaremos a planilha simuladora do caso Politron para fazer exercícios, focalizando agora a função S&OP com a simulação da lógica de um sistema MRP II. Cada exercício trará instruções para uso e preenchimento dos dados nas planilhas, de modo que você desenvolva o conhecimento adquirido no capítulo em uma aplicação prática.

No Material Suplementar, há um resumo do caso Politron para fins didáticos. Sugere-se que, ao final do livro, você se desafie a fazer o caso completo. O caso Politron e os exercícios estão disponíveis como Material Suplementar deste livro no *site* do GEN: www.grupogen.com.br.

CAPÍTULO 6

MPS – Planejamento--mestre da Produção[1]

OBJETIVOS DE APRENDIZAGEM

Ao final deste capítulo, o aluno deverá ser capaz de:

- Entender a importância do MPS – Planejamento-Mestre de Produção na integração entre plano estratégico e planos operacionais de manufatura da empresa.
- Compreender a lógica de funcionamento do MPS em um sistema MRP II.
- Relacionar os tipos de mensagem de ação típicas de um sistema MPS com as suas consequências no planejamento.
- Entender a relação entre os gerenciamentos do MPS em diferentes ambientes produtivos, como *make-to-stock*, *assembly-to-order*, *make-to-order* e *engineer-to-order*.

---

[1] Neste texto, assim como na maioria das empresas, são utilizados indistintamente os termos planejamento-mestre e programação-mestre (plano-mestre e programa-mestre).

6.1 INTRODUÇÃO

O MPS coordena a demanda do mercado com os recursos internos da empresa de forma a programar taxas adequadas de produção de produtos finais.

Conforme visto no Capítulo 5, para auxiliar os gerentes a tomar decisões sobre níveis agregados de volumes de produção, há o chamado processo de Planejamento de Vendas e Operações (S&OP – em língua inglesa, *Sales and Operations Planning*). No processo de S&OP, os dirigentes principais de cada função reúnem-se pelo menos uma vez por mês e desenvolvem um plano para a unidade de negócios, que visa sincronizar volumes agregados de produção com a demanda do mercado, normalmente também tratada de forma agregada.

A equipe de S&OP considera os produtos agregados em famílias ou linhas de produtos, sendo função do planejador-mestre de produção (responsável pelo MPS) desagregar esses níveis agregados de produção planejados em programas detalhados, por exemplo, semanais, para cada item de produto acabado individual. Dessa forma, o processo de S&OP dirige e, até certo ponto, restringe o processo de geração do programa-mestre de produção MPS.

Apenas ter um programa-mestre não garante nenhum sucesso. Assim, como ocorre com qualquer ferramenta, o MPS deve ser bem gerenciado. Se isso é malfeito, o resultado é um mau uso dos recursos da organização, um mau atendimento às demandas do mercado ou ambos, com sérios riscos para o poder de competitividade da empresa. Um mau uso do MPS pode inclusive pôr a perder as vantagens obtidas por um bom processo de S&OP. Bem gerenciado, por outro lado, o MPS colabora com a melhora do processo de promessa de ordens para clientes, com melhor gestão de estoques dos produtos acabados, melhor uso e gestão da capacidade produtiva e melhor integração na tomada de decisão entre funções, permitindo que as decisões multifuncionais, que muitas vezes envolvem interesses conflitantes entre funções, possam ser tomadas com base objetiva, suportada por dados e não por opiniões não fundamentadas, ou, como isso é chamado em muitas organizações, apenas por *feeling*.

Por meio da manutenção de uma acurada visão do balanço entre suprimento e demanda, a programação-mestre permite oferecer aos clientes um adequado nível de serviço, dentro das restrições impostas pelos níveis de estoques, recursos produtivos e tempo disponíveis. Pela provisão de informações atualizadas sobre a situação presente dos programas da empresa e sobre sua condição de comprometer-se com pedidos ou solicitações de clientes, permite que o escalão gerencial da empresa concentre-se onde mais interessa, em tempos de concorrência acirrada: melhor atendimento ao cliente.

6.2 CONCEITOS

6.2.1 Por que fazer planejamento-mestre de produção?

No processo de planejamento hierárquico da produção (veja Capítulo 1), o primeiro nível é o de gestão estratégica, determinado pelo escalão hierárquico mais alto dentro da organização, um quadro em geral pintado em grandes pinceladas, não detalhado, direcionado às metas mais amplas e de longo prazo da empresa. Planos estratégicos inevitavelmente falam uma linguagem financeira ou de mercado: "faturamento de 30 milhões", "lucros antes do imposto de 4 milhões", "retorno sobre investimento de 16%", "*market share* ampliado em 3%" são exemplos de algumas declarações de intenções de planos em nível estratégico. Entretanto, para se tornarem realidade, esses planos estratégicos têm de ser quebrados em planos operacionais táticos: planos que definem o que de fato deve ser feito. Estes focalizam-se nos problemas da empresa em níveis mais operacionais:

- plano de vendas: número de unidades que os representantes de vendas deverão esforçar-se para vender;
- plano de marketing: mercados a atacar, produtos, preços, promoções e esquemas de distribuição que serão usados;
- plano de engenharia: programas e projetos a serem desenvolvidos na prancheta;
- plano de finanças: receitas, orçamentos de despesas e margens de lucro visados;
- plano de manufatura: o que, quanto, quando e com que recursos a fábrica vai produzir.

Esses planos operacionais (também chamados funcionais por referirem-se às diferentes funções dentro da empresa) devem estar ligados uns aos outros, e todos aos planos estratégicos da empresa. A manufatura não pode, independentemente, definir o que, quanto e quando vai produzir: quantidades a manufaturar devem ser decididas em comum com vendas, que por sua vez depende da demanda de mercado; em comum com a engenharia, que é a única função que sabe detalhadamente o que está nas pranchetas, em termos de produtos e processos; e com a função de finanças, que é quem vai pagar por materiais, mão de obra e estoques. Por isso, é necessário um nível de planejamento intermediário, responsável pelo processo de desdobramento dos planos estratégicos e do S&OP em planos operacionais. No caso da função de produção, o MPS é o processo responsável por garantir que os planos de manufatura, no nível desagregado, estejam perfeitamente integrados com o nível superior de planejamento estratégico e com os outros planos funcionais.

6.2.1.1 Nível entre estratégias funcionais e operação

A ampla área entre os planos estratégicos e sua execução num nível tático é o domínio da gerência intermediária. A gerência intermediária é responsabilizada pelo desenvolvimento de planos de nível mais baixo (mais detalhados e de horizonte mais curto) e por sua execução. Nesse sentido, a gerência intermediária compatibiliza os planos estratégicos com sua execução detalhada. Entretanto, à medida que a execução detalhada acontece, a gerência intermediária é também responsável por garantir a "ligação" do trabalho detalhado com os planos agregados da alta direção.

O planejador-mestre é um desses importantes compatibilizadores de gerência intermediária. Trabalha como um "colchão" entre um conjunto de atividades da empresa (vendas) e outro (manufatura).

A demanda dos clientes por produtos da empresa pode variar de período a período e essa variação é difícil de prever. Essa variação, não raro, pode ser maior do que a capacidade de a manufatura responder a ela. Também não é em geral do interesse da empresa fazer a manufatura correr atrás, atendendo a demanda apenas no momento e na taxa que ela aparece, de forma reativa. O resultado de agir reativamente pode ser o caos na fábrica, com taxas de produção variando, gargalos locais itinerantes, excesso de horas extras em certos períodos e ociosidade em outros, entre outros sintomas. A habilidade de compatibilização no planejamento-mestre – sua habilidade de balancear suprimento e demanda – dá à empresa a oportunidade de evitar o caos na fábrica sem deixar de atender aos níveis variáveis e pouco previsíveis da demanda.

Muitos livros e consultores dizem-nos que empresas de manufatura devem ter esses objetivos em mente: maximizar o serviço ao cliente, minimizar estoques e maximizar a utilização dos recursos produtivos. Idealmente, isso significa operar a fábrica em níveis de produção muito próximos à capacidade instalada o tempo todo. Estoques deveriam ser zero ou próximos de zero, com nível máximo de serviços: isso implica que quando um cliente ligasse para colocar um pedido, aquele produto deveria, naquele momento, estar saindo da linha de produção para despacho.

Quando consideramos o mundo real, entretanto, essa visão do mundo perfeito em manufatura tende a ficar mais obscura e distante. Respostas muito rápidas ao cliente requerem, em geral, algum nível de estoques e as fábricas não podem ser operadas a taxas de produção constantes e próximas à capacidade instalada com a demanda subindo e descendo de forma cada vez mais errática. Assim, em vez de serem minimizadores de estoques, ou maximizadores de serviços ou, ainda, maximizadores de utilização de capacidade, programadores-mestres devem ser compatibilizadores, achando a melhor solução intermediária, aquela capaz de satisfazer adequadamente os possíveis objetivos conflitantes dentro da organização, seja entre diferentes funções, seja entre diferentes níveis hierárquicos de planejamento.

Pergunte a alguém do departamento de vendas qual a demanda pelo produto A e a resposta tem grande chance de ser algo como: "4.800 unidades por ano – mais ou menos 400 por mês". Essa forma de pensar em vendas, em termos amplos, é adequada ao departamento de vendas. Seu planejamento provavelmente é feito em meses, trimestres ou mesmo anualmente. Se as vendas são de 300 unidades num mês e 500 no outro, isso pode não trazer qualquer problema ao departamento de vendas, já que, em média, as vendas ficaram em 400 ao mês, ou seja, nos 4.800 por ano.

Na fábrica, entretanto, a demanda pintada em pinceladas largas, por exemplo em médias mensais, não ajudará muito. A fábrica necessita de informação desagregada. Quantos devemos fazer hoje? É a pergunta que fazemos. Nesse sentido, a fábrica está mais sintonizada no cliente que o departamento de vendas. O cliente não quer 1.000 nesse ano. O cliente quer 100 nessa semana, 125 na semana que vem, 90 na próxima e assim por diante.

Para o programador-mestre, o desafio é tentar programar a produção de forma a manter suas taxas de produção o mais estáveis possível, com mínima formação de estoques, levando em conta, para isso, os custos envolvidos; por um lado, de variar as taxas de produção e, por outro, de carregar estoques. Entretanto, como uma empresa pode suavizar seu programa de produção com a demanda do mercado exigindo atendimento na forma de picos e vales? A seguir é descrita uma lista de possíveis alternativas:

- uso de estoques de produtos acabados;
- gerenciamento do suprimento pelo uso de horas extras, subcontratação, turnos extras etc.;
- gerenciamento da demanda sugerindo promoções, oferecendo vantagens para clientes que recebem mercadorias adiantado e descontos para clientes que aceitarem postergar determinado recebimento etc.;
- variação dos tempos de promessa de entrega quando da oferta ou variação dos tempos internos de atravessamento via alteração de prioridades;
- combinações das alternativas anteriores: gerenciando suprimento, demanda e *lead times*;
- recusa de pedidos que não possam ser entregues como solicitado, para evitar gerar caos na fábrica, internalizando um pedido que, já de início, está atrasado.

As opções listadas fazem parte da caixa de ferramentas do programador-mestre. Como se nota, algumas incluem decisões multifuncionais. Por isso, o MPS é um âmbito de planejamento que deve ser considerado multifuncional, não podendo ficar exclusivamente a cargo de uma ou outra função isolada.

PARA PENSAR

Releia com atenção a última frase das alternativas elencadas acima: "Recusa de pedidos que não possam ser entregues como solicitado, para evitar gerar caos na fábrica, internalizando um pedido que, já de início, está atrasado".

O conflito entre diferentes áreas da empresa é muito comum quando há um desbalanceamento entre demanda e suprimento. Por exemplo, é comum a área de vendas trazer pedidos com quantidade

> fora e acima da previsão, com o objetivo de se beneficiar de uma melhor comissão de vendas em determinado período. Imagine que você seja o planejador-mestre. Um vendedor da empresa, que é seu amigo pessoal há mais de vinte anos, pediu para que você liberasse um pedido de vendas cujo produto supera em mais de 35% a previsão de vendas naquele mês. Qual seria a sua postura nesse caso? Discuta as implicações da sua postura para o desempenho geral da empresa.

6.2.1.2 Que é planejamento-mestre?

Plano-mestre é um plano operacional, parte de um plano mais amplo e abrangente, que é o plano de vendas e operações, antigamente chamado simplesmente plano agregado de produção. Assim como qualquer outro, o plano-mestre de produção deve ser integrado com os planos de outras funções dentro da organização. Deve ser interligado com vendas, marketing, engenharia, finanças e manufatura. De acordo com o *Dicionário APICS*,[2] 15ª edição, de 2016, o plano-mestre de produção é:

"Uma declaração do que a empresa espera manufaturar. É o programa antecipado de produção daqueles itens a cargo do programador-mestre. O programador-mestre mantém esse programa que, por sua vez, torna-se uma série de decisões de planejamento que dirigem o planejamento de necessidade de materiais (MRP). Representa o que a empresa pretende produzir expresso em configurações, quantidades e datas específicas. O programa-mestre não é uma previsão de vendas, que representa uma declaração de demanda. O programa-mestre deve levar em conta a demanda, o plano de produção (ou S&OP), e outras importantes considerações, como solicitações pendentes, disponibilidade de material, disponibilidade de capacidade, políticas e metas gerenciais, entre outras. É o resultado do processo de programação-mestre. O programa-mestre é uma representação combinada de previsões de demanda, pendências, o programa-mestre em si, o estoque projetado disponível e a quantidade disponível para promessa."

Programa-mestre é uma declaração de quantidades planejadas que dirigem os sistemas de gestão detalhada de materiais e capacidade, e essa declaração é baseada nas expectativas que temos da demanda (da visão de demanda, presente e futura que temos) e dos próprios recursos com os quais a empresa conta hoje e vai contar no futuro. A Figura 6.1 mostra o posicionamento do MPS no corpo da estrutura MRP II.

---

[2] APICS é sigla de "American Production and Inventory Control Society", organização americana que se ocupa, entre outras coisas, de congregar práticos e acadêmicos da área de planejamento e controle de produção, padronizar uso de termos, certificar profissionais, editar periódicos e promover congressos relacionados ao tema.

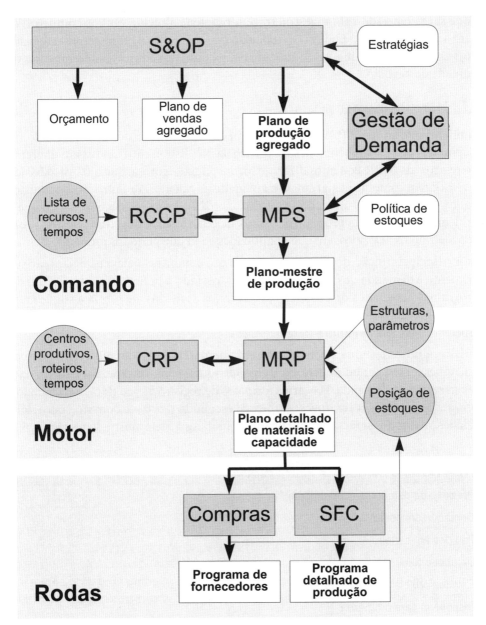

Figura 6.1 Esquema geral do MRP II mostrando a posição do MPS.

6.2.2 Funcionamento do MPS

É importante entender perfeitamente o funcionamento do MPS para que possamos com ele gerenciar. Vale o que já foi dito em seções anteriores: o mesmo MPS instalado

PLANEJAMENTO, PROGRAMAÇÃO E CONTROLE DA PRODUÇÃO ■ Corrêa – Gianesi – Caon

pode ser gerenciado com maestria trazendo potencialmente ganhos competitivos para a organização, ou pode ser gerenciado de forma trivial ou imperfeita, tornando-se, na melhor das hipóteses, inócuo, ou, na pior, prejudicial ao desempenho da unidade de negócio.

6.2.2.1 Registro básico do MPS

Similarmente ao MRP (planejamento de necessidades de materiais), discutido no Capítulo 3, o MPS também tem seu registro básico. Este é, entretanto, bem diferente do registro do MRP. Podemos dizer, de forma pouco rigorosa, que o registro básico do MRP tem como principal ênfase a atividade de cálculo. Por outro lado, o registro básico do MPS é mais um suporte informacional à tomada de decisão, sendo que a principal ênfase está no processo decisório, de certa forma externo ao registro, sobre quais produtos acabados, em que quantidades e em que períodos produzir.

A principal função do MPS é coordenar ou, em outras palavras, balancear suprimento e demanda dos produtos acabados, período a período. Faz isso definindo programas detalhados de produção de produtos acabados, de forma a suportar os planos agregados desenvolvidos na etapa de S&OP, ou Planejamento de Vendas e Operações (veja o Capítulo 5 para detalhes).

Isso significa ter uma visão de futuro da demanda, considerando todas as suas diferentes fontes, período a período, e entender quais recursos serão necessários para satisfazer a essa demanda. Há vários formatos de registro básico (também chamado "matriz") do MPS. Cada *software* comercial escolhido terá o seu com suas particularidades, mas todos serão, conceitualmente, similares àquele mostrado na Figura 6.2.

ITEM DE MPS LAPISEIRA P207	Atraso	1	2	3	4	5
Previsão de demanda independente						
Demanda dependente						
Pedidos em carteira						
Demanda total						
Estoque projetado disponível						
Disponível para promessa						
Programa-mestre de produção MPS						

Figura 6.2 Registro básico do MPS.

Cada coluna do registro contém todas as atividades referentes à programação-mestre, esperadas para acontecer em um período específico. A natureza da atividade – se relacionada a suprimento ou demanda – é determinada pela específica linha onde ocorre.

O número de períodos de um registro básico de MPS depende do horizonte e do período de planejamento escolhidos pela empresa em questão. Tecnicamente, cada período pode representar um dia, uma semana, uma quinzena ou mesmo um mês. Na prática, em geral, os eventos representados têm datas específicas: 2 de setembro, 9 de setembro, 16 de setembro e assim por diante.

Por convenção, similarmente ao que ocorre com o registro básico do MRP, o período corrente é o período 1 e assim permanece conforme passa o tempo. Dessa forma, numa semana, o período 1 poderia iniciar em 2 de setembro, na próxima semana o período 1 iniciar-se-á em 9 de setembro e assim por diante. Os dados de cada coluna mudam-se para a esquerda à medida que o tempo passa. A coluna imediatamente à esquerda do período 1 é a coluna de "Atrasos" ou "Passado". Refere-se a ocorrências que deveriam ter acontecido (ou esperávamos que acontecessem) em períodos passados, mas não aconteceram. No computador, em geral, as ocorrências são armazenadas por data e, portanto, qualquer período maior que o dia pode ser usado acumulando-se apropriadamente ocorrências nos dias em períodos maiores.

As quatro primeiras linhas do registro mostrado na Figura 6.2 referem-se à demanda.

Previsão de demanda independente

Identifica a "demanda independente" para esse item de MPS. Significa a previsão da demanda que, esperamos, ocorrerá de forma independente da demanda de qualquer outro item no sistema. A previsão de demanda independente refere-se, por exemplo, à demanda que o mercado consumirá, com os itens sendo vendidos diretamente ao cliente. Para os produtos acabados, refere-se à previsão de demanda normal. Para outros, semiacabados, refere-se, por exemplo, a unidades vendidas como peças de reposição ou peças para atividades de serviço pós-venda. Um item pode, obviamente, ter parte de sua demanda independente e parte dependente. No caso de nossa lapiseira, o registro básico de MPS para o item "Miolo" teria, por exemplo, parte de sua demanda gerada para atender às necessidades de demanda independente do mercado que consome miolos de lapiseira P207 para assistência técnica e parte de sua demanda devida a necessidades de montagem de lapiseiras P207, da qual o miolo é um componente direto. Esse fato explica por que no registro da Figura 6.2 existe uma linha de "Demanda dependente".

Demanda dependente

A linha de demanda dependente identifica as quantidades do item em questão que serão vendidos no futuro, como parte de algum outro produto. No caso de nossas lapiseiras P207, o registro de MPS do item miolo traria nessa linha as necessidades brutas do item miolo que devem estar disponíveis no futuro para suprir o setor de montagem de lapiseiras P207. Dessa forma, a demanda dependente do item miolo vai ser tanto maior quanto maior for a necessidade de montar lapiseiras.

Pedidos em carteira

Pedidos em carteira referem-se a ordens de clientes de produtos que já foram vendidos, mas ainda não foram despachados. Um cliente, por exemplo, colocou um pedido de compra para uma quantidade de lapiseiras, mas por algum motivo (indisponibilidade imediata do material, indisponibilidade de capacidade produtiva, ou mesmo desejo do consumidor) essas lapiseiras deverão ser entregues em algum ponto do futuro. Outro exemplo ocorre com programas firmes de entrega colocados pelo cliente com antecedência. Essas lapiseiras do pedido colocado representam demanda real e o programador-mestre deve acompanhar esses pedidos por cliente, quantidade, data e outros de forma a garantir que o cliente vai receber seu pedido corretamente.

Demanda total

Essa linha representa a combinação das três anteriores. Alguns sistemas MRP comerciais fazem com que simplesmente a linha "Demanda total" seja o resultado da soma das três demandas: independente, dependente e carteira.

Como, entretanto, os pedidos colocados entram contra as previsões feitas, esses sistemas, à medida que os pedidos vão entrando e aparecendo na linha de "Pedidos em carteira", vão deduzindo as quantidades correspondentes da linha de "Previsão de demanda independente". Isso é equivalente a considerarmos que os pedidos que estão entrando haviam sido previstos e, portanto, quanto mais pedidos entram, menos pedidos restam entrar, conforme a previsão.

A linha de previsão de demanda independente, entretanto, não deve, em princípio, ficar negativa (mesmo nos casos em que os pedidos em carteira para determinado período superam as previsões), mantendo-se nesse caso em zero. Dessa forma, tudo se passa como se o sistema considerasse, como demanda total do período, sempre, a soma da linha de "Demanda dependente" com a linha que tiver, no período considerado, o maior valor, dentre as de "Previsão de demanda independente" original (considerada sem deduzir os pedidos em carteira que entraram) e as de "Pedidos em carteira".

A linha de "programa-mestre de produção" MPS – o lado dos suprimentos

Essa é a linha em que ou o programador-mestre ou o sistema, por meio de seus cálculos, colocam ordens para que a demanda de cada período seja adequadamente satisfeita, período a período. Cada quantidade que aparece na linha do MPS representa uma quantidade definida de um item determinado que precisa estar pronto num momento específico do tempo. As ordens de suprimento do programa-mestre aparecem, ou podem aparecer de três formas: ordens liberadas (ou abertas), ordens firmes planejadas (confirmadas, mas não abertas ainda) e ordens planejadas (mas não firmes).

Ordens liberadas (OL): disparam processos produtivos, autorizando que materiais e outros recursos produtivos sejam utilizados para produzir o determinado item em questão.

CAP. 6 ■ MPS – PLANEJAMENTO-MESTRE DA PRODUÇÃO | 221

Ordens firmes planejadas (OFP): ordem cujo controle o programador-mestre tomou para si, tirando-o do computador. Uma ordem normalmente se torna uma OFP a partir de uma ordem sugerida pelo computador (aqui chamadas "ordens planejadas" – OPs), quando o programador-mestre a confirma. Desse ponto em diante o computador não a altera mais de forma autônoma. Só o programador-mestre pode alterar uma OFP (por vezes necessitando, para isso, de autorização superior). OFP é uma declaração do programador-mestre equivalente a: "pretendo firmemente produzir tal quantidade desse item para que esteja pronta em tal data, mas ainda não considero ser hora de liberar (ou abrir) essa ordem para produção". Ordens firmes planejadas são explodidas pelo módulo MRP de cálculo para que materiais e capacidade produtiva sejam planejados, da mesma forma que também são explodidas as ordens planejadas (ainda não firmadas pelo programador-mestre, apenas sugeridas pelo computador). Cumpre lembrar que as ordens liberadas (OL) não são explodidas pelo MRP porque estas já terão sido explodidas anteriormente (quando ainda eram apenas OPs ou OFPs), causando, no momento de sua liberação, a efetiva alocação da quantidade correspondente de material dos itens componentes imediatos.

Ordens planejadas (OP) pelo computador: OP é uma ordem criada pelo sistema computacional (e não pelo programador-mestre), baseado em sua fria lógica de cálculos e números. Serve como sugestão para que o planejador a cargo do programa de produção saiba que, mantidas as demais condições, uma ordem firme daquele tamanho e naquela data será necessária para que obtenhamos o balanço entre suprimento e demanda. Entretanto, para que uma ordem planejada (OP) tenha qualquer efeito sobre a produção, ela deve ser transformada em ordem liberada (OL) pelo programador-mestre, ou diretamente, ou passando pelo estágio "intermediário" de ordem firme planejada (OFP). O sistema computacional baseia sua criação de OPs nas quantidades e datas de demanda futura, em tamanhos predeterminados de lotes, níveis predeterminados de estoques de segurança (se assim o sistema tiver sido parametrizado) e *lead times*, de forma a procurar, tanto quanto possível, balancear demanda com suprimento. A regra de criação de OPs usada pelo sistema é predefinida e incorporada no algoritmo de cálculo e obedece a determinados "limites temporais" (em literatura inglesa e no jargão do MRP, também conhecidos como *time fences*). Esses limites temporais definem datas antes das quais o sistema computacional não está autorizado a criar OPs, por considerarmos que só em situações excepcionais ordens devam ser criadas com pequena antecedência. Como a capacidade de o sistema computacional julgar excepcionalidades é restrita, os limites temporais definem períodos dentro dos quais só o programador-mestre altera o programa.

Cada tipo de ordem de suprimento tem seu papel dentro do processo de programação-mestre. Ordem liberada (OL) é uma ordem de produção, que autoriza operações fabris a acontecerem. Ordens firmes planejadas (OFPs) são também importantes, pois sem a figura delas e dos limites temporais, a lógica fria do algoritmo do MPS tentaria arbitrariamente balancear demanda com suprimento de itens, sem o devido cuidado de checar antecedências para garantir disponibilidade de materiais e outros recursos produtivos. Ordens planejadas (OPs) são a versão computacional das OFPs e, pelo volume de cálculos envolvidos, seria impossível para o programador-mestre gerar todas as sugestões e revisões de sugestões de abertura de ordens com a rapidez necessária sem o apoio das ordens sugeridas pelo computador.

Estoque projetado disponível

Essa linha projeta a quantidade que vai estar disponível em estoque do item de MPS em questão, em determinado momento futuro. É também onde a lógica do algoritmo computacional do MPS baseia suas sugestões, visando balancear suprimento e demanda. Suas sugestões são informadas ao programador-mestre via "mensagens de exceção" ou "mensagens de ação". A menos que a empresa tenha definido determinado nível de estoque de segurança para um item, o balanço perfeito buscado pelo algoritmo do MPS é o de manter o estoque disponível projetado dos itens de MPS em zero. Se a empresa decide definir estoque de segurança para um item de MPS de 100 unidades e assim parametriza o sistema, o balanço perfeito visado pelo algoritmo passa a ser de estoque projetado disponível de 100. No mundo real, dificilmente o balanço perfeito é conseguido. Uma quantidade maior que o balanço perfeito (seja ele zero ou o nível de estoque de segurança definido) sugere uma quantidade maior que a necessária de estoques, assim como uma quantidade menor que o balanço perfeito sugere uma "falta". Com base nessas quantidades maiores ou menores que o balanço perfeito, identificadas pelo algoritmo em períodos futuros, o sistema computacional sugerirá antecipação de ordens já existentes, aumentos de quantidades, postergamento ou reduções de quantidades, cancelamento ou criação de novas ordens, conforme apropriado, para que o melhor balanço seja obtido.

Disponível para promessa

Essa linha é usada para suportar o processo de promessa de datas e quantidades para entrega a clientes e projeta, *grosso modo*, o suprimento de produtos menos os pedidos em carteira (ou seja, a demanda real já efetivada). O resultado dessa projeção informa aos setores de comercialização da empresa quais as quantidades, período a período, que podem ser prometidas aos clientes sem que o programa-mestre de produção tenha de ser alterado. Essa informação pode ser de extrema importância se a empresa quer garantir um processo honesto de promessas de entrega, contribuindo substancialmente para seu desempenho em confiabilidade das entregas prometidas (promessas realistas são muito mais fáceis de cumprir...) e para a melhoria/manutenção de sua imagem como fornecedor confiável e íntegro. Para mais detalhes sobre o uso do Disponível para promessa, veja o Capítulo 7 – Gestão de demanda.

Dinâmica da programação-mestre de produção

Imaginemos o uso do registro básico do MPS como uma ferramenta de programação da nossa lapiseira P207. Por simplicidade, consideraremos a estrutura de produto da lapiseira P207 apenas com o primeiro nível de componentes, conforme a Figura 6.3.

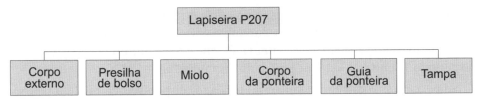

Figura 6.3 Estrutura da lapiseira P207 em apenas um nível.

Assumamos que a lapiseira P207 é feita para estoque, isto é, produtos acabados são enviados para um estoque de produtos acabados. Assumamos também que a quantidade "em mãos" disponível hoje em estoque do item lapiseira P207 é de 240 unidades, o *lead time* é de uma semana e a montagem final é feita em lotes de, no mínimo, 400 peças por questões de dificuldade de preparação da linha de montagem. Para esse exemplo hipotético, assumimos uma previsão de demanda uniforme de 200 lapiseiras por período, ao longo dos oito períodos considerados, conforme mostrado na Figura 6.4. Nenhum pedido em carteira aparece, pois não há pedidos programados para o futuro e os pedidos já colocados ou foram atendidos ou as lapiseiras correspondentes já foram alocadas do estoque disponível. Notemos que a coluna de "atraso" da linha de "previsão de demanda independente" está branca significando que não há previsões passadas não consumidas. Uma previsão em "atraso" deveria ou ser transferida para frente ou eliminada, dependendo da política da empresa. A quantidade de 240 unidades da linha "estoque projetado disponível" e na coluna "atraso" não significa que essa quantidade está atrasada, mas que a quantidade disponível em mãos é, hoje (ou, para manter a coerência formal com as outras células da linha, a quantidade disponível ao final do período passado), 240. Com base nessa informação, o sistema pode então iniciar seus cálculos do estoque disponível projetado para os períodos futuros.

LAPISEIRA P207	Atraso	1	2	3	4	5	6	7	8
Previsão de dem. independente		200	200	200	200	200	200	200	200
Demanda dependente									
Pedidos em carteira									
Demanda total		200	200	200	200	200	200	200	200
Estoque projetado disponível	240	40	240	40	240	40	240	40	-160
Disponível para promessa									
Programa-mestre (MPS)			400		400		400		

Figura 6.4 Registro básico do MPS do item lapiseira P207.

Por exemplo, 240 unidades em mãos no início do período 1 menos 200 unidades que, esperamos, serão demandadas durante o período 1 (linha de demanda total) resulta num balanço positivo de 40 unidades, que é o estoque projetado para o final do período 1 (linha de "estoque projetado disponível").

No período 2, o cálculo é similar: 40 unidades disponíveis ao final do período anterior (linha "estoque projetado disponível", coluna 1) mais um suprimento de 400 (linha "MPS", coluna 2), menos a demanda total durante o período 2, de 200 unidades, resulta num balanço positivo, ao final do período 2, de 240 unidades (linha "estoque projetado disponível", coluna 2). A lógica repete-se até o período 7, com suprimentos dados pela linha de MPS suprindo as necessidades dadas pela demanda prevista.

No período 8, a situação muda um pouco. O período 7 terminou com um estoque projetado de 40 unidades. Isso, como das outras vezes, representa o disponível em mãos para o início do período seguinte (período 8). A demanda prevista para o período 8 é, de novo, de 200 unidades. Nenhuma unidade, entretanto, está programada para ser recebida pronta no período 8 (como pode ser visto pela linha de MPS zerada no período 8). Dada essa situação, o sistema corretamente projeta uma disponibilidade negativa de 160 unidades ao final do período 8, se o planejador nada fizer a respeito e se a demanda ocorrer de acordo com o previsto.

O sistema identificará esse balanço negativo e, uma vez efetuado o cálculo, colocará uma ordem planejada (OP) no período 8 para corrigir a situação de balanço negativo. Essa ordem, pela lógica estrita do MPS, deveria ser de 160 unidades, mas como o sistema foi parametrizado para tamanho de ordem mínimo de 400 unidades, será de 400 unidades. Se no futuro o programador-mestre resolver firmar essa ordem planejada, ele a converterá em uma ordem firme planejada (OFP) ou em ordem liberada (OL), caso decida abrir a ordem diretamente e o balanço negativo de 160 unidades será convertido em balanço positivo de 240 unidades, conforme consta da Figura 6.5.

LAPISEIRA P207	Atraso	1	2	3	4	5	6	7	8
Previsão de dem. independente		200	200	200	200	200	200	200	200
Demanda dependente									
Pedidos em carteira									
Demanda total		200	200	200	200	200	200	200	200
Estoque projetado disponível	240	40	240	40	240	40	240	40	240
Disponível para promessa									
Programa-mestre (MPS)			400		400		400		400

Figura 6.5 Registro básico do MPS do item lapiseira P207 com balanço positivo recuperado. A ordem de 400 na linha de MPS, coluna 8, acaba de ser planejada pelo sistema computacional, não sendo ainda, portanto, uma ordem liberada (OL).

No exemplo, os primeiros três recebimentos programados de 400 unidades nos períodos 2, 4 e 6 são ou ordens firmes planejadas ou ordens liberadas. São, portanto, ordens que o planejador-mestre já transformou, provavelmente com base em sugestões do sistema computacional, ou seja, com base em ordens planejadas (OPs). O exemplo ajuda a reforçar o ponto que é verdade para vários âmbitos e níveis dos sistemas MRP: o sistema computacional apenas faz sugestões; quem toma decisões é sempre o planejador, ou seja, uma pessoa. A questão agora é o que fazer com a ordem planejada do período 8. Para balancear demanda e suprimento no nível do MPS, essa ordem de 400 lapiseiras é necessária. Portanto, o sistema vai assumir que o programador-mestre converterá a ordem planejada em ordem firme planejada quando necessário (baseado no *lead time* do produto).

6.2.2.2 O MPS dirige o MRP

O próximo passo[3] do processo é comunicar esse plano de montagem final para os níveis de baixo da estrutura de produto da lapiseira, a fim de garantir que materiais e capacidade de produção estarão disponíveis quando necessários. Isso se dará da forma ilustrada pela Figura 6.6, em que o registro do MPS do item de produto acabado é refletido nos registros de MRP dos itens filhos (apenas três dos itens filhos da lapiseira P207 são ilustrados na Figura 6.6, mas tudo se passa de forma similar para os outros itens filhos não ilustrados na figura), afetando suas linhas de necessidades brutas (para detalhes sobre o funcionamento dos registros básicos do MRP e de como, com base no nível 1, as necessidades são transmitidas de nível a nível, dentro da estrutura de produtos, veja o Capítulo 3).

Note que a linha de MPS do item lapiseira P207 afeta a linha de necessidades brutas dos itens de MRP que são seus itens filhos, mas defasada de um *lead time*, ou, nesse caso, um período. Isso porque as quantidades da linha de MPS são de produtos finais que devem estar disponíveis para satisfazer à demanda nos períodos correspondentes. A linha de MPS não se refere, por conseguinte, à abertura das ordens, mas à disponibilidade dos produtos.

---

[3] Na maioria dos casos, o próximo passo, na verdade, é verificar a viabilidade do plano-mestre de produção em termos de disponibilidade de capacidade produtiva, por meio de um cálculo grosseiro conhecido como *rough cut capacity planning*, que será discutido detalhadamente no Capítulo 8.

LAPISEIRA P207 LT = 1	Atraso	1	2	3	4	5	6	7	8
Previsão de dem. independente		200	200	200	200	200	200	200	200
Demanda dependente									
Pedidos em carteira									
Demanda total		200	200	200	200	200	200	200	200
Estoque projetado disponível	240	40	240	40	240	40	240	40	240
Disponível para promessa									
Programa-mestre (MPS)			400		400		400		*400*

Corpo externo Lote mín. = 50; LT = 2; ES = 80	Atraso	1	2	3	4	5	6	7	8
Necessidades brutas		400		400		400		400	
Recebimentos programados		400							
Estoque projetado	80	80	80	80	80	80	80	80	80
Recebim. Ordens Planej.				400		400		400	
Liberação Ordens Planej.		400		400		400			

Presilha de bolso Lote mín. = 90; LT = 1; ES = 500	Atraso	1	2	3	4	5	6	7	8
Necessidades brutas		400		400		400		400	
Recebimentos programados		400							
Estoque projetado	550	550	550	500	500	500	500	500	500
Recebim. Ordens Planej.				350		400		400	
Liberação Ordens Planej.			350		400		400		

Miolo Lote mín. = 1; LT = 1; ES = 60	Atraso	1	2	3	4	5	6	7	8
Necessidades brutas		400		400		400		400	
Recebimentos programados		350							
Estoque projetado	120	70	70	60	60	60	60	60	60
Recebim. Ordens Planej.				390		400		400	
Liberação Ordens Planej.			390		400		400		

Figura 6.6 Registro básico do MPS da lapiseira P207 transformando-se em registros básicos dos componentes de primeiro nível, um *lead time* (necessário à montagem final das lapiseiras) antes.

6.2.2.3 Estoques de segurança no MPS

Estoques de segurança no MPS funcionam de forma similar ao que acontece com os registros do MRP. Sem estoques de segurança, o algoritmo de cálculo vai procurar adequar as sugestões de aberturas de ordens planejadas, para que o balanço de estoque disponível projetado não fique negativo. Com a definição, via parametrização, de certo nível de estoque de segurança, o algoritmo fará o mesmo, com a diferença de que colocará ordens planejadas de modo que o balanço de estoque projetado disponível não fique abaixo do nível definido como estoque de segurança.

6.2.2.4 Planejando com *time fences*

O conceito de *time fences* é muito importante para o gerenciamento do MPS. Definem períodos, com duração predefinida por parametrização, a partir do tempo presente, dentro dos quais o controle sobre todas as ordens é tirado do sistema computacional e assumido pelo programador-mestre. O sistema computacional, então, não tem autonomia para alterar (aumentar quantidades, alterar datas, cancelar ou criar) ordens de produção dentro desses períodos – apenas o programador-mestre pode fazê-lo. Isso acontece porque, segundo a lógica estrita de cálculo do MPS, o algoritmo sugeriria *sempre* ordens para recuperar o balanço desejado de estoque projetado disponível (seja o balanço desejado o zero, ou seja, o nível definido como o estoque de segurança do item). Entretanto, às vezes, quando são colocadas ordens sem a antecedência necessária, por exemplo, sem respeitar o *lead time* acumulado do item de MPS em questão,[4] pode ocorrer que os itens de materiais para cumpri-las não estejam presentes quando necessários, gerando um plano não viável. Por isso, para a alteração de ordens dentro do *time fence* definido, verificações adicionais deverão ser feitas pelo programador-mestre. Ordens colocadas para a fábrica com pequena antecedência também tendem a acarretar alterações de taxas de utilização de recursos (normalmente, via horas extras, subcontratação), com a correspondente redução de produtividade, além de requerer muitas vezes materiais sendo enviados por fornecedores com urgência (por vezes por via aérea), com os correspondentes custos adicionais que isso acarreta. Por demandar análises de custos e benefícios mais complexas, alterações do MPS com pequena antecedência (dentro de *time fences*), muitas vezes, conforme políticas predefinidas pela empresa, requerem até níveis superiores de autorização.

---

[4]   O *lead time* acumulado de um item de MPS é o tempo total máximo necessário para produzir o item de MPS (em geral produtos acabados) a partir do zero, sem contar nenhum semiacabado ou material em estoque. No caso de nossa lapiseira P207, é fácil ver, pela Figura 3.4 (Capítulo 3), que o *lead time* acumulado é de nove semanas, já que para, a partir do nada, conseguirmos ter uma lapiseira acabada pronta, deveremos iniciar comprando o item "corante preto", com pelo menos nove semanas de antecedência.

Os *time fences* são períodos que podem ser definidos pelo programador-mestre, via parametrização do sistema. Entretanto, um bom valor, para começar, do *time fence* para o MPS de determinado item é exatamente seu *lead time* acumulado. O programador-mestre pode, entretanto, por questões que ele deve ter analisado cuidadosamente, definir os *time fences* maiores que o *lead time* acumulado (tomando para si o controle de todas as ordens dentro de um período ainda maior) ou menores que o *lead time* acumulado (deixando o sistema computacional com autonomia maior para colocar ordens planejadas num futuro mais próximo do tempo presente). É importante ter em mente, entretanto, que, independentemente do *time fence* considerado, ordens colocadas pelo sistema computacional são apenas *ordens planejadas* (OPs), requerendo, de qualquer forma, confirmação do programador-mestre para que elas passem a ter efeito sobre quaisquer fatos físicos (aberturas de ordens, entre outros).

PARA PENSAR

O conceito de *time fences* é por muitas vezes parametrizado sem nenhuma discussão interna. Reflita sobre isso e discuta com seus colegas quais seriam as vantagens e desvantagens de parametrizar *time fences* no nível do MPS com valor menor que o *lead time* de determinado item.

6.2.3 Gerenciamento com MPS

Para o MPS, vale o mesmo comentário feito tantas outras vezes neste livro. Não adianta absolutamente nada ter um sistema caríssimo e sofisticadíssimo de *software* implantado, com todos os algoritmos perfeitos, se as pessoas que o gerenciam não conhecem a lógica por trás deles e não sabem como tirar deles o máximo que podem oferecer. Não são raros casos de empresas que têm instalados os mais modernos sistemas computacionais que usam a lógica de MRP II e os utilizam, às vezes, apenas para controlar seus níveis de estoques, usando, portanto, parte muito pequena de tudo o que o sistema poderia oferecer se bem gerenciado. Provavelmente, essas empresas têm os mais caros sistemas de controle de estoques do mundo... (Embora paradoxal, também não é incomum que justamente essas empresas apresentem uma acurácia bastante pobre dos registros de estoque do sistema.)

6.2.3.1 Mensagens de ação (ou de "exceção")

Um dos mecanismos mais importantes de gerenciamento de sistemas do tipo MRP II, que facilitam muito o trabalho dos planejadores, são as mensagens de ação (também chamadas mensagens de exceção). Essas, conforme já discutido no Capítulo 3, são a forma principal segundo a qual o sistema se comunica com o planejador.

A cada rodada do sistema, este, identificando as alterações ocorridas desde a última rodada, gera uma lista de ações que são então sugeridas ao planejador para que o melhor balanceamento entre suprimento e demanda seja alcançado. Mensagens de ação típicas no MPS são, por exemplo:

- converter ordens firmes planejadas (OFPs) em ordens liberadas (OLs);
- converter ordens planejadas (OPs) em ordens firmes planejadas (OFPs);
- antecipação de OFPs ou de OLs;
- postergamento de OFPs ou de OLs;
- cancelamento de OFPs ou OLs;
- análise da existência de balanço negativo (em relação a zero ou ao estoque de segurança definido) identificado dentro do *time fence*;
- análise de atrasos identificados de OFPs ou OLs;
- aumento ou diminuição de quantidades de OFPs ou OLs.

Vamos ilustrar com um exemplo que também servirá de ilustração para a mecânica de funcionamento dos estoques de segurança no MPS. Considere o seguinte registro básico de MPS mostrado na Figura 6.7.

LAPISEIRA P207	Atraso	1	2	3	4	5	6	7	8
Previsão de dem. independente		300	300	300	300	300	300	300	300
Demanda dependente									
Pedidos em carteira									
Demanda total		300	300	300	300	300	300	300	300
Estoque projetado disponível	650	350	50	550	250	750	450	150	650
Disponível para promessa									
Programa-mestre (MPS)				800		800			800

Figura 6.7 Registro básico do MPS do item lapiseira P207, não considerando estoques de segurança e considerando tamanho de lote 800.

Imagine que, por decisão gerencial, a empresa tenha resolvido estabelecer estoques de segurança de 300 unidades para o item de produtos acabado lapiseira P207. Feita a parametrização do sistema, após uma rodada, o sistema computacional irá enviar ao planejador as seguintes mensagens de ação:

- antecipe a ordem de MPS de 800 do período 3 para o período 2;
- antecipe a ordem de MPS de 800 do período 5 para o período 4;
- antecipe a ordem de MPS de 800 do período 8 para o período 7.

230 | PLANEJAMENTO, PROGRAMAÇÃO E CONTROLE DA PRODUÇÃO ▪ Corrêa – Gianesi – Caon

Se o planejador optar por aceitar as sugestões do sistema e fizer as modificações (considerando que os oito períodos considerados estão dentro do *time fence* definido e, portanto, só o planejador pode atuar sobre essas ordens), o novo registro MPS será o mostrado pela Figura 6.8. Fora do *time fence*, o computador alteraria as ordens planejadas com autonomia, sem gerar mensagens de ação.

LAPISEIRA P207	Atraso	1	2	3	4	5	6	7	8
Previsão de dem. independente		300	300	300	300	300	300	300	300
Demanda dependente									
Pedidos em carteira									
Demanda total		300	300	300	300	300	300	300	300
Estoque projetado disponível	650	350	850	550	1.050	750	450	950	650
Disponível para promessa									
Programa-mestre (MPS)			800		800			800	

Figura 6.8 Registro básico do MPS do item lapiseira P207, considerando a mudança de estoque de segurança para 300 e aceitando as mensagens de ação do sistema.

6.2.3.2 Questões-chave a serem analisadas para decidir modificar o MPS

As mensagens de ação são sugestões que o sistema computacional dá ao planejador com base na lógica de seu algoritmo. Como sabemos, a análise feita por algoritmos é normalmente limitada, pois trabalha com a frieza dos números e do determinismo matemático. Entretanto, as questões com que se depara o programador demandam soluções que transcendem em muito as respostas possivelmente dadas por um sistema de computador: elas incluem avaliações muitas vezes subjetivas de risco e oportunidades, ceticismo sobre as previsões feitas, questionamentos casuísticos das hipóteses e parâmetros assumidos pelo sistema, negociações multifuncionais para lidar com situações de *trade-off* (conflito) entre soluções, criatividade para gerar soluções dada determinada situação específica que nunca tenha ocorrido antes, entre outros aspectos.

Entretanto, dada determinada situação, o sistema computacional virá sempre com sugestões que sua lógica (embora limitada) determina. Cabe, então, ao planejador-mestre decidir (não esqueçamos – o sistema sugere, mas quem decide é o planejador, em sistemas do tipo MRP II) pela adoção ou não das sugestões e, caso decida não adotar, o que fazer para resolver o problema que o sistema identificou. Para isso, quando uma "rodada" (um cálculo) de MPS ocorre e um programador-mestre recebe as sugestões de mensagens de ação do sistema, devemos fazer as seguintes perguntas antes de adotar qualquer ação que implique recursos da organização:

A demanda realmente mudou?

O sistema computacional, com base nos números a ele informados sobre a demanda futura esperada, compara-os com as ações que proverão suprimento dos produtos correspondentes e, em caso de desbalanceamento, sugere mudanças no programa de suprimentos. Ele, entretanto, não vai questionar os números que foram informados como demanda esperada futura. Se a previsão de demanda futura está completamente errada, a mensagem de ação vai, obviamente, também estar errada (em computadores, como dizem os americanos, *garbage in, garbage out*, ou seja, com lixo como entrada, só poderá haver lixo na saída...). Quando há uma solicitação de alteração de previsão de demanda, principalmente no curto prazo, devemos questionar seriamente sua procedência. Talvez a mudança das vendas dos últimos períodos não represente mesmo uma tendência, mas apenas mudanças localizadas. Talvez a solicitação de mudança seja causada por algum fator interno não real, ao qual talvez não devamos reagir. Por exemplo, uma mudança solicitada nas previsões de demanda para novembro e dezembro pode representar apenas que os vendedores estão em alguma campanha de antecipação de faturamento (e não aumento real) aos clientes para que consigam suas metas anuais e com isso tenham mais chance de ganhar a viagem ao Nordeste, dada como prêmio aos vendedores de melhor "desempenho". A decisão de mudar ou não o programa-mestre para atender a mudanças de demanda prevista deve considerar o global dos custos incorridos, sendo papel do programador-mestre centralizar essa consideração. Mudanças de curto prazo do MPS podem requerer horas extras e caixa extra para pagar remessas urgentes de materiais – mas estarão de acordo os diretores de produção e financeiro? Pode significar mudanças de prioridades na fábrica – isto é, deixar de atender algum outro cliente –, mas terá o gerente de produto deste outro produto prejudicado sido consultado? Não advogamos aqui uma gestão engessada e inflexível, que não permita mudanças. Apenas que sejam consideradas todas as implicações das mudanças e que seja feito isso depois de questionar a legitimidade das mudanças solicitadas. Às vezes, o solicitante não tem uma compreensão perfeita das implicações do que está solicitando. Alguns telefonemas podem ajudar.

Qual o impacto da mudança no plano de vendas e operações?

Um plano gerado pela lógica fria do sistema computacional pode levar o MPS a um programa de produção que não está em consonância com o que foi decidido no nível hierárquico superior de planejamento. Conforme descrito no Capítulo 5 (S&OP – Planejamento de vendas e operações), uma boa gestão de sistemas do tipo MRP II requer que a alta direção da empresa se reúna pelo menos com periodicidade mensal, para deliberar sobre os planos agregados (por famílias ou linhas de produtos); essa deliberação constitui-se do plano de vendas e operações, que deve ser suportado pelo MPS. Isso significa que os programas-mestres de itens individuais dentro de famílias só poderiam, em princípio, ser alterados se houvesse alguma outra alteração, de sentido contrário e de mesmo valor em algum outro item dentro da mesma família. Por exemplo, se um item da família A tem seu programa-mestre aumentado em 1.000

unidades, algum outro item da mesma família A deveria ter seu programa-mestre reduzido de 1.000 unidades, de forma que o plano de vendas e operações para a família continuasse respeitado. É claro que essa compensação não precisa ser exata, permitindo-se que o MPS fuja do S&OP até determinado limite de tolerância (5% por exemplo). Qualquer alteração do plano *por famílias*, em princípio, acima dessa tolerância, deveria necessitar de autorização superior.

Há capacidade suficiente para suportar a alteração?

Alterações solicitadas de MPS podem ficar inviabilizadas pela ausência de capacidade produtiva. O programador-mestre, responsável por gerar um programa viável, é responsável por checar se as mudanças solicitadas contarão com capacidade suficiente. O programador-mestre conta, para isso, com ferramentas providas pela maioria dos sistemas comercialmente disponíveis de MRP II. Uma dessas ferramentas é o RCCP (sigla em inglês para *rough-cut capacity planning*, ou planejamento aproximado de capacidade). O RCCP é explicado detalhadamente no Capítulo 8 – CRP: Planejamento de capacidade dos recursos produtivos.

Há materiais suficientes para suportar a alteração?

Apenas capacidade não é suficiente para viabilizar um programa de produção. Materiais são também necessários, nas quantidades e momentos corretos. Com um ambiente industrial que tem, ao longo dos anos, trabalhado duro para reduzir os níveis de estoques com que trabalha, não devemos esperar disponibilidade de materiais em excesso nem dentro da própria empresa nem nos fornecedores, podendo ser que tempo de antecedência, de fato, seja necessário para conseguir os materiais necessários, no caso de uma mudança de MPS para maior. O programador-mestre também conta com recursos para apoiá-lo na tarefa de checar a viabilidade, em termos de materiais, de um novo MPS, tanto no RCCP em si como no módulo de MRP.

Em geral, é necessário verificar a disponibilidade dos itens filhos do produto final; casos estes estejam disponíveis, a mudança é viável. Isso pode ser verificado calculando-se o MRP no modo seletivo, como discutido no Capítulo 4, fazendo o cálculo apenas para o nível imediatamente abaixo dos produtos finais. Havendo problemas nesse nível, podemos verificar o de baixo, e assim por diante. Nos casos em que normalmente há restrições importantes de materiais em níveis mais baixos (cotas de suprimento de fornecedores, por exemplo), essas restrições podem ser modeladas no RCCP para que este faça cálculos aproximados de materiais além de cálculos de capacidade.

Quais são os riscos e custos envolvidos na mudança?

Embora cada vez mais difícil, quantidades adicionais de capacidade e materiais podem ser obtidas com, praticamente, a urgência de que necessitamos. É só uma questão do preço que temos de pagar por isso. Podemos ter o material importado por entrega urgente, usando Federal Express... basta pagar o preço. Podemos subcontratar trabalho, programar turnos e horas extras... basta pagar o preço. Não apenas o preço adicional, mas também devemos computar os custos adicionais de probabilidade maior de geração de defeitos, descontentamento da força de trabalho, entre outros.

Novamente, não estamos advogando que as mudanças não sejam feitas, mas que apenas sejam feitas se isso fizer sentido em termos do atingimento dos objetivos do negócio. Para checar se a mudança faz ou não sentido do ponto de vista do negócio, na maioria das vezes é necessário considerar seus custos e benefícios de forma multifuncional. Por isso, dizemos que a programação-mestre, embora tenha, muitas vezes, um indivíduo com a responsabilidade de catalisar o processo (o programador-mestre), é um processo multifuncional.

6.2.4 MPS nos vários ambientes produtivos

Embora similar, há diferenças substanciais em gerenciar um processo de programação-mestre de produção, conforme o tipo de produção, principalmente em termos da possibilidade ou não de o gestor usar estoques nos vários estágios do processo produtivo.

Em produção MTS (do inglês *make to stock*), ou seja, feita para estoque, os produtos são feitos para serem estocados e só então consumidos. Televisores, por exemplo, são tipicamente produtos produzidos em unidades MTS. Isso não significa necessariamente que os produtos tenham que ser armazenados em grandes quantidades ou por muito tempo. A questão fundamental é que a empresa tem uma linha de produtos definida e, se decidir, pode ter estoques de seus produtos acabados, e/ou de seus semiacabados e/ou de seus componentes ou matérias-primas.

Na produção ATO (*assembly to order*), ou seja, montagem sob encomenda (também, em alguns casos, chamada configuração sob encomenda), o que ocorre é que as empresas conhecem seus componentes até o nível de submontagens, que podem ser bem definidos *a priori*. Contudo, o produto acabado em si depende de definições específicas de cada cliente. Fabricantes de grandes centrais telefônicas podem adotar essa forma de produção. Seria impossível para elas estocarem produtos acabados, pelo simples fato de que as combinações possíveis de submontagens são muito numerosas. Os produtos são, em geral, combinações de cartões (placas de circuito impresso com componentes montados), componentes, chicotes de fios, montados num gabinete. A quantidade e os tipos de cartões usados, entretanto, dependem do porte e do tipo de central que o cliente deseja. Como, em geral, o prazo de entrega para esse tipo de mercado é muito importante, as empresas podem optar por estocar submontagens (cartões, por exemplo) e, após receber o pedido do cliente, montar (ou configurar) o produto solicitado sob encomenda. Em termos de nossa discussão, esse é um tipo de produção que não permite que os produtos acabados sejam estocados, mas permite (embora em última análise esta seja uma decisão gerencial) que do nível de submontagens (itens filhos do produto acabado) para baixo, nas estruturas de produtos, quaisquer itens possam ser estocados.

A produção MTO (*make to order* ou, em português, manufatura sob encomenda) é diferente. Em geral, o pedido do cliente não tem de ser aguardado apenas porque traz informações sobre a configuração desejada do produto final, mas porque traz especificações de manufatura dos componentes em si, que são feitos muitas vezes com base em desenhos fornecidos pelo cliente. Um exemplo é a produção de produtos gráficos, como, por exemplo, alguns tipos de embalagem em pequenos volumes ou material gráfico promocional. A empresa não pode armazenar nem produtos acabados nem semiacabados, em geral, pois não sabe quais serão as especificações de cor, desenho, entre outros, que serão solicitadas. Pode, entretanto, armazenar matérias-primas (desde que assim decida), pois sua variedade não é tão grande que não seja possível guardar certa quantidade delas em estoque e, dessa forma, reduzir o tempo total necessário para atender a um pedido de um cliente (prazos tendem também a ser importantes nesse tipo de indústria).

Na produção ETO (*engineer to order*, ou "engenheiramento" sob encomenda), tanto o projeto quanto a manufatura de componentes e a montagem final são feitos a partir, e só a partir, de uma solicitação do cliente. Alguns fabricantes de máquinas especiais ou algumas empresas da construção civil trabalham segundo a lógica ETO. Como a variedade do que pode vir a ser solicitado pelo cliente é muito grande, muitas empresas consideram que não podem armazenar nada. Devem esperar os pedidos entrarem para então disparar suas primeiras compras (para grandes obras, como barragens, as grandes construtoras veem-se forçadas, muitas vezes, a esperar o pedido entrar para comprar inclusive meios de produção, como caminhões, equipamentos etc.)

Se analisarmos os quatro tipos de produção descritos anteriormente, tendo em mente a característica dos estoques discutida no Capítulo 2, de "isolar fases" de um processo produtivo, podemos ver que, em uma situação de ambiente de mercado crescentemente turbulento como o atual, e provavelmente o futuro, em determinadas situações, é conveniente "isolar" o ambiente produtivo em si das variabilidades do mercado, usando, para isso, estoques estratégicos. Com a quantidade certa de estoques de acabados, podemos ter algum isolamento da fábrica em relação às variações do mercado, permitindo assim patamares mínimos de estabilidade para que possamos, na fábrica, pensar em melhorias do processo (é difícil pensar em melhorias se passamos a maioria do tempo apagando incêndios, como por exemplo, responder a variações de programa de última hora) e formas de melhor utilizar os recursos disponíveis. Isso, entretanto, só pode ser feito em produções MTS, pois, a rigor, só elas permitem que se armazenem produtos acabados.

A produção ATO, por sua vez, tem uma possibilidade mais restritiva de isolar-se do mercado. Não pode colocar sua "proteção" no nível dos produtos acabados (ou seja, o setor de montagem final vai ter que acompanhar as variações do mercado), mas pode colocá-la, se assim quiser, em qualquer outro nível inferior com base nos subconjuntos (ou submontagens).

Na produção MTO, os componentes e submontagens eventuais não podem ser armazenados, então a possibilidade de isolamento da fábrica só pode dar-se do nível de matérias-primas para trás, tendo a fábrica que ser necessariamente bem reativa daí para a frente.

Finalmente, na produção ETO, nenhum isolamento é possível, pois a armazenagem de qualquer elemento pode ser muito arriscada. Isso implica que o sistema produtivo não pode em princípio usar o isolamento provido por estoques estratégicos em nenhum nível, tendo portanto que aprender a reagir bem em todos os seus setores e conviver com a necessidade de acompanhar as variabilidades do mercado. A Figura 6.9 ilustra a questão do possível isolamento de diferentes estágios de sistemas produtivos de diversos tipos.

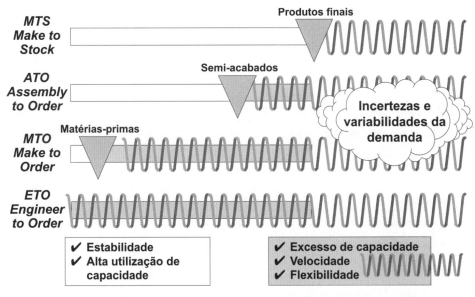

Figura 6.9 Possibilidade de manutenção de estoques para vários ambientes de manufatura.

É importante, nos níveis de S&OP e de MPS, que estabeleçamos estratégias de manufatura por família de produtos e por produto acabado para que possamos adequadamente desenhar um tipo de sistema que responda adequadamente ao que deseja e anseia o mercado. Perguntas como:

- É possível manter estoques estratégicos?
- Em que ponto é possível manter estoques estratégicos?
- É conveniente manter estoques estratégicos em que quantidades?

236 | PLANEJAMENTO, PROGRAMAÇÃO E CONTROLE DA PRODUÇÃO ▪ Corrêa – Gianesi – Caon

- Quais os custos e os benefícios de manter os estoques estratégicos?

devem sempre estar presentes na cabeça dos programadores-mestres. Analisemos agora, à luz dos diferentes tipos de produção, o papel do MPS e as formas possíveis de usá-lo para benefício estratégico.

6.2.4.1 MPS em Produção para estoque (MTS – *make to stock*)

Como em produções MTS a possibilidade de mantermos estoques de produtos acabados está, em princípio, presente, o programador-mestre tem uma gama de possibilidades de ação, sendo as principais:

- nivelamento do MPS;
- nivelamento do MPS por blocos;
- seguimento da demanda.

Nivelamento do MPS

Tomemos o exemplo do registro de MPS da Figura 6.10. Nele, observamos que a demanda tem uma certa variabilidade, mas que o programador decidiu utilizar estoques para "isolar" essas variações do programa e, por conseguinte, das atividades da fábrica.

LAPISEIRA P207	Atraso	1	2	3	4	5	6	7	8
Previsão de dem. independente		120	160	180	115	80	50	100	120
Demanda dependente									
Pedidos em carteira									
Demanda total		120	160	180	115	80	50	100	120
Estoque projetado disponível	115	110	65	0	0	35	100	115	110
Disponível para promessa									
Programa-mestre (MPS)		115	115	115	115	115	115	115	115

Figura 6.10 Registro básico do MPS do item lapiseira P207, considerando a política de nivelamento do MPS, usando estoques para "isolar" a fábrica da variabilidade da demanda.

Note que o estoque inicial precisou ser de 115 unidades para que o balanço do estoque projetado disponível não ficasse negativo nos períodos 3 e 4.

Nivelamento do MPS por blocos

É possível que o programador decida não ser tão radical em sua decisão de nivelamento do MPS, pois pode ter achado que o nível médio de estoques obtido por aquela política era muito alto (a política de nivelamento completo teve estoque médio de aproximadamente 97 peças). Decide, então, compromissar: nivelará o programa "por

CAP. 6 ■ MPS – PLANEJAMENTO-MESTRE DA PRODUÇÃO | **237**

blocos". O primeiro bloco, dos quatro primeiros períodos, terá MPS nivelado em 130 unidades. O segundo bloco, dos quatro últimos períodos, terá MPS também nivelado em 206 unidades por período. Com essa decisão, observe como o estoque inicial pôde ser menor sem que isso fizesse com que o balanço de estoque projetado disponível ficasse negativo. Vejamos o resultado no registro básico mostrado na Figura 6.11.

LAPISEIRA P207	Atraso	1	2	3	4	5	6	7	8
Previsão de dem. independente		120	160	180	115	80	50	100	120
Demanda dependente									
Pedidos em carteira									
Demanda total		120	160	180	115	80	50	100	120
Estoque projetado disponível	31	54	37	0	28	35	72	59	26
Disponível para promessa									
Programa-mestre (MPS)		143	143	143	143	87	87	87	87

Figura 6.11 Registro básico do MPS do item lapiseira P207, considerando a política de nivelamento do MPS, usando estoques para "isolar" a fábrica das variabilidades da demanda, mas fazendo-o por blocos.

Nesse caso, o nível de atividade da fábrica variou uma vez ao longo dos oito períodos analisados, mas em compensação, o nível médio de estoques reduziu-se para aproximadamente 38 unidades.

Seguimento da demanda

Uma política alternativa à de nivelamento da produção, seja ela ao longo do horizonte inteiro, seja por blocos, é a política de seguimento da demanda. Isso significa que, se uma empresa adotar essa política, sua produção deverá ser extremamente reativa pois seu nível e seu *mix* de saídas procurarão acompanhar o nível e o *mix* (e suas variações) demandados pelo mercado.

Imagine uma situação em que nosso sistema produtivo seja tão flexível que todas as variações de demanda possam ser acompanhadas *pari passu* por ele. Imaginemos que, então, decidamos que o item de MPS lapiseira P207 deva trabalhar com estoque de segurança de cinco unidades, ou seja, sem "isolamento" considerável em relação às variações de demanda do mercado. Para facilitar comparações, consideraremos a mesma demanda dos exemplos das duas políticas alternativas anteriores. Essa situação está ilustrada pela Figura 6.12.

LAPISEIRA P207	Atraso	1	2	3	4	5	6	7	8
Previsão de dem. independente		120	160	180	115	80	50	100	120
Demanda dependente									
Pedidos em carteira									
Demanda total		120	160	180	115	80	50	100	120
Estoque projetado disponível	5	5	5	5	5	5	5	5	5
Disponível para promessa									
Programa-mestre (MPS)		120	160	180	115	80	50	100	120

Figura 6.12 Registro básico do MPS do item lapiseira P207, considerando a política de seguimento da demanda, usando estoques de segurança de cinco unidades.

Notemos que, nesse caso, o estoque foi mantido em nível constante e baixo ao longo de todo o horizonte de planejamento, praticamente sem que a fábrica se isole das variações e incertezas do mercado. Evidentemente, os custos com estoques, desse caso, são reduzidos em relação às duas situações anteriores (nesse caso, o estoque médio ao longo do horizonte é de cinco unidades). Em compensação, os custos com a variação dos níveis de produção são máximos em comparação com os exemplos de políticas anteriores, pois a produção está procurando seguir a demanda, de maneira flexível. Como flexibilidade nunca vem de graça, devemos então considerar esses custos cuidadosamente na hora de escolher a política de MPS a ser adotada. Como exemplo (não procurando ser exaustivo) desses custos com a variação do nível de produção, podemos citar a provável ociosidade do setor produtivo, por exemplo, no período 6, quando produz apenas 50 unidades. Observemos que a capacidade instalada do setor necessitaria ser de pelo menos 180 unidades por período para que o setor fosse capaz de produzir a quantidade indicada no MPS para o período 3. Isso indicaria, em uma análise superficial, ociosidade de pelo menos 72%, o que provavelmente significa custos unitários aumentados para o produto produzido. A questão, então, é considerar o que traz custos maiores para a organização: carregar os estoques "isolantes", que permitem que a produção seja mantida em níveis mais constantes, ou arcar com os custos das variações do nível de produção.

É importante observar que em produção do tipo MTS, a administração tem ambas opções abertas: deve, portanto, escolher entre elas com base em custos financeiros e estratégicos. Na montagem sobre encomenda, a situação é um pouco diferente.

6.2.4.2 MPS em montagem sob encomenda (ATO – *assembly to order*)

Na produção ATO, não conhecemos a configuração do produto final até que o pedido do cliente seja conhecido pela empresa. Isso significa que a opção de nivelar a produção usando para isso estoques isoladores de produtos acabados não existe.

A política de MPS deve, então, necessariamente ser de "seguimento da demanda". Entretanto, é possível estocar semiacabados a partir do primeiro nível de componentes dos produtos acabados. Se isso é feito, podemos "isolar" das variações do mercado os setores manufatureiros de componentes e até mesmo montadores de subconjuntos. Se estes são armazenados em quantidades estrategicamente suficientes, isso significa que os *time fences* do MPS podem ser menores, ficando a empresa assim mais flexível para alterar o programa-mestre com menor antecedência. Os *time fences* poderiam, dessa forma, ser estabelecidos com o tamanho dos *lead times* de montagem a partir dos subconjuntos estocados.

6.2.4.3 MPS em manufatura sob encomenda (MTO – *make to order*)

Na produção MTO também é impossível ou inviável trabalhar com estoques isoladores de produtos acabados, pois não conhecemos o produto acabado até que o pedido do cliente seja conhecido. Em relação à produção ATO, com um "agravante": também não conhecemos os componentes até que o pedido do cliente seja conhecido. Isso significa que também não podemos armazenar subconjuntos ou manufaturados semiacabados. A política de MPS deve então necessariamente ser de seguimento da demanda, assim como na produção ATO e, além disso, os *time fences* do MPS deverão ter pelo menos a extensão dos *lead times* acumulados de manufatura do produto considerado. Isso para o caso de a empresa optar por armazenar as matérias-primas e os componentes comprados (supostamente possível em ambientes MTO). Se ela optar por não armazenar matérias-primas e componentes comprados, os *time fences* deverão ter a extensão dos *lead times* acumulados de montagem, manufatura e compras. A empresa que opera dentro do ambiente MTO tem, portanto, a opção aberta de estocar, ou não, os materiais que compra. Isso, entretanto, não é o caso para a maioria das empresas que operam no ambiente ETO.

6.2.4.4 MPS em projeto e produção sob encomenda (ETO – *engineer to order*)

No ambiente ETO puro, a empresa não conhece nenhuma característica do produto que vai fornecer até que conheça o pedido do cliente. Isso significa que não pode, em princípio, armazenar nem mesmo componentes e matérias-primas compradas. Nem essa opção está aberta para esse tipo de empresa e, portanto, muito menos aberta está a opção de utilizar a política de MPS de nivelamento da demanda, usando para isso estoques de produtos acabados. A política de MPS deverá, portanto, ser necessariamente de "seguimento da demanda" e os *time fences*, em princípio, deverão ser pelo menos iguais à extensão dos *lead times* acumulados de montagem, manufatura e compras para os produtos considerados. Isso significa flexibilidade limitada para mudar o programa-mestre com pequena antecedência, uma característica desse tipo de empresa.

SAIBA MAIS

Existem quatro estratégias de produção normalmente empregadas pelas empresas, que se diferenciam pelo prazo desde a aceitação do pedido até a entrega para o cliente, e pelo nível de customização do produto:

MTS – *Make to stock*: é a estratégia de produção dominante desde a Revolução Industrial, com foco em economia de escala. Exemplos são cereais matinais, refrigerantes, medicamentos, etc. Utilizando-se de uma previsão de demanda, a empresa produz com antecedência e estoca os produtos finais, aguardando pedidos dos clientes. Há uma gama definida de produtos, não sendo possíveis customizações.

ATO – *Assembly to order*: existe uma variedade definida de produtos que o cliente pode escolher. Exemplos são os computadores (Dell, por exemplo) que se compram pela internet e as tintas para parede que são misturadas depois do pedido. A estratégia é manter componentes ou módulos em estoque, postergando a etapa de produção para o momento de recebimento do pedido. Evita-se assim o armazenamento de uma diversidade de produtos acabados.

MTO – *Make to order*: os produtos seguem um padrão, com flexibilidade para customização. Exemplos são aviões de passageiros (Embraer) e embalagens. A base do projeto é a mesma, podendo-se estocar algumas partes indispensáveis à montagem. Outros materiais são comprados ou fabricados conforme customização.

ETO – *Engineer to order*: os produtos são exclusivos e personalizados, exigindo que no momento do pedido sejam definidos os requisitos desejados pelo cliente. Como exemplo, podemos citar um equipamento feito sob medida como uma turbina usada em hidroelétrica, ou uma casa construída sob encomenda. Nenhuma atividade se inicia antes do pedido.

6.2.4.5 Tipos de estrutura de produtos e o *design* do MPS

Como já discutido no Capítulo 3, estruturas de produtos (em inglês, chamadas *bill of material*) são os dados da empresa que definem que itens e matérias-primas são necessários à produção de determinado produto. Algumas empresas, principalmente químicas, farmacêuticas e de alimentos, podem chamar as estruturas de produtos por outros nomes, como fórmulas ou mesmo receitas. Os dados de estruturas de produtos são centrais para as empresas: o custo-padrão dos produtos é calculado a partir da estrutura, os programas de compras e produção são amarrados à estrutura de produtos, o departamento de serviço pós-venda usa as estruturas para programar seus serviços, o setor de garantia de qualidade usa as estruturas para certificar-se de que os produtos estão sendo feitos da forma certa. Isso significa que o uso de uma grande porção dos recursos da empresa é ligado à forma como são organizadas as estruturas de produtos.

As estruturas de produtos devem ser completas e acuradas (precisas), refletindo sempre fielmente o modo como o produto físico é composto. É frequente acharmos situações em que, dentro de uma empresa, várias estruturas de produtos diferentes existam simultaneamente para um mesmo produto. Por exemplo, o setor de engenharia mantém uma estrutura formal, que foi gerada quando do projeto do produto ou da última mudança de engenharia, mas a fábrica mantém outra, menos formal, que reflete as mudanças menos formais que ocorreram ao longo do tempo (muitas vezes desenvolvidas no próprio chão de fábrica) e que representam, estas sim, as estruturas reais, segundo as quais os produtos são realmente feitos.

Alguns dos setores usuários das estruturas de produtos toleram um tratamento mais generalizado – a engenharia, por exemplo, pode, em sua estrutura de produtos, especificar as quantidades de determinado item de menor valor (como rebites ou parafusos) "conforme necessário", ao invés de especificar exatamente suas quantidades; contabilidade de custos pode referir-se a determinado material simplesmente como "aço"; já outros são mais demandantes em relação ao detalhe com que tratamos os vários itens. Os setores de planejamento da produção e compras, por exemplo, necessitam saber exatamente que tipo de aço encomendar e que quantidade de rebite comprar ou manter em estoque, não tolerando generalidades. No MRP II, erros nas estruturas de produtos significam erros nas quantidades e especificações dos itens comprados e produzidos.

Como manter registros redundantes de estruturas de produtos carrega o risco de sua acurácia ser prejudicada, é necessário que apenas um registro não redundante de estrutura de produtos, chamado "registro-mestre de estrutura", seja mantido dentro da organização, por produto; como também é necessário que os setores mais exigentes quanto a detalhes e acurácia sejam atendidos em suas necessidades de informação, é necessário que o registro-mestre de estrutura mantido tenha o nível de detalhe e acurácia máximo, entre aqueles demandados pelos vários setores. Os modernos *softwares* de MRP II, entretanto, permitem que os vários setores tenham diferentes visões (com diferentes níveis de detalhe) do registro-mestre de estrutura, conforme sua particular necessidade.

6.2.4.6 O desenho das estruturas de produtos

Há 10 fatores que influenciam no desenho das estruturas de produtos:

- os *lead times* exigidos pelo mercado comparados a *lead times* de fabricação e compras;
- quais itens cuja demanda pretendemos prever e fazer programação-mestre;
- processo de manufatura em si;
- custos de produção;
- volume de transações de estoque e de documentação;
- manutenção das estruturas de produtos;
- investimento em estoques;
- considerações de projeto;
- requisitos de entrada de pedidos;
- documentação.

Particularmente, os dois primeiros influenciam na discussão presente sobre Programação-mestre de Produção. Imagine um fabricante de computadores pessoais. O *lead time* de fabricação e compras (incluindo a importação de componentes como *chips* processadores, por exemplo) pode chegar a vários meses, excedendo muito o tempo que o mercado está disposto a esperar a partir do momento em que o pedido é colocado.

A solução óbvia parece ser fazer os produtos para estoque em vez de contra pedido. Entretanto, pensemos nos problemas que nosso fabricante teria nas mãos: ele fabrica computadores pessoais que são formados de:

- uma placa-mãe com *chip* processador;
- conjunto de memória;
- um terminal de vídeo e sua correspondente placa controladora;
- um disco rígido e sua respectiva placa controladora;
- cabos, terminais, elementos de fixação e chaves;
- uma unidade de disco flexível e sua placa controladora;
- uma unidade de CD-ROM e sua placa controladora;
- um conjunto gabinete.

Embora um conjunto relativamente simples de montar, uma vez decidido que é necessário produzir para estoque, para atender prazos do mercado, a questão agora é decidir o que produzir para estoque. A questão torna-se complicada porque muitos dos componentes listados acima admitem alternativas. Por exemplo, o fornecedor tem em sua linha computadores que podem ter alternativamente oito placas-mães com seus respectivos *chips* processadores: Intel Celeron, Intel Pentium Dual Core, Intel Core i3, Intel Core i5, Intel Core i7, Intel Quad Core Xeon, AMD Ryzen, AMD A-Series; podem ter cinco tipos de conjunto de memória; podem ter quatro tipos de disco rígido: 500 GB, 750 GB, 1 TB, 2 TB; podem ter quatro diferentes tipos de placas de vídeo; podem ter cinco tipos diferentes de sistema operacional. Isso significa que, na verdade, *grosso modo*, nosso fabricante pode produzir a seguinte quantidade de diferentes computadores:

8 placas x

4 discos rígidos x

5 conjuntos memória x

4 placas de vídeo x

5 tipos de sistema operacional = 3.200 diferentes tipos possíveis de produto final.

Qual deles produzir para estoque? Todos? Ou tentar prever as vendas de cada um deles? Para isso teríamos de manter estruturas de produtos de todas as diferentes possibilidades. Pense na manutenção dessas estruturas... Nenhuma das alternativas parece adequada. Na verdade, o produto comprado pelo cliente de nosso fabricante é uma configuração formada pelos vários conjuntos. Os conjuntos em si, entretanto, são em quantidade que nem de longe aproxima-se dos 3.200 possíveis produtos finais. São:

8 placas +

4 discos rígidos +

5 conjuntos de memória +

4 placas de vídeo +

5 tipos de sistema operacional = 26 diferentes conjuntos.

Como os clientes compram configurações dos conjuntos, é possível, com base em dados históricos, tentar prever as quantidades de conjuntos dos diversos tipos a serem demandadas, de forma muito mais simples e menos sujeita a erro que tentar prever as quantidades de cada uma das configurações. Pense agora na manutenção das estruturas apenas dos conjuntos: apenas 26 e não 3.200 – muito mais simples.

Quanto à questão dos tempos, como a montagem é simples, nosso fabricante de computadores pessoais poderia pensar em comprar e produzir para estoque os conjuntos componentes e, depois, configurá-los e montá-los contra os pedidos firmes dos clientes. Nesse caso, estaria optando por prever e fazer programação-mestre no nível dos conjuntos e não no nível dos produtos finais. A decisão de estocar conjuntos e montar sob encomenda influencia a forma de desenhar as estruturas de produtos. Uma decisão diferente, por exemplo, seria eleger um número mais administrável de produtos finais, digamos, 50 configurações mais "populares", e deixar de atender às solicitações dos clientes que desejam configurações diferentes. Isso levaria a um desenho diferente das estruturas de produtos da empresa, pois nesse caso seria possível fazer previsões e programação-mestre dos produtos finais em si.

6.2.4.7 Itens-fantasmas e seu uso

No caso descrito no item anterior, a forma usual de lidar com o problema configura um dos usos do que convencionamos chamar de itens-fantasmas. Itens-fantasmas são um elemento essencial no desenho das estruturas de produtos. São às vezes conhecidos por outros nomes: pseudoitens e submontagens não estocáveis são apenas alguns. Fantasma é um item que normalmente (ou nunca) é produzido e colocado em estoque. Um item fantasma pode:

- existir em qualquer nível de uma estrutura;
- identificar um item que não é normalmente manufaturado e colocado em estoque, embora possa ser;
- identificar um grupo de partes que não pode ser montado;
- identificar um item que tem existência efêmera, é um estágio do processo de
  - produção que é consumido imediatamente depois de produzido; entretanto,
  - pode "sobrar" de um processo produtivo devido a questões de tamanho de lote

- e portanto a sobra tem de ser estocada e o sistema tem de enxergar isso para
- que a sobra seja posteriormente utilizada;
- identificar um item cuja demanda pode ser prevista e para o qual podemos fazer programação-mestre, seja ele um dia produzido ou não;
- em termos do sistema MRP II, identificar um item para o qual o sistema não vai normalmente emitir ordens de produção e, portanto, não vai normalmente emitir mensagens de ação.

Voltemos ao caso de nosso fabricante de computadores para entender um uso prático dos itens-fantasmas.

Conforme tinha sido visto, a solução para aquele caso poderia passar por fazer previsões das opções e não dos produtos finais. A estrutura de produtos tem de ser desenhada de forma adequada para suportar essa solução.

Normalmente, um item-fantasma seria criado para representar os itens que são comuns a todos os computadores, por exemplo, "cabos, terminais, elementos de fixação e chaves". Esse item, que representa um agrupamento de itens que jamais poderá ser montado junto e estocado, seria um item-fantasma. Outros itens-fantasmas seriam também definidos: um poderia ser o item "disco rígido". Seus componentes seriam todos os possíveis discos rígidos alternativos: 500 GB, 750 GB, 1 TB, 2 TB. Evidentemente, nenhum item físico poderá ser montado a partir de 4 discos rígidos alternativos e tampouco um computador completo terá quatro discos rígidos. Entretanto, podemos criar uma estrutura que tenha os quatro discos, sendo que cada um entra em quantidade correspondente à participação percentual da particular opção no total das vendas.

Dessa forma, quando fizermos plano-mestre dos computadores, por exemplo, se o programa-mestre for para a produção de 1.000 computadores, o cálculo de necessidades será de 1.000 × percentual correspondente à opção, por exemplo, 0,80 (percentual da opção de 1 TB) = 800 discos rígidos de 1 TB serão planejados e estocados, e assim por diante. A partir daí, é necessário que, uma vez que recebamos determinado pedido, configuremos um computador específico que consumirá os estoques dos subconjuntos, nas opções e quantidades certas. Isso é feito com o uso dos módulos de configuração de produtos, disponível na maioria dos bons sistemas MRP II.

6.2.4.8 Uso de módulos de "configuração" de produtos

Uma ferramenta normalmente oferecida pelos bons *softwares* de MRP II para ligar as estruturas de produtos "modularizadas" (como, às vezes, são chamadas as estruturas que se utilizam dos recursos descritos anteriormente) com os pedidos específicos de clientes, são os módulos de configuração. Em essência, um módulo configurador é um conjunto de programas de computador que traduz a descrição genérica existente em estruturas de produtos modularizadas disponíveis em uma estrutura específica correspondente ao pedido propriamente dito. Esta, então, vai gerar os programas de montagem final, listas para os *kits* a serem selecionados no armazém de semiacabados etc.

6.2.4.9 Vantagens de estruturas achatadas

Estruturas mais achatadas, com menos níveis, representam processos de produção mais linearizados. Cada vez que incluímos um nível em uma estrutura de produtos, estamos criando um semiacabado estocável e toda a correspondente documentação, controles e transações necessários para suportar itens ou subconjuntos sendo estocados, buscados no estoque, controlados etc. De fato, o ideal seria que, a menos que razões fortes de planejamento e controle existam (como, por exemplo, grandes diferenças entre os tempos exigidos pelo mercado e os *lead times* de produção), o mínimo possível de níveis existisse em todas as estruturas de produtos. Nesse sentido, é necessário questionar sempre todos os níveis de todas as estruturas. São mesmo necessários? Não é possível linearizar a produção eliminando o nível?

6.3 RESUMO

- O planejamento-mestre de produção (MPS – *Master Production Schedule*) é um processo que faz a coordenação entre a demanda do mercado e os recursos internos da empresa.
- Dentro do planejamento hierárquico de produção, o MPS faz a ligação entre o plano estratégico da empresa e os planos operacionais de cada área da empresa.
- O processo do MPS é que irá desdobrar o plano estratégico em planos operacionais viáveis, respeitando as restrições impostas por recursos da área de manufatura como materiais, capacidade e tempo.
- O planejador-mestre de produção, responsável pelo MPS, recebe o plano gerado no processo de S&OP, que representa a demanda agregada que a empresa pretende atender ao longo dos próximos meses. Sua função é desagregar os volumes do S&OP em programas de produção detalhados por produto.
- O programa-mestre gerado pelo MPS permite que a empresa se concentre em proporcionar um melhor nível de serviço aos clientes, buscando otimizar o atendimento à demanda e obedecendo as restrições impostas pelos níveis de estoques, recursos produtivos disponíveis e tempo disponível. Para tal, exige-se a acurácia das informações de estoque e de capacidade no sistema.
- O MPS irá gerar o plano-mestre de produção, que é o insumo principal do MRP.

6.4 QUESTÕES E TÓPICOS PARA DISCUSSÃO

1. Explique com suas palavras para que serve o módulo MPS dentro de sistemas MRP II.

2. Por que é necessário o nível de MPS, além do nível de *Sales & Operations Planning*, que, também, de certa forma, faz a ligação entre estratégia e planejamento em sistemas MRP II?

PLANEJAMENTO, PROGRAMAÇÃO E CONTROLE DA PRODUÇÃO ■ Corrêa – Gianesi – Caon

3. Explique como, com base no registro básico do MPS, o planejador-mestre pode cumprir sua tarefa de conciliar suprimento e demanda de produtos.

4. Pneus são itens de demanda independente para a Pirelli, mas são itens de demanda dependente para a General Motors. Discuta como essa constatação poderia ser usada por ambas as empresas na melhoria de seus processos de planejamento.

5. Um item pode ao mesmo tempo ter parte de sua demanda independente e parte de sua demanda dependente? Como e por quê?

6. Quais as diferenças entre "ordens planejadas", "ordens firmes planejadas" e "ordens liberadas"? Como se dá a transição entre esses diferentes *status* de uma ordem?

7. O que são e por que usamos os chamados *time fences* no MPS?

8. Discuta as variáveis das quais depende o estabelecimento de níveis de estoque de segurança para itens de MPS.

9. Por que é importante gerenciar bem, utilizando mensagens de ação (também chamadas mensagens de exceção) no MPS?

10. No que são diferentes os tipos de produção MTO e MTS em termos do uso do MPS?

11. Que são itens-fantasmas e para que podem ser utilizados?

6.5 EXERCÍCIOS

1. Considere o registro de MPS abaixo da Toys fabricante de brinquedos, para seu produto "SuperTrack". Considere os períodos como meses. O SuperTrack é produzido em lotes múltiplos de 400 unidades e o estoque de segurança para garantir disponibilidade sob incerteza da demanda futura é 50 unidades.

Períodos Lote: Estoque de Segurança:	Atraso	1	2	3	4	5	6	7	8
Previsão		150	180	200	200	200	200	200	200
Demanda Dependente									
Pedidos em Carteira		50	20						
Demanda total									
Estoque projetado disp.	250								
MPS									
DPP									
DPP Acumulado									

a) Calcule e preencha a linha de demanda total.

b) Calcule e preencha a linha de MPS.

c) Qual o efeito (diferença percentual) sobre o estoque médio ao longo do período analisado se o tamanho de lote passar a ser de múltiplos de 200?

CAP. 6 ■ MPS – PLANEJAMENTO-MESTRE DA PRODUÇÃO | **247**

2. Imagine outro brinquedo da Toys, o "Splash", este com demanda sazonal (mais alta no verão). A previsão de demanda e o estoque inicial encontram-se na tabela abaixo. Considere o estoque de segurança como sendo de 100 unidades. Considere lotes mínimos de 200 unidades.

Períodos Lote: Estoque de Segurança:	Atraso	Mês 1	Mês 2	Mês 3	Mês 4	Mês 5	Mês 6	Mês 7	Mês 8	Mês 9	Mês 10	Mês 11	Mês 12
Previsão		320	350	380	450	460	500	490	450	420	390	340	330
Demanda depend.													
Pedidos/carteira													
Demanda total													
Estoque proj. disp.	100												
MPS													
DPP													
DPP Acumulado													

a) Calcule e preencha a linha de MPS de forma a manter o estoque médio no nível mínimo, respeitando as decisões de parâmetros definidas.

b) Calcule e preencha a linha de MPS de forma a manter um nível de produção absolutamente constante ao longo do ano, usando estoques para "isolar" a fábrica das variações de demanda. Tente manter os estoques no menor nível possível. Considere o estoque inicial agora como 207 unidades.

c) Qual a diferença percentual dos estoques médios carregados ao longo do período considerado para as duas políticas definidas em *a* e *b* acima?

3. A cervejaria Cerva tem demanda altamente sazonal para seu produto "Bock", com vendas maiores no inverno, conforme o perfil de previsões de vendas dado na tabela a seguir. Considere a política de lotes como "mínimo de 50.000 litros" e os estoques de segurança como 30.000 litros.

Dados em milhares de litros

Períodos Lote: Estoque de Segurança:	Atraso	Jan.	Fev.	Mar.	Abr.	Maio	Jun.	Jul.	Ago.	Set.	Out.	Nov.	Dez.
Previsão		100	110	120	130	140	150	150	140	130	120	110	100
Demanda depend.													
Pedidos/carteira													
Demanda total													
Estoque proj. disp.													
MPS													
DPP													
DPP Acumulado													

a) Preencha a planilha do MPS de forma a nivelar a produção completamente ao longo do ano, mantendo estoques ao mínimo possível dados os parâmetros definidos. Atenção para o fato de que o estoque não deve nunca ser menor que o nível de estoque de segurança definido. Considere o estoque inicial de 75.000 unidades.

b) Imagine que a capacidade máxima de armazenagem da Cerva seja de 50.000 litros. Proponha um MPS nivelado por trechos que admita só duas mudanças de nível de produção por ano (por exemplo, trabalhando com um turno durante meio ano e dois turnos durante meio ano) e que ao mesmo tempo obedeça à restrição de estoque de segurança e mantenha os estoques no nível mínimo possível. Considere o estoque inicial como sendo de 40.000 unidades.

4. Considere a seguinte planilha de MPS da empresa Contax. O produto em questão, a calculadora eletrônica Delta, também é vendida como parte de um *kit* de Natal, que também tem vários outros produtos. O cálculo de MRP do *kit* de Natal definiu que as necessidades brutas da calculadora Delta são de 300 unidades em outubro, 300 unidades em novembro e 500 unidades em dezembro. A previsão de vendas da calculadora Delta como um item isolado é de 500 unidades por mês. Considere o tamanho de lote de produção da calculadora como sendo de 1.000 unidades e seu estoque de segurança como sendo de 500 unidades. O estoque inicial é de 1.000 unidades.

Períodos Lote: Estoque de Segurança:	Atraso	Jan.	Fev.	Mar.	Abr.	Maio	Jun.	Jul.	Ago.	Set.	Out.	Nov.	Dez.
Previsão													
Demanda depend.													
Pedidos/carteira													
Demanda total													
Estoque proj. disp.													
MPS													
DPP													
DPP Acumulado													

a) Preencha o registro de MPS no que se refere às demandas parcial e total.

b) Calcule a linha de MPS do registro.

c) Imagine que as necessidades brutas da calculadora sejam zeradas para dezembro e os *kits* agora serão todos produzidos apenas em outubro e novembro, com as quantidades anteriormente necessárias para dezembro sendo uniformemente distribuídas entre outubro e novembro, adicionalmente às necessidades brutas originais para esses meses. Como isso afeta o MPS da Contax?

d) Imagine que haja uma limitação na capacidade de produção da Contax, de no máximo 1.000 unidades por mês da calculadora (1 lote). O que você sugeriria como solução?

CAP. 6 ■ MPS – PLANEJAMENTO-MESTRE DA PRODUÇÃO | **249**

5. O registro de MPS abaixo representa a demanda do produto Roll ao longo dos próximos meses e o estoque atual. O novo diretor de manufatura telefona para você (que é o planejador mestre da empresa) e informa que de agora em diante, para o ano que vem, ele só trabalhará com a política de produção nivelada e sugere que, como a demanda prevista para o ano é de 120.000 unidades, ele vai trabalhar com a produção em 10.000 unidades por mês, já que hoje a empresa tem no estoque exatamente o nível do estoque de segurança de 10.000.

Dados em milhares de unidades

Períodos Lote: Estoque de Segurança:	Atraso	Jan.	Fev.	Mar.	Abr.	Maio	Jun.	Jul.	Ago.	Set.	Out.	Nov.	Dez.
Previsão		4	6	8	10	12	16	16	14	12	12	6	4
Demanda depend.													
Pedidos/carteira													
Demanda total													
Estoque proj. disp.													
MPS													
DPP													
DPP Acumulado													

a) Use o registro de MPS para analisar qual a implicação da decisão do novo diretor de manufatura.

b) Como você pode contra-argumentar com o diretor?

c) Qual sua sugestão para resolver esse impasse?

6. Considere o seguinte registro de MPS da empresa Informix, para seu produto, um lançamento, o Compu2. Devido ao longo *lead time* de seus componentes, foi estabelecido um "período de congelamento" do MPS de 2 meses futuros (um *time fence* de 2 meses).

Dados em milhares de unidades

Períodos Lote: 60 Estoque de Segurança: 50	Atraso	Jan.	Fev.	Mar.	Abr.	Maio	Jun.	Jul.	Ago.	Set.	Out.	Nov.	Dez.
Previsão		15	20	30	50	60	60	60	60	60	60	60	60
Demanda depend.													
Pedidos/carteira													
Demanda total													
Estoque proj. disp.	50	95	75	105	115	55	55	55	55	55	55	55	55
MPS		60		60	60		60	60	60	60	60	60	60
DPP													
DPP Acumulado													

a) Numa revisão de MPS, no início de janeiro, o diretor comercial insiste que deve ser feita uma revisão das previsões:

- de janeiro, de 15 unidades para 20 unidades;
- de fevereiro, de 20 unidades para 45 unidades;
- de março, de 30 unidades para 80 unidades;
- de abril para diante, 80 unidades, até dezembro.

Analise cada uma das mudanças solicitadas e dê uma resposta ao diretor comercial – se é possível ou não efetuar cada uma das mudanças de MPS solicitadas e, em caso negativo, avalie qual o impacto de impossibilidade.

b) Imagine que, em vez de as mudanças solicitadas em *a*, o diretor comercial solicitasse uma revisão das previsões de janeiro e fevereiro para 30 unidades cada. Qual seria sua resposta ao diretor?

6.6 EXERCÍCIOS COM PLANILHA SIMULADORA DE MRP II – CASO POLITRON

Neste capítulo, utilizaremos o caso Politron para fazer exercícios sobre MPS simulando a lógica de um sistema MRP II. Cada exercício trará instruções para uso e preenchimento dos dados nas planilhas. O caso Politron e os exercícios estão disponíveis como Material Suplementar deste livro no *site* do GEN: www.grupogen.com.br.

Gestão de demanda

OBJETIVOS DE APRENDIZAGEM

Ao final deste capítulo, o aluno deverá ser capaz de:
- Entender a importância e os principais elementos do processo de gestão de demanda nas empresas.
- Identificar os responsáveis pela gestão de demanda nas empresas.
- Aprender sobre sistemas de previsão de vendas e requisitos para uma boa previsão de vendas.
- Desenvolver conhecimento sobre alguns modelos para a previsão de curto prazo, como média móvel e suavização exponencial.
- Entender o DRP – *distribution requirements planning*, ou planejamento das necessidades de distribuição.

7.1 INTRODUÇÃO

Como visto no Capítulo 4, assim como a produção, a demanda da empresa também deve ser gerenciada. Algumas das razões apontadas foram:

- poucas empresas são tão flexíveis que possam, de forma eficiente, alterar de forma substancial seus volumes de produção ou o *mix* de produtos produzidos de um período para o outro, de forma a atender às variações de demanda, principalmente no curto prazo;

- para muitas empresas, principalmente aquelas multidivisionais, ao menos parte da demanda não vem do ambiente externo, mas de outras divisões ou de subsidiárias, o que permite esforços de administração dessa demanda;

- empresas que têm relações de parceria com seus clientes podem negociar quantidade e momento da demanda por eles gerada, de modo a melhor adaptá-la a suas possibilidades de produção;

- a demanda de muitas empresas, principalmente as que produzem produtos de consumo, pode ser criada ou modificada, tanto em termos de quantidade quanto de momento, por meio de atividades de marketing, promoções, propaganda, esforço de venda, entre outras medidas;

- mesmo empresas que produzem outros tipos de produtos, que não de consumo, podem exercer influência sobre a demanda por meio de esforço de venda, mediante sistemas indutores de comportamento de seus vendedores e representantes comerciais (sistemas de cotas e comissões variáveis, por exemplo).

7.2 CONCEITOS

7.2.1 O que é gestão de demanda?

A função de gestão da demanda inclui esforços em cinco áreas principais, conforme ilustrado pela Figura 7.1: previsão de demanda, comunicação com o mercado, influência sobre a demanda, promessa de prazos de entrega, além de priorização e alocação.

1. ***Habilidade para prever a demanda***: é muito importante que a empresa saiba utilizar todas as ferramentas disponíveis para conseguir antecipar a demanda futura com alguma precisão. Isso pode envolver formar e manter uma base de dados históricos de vendas, assim como informações que expliquem suas variações e comportamento no passado, utilizar modelos matemáticos adequados que ajudem a explicar o comportamento da demanda, compreender como os fatores ou variáveis internas (promoções etc.) e externas (clima, condições econômicas etc.) influenciam o comportamento da demanda, coletar informações relevantes do mercado e ser capaz de derivar daí uma estimativa da demanda futura.

Figura 7.1 Principais elementos da gestão de demanda.

2. *Canal de comunicação com o mercado*: este item poderia estar incluído no anterior, mas sua importância é tão grande e ele é tão negligenciado que vale destacá-lo. Normalmente, o pessoal que mantém contato com os clientes (vendedores e representantes de vendas) está preocupado somente em vender, desprezando uma função extremamente importante: trazer informações dos clientes e do mercado para a empresa, em base contínua e permanente. De fato, não podemos censurá-los, já que poucas empresas colocam explicitamente em suas atribuições essa função ou vinculam o desempenho nessa atividade a algum sistema de remuneração ou reconhecimento. Enquanto o trabalho de previsão estiver sendo feito apenas com base em dados históricos ou contando com o apoio apenas do pessoal que mantém pouco ou nenhum contato com o mercado, a empresa estará desperdiçando uma fonte inestimável de informações para fazer de seu sistema de previsão de vendas um elo eficaz dentro do sistema MRP II.

3. *Poder de influência sobre a demanda*: além de tentar prever o comportamento da demanda, é fundamental que a empresa procure influenciá-lo. Esta influência pode dar-se sobre a demanda já manifesta, negociando parcelamento de entrega com os clientes, por exemplo (muitas vezes, esse parcelamento é até interessante para o cliente que, por falta de informação, pode trabalhar com restrições fictícias de lote mínimo de compra), ou sobre a demanda que ainda vai acontecer, incentivando vendedores e representantes de vendas a oferecerem ao mercado determinado *mix* de produtos que melhor ocupe a capacidade instalada e disponível, ou ainda por meio de promoção e propaganda. Em qualquer circunstância, é importante que as ações desferidas pela empresa para influenciar sua demanda sejam conhecidas e levadas em conta na previsão de vendas futuras. Embora óbvia, nem sempre essa preocupação está presente,

fazendo com que as previsões incorporem incertezas geradas pelo desconhecimento que os responsáveis pelas previsões têm das ações da área comercial.

4. **Habilidade de prometer prazos:** importante para garantir desempenho em confiabilidade de entregas, a atividade de promessa de prazo também é de responsabilidade de quem faz a gestão da demanda. A atividade de prometer datas de entrega depende do tipo de produção (para estoque, sob encomenda ou montagem contra pedido) e será discutida detalhadamente mais adiante.

5. **Habilidade de priorização e alocação:** o objetivo do planejamento é criar condições para que a empresa consiga atender a toda a demanda dos clientes. Contudo, se ocorre de não haver produtos suficientes ou se os recursos e materiais necessários não estão disponíveis, é preciso decidir quais clientes serão atendidos total ou parcialmente e quais terão que esperar. Essa decisão é de responsabilidade da área comercial, devendo ser operacionalizada por meio dos mecanismos da função de gestão de demanda.

A função de gestão de demanda insere-se no sistema MRP II na parte denominada no Capítulo 4 de "comando", sendo fundamental para os módulos de S&OP e MPS e fazendo interfaces entre esses e o mercado.

No caso do S&OP, como foi visto no Capítulo 5, a gestão da demanda consiste na elaboração de um plano de vendas de longo prazo em termos de famílias de produtos, que seja viável de ser atendido pela produção, considerando-se as limitações de recursos materiais e de capacidade. Aqui, os aspectos principais referem-se à capacidade de previsão, à definição de ações para influenciar a demanda e à alocação da capacidade existente para atendimento dos mercados prioritários.

No nível do plano-mestre de produção, a gestão da demanda deve formar com o processo MPS/RCCP, a ser discutido em detalhe no Capítulo 8, um processo único e integrado, conforme ilustrado na Figura 7.2. Nesse nível, a gestão de demanda é uma função ativa e essencial para o bom desempenho do planejamento. Os principais processos operacionais da função de gestão de demanda, que serão discutidos detalhadamente mais adiante, são:

- processo de previsão de vendas;
- processo de cadastramento de pedidos;
- processo de promessa de data de entrega;
- processo de definição e avaliação do nível de serviço ao cliente;
- processo de planejamento de necessidades entre unidades produtivas e centros de distribuição;
- processo de distribuição física dos produtos aos clientes e/ou centros de distribuição.

Um dos principais resultados da gestão da demanda, mostrado na Figura 7.2, é a elaboração de um plano de vendas que seja coerente com o plano-mestre de produção e que seja a base para orientar as ações da área comercial.

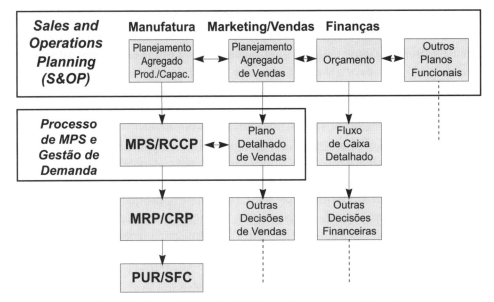

Figura 7.2 Gestão de demanda e MPS formando um processo integrado.

7.2.2 Quem é responsável pela gestão de demanda?

Como a maioria dos processos operacionais da gestão de demanda estão, de alguma forma, relacionados aos clientes, normalmente envolvem forte participação da área comercial (vendas e marketing). Por outro lado, algumas informações geradas nessa função (*e.g.*, previsão de vendas) são fundamentais ao processo de planejamento, ao mesmo tempo que informações importantes para os clientes (*e.g.*, prazos de entrega) são geradas na área de planejamento, fazendo essa área ter muito interesse no desempenho da gestão da demanda. Uma vez compreendido o escopo da função de gestão de demanda, não podemos contestar seu caráter multifuncional e que se trata muito mais de um processo (conjunto de atividades que perpassam áreas funcionais) do que uma atividade restrita a determinada função. Contudo, não podemos deixar de atribuir a alguém a responsabilidade por essa função, ainda que ela dependa da participação e colaboração de várias áreas da empresa. Empresas diferentes atribuem (explicitamente ou não) essa função a áreas diferentes. Vejamos alguns exemplos.

Em algumas empresas, grande parte do que estamos definindo como gestão de demanda está sob a responsabilidade da área de planejamento. Nessas empresas, a área comercial geralmente não assume a responsabilidade pelas previsões, seja por acreditar que não possa contribuir efetivamente e que as previsões devem ser feitas exclusivamente com base em dados históricos, seja para não se comprometer com os erros que normalmente estão implícitos no processo, seja por ser avaliada exclusivamente em função do volume de vendas e, portanto, acreditar que as únicas atividades que lhe agregam algum valor são as ligadas ao processo de venda. A própria área de planejamento, muitas vezes, não confia nas previsões elaboradas pela área comercial e, não querendo comprometer o desempenho de seu processo de planejamento, para o qual as informações de previsão são fundamentais, assume essa responsabilidade, considerando-se capacitada para tanto. Em virtude da falta de comprometimento da área comercial com o processo de previsão, a área de planejamento acaba trabalhando apenas com dados históricos e acompanhando, também apenas com base nos números, a evolução da carteira de pedidos, para eventualmente rever as previsões.

Essa situação apresenta vários problemas potenciais. Em primeiro lugar, fica claro que, tal como definida, a função não pode ser executada adequadamente, já que não conta com o comprometimento efetivo da área comercial. As previsões elaboradas apenas com base em dados históricos "frios" (sem informação que realmente explique o comportamento passado da demanda para que possamos compreendê-la e, assim, melhor prever seu comportamento no futuro) não tem geralmente desempenho satisfatório, no sentido de que não estamos utilizando toda a informação disponível. Ações da área comercial sobre o mercado (promoções etc.) que afetam o comportamento da demanda, geralmente não são levadas em conta na elaboração das previsões, gerando erros adicionais. A área comercial não se compromete com a previsão feita pela área de planejamento; consequentemente, o plano de vendas não guarda coerência com o plano-mestre de produção, comprometendo o desempenho da empresa tanto no que se refere aos níveis de estoque de produtos acabados como no que se refere ao nível de serviço aos clientes (desempenho de entrega).

Em outras empresas, a área comercial assume a responsabilidade pela previsão, mas com o objetivo de manipulá-la: em alguns casos, a previsão superestima as vendas com o objetivo de induzir excesso de produção para garantir a disponibilidade dos produtos finais para venda (em geral, nesses casos, a área comercial não é responsável pelo nível dos estoques de produtos acabados); em outros casos, a previsão subestima as vendas para que as vendas reais ultrapassem as previsões, gerando a percepção de desempenho superior da área comercial (nesses casos, em geral, a área comercial está mais comprometida com a geração de pedidos do que com a entrega efetiva dos produtos aos clientes). A área de planejamento assume a previsão informada e elabora o plano-mestre para atendê-la, sem comprometer-se com a entrega efetiva dos produtos ou com os níveis de estoque de produtos acabados. Como fica claro, nesses casos, ninguém se compromete de forma eficaz com o desempenho da empresa naquilo que é realmente importante – bem atender o cliente: as áreas de planejamento e comercial não trabalham de forma coordenada e os planos de vendas e de produção não são coerentes.

Em outros casos ainda, a área comercial elabora a previsão de vendas usando seu melhor entendimento do mercado e a alta direção faz sua "análise crítica", geralmente puxando a previsão para cima com o objetivo de gerar maiores desafios para a área comercial. A área de planejamento normalmente não sabe muito bem qual previsão considerar no planejamento-mestre, a original ou a modificada. Novamente, trabalha-se com dados irreais, sem coerência entre os planos de vendas e produção e com pouco comprometimento com aquilo que é importante.

O que podemos notar nos exemplos é que pouco importa quem é o responsável pelas previsões e pela gestão da demanda, se esta não se caracterizar por um processo em que as diversas áreas envolvidas estejam comprometidas com o desempenho da empresa com aquilo que é fundamental para que possa competir de forma eficaz nos mercados em que atua. Por outro lado, se há esse comprometimento e se as diversas áreas trabalham de forma cooperativa, a responsabilidade pelas decisões é da equipe multifuncional formada por representantes das áreas comercial e de planejamento, prioritariamente, podendo envolver também outras áreas. Assim, a questão da responsabilidade tratada anteriormente restringe-se à atribuição de tratar os dados históricos e informações provenientes da área comercial, manter uma base de dados relevantes que ajude a explicar o comportamento das vendas e criar a "inteligência de mercado" que caracteriza a boa gestão da demanda. Nesse caso, essa atribuição em tese pode ser dada a qualquer das áreas sem prejuízo do desempenho de todo o processo. Entretanto, algumas considerações devem ser feitas.

A prática não tem recomendado que essa função fique sob a responsabilidade da área de planejamento por duas razões principais:

- primeiro, porque a gestão da demanda requer atenção especial sobre o mercado, o que na prática requer conhecimento sobre o mercado e seus nichos, algum contato com clientes e representantes comerciais, monitoramento rigoroso das vendas reais, monitoramento das ações dos concorrentes, entre outras atividades, o que não se coaduna muito com o perfil da área de planejamento, que, embora estando na interface entre a produção e o mercado, normalmente tem atenção muito maior sobre a primeira, preocupada em prever seu desempenho, seja em tempos de produção, seja em utilização de máquinas, seja em índices de qualidade;
- segundo, porque o tratamento das informações na área de planejamento na prática dificulta o comprometimento da área comercial com o processo, correndo-se o risco de isolá-la, deixando toda a responsabilidade com a área de planejamento.

Parece então mais conveniente que a responsabilidade seja atribuída à própria área comercial, garantindo-se assim seu comprometimento e aproveitando a natural atenção sobre o comportamento do mercado. Nas empresas que adotam essa alternativa, o setor responsável muitas vezes é denominado de "administração de vendas", sendo composto por elementos da área comercial que não estão ligados diretamente à atividade de vendas. Entretanto, considerando-se o perfil mais usual dos elementos da área comercial, voltado para a atividade estrita de vender, nem sempre essa alternativa é viável, pois qualquer atividade não direcionada a gerar vendas pode soar como desperdício de recursos.

Assim, em algumas empresas, tem-se adotado a alternativa de criar uma área específica para cuidar da gestão da demanda, que funcionalmente, pode estar ligada à diretoria comercial, à diretoria industrial, à diretoria de logística ou à diretoria financeira. O importante é que o responsável por essa área seja capaz de articular a participação das demais áreas, garantindo a obtenção das informações necessárias e o comprometimento adequado de todos.

A seguir, os principais processos da função de gestão de demanda serão discutidos detalhadamente.

7.2.3 Processo de previsão de vendas

O processo de previsão de vendas é possivelmente o mais importante dentro da função de gestão de demanda. Um dos problemas da previsão de vendas é que nunca conseguimos uma previsão 100% correta; ao contrário, na maioria dos casos, não conseguimos nem chegar perto disso. Como a previsão é uma das informações mais importantes para o planejamento, concluímos que qualquer processo de planejamento sofre em virtude dos erros de previsão. O que fazer se os erros de previsão são grandes? E normalmente são. Vale a pena investir no restante do processo de planejamento se as previsões, os dados de entrada, são ruins? Quão boa deve ser a previsão para que seja adequada? Essas perguntas são frequentes quando discutimos a importância das previsões no planejamento.

As incertezas das previsões e os erros correspondentes provêm de duas fontes distintas: a primeira delas corresponde ao próprio mercado, que, dada sua natureza, pode ser bastante instável e de baixa previsibilidade; a segunda corresponde ao sistema de previsão, que, com base em informações várias coletadas no mercado e em dados históricos, gera uma informação que pretende antecipar a demanda futura, informação esta que pode conter incertezas em virtude da própria eficácia (ou falta de eficácia) do sistema de previsão. A primeira fonte de incertezas é inevitável e normalmente responsável por boa parte dos erros das previsões; entretanto, afeta as previsões de venda da empresa e também de seus concorrentes. Consequentemente, as decisões de planejamento equivocadas em virtude desses erros de previsão não serão piores do que as dos concorrentes, não causando, por si só, danos à competitividade da empresa. Portanto, o problema não está aí.

A segunda fonte de incertezas é que merece preocupação, ou seja, a qualidade do sistema de previsão de vendas. Esta, sim, fará diferença quanto ao desempenho da empresa diante de seus concorrentes. Infelizmente, a questão permanece: quão boa deve ser a previsão de vendas? Resposta: tão boa ou melhor que a dos concorrentes. É "simples"... ou sabemos qual o desempenho das previsões dos concorrentes ou se procura fazer a melhor previsão possível, utilizando-se os melhores métodos disponíveis e todas as informações relevantes, coletadas de forma sistemática. Como é difícil obter informações confiáveis sobre os concorrentes, a proposta aqui é recomendar as diretrizes para uma boa previsão de vendas.

Os erros das previsões não devem desanimar os responsáveis por esse importante processo, já que parte das incertezas é inevitável; entretanto, não devem nunca se conformar com certo nível de erro obtido: os concorrentes podem ter ido mais longe!

 FIQUE ATENTO
Os responsáveis pelo processo de previsão de vendas devem ter claro que nunca conseguirão atingir uma acurácia de 100% na previsão de vendas. Os erros de previsão são inevitáveis e resultado da complexidade do processo: muitas variáveis internas e externas influenciam no comportamento das vendas. O que é mais importante é a discussão de "quanto erradas" as previsões são.

7.2.4 Sistemas de previsão de vendas

Sistema de previsão de vendas é o conjunto de procedimentos de coleta, tratamento e análise de informações que visa gerar uma estimativa das vendas futuras, medidas em unidades de produtos (ou famílias de produtos) em cada unidade de tempo (semanas, meses etc.). As principais informações que devem ser consideradas pelo sistema de previsão são:

- dados históricos de vendas, período a período;
- informações relevantes que expliquem comportamentos atípicos das vendas passadas;
- dados de variáveis correlacionadas às vendas que ajudem a explicar o comportamento das vendas passadas;
- situação atual de variáveis que podem afetar o comportamento das vendas no futuro ou estejam a ele correlacionadas;
- previsão da situação futura de variáveis que podem afetar o comportamento das vendas no futuro ou estejam a ele correlacionadas;
- conhecimento sobre a conjuntura econômica atual e previsão da conjuntura econômica no futuro;
- informações de clientes que possam indicar seu comportamento de compra futuro;
- informações relevantes sobre a atuação de concorrentes que influenciam o comportamento das vendas;
- informações sobre decisões da área comercial que podem influenciar o comportamento das vendas.

A Figura 7.3 ilustra uma configuração genérica de um sistema de previsão de vendas. Esse modelo apresenta inicialmente o tratamento estatístico, por meio de

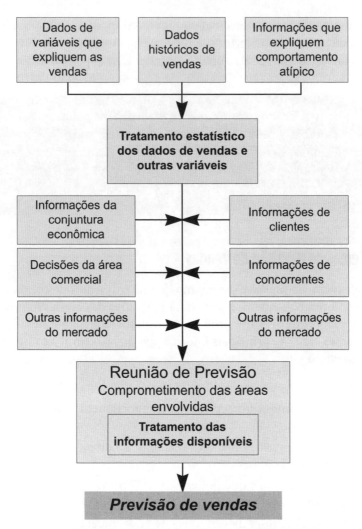

Figura 7.3 Sistema genérico de previsão de vendas.

modelos temporais ou causais,[1] dos dados históricos de vendas e de outras variáveis que ajudem a explicar o comportamento das vendas no passado (clima, renda *per capita*, volume de produção de grupos de clientes, entre outras). Devem também ser consideradas nesse momento informações que ajudem a explicar comportamentos atípicos ou anormais das vendas em determinados períodos (como variações de preço, modificações de produtos, eventos da conjuntura econômica, entrada de concorrentes no mercado, entre outras). Para esse tratamento estatístico, há disponíveis pacotes de ferramentas computacionais que em muito auxiliam a organização e o tratamento dos

---

[1] Esses modelos de tratamento estatístico serão comentados mais adiante.

dados. Entretanto, nada impede que desenvolvamos modelos específicos, utilizando-se, por exemplo, planilhas eletrônicas ou aplicativos simples de banco de dados.

Esse tratamento inicial gera uma informação que ainda não deve ser considerada como a previsão definitiva, pois os modelos estatísticos, por mais sofisticados que sejam (sem considerar que as aplicações mais comuns usam modelos relativamente simples), não conseguem considerar toda a multiplicidade de fatores que influenciam o comportamento das vendas. Esses fatores são, então, considerados numa etapa posterior, para a qual são levantadas informações de clientes (desde simples intenções de compra até programas de produção e níveis de estoque), informações sobre a conjuntura econômica atual e futura (renda ou taxas de juros e câmbio que podem afetar a entrada de produtos estrangeiros concorrentes, por exemplo), informações de concorrentes (preços relativos, esforços de venda em determinadas regiões, dificuldades de produção, entrega ou distribuição, entre outras), além de outras informações relevantes do mercado. Além disso, é essencial que conheçamos e levemos em conta as decisões da área comercial que podem afetar o comportamento das vendas, como variações de preço, promoções, esforços especiais de vendas, entre outras.

Todas essas informações devem ser coletadas de forma sistemática e, para isso, procedimentos específicos devem ser estabelecidos e sistemas de informação adequados devem ser desenvolvidos.

O tratamento de todas essas informações e sua combinação com os dados históricos tratados estatisticamente deve ser feito com a participação de representantes das principais áreas envolvidas no processo de planejamento, ou seja, comercial, de planejamento, de produção, financeira e de desenvolvimento de produtos, num evento que estamos denominando de "reunião de previsão". Essa participação é importante para que haja o comprometimento de todos com os números da previsão definitiva que, afinal de contas, mesmo depois de todo o trabalho de análise, representa uma "aposta" no comportamento da demanda futura. Essa aposta não deve ser de responsabilidade de apenas uma área, mas de todas. Esse pequeno detalhe confere mais qualidade ao processo de previsão e legitima os resultados.

Esse modelo de sistema de previsão de vendas é genericamente válido para previsões com horizontes que variam de curto a longo prazo. Os modelos de tratamento estatístico, entretanto, costumam ser mais adequados a determinados horizontes.

7.2.4.1 Previsão de vendas de curto prazo

Para previsões de curto prazo (até cerca de quatro meses), normalmente utilizamos a hipótese de que o futuro seja uma continuação do passado, ao menos do passado recente, ou seja, as mesmas tendências de crescimento ou declínio observadas no passado devem permanecer no futuro, assim como a sazonalidade ou ciclicidade observadas no passado. A técnica então geralmente utilizada é a de projeção; são os chamados modelos temporais. Essa denominação vem do fato de fazermos correlação entre as vendas passadas e o tempo, projetando-se comportamento similar para o tempo futuro, como pode ser visualizado na Figura 7.4.

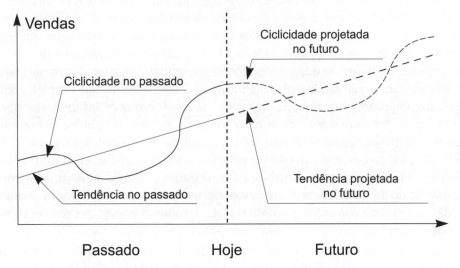

Figura 7.4 Projetando as vendas futuras com base nos dados do passado.

A projeção é feita modelando-se matematicamente os dados do passado, ou seja, procurando representar o comportamento das vendas por meio de expressões matemáticas e utilizando essas mesmas equações para prever as vendas no futuro. Essa técnica é a mais comum e está presente na maioria dos *softwares* de previsão de vendas. Geralmente, procura-se decompor as vendas passadas em duas ou mais componentes que possam ser modeladas matematicamente. Nos casos mais comuns, decompõem-se as vendas em termos de uma curva de tendência e fatores de sazonalidade, como mostrado na Figura 7.5.

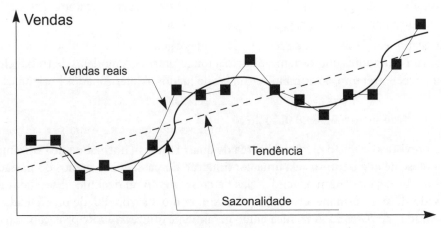

Figura 7.5 Decomposição das vendas passadas em tendência e sazonalidade.

Quanto mais história passada estiver disponível, melhor será a modelagem. Um cuidado que devemos tomar é de sempre utilizar dados passados de períodos que totalizem múltiplos dos ciclos de sazonalidade; caso contrário, técnicas de regressão utilizadas para derivar a curva de tendência poderão apresentar resultados errados. Por exemplo, se o ciclo de sazonalidade é anual, devemos sempre tomar uma série de dados históricos de dois ou mais anos, sempre em múltiplos de 12 meses.

O primeiro passo a ser dado na modelagem matemática dos dados históricos é a análise dos dados e a escolha de uma hipótese de comportamento dos dados. Quatro hipóteses básicas podem ser adotadas: hipótese de *permanência*, em que se admite que as vendas têm comportamento estável e uniforme, sem tendência de aumento ou decréscimo nem sazonalidade que possa ser identificada; hipótese *sazonal com permanência*, em que se admite que há sazonalidade que pode ser identificada e justificada, mas sem tendência de aumento ou decréscimo na média de vendas; hipótese de *trajetória*, em que se admite que as vendas têm comportamento de aumento ou decréscimo a determinada taxa uniforme, mas sem sazonalidade que possa ser identificada; e hipótese *sazonal com trajetória*, a mais complexa, em que se admite que há sazonalidade que pode ser identificada e justificada, com tendência de aumento a determinada taxa uniforme. A Figura 7.6 ilustra as quatro hipóteses citadas.

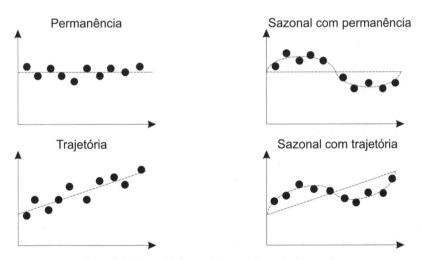

Figura 7.6 Quatro hipóteses de comportamento das vendas.

Uma vez escolhida a hipótese de comportamento a ser adotada, trata-se de escolher um modelo adequado. Os modelos mais comuns para a previsão de curto prazo são os de média móvel e os de suavização exponencial.

Média móvel

Os modelos de média móvel são adequados quando se adota hipótese de permanência, isto é, sem que se identifique tendência de aumento ou decréscimo acentuado nas vendas no futuro. Nesse caso, assume-se que as variações das vendas reais são na maioria devidas a causas aleatórias e distribuídas de forma simétrica em relação à média, assim, procura-se, por meio desse modelo, suavizar essas variações, assumindo que a melhor previsão das vendas no próximo período (P_t) é a média dos últimos N valores das vendas passadas, conforme mostra a equação seguinte:

$$P_t = \frac{V_{t-1} + V_{t-2} + V_{t-3} + ... + V_{t-N}}{N}$$

A Figura 7.7 ilustra o cálculo da média móvel de três, quatro e seis meses, respectivamente, para uma série de valores de vendas mensais passadas.

	Vendas	MM (3 meses)	MM (4 meses)	MM (6 meses)
Janeiro	89			
Fevereiro	92			
Março	100			
Abril	107	93,7		
Maio	89	99,7	97,0	
Junho	90	98,7	97,0	–
Julho	87	95,3	96,5	94,5
Agosto	93	88,7	93,3	94,2
Setembro	92	90,0	89,8	94,3
Outubro	110	90,7	90,5	93,0
Novembro	86	98,3	95,5	93,5
Dezembro	107	96,0	95,3	93,0
Janeiro		101,0	98,8	95,8

Figura 7.7 Previsão por meio de média móvel de três e seis meses para uma série de valores de vendas mensais.

Quanto maior o valor de N, isto é, quanto maior o número de períodos passados utilizados no cálculo da média móvel, maior será a suavização das variações aleatórias e menor será a sensibilidade do modelo a mudanças de patamar nas vendas, caso isto venha a ocorrer. Isto pode ser visualizado na Figura 7.8.

	Vendas	MM (3 meses)	MM (4 meses)	MM (6 meses)
Janeiro	100			
Fevereiro	100			
Março	100			
Abril	100	100,0		
Maio	100	100,0	100,0	
Junho	100	100,0	100,0	
Julho	110	100,0	100,0	100,0
Agosto	110	103,3	102,5	101,7
Setembro	110	106,7	105,0	103,3
Outubro	110	110,0	107,5	105,0
Novembro	110	110,0	110,0	106,7
Dezembro	110	110,0	110,0	108,3
Janeiro	110	110,0	110,0	110,0

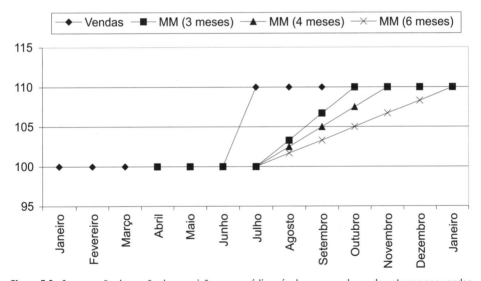

Figura 7.8 Comparação da reação das previsões com média móvel a uma mudança de patamar nas vendas.

Problemas também podem ocorrer quando se utiliza o modelo de média móvel para vendas que apresentam tendência de aumento ou diminuição. Nesses casos, a previsão feita por média móvel tenderá a ser sempre subestimada (quando a tendência for de aumento) ou superestimada (quando a tendência for de diminuição).

Apesar dos problemas apontados, os modelos de média móvel são úteis quando se busca um modelo simples e de baixo custo para prever as vendas de muitos itens com histórico de pequenas flutuações e sem indicações de tendência.

Média móvel ponderada

Uma variação do modelo de média móvel permite que se dê, ao calcular a média, um peso maior para os valores de vendas mais recentes; é o modelo de média móvel ponderada. Esse modelo assume que as observações mais recentes são mais confiáveis como projeção das vendas futuras. O exemplo abaixo ilustra o cálculo da média móvel de três meses com fatores de ponderação 0,5, 0,3 e 0,2 (fatores que somados resultam 1).

Dados:

Vendas de janeiro = 115

Vendas de fevereiro = 120

Vendas de março = 105

Pedese a previsão para abril

$P_{abril} = 0,5 \times 105 + 0,3 \times 120 + 0,2 \times 115$

$P_{abril} = 52,5 + 36 + 23$

$P_{abril} = 111,5 \approx 112$

Suavização exponencial

O modelo de suavização exponencial é similar ao da média móvel ponderada, com a diferença de que são utilizados todos os valores históricos, com coeficientes de ponderação que decrescem exponencialmente. O modelo básico de suavização exponencial, para hipótese de permanência conforme a Figura 7.6, é explicado pela seguinte equação:

$$S_t = \alpha \times V_t + (1 - \alpha) \times S_{t-1}$$
$$P_t = S_{t-1}$$

Onde:

S_t = Valor da BASE calculado no instante t

α = Constante de suavização

V_t = Valor das vendas reais no período t

P_t = Previsão das vendas para o período t

Pode-se então dizer que nesse modelo a previsão para o período t é uma média ponderada entre o valor de vendas reais no período $t - 1$ e a previsão anteriormente feita para o mesmo período $t - 1$. A constante de ponderação e suavização α está limitada ao intervalo entre 0 e 1. Quanto maior a constante, maior será o peso dado ao valor das vendas do período mais recente, em detrimento da última previsão.

Analisando a equação mostrada, verifica-se que se que se pode escrever S_{t-1} como:

$$S_{t-1} = \alpha \times V_{t-1} + (1 - \alpha) \times S_{t-2}$$

Logo, pode-se reescrever S_t como:

$$S_t = \alpha \times V_t + (1-\alpha) \times [\alpha \times V_{t-1} + (1-\alpha) \times S_{t-2}]$$

ou

$$S_t = \alpha \times V_t + (1-\alpha) \times \alpha \times V_{t-1} + (1-\alpha)^2 \times S_{t-2}$$

Refazendo para S_{t-2}, tem-se:

$$S_{t-2} = \alpha \times V_{t-2} + (1-\alpha) \times S_{t-3}$$

Logo:

$$S_t = \alpha \times V_t + (1-\alpha) \times \alpha \times V_{t-1} + (1-\alpha)^2 \times [\alpha \times V_{t-2} + (1-\alpha) \times S_{t-3}]$$

ou

$$S_t = \alpha \times V_t + (1-\alpha) \times \alpha \times V_{t-1} + (1-\alpha)^2 \times \alpha \times V_{t-2} + (1-\alpha)^3 \times S_{t-3}$$

Se continuarmos substituindo S_{t-3}, S_{t-4}, S_{t-5}, e assim sucessivamente, chegaremos a:

$$P_{t+1} = S_t = \alpha V_t + \alpha(1-\alpha)V_{t-1} + \alpha(1-\alpha)^2 V_{t-2} + \alpha(1-\alpha)^3 V_{t-3} + \alpha(1-\alpha)^4 V_{t-4} + \dots$$

Como se pode perceber pela expressão anterior, a previsão de vendas para o período t, no modelo de suavização exponencial, é calculada como média ponderada de todos os valores históricos de vendas, com coeficientes α:, $\alpha(1-\alpha)$, $\alpha(1-\alpha)^2$, $\alpha(1-\alpha)^3$, $\alpha(1-\alpha)^4$, $\alpha(1-\alpha)^5$, ..., que diminuem exponencialmente. Se adotarmos $\alpha = 0{,}1$, teremos:

$$
\begin{aligned}
\alpha &= 0{,}100 \\
\alpha(1-\alpha) &= 0{,}090 \\
\alpha(1-\alpha)^2 &= 0{,}081 \\
\alpha(1-\alpha)^3 &= 0{,}072 \\
\alpha(1-\alpha)^4 &= 0{,}063 \\
\alpha(1-\alpha)^5 &= 0{,}054 \\
\alpha(1-\alpha)^6 &= 0{,}045 \\
\alpha(1-\alpha)^7 &= 0{,}036
\end{aligned}
$$

Quando há hipóteses diferentes da de permanência sobre o comportamento das vendas, utilizam-se modelos modificados, conforme se pode ver a seguir:

Hipótese sazonal com permanência

$$P_t = S_{t-1} \times F_t$$

$$S_t = \alpha \times \left(\frac{V_t}{F_t}\right) + (1-\alpha) \times S_{t-1}$$

Onde:

P_t = Previsão das vendas para o período t

S_t = Valor da BASE dessazonalizada calculada no instante t

F_t = Valor do coeficiente de sazonalidade para o período t

α = Constante de suavização

V_t = Valor das vendas reais no período t

Hipótese de tendência

$$P_t = S_{t-1} + R_{t-1}$$

$$P_{t+n} = S_{t-1} + R_{t-1} \times (n+1)$$

$$S_t = \alpha \times V_t + (1-\alpha) \times (S_{t-1} + R_{t-1})$$

$$R_t = \beta \times (S_t - S_{t-1}) + (1-\beta) \times R_{t-1}$$

Onde:

P_t = Previsão das vendas para o período t

P_{t+n} = Previsão das vendas para o período $t + n$

S_t = Valor da BASE calculado no instante t

R_t = Valor da taxa de tendência calculado no período t

α = Constante de suavização da base

β = Constante de suavização da tendência

V_t = Valor das vendas reais no período t

Hipótese sazonal com tendência

$$P_t = (S_{t-1} + R_{t-1}) \times F_t$$

$$P_{t+n} = \left(S_{t-1} + R_{t-1} \times (n+1)\right) \times F_{t+n}$$

$$S_t = \alpha \times \left(\frac{V_t}{F_t}\right) + (1-\alpha) \times (S_{t-1} + R_{t-1})$$

$$R_t = \beta \times (S_t - S_{t-1}) + (1-\beta) \times R_{t-1}$$

Onde:

P_t = Previsão das vendas para o período t

P_{t+n} = Previsão das vendas para o período $t + n$

S_t = Valor da BASE dessazonalizada calculado no instante t

F_t = Valor do coeficiente de sazonalidade para o período t

R_t = Valor da taxa de tendência calculado no período t

α = Constante de suavização da base

β = Constante de suavização da tendência (entre 0 e 1)

V_t = Valor das vendas reais no período t

A determinação das constantes de suavização pode ser feita da seguinte forma:

- Separa-se uma parte dos dados históricos de vendas para a montagem do modelo e uma parte para ajuste das constantes de suavização. Se se dispõe de três anos de histórico, por exemplo, tomam-se dois anos para a montagem do modelo e o último ano para o ajuste das constantes.

- Com a primeira parte do histórico, monta-se o modelo, adotando-se a hipótese de comportamento mais adequada.

- Com o modelo pronto, determina-se a previsão das vendas para todos os períodos da parte mais recente do histórico, adotando-se valores iniciais para as constantes de suavização.

- Calculam-se os erros de previsão comparando-se as vendas previstas com os, valores já conhecidos do histórico, período a período (veja detalhes sobre determinação dos erros de previsão mais adiante neste capítulo).

- Recalculam-se as previsões para diferentes valores de constantes de suavização, buscando minimizar os erros de previsão.

Uma alternativa para o ajuste das constantes é fazê-lo por políticas. Se a demanda de determinado item tem comportamento estável, assume-se α e β pequenos (entre 0,05 e 0,15) para evitar que variações aleatórias afetem demais as previsões. Se determinado item tem uma demanda menos estável, com mudanças frequentes na tendência ou patamar de vendas, adotam-se α e β maiores (entre 0,15 e 0,30), para que a previsão acompanhe as mudanças na demanda.

Em geral, é desaconselhada a utilização de valores de α ou β muito grandes (maiores que 0,5), pois isso pode tornar o modelo muito reativo, ou seja, toda variação da demanda é incorporada à previsão. Esse problema pode ser verificado no exemplo da Figura 7.9.

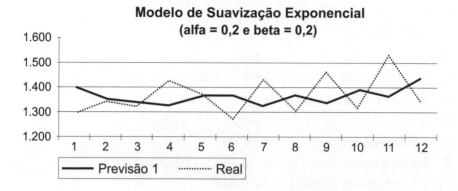

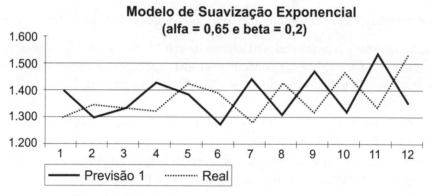

Figura 7.9 Efeito de valores altos na constante de suavização nos casos de vendas com muita variação aleatória.

BOXE 7.1

Exemplo de previsão utilizando modelo de suavização exponencial

Um comerciante de calçados esportivos pretende programar suas compras com base em uma previsão de vendas semanal. Os dados de vendas das últimas 20 semanas estão listados a seguir. As vendas semanais têm sido influenciadas pelas datas de pagamento de salários. Pede-se:
a. a previsão para as quatro semanas deste mês;
b. sabendo que na primeira semana a venda foi de 295 unidades, refaça a previsão para as três semanas restantes e para a primeira do próximo mês.

1. 137	5. 163	9. 210	13. 256	17. 259
2. 55	6. 78	10. 90	14. 102	18. 133
3. 139	7. 161	11. 189	15. 207	19. 235
4. 96	8. 112	12. 128	16. 144	20. 160

O primeiro passo para a elaboração do modelo é analisar os dados históricos e adotar uma hipótese para o comportamento das vendas. A figura seguinte mostra os dados históricos.

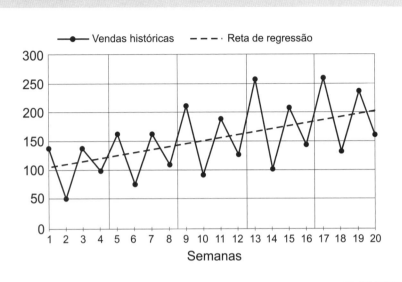

Analisando os dados da figura apresentada, pode-se concluir que a hipótese mais adequada é a de sazonalidade com tendência. A sazonalidade explica-se pelas datas de pagamento de salários, que fazem com que as vendas aumentem na primeira e terceira semanas de cada mês. A tendência de aumento nas vendas é flagrante.

Como foi visto anteriormente, para a hipótese de sazonalidade com tendência o conjunto de equações que representa o modelo é:

$$P_t = (S_{t-1} + R_{t-1}) \times F_t$$
$$P_{t+n} = (S_{t-1} + R_{t-1} \times (n+1)) \times F_{t+n}$$
$$S_t = \alpha \times \left(\frac{V_t}{F_t}\right) + (1-\alpha) \times (S_{t-1} + R_{t-1})$$
$$R_t = \beta \times (S_t - S_{t-1}) + (1-\beta) \times R_{t-1}$$

Para que se possa fazer a previsão, são necessários os parâmetros da base dessazonalizada (S_{t-1}), da taxa de tendência (R_{t-1}) e dos fatores de sazonalidade (F_t). Como as previsões serão feitas para as semanas 21, 22, 23 e 24, são necessários S_{20}, R_{20} e os fatores de sazonalidade F_{21}, F_{22}, F_{23} e F_{24}. Da análise da reta de regressão mostrada na Figura anterior, tira-se que S_{20} – 200 e R_{20} = 5. A determinação dos fatores de sazonalidade requer um pouco mais de análise.

A tabela seguinte mostra, para cada semana dos dados históricos, o valor das vendas e o respectivo valor da reta de regressão que corresponde à base dessazonalizada. Os fatores de sazonalidade são calculados dividindo-se o valor das vendas pela base dessazonalizada.

Semanas	Vendas históricas	Reta de regressão	Fator de sazonalidade
1	137	105	1,30
2	55	110	0,50
3	139	115	1,21
4	96	120	0,80
5	163	125	1,30
6	78	130	0,60
7	161	135	1,19
8	112	140	0,80
9	210	145	1,45
10	90	150	0,60
11	189	155	1,22
12	128	160	0,80
13	256	165	1,55
14	102	170	0,60
15	207	175	1,18
16	144	180	0,80
17	259	185	1,40
18	133	190	0,70
19	235	195	1,21
20	160	200	0,80

Calculando a média dos diferentes fatores de sazonalidade da primeira semana do mês (1,30, 1,30, 1,45, 1,55 e 1,40), obtém-se o valor estimado para F_{21} que é igual a 1,40. Repetindo o processo para os fatores de sazonalidade de segunda, terceira e quarta semana, obtém-se $F_{22} = 0,60$, $F_{23} = 1,20$ e $F_{24} = 0,80$. Com base nesses parâmetros, podem-se calcular as previsões para as semanas 21, 22, 23 e 24:

$$P_{t+n} = \left(S_{t-1} + R_{t-1} \times (n+1)\right) \times F_{t+n}$$

$$P_{21} = \left(S_{20} + R_{20} \times (1)\right) \times F_{21} = (200 + 5 \times 1) \times 1{,}4 = 287$$

$$P_{22} = \left(S_{20} + R_{20} \times (2)\right) \times F_{22} = (200 + 5 \times 2) \times 0{,}6 = 126$$

$$P_{23} = \left(S_{20} + R_{20} \times (3)\right) \times F_{23} = (200 + 5 \times 3) \times 1{,}2 = 258$$

$$P_{24} = \left(S_{20} + R_{20} \times (4)\right) \times F_{24} = (200 + 5 \times 4) \times 0{,}8 = 176$$

Sabendo que a venda da semana 21 foi de 295 unidades, como diz a questão *b* deste boxe, podem-se recalcular os parâmetros:

$$S_t = \alpha \times \left(\frac{V_t}{F_t}\right) + (1 - \alpha) \times (S_{t-1} + R_{t-1})$$

adotando $\alpha = 0{,}1$ e $\beta = 0{,}1$

$$S_{21} = \alpha\left(\frac{V_{21}}{F_{21}}\right) + (1-\alpha) \times (S_{20} + R_{20}) = 0{,}1 \times \left(\frac{295}{1{,}4}\right) + (1 - 0{,}1) \times (200 + 5)$$

$$S_{21} = 0{,}1 \times 210{,}7 + 0{,}9 \times 205 = 205{,}6$$

$$R_t = \beta \times (S_t - S_{t-1}) + (1-\beta) \times R_{t-1}$$

$$R_{21} = \beta \times (S_{21} - S_{20}) + (1-\beta) \times R_{20} = 0{,}1 \times (205{,}6 - 200) + (1 - 0{,}1) \times 5$$

$$R_{21} = 0{,}1 \times 5{,}6 + 0{,}9 \times 5 = 5{,}06$$

Com os novos parâmetros calculados, podem-se recalcular as previsões:

$$P_{t+n} = \left(S_{t-1} + R_{t-1} \times (n+1)\right) \times F_{t+n}$$

$$P_{22} = \left(S_{21} + R_{21} \times (1)\right) \times F_{22} = (205{,}6 + 5{,}06 \times 1) \times 0{,}6 = 126{,}4 \cong 127$$

$$P_{23} = \left(S_{21} + R_{21} \times (1)\right) \times F_{23} = (205{,}6 + 5{,}06 \times 2) \times 1{,}2 = 258{,}9 \cong 259$$

$$P_{24} = \left(S_{21} + R_{21} \times (1)\right) \times F_{24} = (205{,}6 + 5{,}06 \times 3) \times 0{,}8 = 176{,}6 \cong 177$$

$$P_{25} = \left(S_{21} + R_{21} \times (1)\right) \times F_{25} = (205{,}6 + 5{,}06 \times 4) \times 1{,}4 = 316{,}2 \cong 317$$

7.2.4.2 Previsão de vendas de médio prazo

Quando o horizonte da previsão começa a aumentar, a hipótese de que o futuro vai repetir o passado deixa em geral de ser válida. O que acontece é que o peso que devemos dar à análise feita depois do tratamento estatístico passa a ser tão mais relevante que o modelo, que este passa a não agregar muito valor à análise, podendo ser quase descartado. Nesse ponto, devemos adotar outro modelo, cujas hipóteses sejam válidas para horizontes maiores. São os modelos causais ou de explicação. Nesses modelos a hipótese é de que as relações que haviam no passado entre as vendas e outras variáveis, continuam a valer no futuro. A ideia é que procuremos estabelecer as relações entre as vendas no passado e outras variáveis que expliquem seu comportamento.

Um bom exemplo é o de previsão de demanda de vidro plano. As duas maiores fontes de demanda para vidro plano são as montadoras de automóveis e a construção civil. As vendas de vidro plano estão, portanto, vinculadas à produção de automóveis nas montadoras e à atividade de construção. O comportamento dessas fontes de demanda explica muito melhor o comportamento de vidro plano do que a simples correlação com o tempo. Para prever a demanda de vidro, devemos encontrar uma relação entre a quantidade de automóveis produzidos e a quantidade de vidro demandada (m^2 de vidro por tipo de automóvel produzido – *sedan*, peruas, ônibus etc.). Da mesma forma deve-se encontrar uma relação entre a quantidade de vidro demandada e uma variável que meça a atividade da construção civil (m^2 de vidro por m² de área construída por tipo de habitação – residências, edifícios residenciais, comerciais etc.). Essas relações costumam permanecer válidas por períodos relativamente longos, o que faz os modelos causais serem mais adequados para previsões de horizonte mais longo.

As relações são estabelecidas utilizando-se técnicas de regressão múltipla, utilizando-se dados históricos de vendas e dados correspondentes para as variáveis escolhidas. O resultado da correlação é uma equação do tipo:

$$V = a_1 x_1^{y1} + a_2 x_2^{y2} + a_3 x_3^{y3} + ... + a_n x_n^{yn}$$

onde $x_1, x_2, ..., x_n$ são os valores das variáveis escolhidas em determinado ponto do tempo.

Uma vez estabelecidas as relações, devemos prever o valor das variáveis independentes no futuro e derivar delas o valor da demanda a ser prevista. Quando utilizamos um modelo causal, admitimos que é mais fácil prever o comportamento das demais variáveis (no exemplo, a produção de veículos) do que o da própria demanda. Em alguns casos, não é necessário sequer prever o comportamento de algumas das variáveis, como a atividade de construção civil no exemplo do vidro plano. Isso porque todas as edificações devem ter seus projetos aprovados junto aos órgãos municipais de cada localidade, os quais mantêm registros da aprovação desses projetos. Uma vez que identificamos que, em certa localidade, foram aprovados projetos num total de x m² de área construída em determinado mês, podemos prever que alguns meses depois serão demandados y m² de vidro plano.

Uma observação importante é que, quando utilizamos modelos causais, normalmente fazemos previsão da demanda agregada (considerando-se o consumo de todo o mercado) e não das vendas de determinada empresa. Para chegarmos a esse último valor, que é o que realmente interessa para o planejamento, devemos estimar a participação da empresa no mercado.

Da mesma forma que nos modelos temporais, utilizados para previsão de curto prazo, também aqui é essencial que procedamos à segunda parte do modelo do sistema de previsão anteriormente apresentado, pois, por mais sofisticado que seja o modelo causal, jamais conseguirá incorporar todos os fatores que interferem no comportamento da demanda. Isso sem mencionar o aspecto de comprometimento já comentado anteriormente.

7.2.4.3 Previsão de vendas de longo prazo

Quando o horizonte aumenta ainda mais (vários anos), a hipótese de que as relações que havia no passado entre as vendas e outras variáveis continuam a valer no futuro deixa muitas vezes de ser válida, porque mudanças tecnológicas, de *design* ou a introdução de produtos substitutos podem alterar as relações anteriormente válidas. Para exemplificar, no caso da previsão de vidro plano, basta imaginar a fachada dos edifícios comerciais de hoje (praticamente forradas de vidro) e de 20 ou 30 anos atrás, quando as janelas eram relativamente pequenas. O mesmo raciocínio vale para os automóveis.

Nesses casos, adotamos a hipótese de que o futuro não guarda relação direta com o passado, pelo menos não uma relação que possa ser modelada matematicamente. A previsão deve ser derivada, portanto, da opinião de especialistas, para o que utilizamos métodos específicos para chegarmos a um consenso sobre essas opiniões.

Aqui, também vale a observação de que modelos temporais ou causais podem ser utilizados, desde que tomemos o cuidado de analisar as hipóteses adotadas e dar um peso grande às análises da segunda parte do procedimento do sistema de previsão discutido.

7.2.4.4 Requisitos da boa previsão de vendas

Além de utilizar o procedimento descrito no sistema de previsão de vendas apresentado e adotar o modelo de previsão adequado ao horizonte de previsão desejado, há vários outros requisitos para uma boa previsão de vendas.

Conhecer os mercados, suas necessidades e comportamentos

Para compreender adequadamente o comportamento da demanda, é preciso conhecer bem o comportamento de compra dos clientes. Para tanto, é importante segmentar o mercado, agrupando clientes, ou fontes de demanda, segundo suas necessidades e comportamentos. Uma forma útil de entender o mercado é mapeá-lo, utilizando uma matriz como a da Figura 7.10.

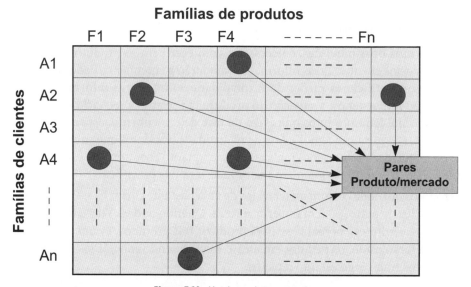

Figura 7.10 Matriz produto-mercado.

Essa matriz procura mapear os diversos clientes segundo o segmento de mercado do qual fazem parte e o tipo de produto que compram. Por hipótese, clientes de um mesmo segmento que compram os mesmos produtos devem ter as mesmas necessidades e comportamentos. Cada célula da matriz da Figura 7.10, portanto, define um par produto-mercado com um conjunto de necessidades e comportamentos semelhantes. Uma vez determinados, podemos agrupar células que tenham necessidades e comportamentos semelhantes, formando novos segmentos. A identificação desses segmentos deve servir a dois propósitos:

Identificar fontes de demanda com comportamento semelhante para permitir previsão mais confiável por fonte de demanda. As tendências de crescimento ou declínio da demanda, assim como a sazonalidade, podem variar de acordo com as fontes de demanda de comportamentos diferentes. Em alguns casos, os modelos estatísticos podem ser mais confiáveis e em outros a previsão pode ser mais dependente das informações provenientes diretamente dos clientes.

Identificar clientes com necessidades semelhantes para que possam ser atendidos correspondentemente. Há clientes que têm a necessidade de receber os produtos em prazo muito curto e, nesse caso, pode ser preciso manter estoque de produto final para garantir pronta-entrega de produtos. Outros clientes não fazem questão de esperar alguns dias ou semanas para receber os produtos, pois conseguem planejar e fazer seus pedidos com certa antecedência e, para estes, os produtos podem ser montados contra pedido, o que requer outro tipo de previsão.

É possível inclusive que aqueles clientes principais (os clientes A de uma classificação ABC) tenham que ser considerados fontes de demanda específica, com comportamentos e necessidades específicos.

Conhecer os produtos e seus usos

Para fazermos boas previsões, é necessário conhecer bem os produtos e como são utilizados pelos clientes. Essas informações ajudarão a entender os dados numéricos de vendas, identificar as razões da sazonalidade, entre outras informações. Uma informação importante é a situação do produto em relação a seu ciclo de vida (veja a Figura 7.11). Para produtos que estão na fase de crescimento, esperamos vendas crescentes, até que alcancemos a fase de maturidade. Produtos que se encontram na fase de maturidade têm vendas mais estáveis, enquanto produtos que estão no início de seu ciclo de vida experimentam maior incerteza nas previsões.

Produtos de moda costumam ter ciclos de vida bastante curtos e, se eles não forem monitorados de perto, podem trazer surpresas. Quando os dados de vendas gerarem previsões e a empresa preparar-se para produzir tais produtos, eventualmente suas vendas já terão caído, os pedidos em atraso estarão sendo cancelados e os estoques de produtos finais logo estarão repletos.

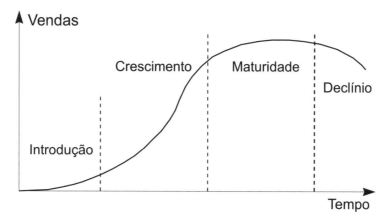

Figura 7.11 Exemplo de ciclo de vida de produto.

Produtos que estão sendo introduzidos podem representar um conceito novo e, portanto, deverão apresentar alto grau de incertezas em suas previsões, ao menos por algum tempo; entretanto, se estiverem substituindo outros que estão sendo retirados do mercado, poderão ter suas previsões derivadas das vendas passadas desses produtos.

Saber analisar os dados históricos

Os dados históricos de vendas, informações fundamentais para elaborarmos as previsões, podem esconder algumas armadilhas; por isso, é importante saber analisá-los. Um ponto fundamental é que os dados de vendas sejam referentes às quantidades e momentos em que o cliente gostaria de receber o produto e não às quantidades e datas efetivas da entrega. Se isso não for garantido, os dados de vendas passadas poderão representar o que a empresa conseguiu entregar no momento em que foi possível entregar e não o que os clientes gostariam de receber, conforme indicado na Figura 7.12.

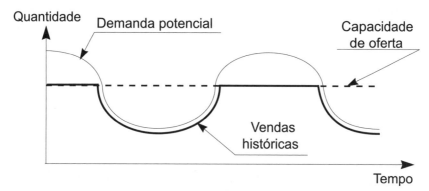

Figura 7.12 As vendas reais podem representar a capacidade da empresa de entregar os produtos e não a demanda potencial.

Outro problema ocorre na situação em que a empresa tem diversos elos da cadeia de suprimentos entre ela e o consumidor final, como ilustrado pela Figura 7.13. Nesses casos, mesmo que a demanda seja estável ou quase estável ao nível do consumidor final, a empresa pode perceber variações relativamente grandes e difíceis de interpretar, devido às políticas de compra dos intermediários. Nesse caso, os dados históricos podem ser de pouca valia para previsões sobre vendas futuras e o mais adequado é manter a atenção no nível de consumo dos consumidores finais e procurar conhecer, e se possível influenciar, as políticas de compra dos intermediários.

Figura 7.13 Cadeia de suprimentos com vários elos entre a empresa e o consumidor final.

Outro aspecto importante é coletar informações sobre eventos relevantes que possam explicar comportamentos atípicos das vendas no passado. Caso esses eventos não devam repetir-se no futuro, sua influência sobre os dados históricos de vendas deve ser expurgada para que o tratamento estatístico não venha a projetar tais efeitos no futuro.

✓ BOXE 7.2

Uma grande multinacional fabricante de bebidas, que atua há várias décadas no mercado brasileiro, vinha enfrentando sérias dificuldades de cumprimento de prazos de entrega e elevados custos de estoques de embalagens. Seu mercado consumidor final era bastante conhecido e razoavelmente previsível, principalmente de seu produto principal, uma bebida de consumo popular, que detinha parcela substancial do mercado consumidor e que apresentava ciclos bastante estáveis e conhecidos.

A dificuldade surgia da necessidade de programar a produção de modo a minimizar os estoques de matérias-primas e produtos finais, adequar minimamente a produção à capacidade instalada e cumprir os prazos exigidos pelos clientes e, ao mesmo tempo, atender a uma demanda que, surpreendentemente, apresentava grandes oscilações: alguns poucos pedidos elevados e uma infinidade de pequenos pedidos; os grandes pedidos eram espaçados não uniformemente no tempo, o que provocava grande instabilidade na demanda da empresa de bebidas.

Uma análise mais detalhada da configuração da demanda mostrou sua extrema concentração em poucos clientes atacadistas que abasteciam a demanda varejista de maneira capilar. Os atacadistas demandavam grandes lotes, o que os favorecia na negociação diante do produtor de bebidas, e utilizavam seus próprios estoques para abastecer o varejo de maneira contínua.

Para melhorar seu desempenho, a empresa iniciou um esforço de vendas, visando desconcentrar sua demanda, tentando abastecer diretamente o varejo e com isso melhorar sua capacidade de previsão, de planejamento da produção e minimizar custos de estoques, mantendo alto grau de atendimento aos clientes.

Conhecer a concorrência e seu comportamento

As ações da concorrência como introdução de novos produtos, políticas de preços, promoções, utilização de novos canais de distribuição, prestação de serviços, entre outras, afetam o comportamento dos clientes e, portanto, as vendas. É importante, então, que essas ações estejam sendo monitoradas e que seu conhecimento seja refletido nas previsões de vendas, além de obviamente subsidiar respostas rápidas por parte da empresa.

Conhecer as ações da empresa que afetam a demanda

Mais óbvio e mais fácil de obter, mas muitas vezes negligenciado, é o conhecimento sobre ações semelhantes desferidas pela própria área comercial da empresa, que afetam o comportamento das vendas e devem ser refletidas nas previsões. Para evitar surpresas, é importante que o responsável pelas previsões tenha acesso aos planos de marketing, às reuniões de planejamento de vendas, além de conhecer características do comportamento da força de vendas, como sua forma de remuneração, seus padrões de comportamento referentes ao cumprimento de metas de vendas mensais, trimestrais ou semestrais, às prerrogativas de determinados vendedores de conceder descontos especiais a determinados clientes, entre outras.

Formar uma base de dados relevantes para a previsão

Além de dados históricos de vendas, uma boa previsão requer que criemos e mantenhamos uma base de dados relevantes que ajudem a explicar o comportamento das vendas no passado, os erros cometidos nas previsões e a entender o efeito de determinadas ações sobre o mercado, entre outras atitudes. Se perguntados sobre o resultado efetivo de promoções, descontos de preço e outras ações, o pessoal de vendas normalmente é reticente em afirmar com certeza, porque, embora muitas dessas ações já tenham sido executadas, seus efeitos não foram devidamente analisados e documentados. O que a empresa sabe normalmente é o que está na memória de seus representantes. Para que a experiência do passado seja útil para o futuro, é preciso que essa experiência seja documentada para análise futura em situações semelhantes. O mesmo princípio vale para informações sobre o mercado, a concorrência, as decisões governamentais etc.

O objetivo é criar o que denominamos "inteligência de mercado", algo que diferencie a empresa de sua concorrência e a torne menos dependente do chamado *feeling* de seu pessoal de vendas. Quanto maior o volume de informações, desde que bem estruturadas para que possam ser rapidamente recuperadas e bem analisadas, melhor será essa "inteligência".

Documentar todas as hipóteses feitas na elaboração da previsão

Coerente com a ideia da formação da base de dados é a recomendação de documentação das hipóteses adotadas ao elaborarmos a previsão. No processo de chegarmos a um consenso sobre diferentes visões a respeito do mercado, acaba ficando claro que essas visões são resultantes de diferentes hipóteses sobre os vários fatores que afetam o negócio. Os responsáveis pelas previsões são sempre criticados pelo alto grau de erros quando, na verdade, suas previsões podem ter sido razoáveis, considerando as hipóteses adotadas. Estas é que provavelmente estão equivocadas. O bom trabalho de previsão inclui, portanto, a revisão, o entendimento e a documentação das hipóteses sobre os diversos aspectos que afetam o comportamento do negócio. A documentação e a revisão dessas hipóteses apresentam diversas vantagens, entre outras:

- aprimorar o entendimento sobre o mercado, sobre os fatores que o afetam e sobre as diferentes visões que diferentes grupos dentro da empresa têm do mercado;
- aprimorar a comunicação entre os diversos elementos envolvidos no processo de planejamento;
- melhorar o entendimento em todos os níveis sobre o processo de previsão;
- facilitar o monitoramento do mercado por meio da constante validação das hipóteses assumidas;
- alertar para a necessidade de executarmos ações sempre que as hipóteses já não se mostrarem válidas.

Nenhum grupo – assumindo que são formados por pessoas com diferentes visões – chega facilmente a um consenso sobre essas hipóteses e possivelmente desejará analisar diferentes cenários. Entretanto, a análise de diferentes cenários logo leva a um melhor entendimento do mercado e de sua sensibilidade a uma série de fatores.

Trabalhar com fatos e não apenas com opiniões

Um requisito fundamental para que elaboremos uma boa previsão é trabalhar com fatos e não apenas com meras opiniões. Quando alguém diz: "Os clientes aceitam um prazo de entrega de 30 dias!", devemos sempre perguntar: "Quais clientes? Quando disseram isso? Em que circunstância? Como chegamos a tal conclusão? ...". Quando alguém diz: "Se baixarmos o preço em 5% as vendas aumentarão em 10%!", devemos logo perguntar: "Como chegamos a essa conclusão? Esse efeito já foi comprovado no passado? Essa informação foi obtida junto a clientes? Esse efeito se daria de maneira uniforme em todos segmentos de mercado? ...". A ênfase em fatos tem a vantagem de evidenciar a importância da documentação de hipóteses e da formação da base de dados. Na maioria dos casos, isso requer mudança de cultura, sair do "acho que..." e passar a trabalhar com algo mais consistente.

Com certeza, não conseguimos (e talvez nem deveríamos) ficar livres das opiniões, dos sentimentos e da intuição, os quais sempre terão seu papel. Entretanto, não devemos depender apenas desse tipo de insumo para a elaboração das previsões.

Articular diversos setores para a elaboração da previsão

Finalmente, é fundamental que o responsável pela previsão tenha a habilidade de articulação para agregar os diversos setores em torno de uma previsão de vendas com a qual todos deverão comprometer-se.

7.2.4.5 Controlando os erros das previsões

Nenhum esforço de previsão terá sucesso se os erros não forem apontados e analisados, com o objetivo de reavaliar as hipóteses, modificar o método de previsão e ganhar o comprometimento com a melhoria do processo. Dois aspectos devem ser considerados quando analisamos os erros das previsões:

Um aspecto é a magnitude das incertezas envolvidas no processo de previsão, as quais geram erros aleatórios, normalmente distribuídos "para maior" e "para menor" em relação às vendas reais. Esses erros aleatórios, embora indesejáveis, em certo grau são implícitos em todo processo de previsão e não representam os maiores problemas. Melhores processos de previsão devem gerar obviamente menores erros, e devemos sempre perseguir esse objetivo. De qualquer forma, é importante monitorá-los, pois eles são a base para a quantificação das incertezas de previsão e, portanto, para o dimensionamento dos estoques de segurança.

Outro aspecto é o grau de viés na previsão. Previsões viesadas geram erros não distribuídos de forma simétrica e sistematicamente orientados para um dos lados. Significa que a previsão é sistematicamente otimista ou sistematicamente pessimista. Esse problema é considerado mais grave e deve ser rapidamente corrigido.

Desvio Absoluto Médio (DAM)

O primeiro aspecto – da magnitude dos erros – pode ser monitorado pelo cálculo do desvio absoluto médio. Esse método calcula o erro médio de previsão. O termo *absoluto* significa que apenas o valor do desvio é importante e não se as vendas foram maiores ou menores. O DAM é calculado dividindo-se o desvio absoluto acumulado (linha 5 da Figura 7.14) pelo número de períodos. O DAM de março é 300/3 = 100 e está mostrado na linha 6 da Figura 7.14.

		Jan.	Fev.	Mar.	Abr.	Maio	Jun.
1	Previsão	1.000	1.200	1.000	900	1.100	1.200
2	Vendas	900	1.350	950	1.000	1.250	1.300
3	Desvio	100	-150	50	-100	-150	-100
4	Desvio absoluto	100	150	50	100	150	100
5	Desvio absoluto acumulado	100	250	300	400	550	650
6	Desvio absoluto médio	100	125	100	100	110	108

Figura 7.14 Exemplo de cálculo do desvio absoluto médio (DAM).

À medida que o tempo avança, o DAM passa a ser calculado dividindo-se o desvio absoluto acumulado por um número cada vez maior de períodos. Isso pode fazer com que o DAM reaja de forma muito lenta no caso em que os desvios absolutos tenham sido historicamente baixos e de repente comecem a aumentar. Por isso, é interessante adotar um procedimento de cálculo de média móvel ou de suavização exponencial para a atualização do DAM, permitindo que ele não seja excessivamente influenciado por valores muito antigos.

O DAM fornece uma estimativa do erro típico de previsão, importante para o dimensionamento dos estoques de segurança. Entretanto, esse método não indica se as previsões estão sistematicamente erradas para mais ou para menos.

Tracking Signal (TS)

Esse método, cujo cálculo está mostrado na Figura 7.15, utiliza um sinal de advertência que dá indicação da acurácia da previsão. O TS é definido como a relação entre o desvio acumulado (linha 4 da Figura 7.15) e o desvio absoluto médio (linha 7 da Figura 7.15). Se as previsões são maiores que as vendas reais, o desvio acumulado é positivo e isso indica um possível viés. O oposto também é válido. Em março, o TS é igual a zero, o que mostra que a previsão é correta; o DAM é de 100, o que mostra que houve um erro de previsão durante os três primeiros meses, mas não um erro sistemático, ou seja, a previsão não estava viesada. De abril até junho as vendas têm sido sistematicamente maiores do que a previsão e o TS está diminuindo (ou aumentando em valor absoluto). Como o TS mostra quantas vezes o desvio acumulado é maior que o desvio médio, valores altos (em módulo) de TS mostram desvios sistemáticos em determinado sentido, para mais ou para menos, o que deve ser investigado.

		Jan.	Fev.	Mar.	Abr.	Maio	Jun.
1	Previsão	1.000	1.200	1.000	900	1.100	1.200
2	Vendas	900	1.350	950	1.000	1.250	1.300
3	Desvio	100	-150	50	-100	-150	-100
4	Desvio acumulado	100	-50	0	-100	-250	-350
5	Desvio absoluto	100	150	50	100	150	100
6	Desvio absoluto acumulado	100	250	300	400	550	650
7	Desvio absoluto médio	100	125	100	100	110	108
8	*Tracking Signal (TS)*	1,0	-0,4	0,0	-1,0	-2,3	-3,2

Figura 7.15 Exemplo de cálculo do *tracking sinal* (TS).

Estabelecendo limites de ação para o *Tracking Signal* (TS)

Para uma previsão não viesada, isto é, sem erro sistemático, os valores de TS devem ser normalmente distribuídos em torno de zero, com pouca ocorrência de valores muito positivos ou muito negativos. A questão é: que valores de TS devem disparar um alarme contra erros sistemáticos do processo de previsão?

Foge ao escopo deste texto ilustrar demonstrações matemáticas; entretanto, com alguma ajuda estatística, podemos demonstrar que a probabilidade de o TS permanecer entre – 3 e + 3 é de cerca de 98% para distribuições normais. Consequentemente, é usual adotar valores entre ± 3 e ± 4 como valores limites, além dos quais devemos modificar o método de previsão, pois o atual deve estar viesado.

No exemplo da Figura 7.11, o TS de junho é de – 3,2. Esse TS indica que o método de previsão está inadequado? Provavelmente, sim. Entretanto, se a compra de um grande lote por parte de um atacadista que deveria ocorrer em julho foi antecipada para junho, o TS de junho seria alto, enquanto em julho o valor voltaria a níveis normais. Logo, se houver uma explicação razoável para o aumento do TS e se isso não indicar desvio sistemático, não será necessário alterar o método de previsão.

7.2.5 DRP – *distribution requirements planning*

7.2.5.1 *Distribution requirements/resource planning*

Em muitos casos, empresas acham conveniente montar uma estrutura logística com centros de distribuição regionais para que seus produtos estejam mais facilmente disponíveis a seus clientes. Essa estratégia tem três objetivos:

1. *Reduzir* **lead time**. Se entregar produtos de uma manufatura em São Paulo para um cliente em Recife, por transporte rodoviário, pode levar quatro dias, três desses dias podem ser suprimidos estabelecendo-se um estoque em Recife. Essa redução do *lead time* de entrega pode ser um fator importante de serviço ao cliente e aumentar a competitividade do fornecedor.

2. *Reduzir custos de transporte*. Estoques distribuídos são, às vezes, motivados por aumentos na eficiência dos custos de transporte. Por exemplo, no caso citado, enviar pedidos individuais por caminhão até Recife pode resultar mais caro do que enviar cargas previamente planejadas para o centro de distribuição de Recife.

3. *Controle do canal de distribuição*. Para muitos bens industriais e de consumo, uma presença efetiva no mercado só pode ser conseguida com um sistema de estoque e distribuição localmente estabelecido.

Estoques distribuídos não são a panaceia para todos os problemas comerciais. Centros de distribuição geram custos e devem, em última instância, ser avaliados em termos do valor que estes custos agregam à empresa e a seus clientes.

Ao utilizar esse tipo de estratégia, ao menos parte da demanda de produtos produzidos pela fábrica é demandada para reposição dos estoques dos centros de distribuição. Nesse caso, mais conveniente do que tentar prever essa demanda é gerenciar de forma integrada a cadeia de distribuição. Isso pode ser feito pelo uso do *DRP – distribution requirements planning* (planejamento das necessidades de distribuição).

Antes da explicação da mecânica do DRP, é importante chamar a atenção para um uso importante dos registros básicos do MRP (explicados no Capítulo 3). Trata-se de seu uso para a gestão de itens de estoque de demanda independente – diferentemente do MRP em si, que trata da gestão de itens de demanda dependente –, mas para os quais não se pode assumir que a demanda projetada será constante ou relativamente constante. Para os casos em que se pode assumir demanda projetada constante ou relativamente constante, os modelos descritos no Capítulo 2 podem ser utilizados. Vamos procurar entender como é a lógica de funcionamento dos registros básicos do MRP para a gestão de itens de demanda independente.

O *Time-Phased Order Point* (TPOP) e seu funcionamento

Inicialmente, suponhamos o caso da gestão de um item, por hipótese chamado "Item A", cuja demanda projetada seja constante e no nível de 100 unidades por semana. Suponhamos que, para ele, determinou-se que o estoque de segurança deveria ser de 20 unidades (para fazer frente às incertezas dessa demanda projetada), que os lotes econômicos de compra fossem de 200 unidades e que o *lead time* envolvido fosse de três semanas. Suponhamos também que um pedido aberto há duas semanas determine que haja um recebimento programado de 200 unidades a chegar no início da semana 2. O uso da mecânica do registro básico do MRP para a gestão de itens de demanda independente ganha o nome de *Time-Phased Order Point* (TPOP) ou, mal traduzindo, "ponto de reposição escalonado no tempo". O TPOP para o Item A seria conforme a Figura 7.16.

Estoque de segurança = 20 Quantidade pedida = 200 Lead time = 3		**P E R Í O D O S**							
		1	*2*	*3*	*4*	*5*	*6*	*7*	*8*
Demanda prevista		100	100	100	100	100	100	100	100
Recebimentos programados			200						
Estoque projetado	120	20	120	20	120	20	120	20	120
Recebimentos planejados					200		200		200
Liberação pedidos planejados		200		200		200			

Figura 7.16 *Time-phased order point* (TPOP) para o Item A com demanda constante.

Note que tudo se passa como se o modelo de "ponto de reposição" estivesse sendo usado: o estoque vai sendo consumido gradual e uniformemente até que, no ponto em que atingiria (e infringiria) o nível de estoque de segurança (aqui definido como sendo de 20 unidades), uma quantidade de 200 (tamanho do lote econômico de compra) deveria chegar. Para isso, é feito o *off-set* ou o desconto do *lead time* de três semanas para trás no tempo), definindo o momento em que deve ser emitido um pedido (no jargão dos modelos de ponto de reposição descritos no Capítulo 3, o próprio "ponto de reposição"). O resultado, a exemplo dos modelos do Capítulo

3, é que as reposições acabam dando-se de forma regular, nos mesmos momentos que os parâmetros do Capítulo 3 definiriam. Note, entretanto, que a hipótese de demanda constante poderia ser relaxada. Observe a Figura 7.17, em que a mesma mecânica é usada para gerenciar um item cuja demanda não é constante, mas tem alguma ciclicidade.

Estoque de segurança = 20 Quantidade pedida = 200 Lead time = 3		PERÍODOS							
		1	2	3	4	5	6	7	8
Demanda prevista		100	70	40	10	40	70	100	70
Recebimentos programados			200						
Estoque projetado	120	20	150	110	100	60	190	90	20
Recebimentos planejados							200		
Liberação pedidos planejados			200						

Figura 7.17 TPOP para o Item A, sem pressuposto de demanda projetada constante.

Note que a mecânica é exatamente a mesma, mas os pontos de reposição não mais se distribuem da mesma forma, em virtude de que as taxas de consumo do estoque variarem ao longo do período analisado. Isso significa, em termos práticos, que o uso do TPOP pode ser feito mesmo para situações em que não se pode assumir demanda projetada constante. Tudo passa a ser agora uma questão de definir os parâmetros para o sistema informatizado: horizonte de planejamento, periodicidade de planejamento, estoque de segurança (sempre com base nas incertezas que envolvem ambos – o processo de suprimento e a demanda projetada), tamanhos de lote, enfim, todos os parâmetros que também são necessários para o registro básico do MRP. Desse ponto em diante o sistema gerenciará as sugestões de emissão de pedidos de forma escalonada no tempo, procurando fazer com que os níveis dos estoques de segurança não sejam infringidos.

No próximo item, será discutido o uso do TPOP para a coordenação de demandas e suprimentos entre vários escalões de armazéns num sistema de distribuição de múltiplos escalões. Esse uso do TPOP em sistemas de distribuição em geral ganha o nome de DRP (*distribution requirements planning*).

A mecânica do *DRP – distribution requirements planning*

Suponhamos que a Secca, uma empresa fictícia fabricante de lavadoras de pratos e outros equipamentos de uso doméstico, faça a montagem de seus produtos em São Paulo. A fábrica, além de atender os clientes regionais, envia produtos para centros de distribuição localizados em Uberlândia e Porto Alegre. A Figura 7.18 ilustra o esquema de distribuição da Secca e, à esquerda, as ferramentas de planejamento usadas para montar e mover os produtos por meio dela.

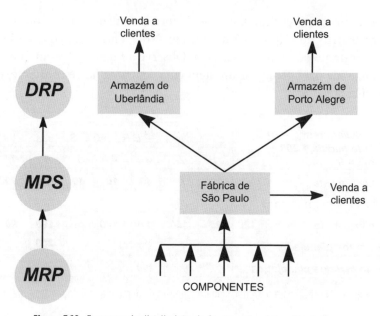

Figura 7.18 Esquema de distribuição de ferramentas de gestão da Secca.

Os produtos da Secca são montados de acordo com o programa-mestre de produção suportado pelo módulo MPS (veja o Capítulo 6), parte do sistema MRP II da empresa, o qual, usando o MRP (veja o Capítulo 3), desagrega o programa-mestre nos níveis inferiores das necessidades de materiais e componentes.

O MPS da Secca é dirigido por três fontes de demanda: vendas diretas aos clientes da região de São Paulo, além de ordens colocadas pelos armazéns regionais localizados em Uberlândia e Porto Alegre, cada qual visto como um "cliente" para a fábrica. Para as vendas diretas aos clientes, atendidas pelo estoque no armazém da fábrica, a demanda é prevista pela equipe de vendas local. As vendas para clientes das regiões Nordeste, Centro-Oeste e Norte são previstas pela equipe de Uberlândia, enquanto as vendas da região Sul são previstas pela equipe de Porto Alegre.

A Figura 7.19 oferece uma visão mais detalhada da relação entre a fábrica e os dois centros de distribuição da Secca, para apenas um de seus produtos, a lavadora modelo Avanti 2000. Como a figura esclarece, cada um dos centros de distribuição tem uma quantidade de estoque disponível em mãos, um tamanho de lote para pedido, um *lead time* de transporte e estoque de segurança específicos para esse produto. O armazém de Uberlândia, por exemplo, inicia o corrente período com 500 unidades em estoque, o tamanho da ordem é de 400 unidades, o estoque de segurança de 200 e *lead time* de entrega de uma semana.

Acompanhando a Figura 7.19, fica claro como as atividades nos centros de distribuição dirigem as atividades na fábrica. A previsão de vendas para o primeiro período do centro de distribuição de Uberlândia deverá consumir 200 unidades,

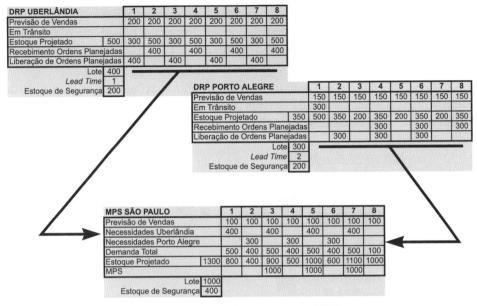

Figura 7.19 O DRP da Secca para a Avanti 2000.

resultando num estoque de 300 unidades para o final do período 1. A demanda da segunda semana é também de 200, o que deverá deixar 100 unidades como estoque projetado disponível no final do segundo período. Como esse valor é menor do que o estoque de segurança definido, uma ordem é planejada para ser recebida no período 2, devendo ser despachada de São Paulo no período 1 (já que o *lead time* de transporte é de uma semana). No momento em que a fábrica despachar o lote, o pedido será transformado num recebimento programado, sendo mostrado na linha "em trânsito" do registro DRP, na data prevista de recebimento, ou seja, período 2. Como se pode verificar, a lógica do DRP é muito similar à do MRP, já discutida no Capítulo 3. O processo continua ao longo do horizonte de planejamento do DRP de Uberlândia, gerando necessidades brutas para o MPS da fábrica de São Paulo, como é mostrado na Figura 7.19. Eventos similares ocorrem no armazém de Porto Alegre.

Impacto das ordens dos centros de distribuição na fábrica

A fábrica que recebe as ordens dos centros de distribuição as vê como fontes de demanda adicionais às vendas que faz em sua região. No presente exemplo, o MPS da fábrica de São Paulo indica três tipos de demanda: suas próprias previsões de vendas regionais (100 por semana), os pedidos de 400 unidades a cada duas semanas do depósito de Uberlândia e os pedidos do depósito de Porto Alegre, de 300 unidades a cada duas semanas. Somadas, essas demandas de cada armazém regional constituem a demanda total à qual o MPS da fábrica deve responder.

Além disso, para entender a demanda total, o programador deve saber de onde a demanda provém. Isso é suportado pela função de *pegging* no sistema MPS, o qual informa ao programador-mestre qual depósito gerou a demanda, permitindo decidir sobre prioridades de envio.

Uma vez que o DRP esteja entendido e implantado corretamente, toda a cadeia de suprimentos pode ser conectada. A visão final é a de ter o cliente ligado diretamente à fábrica, por meio de uma série de elos, como mostra a Figura 7.20.

Figura 7.20 Cadeia de suprimentos típica e após a implantação do DRP.

No alto da figura, é mostrado o fluxo típico de produtos, desde a fábrica do fornecedor, passando pelo centro de distribuição da fábrica e pelos canais comerciais até o cliente. Possivelmente, os produtos passarão por centros de distribuição atacadistas, que, por sua vez, os distribuirão para centros varejistas que, finalmente, os entregarão aos consumidores finais.

Por esse processo, vão sendo criados estoques ao longo do percurso. Esses estoques e demandas (muitas vezes, influenciados por tamanho de lotes e estoques de segurança) poderão estar frequentemente desbalanceados, como é mostrado na parte central da figura. A parte inferior da figura mostra a situação ideal: um fluxo uniforme com estoques reduzidos e balanceados com as operações que fornecem produtos e as operações que os demandam. O importante é ligar todas essas operações e balancear o fluxo.

Planejamento das necessidades de distribuição *versus* planejamento dos recursos de distribuição

O mesmo sistema de informações que possibilita o planejamento das necessidades de distribuição torna também factível o planejamento dos recursos para distribuição. Isso amplia a habilidade da empresa de simplesmente montar e despachar produtos para a habilidade de melhor aproveitar o total de recursos da empresa. Como exemplo, o sistema de informações da Secca possibilita ao planejador-mestre gerenciar de forma inteligente o suprimento e a demanda da empresa e de seu sistema de distribuição; além disso, o mesmo sistema de informação pode armazenar dados suficientes para desenvolver rotinas de despacho que minimizem custos e balanceiem cargas de transporte. Na Figura 7.21, o produto Avanti 2000 é mostrado como apenas um de quatro itens, para os quais foram calculados quantidade, espaço necessário e peso para facilitar despachos balanceados nas semanas 1 e 2.

PRODUTO	Semana 1				Semana 2			
	Qtd.	Vol. (m³)	Peso (kg)	Obs.	Qtd.	Vol. (m³)	Peso (kg)	Obs.
Avanti Mini	500	100	10.500		500	100	10.500	
Avanti 2000	400	120	12.000					
Turbo 1000	100	15	500					
Turbo Super	150	30	400		150	30	400	
Etc.	...	...	...		...	...	...	
TOTAL	5.400	1.250	75.000		3.400	870	47.000	

Figura 7.21 Plano de transporte para o centro de Uberlândia.

Baseado nessas informações, o planejador-mestre ou o planejador de transportes podem reservar níveis adequados de capacidade de transporte, para atender a ordens combinadas que resultem em menores custos, da fábrica de São Paulo até o centro de distribuição de Uberlândia.

As empresas que usam DRP têm apresentado melhorias sucessivas de serviços a seus clientes com diminuição de estoques, reduzindo também os tempos de atravessamento dos produtos pelo canal de distribuição. Isso é conseguido pela coordenação das necessidades de produtos por meio da cadeia logística. Uma vantagem clara do DRP é reduzir as incertezas das previsões de demanda, já que grande parte da demanda da fábrica é tratada como demanda dependente, sendo calculada, e não como demanda independente, que tem de ser prevista.

7.2.5.2 Conectando-se aos clientes

Uma extensão do conceito de DRP que, como foi visto, procura coordenar a gestão dos estoques nos centros de distribuição e o planejamento de produção da fábrica, visando reduzir as incertezas das previsões, é a coordenação entre o planejamento da produção dos clientes e o planejamento da produção da fábrica.

Quando um cliente emite pedidos de reposição para seus vários materiais, essas demandas são comunicadas a seus fornecedores. Isso é normalmente feito com as tradicionais ordens de compra. Mas por que não informar aos fornecedores, além das necessidades atuais, também as necessidades futuras sob a forma de programas de entrega? Afinal, uma boa previsão das vendas é o próprio plano de produção dos clientes. A Figura 7.22 mostra esquematicamente esse conceito.

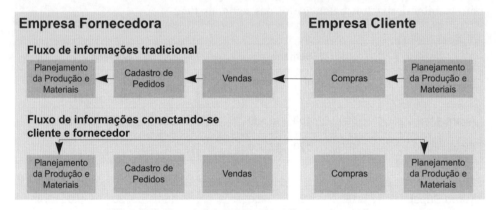

Figura 7.22 Fluxo de informações entre clientes e fornecedores.

O fluxo tradicional mostra o planejador de materiais no cliente, emitindo requisições a seu departamento de compras. O planejador de materiais típico usa algum processo de planejamento de necessidades de materiais ou de planejamento de necessidades de distribuição, para determinar o que deve ser solicitado e quando. Com base nisso, o setor de compras comunica-se com o departamento de vendas do fornecedor, o qual cadastrará o pedido em seu sistema. Essa demanda é comunicada ao departamento de planejamento da empresa fornecedora, que, por sua vez, transferirá a informação à produção.

Há casos, entretanto, em que é possível que empresas fornecedora e cliente acertem uma negociação sobre uma quantidade que cubra um horizonte de planejamento definido. Se isso puder ser acertado e um acordo for formalizado, por que não ter os departamentos de planejamento e gestão de materiais da empresa cliente comunicando-se e fazendo atualizações diretamente com o departamento de planejamento de produção da empresa fornecedora? Os elementos desses departamentos usam a mesma linguagem, e muitos mal-entendidos seriam evitados. E o que dizer do fator tempo? Modificações nos programas de produção da empresa cliente são muito mais rapidamente identificados pela empresa fornecedora. A conexão entre cliente e fornecedor é potencialmente uma situação em que os dois lados ganham.

7.2.6 Prometendo prazos de entrega

Uma atividade importante na função de gestão de demanda é a de prometer prazos de entrega que sejam viáveis, garantindo assim o desempenho em confiabilidade de entrega. A forma de calcular ou estimar o prazo de entrega de determinados produtos varia conforme o tipo de produção, ou seja, se os produtos são produzidos para estoque, se são produzidos sob encomenda ou se são montados contra pedido.

7.2.6.1 Produção para estoque (*make-to-stock*)

A forma usual de prometer prazos de entrega viáveis, nesse caso, é utilizar o cálculo do *disponível para promessa* – DPP (ou ATP – *Available To Promise*). O disponível para promessa é calculado, levando-se em conta o estoque em mãos, atualmente disponível, a produção planejada dos produtos finais no horizonte de planejamento (MPS) e a demanda real, ou seja, os pedidos já colocados pelos clientes.

Analisando o exemplo da Figura 7.23, verificamos para o produto em questão um estoque em mãos de 250 unidades e produções planejadas de 250 unidades nos períodos 3, 5 e 8, estabelecidas de acordo com os parâmetros de estoque de segurança e tamanho de lote mostrados na figura.

Períodos	Atraso	1	2	3	4	5	6	7	8
Previsão		100	100	100	100	100	100	100	100
Demanda dependente									
Pedidos em carteira									
Demanda total		100	100	100	100	100	100	100	100
Disponível	**250**	150	50	200	100	250	150	50	200
MPS				**250**		**250**			**250**
DPP									
DPP Acumulado									

ES =	50
Lote =	250

Figura 7.23 Exemplo de cálculo de planejamento-mestre da produção (MPS).

A Figura 7.24 mostra pedidos já colocados pelos clientes de 100 unidades para entrega no período 1; 70 unidades para o período 2; 50 para o período 3; 50 para o 4; 30 para o 5 e 10 unidades para o período 6. Normalmente, o perfil da carteira de pedidos apresenta essa tendência de maior volume de pedidos no curto prazo, com redução à medida que o horizonte avança. O DPP para o período 1 é calculado tomando o estoque disponível de 250, somando a produção planejada para o primeiro período (que no caso não existe) e subtraindo os pedidos já colocados até o próximo período com produção planejada, ou seja, o período 3. Calculando:

$$DPP = 250 + 0 - (100 + 70) = 80$$

Esse valor representa a quantidade que está ainda disponível para atender pedidos que venham a ser colocados para entrega nos períodos 1 e/ou 2. No período 2, não há aumento do disponível para promessa, portanto o valor do DPP é zero.

O DPP para o período 3 é calculado tomando-se a produção planejada para o período, que é de 250 unidades, e descontando-se os pedidos já colocados até o próximo período de produção planejada, ou seja, o período 5. O cálculo fica então:

$$DPP = 250 - (50 + 50) = 150$$

Esse cálculo do DPP para o período 3 não leva em conta as 80 unidades disponíveis nos períodos 1 e 2, justamente por assumir que essa quantidade, a princípio, está disponível para atender a pedidos que entrem nesses períodos. O cálculo resulta, portanto, no disponível líquido para promessa, ou seja, considerando apenas os

Períodos	Atraso	1	2	3	4	5	6	7	8
Previsão			30	50	50	70	90	100	100
Demanda dependente									
Pedidos em carteira		**100**	**70**	**50**	**50**	**30**	**10**		
Demanda total		100	100	100	100	100	100	100	100
Disponível	**250**	150	50	200	100	250	150	50	200
MPS				250		250			250
DPP		80		150		210			250
DPP Acumulado		80	80	230	230	440	440	440	690

ES =	50
Lote =	250

Figura 7.24 Exemplo de cálculo do DPP – disponível para promessa.

períodos entre uma e outra produção planejada. Para o período 5, o DPP calculado na Figura 7.24 é de 250 − (30 + 10) = 210, quantidade disponível para atender pedidos para entrega de produtos nos períodos 5, 6 e 7.

A informação do DPP é interpretada da seguinte maneira: ao receber uma consulta para entrega de 80 unidades de produto acabado no período 4, um vendedor consulta o DPP da Figura 7.24 e identifica que para os períodos 3 e 4 há um disponível para promessa de 150 unidades. O pedido, portanto, pode ser aceito. Esse disponível não leva em conta o DPP dos períodos anteriores; logo, não compromete a disponibilidade de 80 unidades para os períodos 1 e 2. Entretanto, e se o pedido do cliente fosse de 170 unidades para entrega no mesmo período 4? Pode-se aceitar o pedido mesmo que excedamos o DPP líquido de 150 para os períodos 3 e 4? Para responder a esta pergunta, é conveniente calcular o DPP acumulado, este sim considerando a quantidade disponível para promessa de períodos anteriores. Conforme a Figura 7.24, o DPP acumulado para o período 4 é de 230 unidades. Logo, o pedido de 170 unidades pode ser aceito.

A Figura 7.25 ilustra um aspecto interessante da lógica de cálculo do DPP. Ao fazer o cálculo do DPP período a período com os dados da figura, tendemos a encontrar um disponível de 30 unidades no período 1, resultante de 250 − (100 + 120) = 30. Ocorre que nos períodos 3 e 4 há uma produção planejada de 250 unidades e pedidos já colocados num total de 260 unidades (130 + 130), o que resulta num disponível negativo de 10 unidades, ou seja, 250 − (130 + 130) = − 10. Nesses casos, a lógica de cálculo do DPP, para impedir um disponível negativo, compromete a quantidade disponível de períodos anteriores.

Períodos	Atraso	1	2	3	4	5	6	7	8
Previsão							20	20	60
Demanda dependente									
Pedidos em carteira		**100**	**120**	**130**	**130**	**100**	**80**	**80**	**40**
Demanda total		100	120	130	130	100	100	100	100
Disponível	**250**	150	30	150	20	170	70	-30	120
MPS				**250**		**250**			**250**
DPP			30		-10		-10		210

ES =	50
Lote =	250

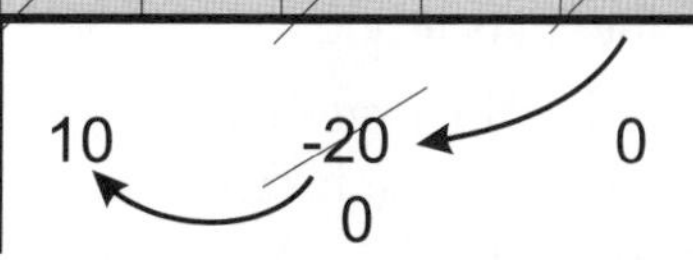

10   -20 ← 0

0

Figura 7.25 Ilustração de um aspecto interessante da lógica do DPP.

294 | PLANEJAMENTO, PROGRAMAÇÃO E CONTROLE DA PRODUÇÃO ▪ Corrêa – Gianesi – Caon

No exemplo da Figura 7.25, há um disponível negativo de 10 unidades no período 5, o qual o sistema transforma em zero, carregando essa quantidade negativa para o disponível do período 3, que resulta em 20 unidades negativas. Usando a mesma lógica, o disponível do período 3 é zerado, carregando um negativo de 20 unidades para o período 1, que resulta num disponível de 10 unidades. O resultado é que em virtude do total de pedidos já colocados para entrega nos períodos de 1 a 7, o DPP do período 1 fica em 10 unidades, ou seja, pedidos colocados vários períodos à frente comprometem o DPP de curto prazo. O DPP acumulado é mostrado na Figura 7.26.

Períodos	Atraso	1	2	3	4	5	6	7	8
Previsão		0	0	0	0	0	20	20	60
Demanda dependente									
Pedidos em carteira		100	120	130	130	100	80	80	40
Demanda total		100	120	130	130	100	100	100	100
Disponível	250	150	30	150	20	170	70	-30	120
MPS				250		250			250
DPP		10		0		0			210
DPP Acumulado		10	10	10	10	10	10	10	220

ES =	50
Lote =	250

Figura 7.26 Cálculo do DPP quando pedidos de períodos à frente comprometem o disponível de curto prazo.

A situação mostrada na Figura 7.26 evidencia que o prazo de entrega para quantidades maiores do que 10 unidades foi alongado para oito períodos, possivelmente resultando em queda no nível de serviço aos clientes, com a consequência correspondente: perda de competitividade. A análise do DPP, portanto, é uma forma de avaliar sistematicamente os prazos de entrega efetivamente oferecidos, comparando-os com os estabelecidos pelas políticas da empresa para o atendimento da demanda. O resultado dessa análise deve disparar possíveis mudanças no plano-mestre de produção (MPS), visando adequá-lo a uma demanda real que excede à demanda prevista com base na qual o MPS foi estabelecido.

Uma das vantagens do DPP é que a cada consulta o DPP estará atualizado, desde que os pedidos já aceitos tenham sido efetivamente cadastrados no sistema. Problemas podem ocorrer quando a atualização da carteira de pedidos não é feita em tempo real, fazendo com que duas consultas sequenciais enxerguem o mesmo valor de DPP, mesmo que na primeira já tenham sido aceitos pedidos. O resultado é o risco de uma informação incorreta de prazo de entrega ao cliente.

Muitas empresas procuram utilizar o DPP para automatizar a atividade de promessa de entrega, oferecendo a informação do DPP para representantes de venda espalhados pelo território nacional. Além dos problemas resultantes da não atualização da carteira de pedidos em tempo real discutida, a automatização do processo de aceitação de pedidos pode experimentar outro problema. Se o DPP não for monitorado para eventualmente gerar alteração no MPS, a aceitação de pedidos ficará "engessada", pelo DPP, a um MPS elaborado com base em previsão subestimada.

O problema todo vem do fato de que os pedidos que excedem o DPP ou não são aceitos, ou são aceitos para entrega em períodos posteriores. Portanto, uma análise simplista, comparando-se a previsão com a carteira de pedidos, tenderá a mostrar que as vendas reais estão coerentes com as previsões período a período, o que não corresponde à verdade, já que a demanda real está sendo "modificada" pelo procedimento de aceitação de pedidos que utilizam o DPP.

7.2.6.2 Produção sob encomenda (*make-to-order*)

No caso de produção sob encomenda, não há produção planejada para os produtos, e tampouco estoques de produtos acabados (por definição); portanto, não há como utilizar mecanismos como o do DPP, discutido anteriormente. Nesse caso, há duas maneiras de estimar o prazo de entrega provável de determinado pedido:

A primeira é monitorar o tempo médio de entrega dos pedidos no passado recente e, com base nessa estimativa, prometer um prazo ao cliente que considere obviamente as incertezas dessa estimativa. O tempo médio de entrega deve variar em função da carga de trabalho da fábrica; logo, a estimativa feita dessa maneira carrega uma incerteza menor quando a carga é relativamente estável, variando pouco no curto prazo. Uma medida similar é obtida comparando-se o volume da carteira de pedidos, expressa em determinada unidade (toneladas, milhares de peças, metros quadrados ou outros), com a capacidade média da fábrica, expressa na mesma unidade, por período de tempo (dia, semana ou mês). Essas estimativas do prazo de entrega são mais confiáveis para empresas com variedade de produtos e roteiros produtivos relativamente pequena, situação em que os tempos médios de atravessamento dos pedidos e a capacidade da fábrica por unidade de tempo variam pouco em função do *mix* de produtos do qual é formada a carteira de pedidos. Também pressupõe que a unidade produtiva esteja com produção em regime.

Uma alternativa, mais precisa porém mais trabalhosa, é simular a passagem dos pedidos em carteira, considerando as datas em que os materiais comprados estarão disponíveis, os roteiros de produção dos produtos, seus tempos de produção em cada operação e a disponibilidade efetiva dos equipamentos. Isso corresponde a fazer a programação detalhada da fábrica considerando a capacidade como finita. Embora teoricamente esta simulação pudesse ser feita manualmente, na prática é necessário utilizar uma ferramenta computacional, que são os *sistemas de programação finita*, discutidos mais detalhadamente no Capítulo 9. Essa simulação permite não só uma estimativa do prazo de entrega provável, considerando detalhadamente a carteira de pedidos atual mais o pedido em consulta, como também testar várias alternativas de decisão, caso o prazo encontrado não seja adequado ao cliente: horas extras, subcontratação, apressamento de pedidos de compra, utilização de roteiros alternativos de produção, mudança nas regras de sequenciamento das ordens de produção nos equipamentos, priorização de determinado pedido (com verificação do impacto nos demais), entre outras.

7.2.6.3 Montagem contra pedido (*assembly-to-order*)

Na situação de montagem contra pedido, normalmente fazemos o plano-mestre de produção (MPS) no nível dos conjuntos ou componentes semiacabados utilizados para montar o produto final, conforme ilustrado na Figura 7.27. Nesse caso, podemos utilizar uma combinação dos dois métodos anteriores, ou seja, calcular o DPP de produtos semiacabados para determinar em que data esses componentes estarão disponíveis para iniciar a montagem final e a partir dessa data utilizar uma das alternativas discutidas no caso da produção sob encomenda.

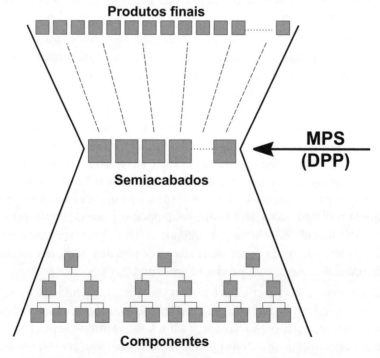

Figura 7.27 Configuração do ambiente de montagem contra pedido (*assembly-to-order*).

7.2.7 Gestão do nível de serviço ao cliente

O serviço ao cliente engloba todos os aspectos avaliados pelo cliente quando ele entra em contato com a empresa. No que se refere à área logística, o foco principal é a disponibilidade do produto final. O nível de serviço ao cliente procura avaliar o desempenho da empresa em relação a quatro importantes aspectos:

- disponibilidade do produto para pronta-entrega;
- *lead time* ou prazo de entrega do produto, contado a partir do momento do recebimento do pedido até a entrega efetiva do produto acabado;
- confiabilidade do prazo de entrega informado ao cliente;
- flexibilidade de entrega, que se refere à facilidade com que a empresa modifica as condições iniciais do pedido, principalmente em relação a quantidades e datas de entrega.

Como foi visto no Capítulo 1, os critérios de desempenho ligados à entrega dos produtos aos clientes são bastante importantes para a competitividade da empresa, embora essa importância possa variar dependendo das características do mercado que está sendo atendido.

Não obstante essa importância, a experiência mostra que não é comum encontrar empresas que estejam gerenciando adequadamente o nível de serviço a seus clientes. Muitas empresas não têm claras suas prioridades competitivas, ou seja, não identificaram com precisão como os clientes de cada um dos diferentes segmentos de mercado atendidos priorizam os diferentes critérios de desempenho (preço, qualidade do produto, prazo de entrega, confiabilidade de entrega e flexibilidade) que dependem da manufatura; por consequência, não priorizam em suas decisões a melhoria de desempenho nos critérios priorizados por seus clientes. Outras empresas, embora tenham consciência da importância para sua competitividade do desempenho nos aspectos ligados à entrega de seus produtos aos clientes, não priorizam efetivamente suas ações estratégicas e operacionais a fim de aprimorar o desempenho nesses aspectos. Outras ainda, embora procurem priorizar suas ações para conseguir bom desempenho nos aspectos ligados à entrega de seus produtos, não medem o nível de serviço a seus clientes. E para o que não medimos, não podemos estabelecer metas e não se podemos dirigir ações para atingi-las; portanto, para a maioria das situações reais não podemos gerenciar adequadamente.

Uma estratégia competitiva eficaz baseada no serviço ao cliente deve conter, entre outros aspectos:

- estabelecimento de objetivos de desempenho em relação às atividades relacionadas com o nível de serviço, ou seja, prazos de entrega para produtos manufaturados ou montados contra pedido, percentual de atendimento imediato para produtos de pronta-entrega (também denominado de *line fill rate*), prazo de entrega máximo no caso de falta de estoque de produtos de pronta-entrega, entre outros;

298 | PLANEJAMENTO, PROGRAMAÇÃO E CONTROLE DA PRODUÇÃO ▪ Corrêa – Gianesi – Caon

- políticas claras com relação à gestão da capacidade e aos níveis de estoques, dois fatores que afetam o nível de serviço ao cliente, como será discutido mais adiante;
- políticas claras com relação ao uso de ferramentas de apoio à decisão (MRP II e sistemas de programação finita), que devem ser adequadas aos níveis desejados de desempenho estabelecidos no primeiro item;
- procedimentos claros e documentados para as atividades que afetam o nível de serviço, como: aceitação e processamento de pedidos, promessa de data de entrega, priorização de pedidos especiais, entre outros.

7.2.7.1 Definição do nível de serviço adequado

Nem sempre o ideal é buscar um nível de serviço excelente, ou seja, pronta-entrega de produtos acabados, prazo de entrega curtíssimo para itens produzidos sob encomenda, alta flexibilidade de entrega, entre outros, porque o alto desempenho nesses critérios não é conseguido sem que tenhamos que arcar com custos que podem comprometer outros aspectos de desempenho da empresa. Pronta-entrega de produtos geralmente requer estoques de acabados, dimensionados inclusive para dar conta das incertezas da demanda. Prazo de entrega curto muitas vezes requer capacidade em excesso e/ou estoque de semiacabados, também dimensionados para dar conta das incertezas da demanda.

É importante, então, procurar definir o nível de serviço adequado às necessidades dos mercados-alvos visados pela empresa para não desperdiçar recursos com o que não torna a empresa mais competitiva, comprometendo sua competitividade em outros aspectos.

Segmentos de mercado com níveis de serviço diferenciados para o mesmo produto

Quando uma empresa atende a mercados que apresentam necessidades diferentes ou níveis diferentes de exigência em relação a determinados aspectos, é necessário definir e gerenciar níveis de serviço diferentes para o mesmo produto. Isso ocorre, por exemplo, quando certo mercado ou grupo de clientes exige pronta-entrega de produtos, enquanto outro aceita um prazo de, digamos, 15 dias. Para atender pronta--entrega, é preciso ter estoque de produto acabado, o que representa certo custo. Para atender em 15 dias, podemos manter certo nível de estoque de semiacabados e montar (ou finalizar) o produto final contra pedido, evitando comprometer o semiacabado com determinado modelo de produto final, principalmente se a variedade desses é maior que a variedade de semiacabados. Dimensionando-se adequadamente esses estoques, conseguimos reduzir os investimentos e atender os clientes, mantendo níveis de serviço adequados a suas necessidades.

Esse tipo de gestão requer, entretanto, um tratamento cuidadoso dos pedidos para alocar o estoque existente de acabados aos clientes que requerem pronta-entrega, programando a etapa final de produção para atender os pedidos com prazo de entrega de 15 dias.

7.3 RESUMO

- A função de gestão de demanda nas empresas exige atuação eficiente em cinco áreas principais: previsão de demanda, canal de comunicação com o mercado, poder de influência sobre a demanda, habilidade em prometer e cumprir prazos de entrega, e habilidade em priorizar e alocar em períodos de restrição de produto.

- A previsão de vendas é um dos processos operacionais da gestão de demanda, exigindo conhecimento sobre vários aspectos, como: os mercados e comportamento da demanda; a concorrência e suas ações; os produtos da empresa; as ações da empresa que afetam a demanda; e análise de dados históricos, incluindo conhecimento sobre modelos para a previsão de curto prazo, como média móvel e suavização exponencial.

- As empresas têm colocado a responsabilidade pela gestão da demanda sob diferentes áreas, como área comercial e área de planejamento, ou mesmo em área específica. Cada escolha tem seus pontos positivos e negativos, sendo importante articular a participação de todos os envolvidos, garantindo a obtenção das informações necessárias e o comprometimento adequado de todas as áreas.

- Outro aspecto importante é a definição do planejamento das necessidades de distribuição (ou DRP – *distribution requirements planning*), utilizado para montar uma estrutura logística com centros de distribuição capaz de reduzir custos de transporte e *lead times*, e ter maior controle do canal de distribuição.

7.4 QUESTÕES E TÓPICOS PARA DISCUSSÃO

1. Suponha que seu superior hierárquico, no meio de uma reunião importante com os acionistas, dirija-se a você e pergunte: "Por que você defende a criação de uma função de gestão de demanda para nossa empresa, mesmo sabendo que isso representará pelo menos no curto prazo um aumento de custos?". Você sabe que tem de ser breve, didático e convincente. O que você responde?

2. O diretor comercial de sua empresa defende a utilização do *feeling* dos vendedores (que estão sempre em contato estreito com o mercado) para a realização das previsões de vendas. O diretor industrial, inconformado, acha que modelos matemáticos de previsão deveriam ser as fontes das previsões. No elevador, você encontra o presidente, que lhe pede a opinião. Você tem do décimo andar ao térreo para lhe responder. O que você responde?

3. Numa discussão com o novo gerente de vendas, ele lhe diz: "Para mim, gestão de demanda é só o nome da moda para a velha previsão de vendas". Que contra-argumento você usaria para dissuadi-lo?

4. Que tipo de artifício uma empresa fornecedora de produtos do tipo *commodity* não sazonal pode usar para influenciar sua demanda?

5. Em uma empresa fabricante de cosméticos populares (principais clientes são alguns grandes supermercados e um grande número de pequenas farmácias de bairros), quem você considera deveria ser responsável pela função de gestão de demanda?

6. Por que os modelos matemáticos de séries temporais em geral só devem ser usados para previsões de curto prazo?

7. Por que o histórico de vendas efetivas passadas (com quantidades e datas efetivas em que as vendas ocorreram) pode não ser a melhor fonte de dados históricos para uma boa previsão de vendas?

8. Qual a diferença entre o Desvio Absoluto Médio e o *Tracking Signal*? Quando deveríamos usar um e quando deveríamos usar o outro?

9. O que é e para que serve o módulo de DRP (*distribution requirements planning*)?

10. O que é e para que serve o mecanismo de DPP (disponível para promessa) em sistemas MRP II?

11. É possível usar o DPP em ambientes MTO (*make-to-order*, ou produção sob encomenda)? Como?

7.5 EXERCÍCIOS

1. Suponha que a tabela abaixo (em milhões de litros) mostre as vendas mensais de determinada marca de cerveja, para os últimos 3 anos.

Ano	Jan.	Fev.	Mar.	Abr.	Maio	Jun.	Jul.	Ago.	Set.	Out.	Nov.	Dez.
2015	114	122	74	56	72	73	69	68	64	65	98	153
2016	152	170	94	122	78	80	81	83	69	91	140	177
2017	194	195	101	197	80	95	66	81	100	93	116	189

a) Construa gráficos com os dados e passe algum tempo analisando-os.

b) É possível identificar alguma tendência?

c) Há alguma sazonalidade? Discuta.

d) Há alguma anomalia? Discuta.

e) Qual a sua previsão para janeiro de 2018? E para junho de 2018?

2. A tabela abaixo mostra as vendas do refrigerante Ultracola nas suas 3 embalagens. Preveja a demanda agregada (em litros) utilizando:

a) média móvel de 6 períodos;

b) média móvel ponderada de 6 períodos com fatores de ponderação f1 (para período mais recente) = 0,35; f2 = 0,25; f3 = 0,20; f4 = 0,10; f5 = 0,075; f6 = 0,025;

CAP. 7 ■ GESTÃO DE DEMANDA | **301**

c) suavização exponencial com $\alpha = 0,2$.

d) como você pode avaliar qual dos três métodos utilizar para prever as vendas de janeiro 2018?

Quantidades em milhares de "unidades"

Mês	1 Litro	750 ml	2 Litros
Jan./2017	154	176	65
Fev./2017	126	179	80
Mar./2017	118	189	73
Abr./2017	131	177	86
Maio/2017	160	192	78
Jun./2017	159	187	94

Mês	1 Litro	750 ml	2 Litros
Jul./2017	170	194	93
Ago./2017	162	186	86
Set./2017	183	207	99
Out./2017	173	197	92
Nov./2017	187	200	94
Dez./2017	187	208	107

3. Utilizando os mesmos dados do Exercício 2, desenvolva a previsão de vendas para cada uma das embalagens, utilizando:

a) média móvel de 6 meses;

b) media móvel ponderada de 6 meses com f1 = 0,35; f2 = 0,25; f3 = 0,20; f4 = 0,1; f5 = 0,075 e f6 = 0,025 (pesos maiores para meses mais recentes);

c) suavização exponencial ($\alpha = 0,2$);

d) avalie qual teria sido o melhor método para prever vendas de cada uma das embalagens usando como critério de avaliação o erro médio percentual de previsões dos últimos 6 meses.

4. Considere a demanda de um novo *videogame* lançado há 6 meses. As vendas iniciais foram conforme a seguir:

	Vendas
Mês 1	678
Mês 2	918
Mês 3	1.232
Mês 4	1.350
Mês 5	1.430
Mês 6	?

Use suavização exponencial com dois parâmetros ($\alpha = 0,3$ e $\beta = 0,4$) para gerar previsões para o mês 6. Considere que a tendência prevista inicialmente era de um aumento de vendas de 200 unidades (adicionais) por mês (R_0) e a previsão inicial feita antes do lançamento para o primeiro mês foi de 400 unidades (S_0).

5. O restaurante japonês Ten Shim encomenda semanalmente salmão ao seu fornecedor. Devido à falta de espaço para estocagem e com receio de contaminação,

o gerente procura estimar com precisão as necessidades semanais do peixe. Os consumos recentes são mostrados na tabela abaixo.

a) Preveja a demanda de salmão para a semana de 14 de junho usando média móvel simples com $n = 3$.

b) Repita a previsão usando média móvel ponderada com $n = 3$ e pesos de 0,50, 0,30 e 0,20 com 0,50 para a demanda mais recente.

c) Calcule o Desvio Médio Absoluto para cada método, se tivessem sido usados para prever as semanas de 23 de maio a 7 de junho.

Semana	Salmão (kg)	Semana	Salmão (kg)
02 de maio	50	23 de maio	56
09 de maio	65	30 de maio	55
16 de maio	52	07 de junho	60

6. A quantidade vendida mensalmente de determinado tipo de poltrona produzida por uma indústria de móveis é mostrada a seguir. Como a fabricação é sob licença de um estúdio de *design* sueco, autor do projeto, é preciso importar a madeira utilizada. Problemas burocráticos quanto à liberação já chegaram a comprometer a produção e as entregas, o que torna sobremaneira importante a previsão das vendas futuras. Você está analisando o potencial de uso do método de suavização exponencial para fazer as previsões de vendas da poltrona.

a) Utilize o método da suavização exponencial para "prever" as demandas para o período julho-dezembro. Note que as demandas de julho a dezembro já ocorreram. O que você precisa é simular quais teriam sido as previsões para os meses de julho a dezembro se o método tivesse sido usado. A previsão feita em junho para vendas de julho é 105 unidades; use $\alpha = 0,2$.

b) Calcule o DAM dos erros de previsão até o fim de dezembro.

c) Calcule o *tracking signal* até o fim de dezembro. Se seus estudos do mesmo período, mas com uso de um método alternativo de previsão, apresentaram DAM de 14 unidades e *tracking signal* em dezembro de 4,5, que você pode dizer a respeito dos resultados de sua análise do uso de previsão com suavização exponencial com $\alpha = 0,2$, comparado com o método alternativo?

Mês	Unidades	Mês	Unidades
Maio	100	Setembro	105
Junho	80	Outubro	110
Julho	110	Novembro	101
Agosto	95	Dezembro	120

7. Como forma de melhorar sua renda, o Sr. Washington e sua esposa Lucilla produzem bombons recheados caseiros cuja demanda é bastante incerta. "Faz parte",

costuma dizer o Sr. Washington, mas a Sra. Lucilla acredita que há certo padrão nas vendas, o que poderia ser útil na compra do chocolate, açúcar e licor para o recheio. A demanda por quadrimestre dos últimos 3 anos é mostrada na tabela abaixo.

a) Assuma sazonalidade com hipótese de ausência de tendência. Quais os coeficientes de sazonalidade para a série histórica de vendas de bombons?

b) Use seus conhecimentos sobre previsão para estimar as demandas por trimestre para o 4º ano.

Trimestre	Ano 1	Ano 2	Ano 3
1º	3.012	2.650	3.120
2º	1.709	1.960	1.810
3º	910	1.150	840
4º	4.405	4.320	4.482

8. Considere as vendas históricas do livro *Introdução a estatística* abaixo:

	Ano 2015	Ano 2016	Ano 2017
Jan.	244	158	182
Fev.	126	141	127
Mar.	121	125	145
Abr.	172	174	150
Maio	256	106	210
Jun.	89	108	60
Jul.	55	n/a	92
Ago.	127	171	206
Set.	243	253	188
Out.	104	112	146
Nov.	86	146	113
Dez.	64	122	92

Analise a série histórica e decida qual modelo de previsão utilizar. Note que há um dado faltando na série. Pense em alternativas sobre o que fazer para resolver esta questão, resolva da melhor forma possível e produza previsões para 2018.

9. Como costuma fazer toda semana, Maria Teresa, gerente de planejamento da produção da Tangerin, uma indústria de alimentos, analisou os relatórios do sistema integrado de gestão implantado na empresa atualizados durante o fim de semana e, entre outros, avaliou o registro abaixo reproduzido. Ao abrir seu *e-mail*, recebeu uma mensagem do gerente de vendas consultando sobre a possibilidade de entrega de 270 kg de massa especial daqui a duas semanas.

a) Calcule as linhas de DPP e conclua qual teria sido a resposta de Maria Teresa considerando que o MPS atual não seja alterado. Por quê?

b) E se a entrega fosse para daqui a 5 semanas? Por quê?

Períodos Lote: mínimo de 300 Estoque de Segurança: 20	Atraso	1	2	3	4	5	6	7	8
Previsão			30	50	50	70	90	100	100
Demanda Dependente									
Pedidos em Carteira		100	70	50	50	30	10		
Demanda total		100	100	100	100	100	100	100	100
Estoque projetado disp.	120	20	290	190	90	290	190	90	290
MPS			300				300			300
DPP									
DPP Acumulado									

CAPÍTULO 8

CRP: Planejamento de capacidade dos recursos produtivos

OBJETIVOS DE APRENDIZAGEM

Ao final deste capítulo, o aluno deverá ser capaz de:

- Entender a importância do planejamento de capacidade de produção dentro do sistema MRP II.

- Relacionar os diferentes níveis de planejamento de capacidade com os níveis de planejamento de materiais no MRP II, de acordo com o horizonte de planejamento.

- Descrever os objetivos e a lógica de cálculo de cada nível de planejamento de capacidade: RRP (*Resource Requirements Planning*), RCCP (*Rough Cut Capacity Planning*) e CRP (*Capacity Requirements Planning*).

- Identificar as diferenças entre os distintos níveis de planejamento de capacidade.

- Compreender as razões para a existência da gestão de capacidade de curtíssimo prazo.

8.1 INTRODUÇÃO

Planejamento de capacidade é uma atividade crítica desenvolvida paralelamente ao planejamento de materiais. Sem a provisão da capacidade necessária ou a identificação da existência de excesso de capacidade, não podemos obter todos os benefícios de um sistema de planejamento MRP II.

8.2 CONCEITOS

8.2.1 Papel do planejamento de capacidade no MRP II

Por um lado, capacidade insuficiente leva à deterioração do nível de serviço a clientes (tanto em relação aos prazos quanto a sua confiabilidade), ao aumento dos estoques em processo e à frustração do pessoal de fábrica, que vemos sempre pressionado sem ter condições de cumprir com o que foi programado. Por outro lado, excesso desnecessário de capacidade representa custos adicionais, com os quais, num ambiente competitivo, nenhuma empresa pode dar-se ao luxo de arcar. Na filosofia MRP II, o planejamento de capacidade é feito de forma hierárquica, de forma coerente com o planejamento de materiais.

8.2.1.1 Estrutura hierárquica do planejamento de capacidade

Como pode ser visto na Figura 8.1, o planejamento de capacidade é feito em níveis, de acordo com o horizonte de planejamento desejado. O planejamento de capacidade de longo prazo, no nível do S&OP, já discutido no Capítulo 5, é chamado de *resource requirements planning* (RRP) ou simplesmente de *resource planning* (RP), embora essas denominações não sejam muito difundidas, pois esse planejamento normalmente não é tratado em separado, estando inserido no planejamento de vendas e operações (S&OP).

O planejamento de médio prazo, no nível do planejamento-mestre da produção, é chamado de *rough cut capacity planning* (RCCP) ou planejamento aproximado de capacidade. Seu principal objetivo é garantir que o plano-mestre (MPS) seja ao menos "aproximadamente viável" em termos de capacidade, permitindo um cálculo rápido, ainda que grosseiro. Suas características serão vistas mais adiante.

O planejamento de curto prazo, no nível do MRP, é denominado de CRP – *capacity requirements planning*, sendo feito com base no plano de materiais detalhado, ou seja, considerando as sugestões do MRP de o que, quanto e quando produzir. É o nível mais detalhado de planejamento de capacidade tratado pelo sistema MRP II padrão. Como descrito no Capítulo 9, esse nível de planejamento de capacidade pode ser substituído, no todo ou ao menos no horizonte mais curto, pelo planejamento feito com sistemas de programação da produção com capacidade finita, os quais consideram restrições de capacidade simultaneamente à geração do programa de produção,

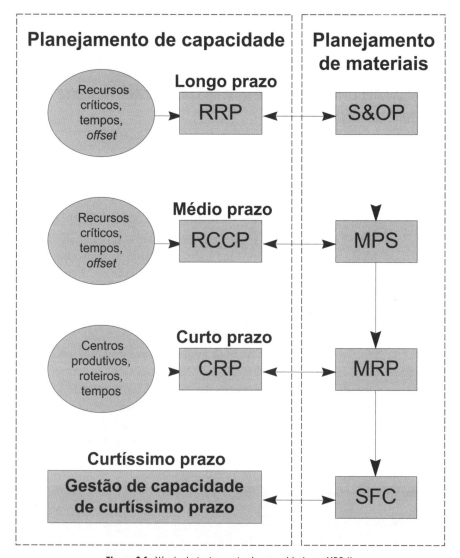

Figura 8.1 Níveis de tratamento de capacidade no MRP II.

diferentemente do MRP II, que faz o planejamento de capacidade (CRP) em seguida ao planejamento da produção (MRP). O Capítulo 9 discute também alguns aspectos da adequação dos sistemas de programação finita, ou seja, quando sua adoção é interessante e quando podemos usar apenas o CRP para o tratamento de capacidade.

No curtíssimo prazo, digamos, no horizonte de alguns dias, também é necessário administrar a utilização de capacidade dos recursos, principalmente em função de ocorrências de última hora, como quebras de máquinas, falta de materiais, ausência de funcionários, necessidade de apressamento de ordens de produção, entre outras. Nesse caso, as ações normalmente estão fora do sistema de planejamento formal, estando a cargo dos responsáveis em cada setor do chão de fábrica. Discutiremos a seguir cada um dos níveis de planejamento de capacidade mencionados.

8.2.2 Planejamento de capacidade de longo prazo – RRP (*resource requirements planning*)

8.2.2.1 Objetivos do RRP

O planejamento de capacidade de longo prazo visa subsidiar as decisões do S&OP, tendo os seguintes objetivos principais:

- antecipar necessidades de capacidade de recursos que requeiram um prazo relativamente longo (meses) para sua mobilização/obtenção;
- subsidiar as decisões de o quanto produzir de cada família de produtos, principalmente nas situações em que, por limitação de capacidade em alguns recursos, não é possível produzir todo o volume desejado para atender os planos de venda.

Pela própria natureza do processo de S&OP, é importante que o cálculo de capacidade nesse nível seja simples e rápido para adequar-se à agilidade necessária das simulações da reunião executiva de S&OP (é inclusive desejável que possa ser feito por meio de planilha de cálculo). O horizonte de planejamento necessário pode ser de vários meses a anos, dependendo dos prazos de mobilização/obtenção dos recursos analisados. A necessidade de rapidez no cálculo e o longo horizonte de planejamento impõem certo nível de agregação nos dados utilizados e nas informações geradas, o que é coerente com o nível de agregação do S&OP, ou seja, famílias de produtos consumindo disponibilidade de grupos de recursos críticos.[1]

> **① FIQUE ATENTO**
>
> Em planejamento de longo prazo, há um grau de liberdade maior nas decisões da empresa. Os fatores de produção deixam de ser fixos e o planejamento tende a ter maior flexibilidade. Por exemplo, dependendo do prazo de análise, há tempo suficiente para a empresa construir uma nova linha de produção, aumentar o espaço de armazenagem e até mesmo construir uma nova fábrica. Se daqui a 10 meses o planejamento de capacidade de longo prazo sugerir a necessidade de uma nova linha de produção para atender ao aumento da demanda, a empresa terá ciência do impacto da demanda em sua operação. Essa é a importância do planejamento de longo prazo, dando condições para que a empresa tome uma decisão hoje para que em 10 meses a nova linha de produção esteja funcionando.

---

[1] Veja mais adiante, na discussão do RCCP, a determinação dos recursos críticos a serem considerados nos planejamentos de capacidade desses níveis mais altos de planejamento.

8.2.2.2 Lógica de cálculo do RRP

Para ilustrar o planejamento de capacidade de longo prazo, vamos utilizar o exemplo de uma empresa X, que produz quatro produtos finais (A1, A2, B1 e B2), agrupados em duas famílias (A e B).[2] Esses produtos consomem recursos de quatro departamentos ou centros produtivos (W, X, Y e Z). A informação básica para o cálculo de capacidade é o que chamamos de fatores globais de utilização de recursos, ou seja, quantas horas de cada departamento são necessárias para a produção de um item de determinada família de produtos. Nesse caso, é necessário admitir um tempo único para qualquer item da família, o que muitas vezes não condiz com a realidade. Na Figura 8.2, que mostra os tempos unitários de produção de cada um dos produtos nos quatro centros produtivos, podemos ver, por exemplo, que os tempos de produção para os produtos A1 e A2 no departamento X são bastante diferentes (1,3 e 0,3 horas, respectivamente). Como é necessário obter um único número que represente o tempo de produção da família A no departamento X, é preciso calcular uma média ponderada que leve em conta os volumes produzidos de cada um dos produtos da família. A Figura 8.2 mostra também o tempo médio calculado (0,4 horas), o qual foi obtido levando-se em conta participações de 10% e 90% dos produtos A1 e A2 respectivamente (1,3h × 0,1 + 0,3h × 0,9 = 0,4h). No caso da família B, foi adotado um *mix* de 40% e 60% para os produtos B1 e B2, respectivamente. É importante notar aqui dois aspectos:

a. Como as participações podem não ser exatamente essas em todos os meses analisados no horizonte de planejamento, o resultado final perde em precisão e essa incerteza deve ser considerada.

b. É importante rever os fatores globais calculados sempre que o *mix* de produtos de determinada família (participações de seus produtos em quantidade) variar muito.

	FAM. A	A1 (10%)	A2 (90%)
DEP. W	0,50	0,40	0,51
DEP. X	0,40	1,30	0,30
DEP. Y	0,60	3,00	0,33
DEP. Z	0,30	0,70	0,26

	FAM. B	B1 (40%)	B2 (60%)
DEP. W	0,28	0,20	0,33
DEP. X	0,90	1,70	0,36
DEP. Y	0,45	0,68	0,30
DEP. Z	0,14	0,30	0,03

Figura 8.2 Fatores globais de utilização de recursos para as famílias A e B.

Vamos agora supor que o plano de produção proposto para as famílias A e B, num horizonte de 12 meses, seja o dado na Figura 8.3.

---

[2] O leitor poderá ser tentado a achar que não é razoável fazer o planejamento para famílias de produtos quando se tem apenas quatro produtos finais. Não devemos esquecer, entretanto, que esse é apenas um exemplo que visa ilustrar uma situação real em que temos centenas de produtos finais agrupados em uma ou duas dezenas de famílias. Portanto, devemos tomar cuidado na tentativa de simplificar os procedimentos exemplificados.

Plano de vendas e operações S&OP

Família A		Jan.	Fev.	Mar.	Abr.	Maio	Jun.	Jul.	Ago.	Set.	Out.	Nov.	Dez.
Vendas		100	120	120	150	150	100	100	80	130	150	170	120
Estoque	200	180	160	140	120	100	100	100	120	110	100	80	100
Produção		**80**	**100**	**100**	**130**	**130**	**100**	**100**	**100**	**120**	**140**	**150**	**140**

Família B		Jan.	Fev.	Mar.	Abr.	Maio	Jun.	Jul.	Ago.	Set.	Out.	Nov.	Dez.
Vendas		130	130	130	130	100	80	80	80	140	170	180	150
Estoque	100	100	100	100	100	100	120	140	160	150	130	100	100
Produção		**130**	**130**	**130**	**130**	**100**	**100**	**100**	**100**	**130**	**150**	**150**	**150**

Figura 8.3 Planejamento S&OP para as famílias A e B.

Com base nesses planos, podemos calcular a necessidade de recursos em cada um dos departamentos. Por exemplo, para o departamento W, no primeiro mês de janeiro, temos:

80 unidades (fam. A) × 0,5h + 130 unid (fam. B) × 0,3h = 40h + 30h = 79 horas

O resultado desse cálculo para os quatro departamentos e para os 12 meses do horizonte é mostrado na primeira parte da Figura 8.4.

		Jan.	Fev.	Mar.	Abr.	Maio	Jun.	Jul.	Ago.	Set.	Out.	Nov.	Dez.
Departamentos		**Horas Necessárias**											
W	136	79	89	89	104	95	80	80	80	99	115	120	115
X	136	123	131	131	143	122	110	110	110	139	161	165	161
Y	136	100	112	112	130	118	100	100	100	124	144	150	144
Z	136	37	43	43	52	49	40	40	40	49	57	60	57

	Jan.	Fev.	Mar.	Abr.	Maio	Jun.	Jul.	Ago.	Set.	Out.	Nov.	Dez.
Departamentos	**Percentual de Utilização**											
W	58%	65%	65%	76%	70%	59%	59%	59%	73%	85%	88%	85%
X	90%	96%	96%	105%	90%	81%	81%	81%	102%	118%	121%	118%
Y	74%	82%	82%	96%	87%	74%	74%	74%	91%	106%	110%	106%
Z	27%	32%	32%	38%	36%	29%	29%	29%	36%	42%	44%	42%

Figura 8.4 Cálculo de capacidade de longo prazo para os quatro departamentos (S&OP original).

Uma vez calculada a capacidade necessária, é preciso compará-la com a capacidade efetivamente disponível. Em nosso caso exemplo da empresa X, os departamentos trabalham 20 dias por mês em um turno de 8 horas, o que resulta em 160 horas disponíveis totais. A eficiência na utilização da capacidade demonstrada ultimamente pela fábrica tem sido de 85%, resultando em 136 horas efetivamente trabalhadas em média, valor mostrado também na primeira planilha da Figura 8.4. Essa taxa de eficiência deve cobrir dois aspectos:

a. Geralmente, é impossível utilizar todas as horas teoricamente disponíveis de trabalho nos centros produtivos ou departamentos (em nosso caso, 160 horas mensais). Isso se deve a problemas que ocorrem na produção, como quebras de máquinas, falta de energia, ausência de funcionários, problemas de programação e movimentação de materiais, atraso na entrega de fornecedores, manutenção preventiva, entre outros. Parte desses problemas pode ser considerada como inevitável (manutenção preventiva e falta de energia, por exemplo), enquanto parte é claramente evitável por meio de boa gestão (paradas não planejadas de máquinas, problemas de programação, entre outros). Como mostra a Figura 8.5, descontando-se da disponibilidade teórica total a capacidade desperdiçada com problemas de natureza inevitável, obtemos a disponibilidade padrão, a qual deve ser encarada como meta pela gerência de produção; entretanto, essa disponibilidade ainda não deve ser utilizada pelo planejamento, pois, ainda que contra nossa vontade, ocorrem problemas que gostaríamos de evitar, que consomem ou desperdiçam capacidade. Descontando-se mais essa parcela, obtemos a disponibilidade real, aquela que deve ser considerada pelo planejamento, pois representa o que efetivamente está disponível para produção. Assim, a taxa de eficiência deve refletir essa disponibilidade real, sendo verdade para qualquer nível de planejamento de capacidade.

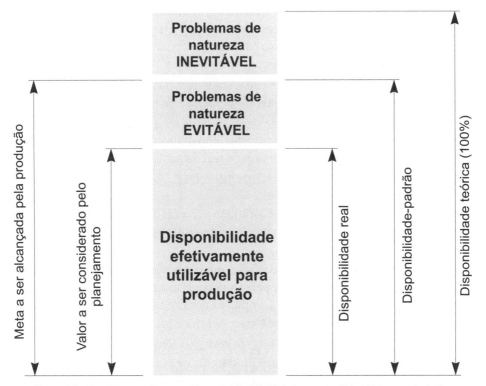

Figura 8.5 Planejamento deve considerar a capacidade efetivamente disponível para o trabalho.

b. Outro aspecto a ser coberto pela taxa de eficiência corresponde às incertezas do próprio cálculo de capacidade. Como foi comentado, os tempos utilizados foram obtidos por meio de médias ponderadas que consideraram determinado *mix* de produção. Se no curto prazo esse *mix* for diferente, o consumo de capacidade também vai ser diferente, fazendo com que um plano de produção inicialmente viável seja na prática inviável. Além disso, no RRP, geralmente, o *time bucket* é um mês ou mais, e o que é viável dentro do mês pode não sê-lo quando consideramos as variações de produção semana a semana. Tudo isso faz o cálculo de capacidade nos níveis mais altos de planejamento (RRP e RCCP) requerer certa margem de segurança, que deve ser também considerada na taxa de eficiência de utilização.

Considerando, então, a disponibilidade real de 136 horas mensais, em nosso exemplo, podemos calcular a utilização percentual de capacidade, mostrada na segunda parte da Figura 8.4. Nessa figura, podemos identificar que a necessidade excede o disponível nos meses de abril, setembro, outubro, novembro e dezembro, para o departamento X, e nos meses de outubro, novembro e dezembro, para o departamento Y. Quando isso acontece, podemos adotar várias alternativas, entre outras:

a. Alteração do plano de produção, visando aproveitar a disponibilidade ociosa de alguns meses para acomodar o excesso de outros. Isso significa antecipar e/ou postergar produção, contando para isso com estoques para que não se prejudiquemos o atendimento do plano de vendas.

b. Ampliação da disponibilidade de capacidade por meio de horas extras, turnos adicionais, contratação de funcionários, aquisição de equipamentos etc.

c. Em alguns casos, a disponibilidade também pode ser ampliada por meio de uma atenção especial na gestão da fábrica, reduzindo os problemas de natureza evitável, aproximando, portanto, a disponibilidade real da padrão. Essa alternativa, obviamente, requer algum prazo para efetivação, o que é coerente com o horizonte de planejamento do RRP.

d. Subcontratação de serviços que substituam os recursos da fábrica ou terceirização de etapas da produção, adquirindo componentes prontos que outrora fossem fabricados.

e. Não atendimento do plano de vendas, seja com perda efetiva de vendas ou acúmulo de pedidos em atraso. Nesse caso, passa a ser importante a decisão de prioridade entre as famílias de produtos que competem por um mesmo recurso, cuja disponibilidade não está sendo suficiente.

Não existe receita única para todas as situações e, caso a caso, a empresa precisa avaliar os custos e riscos de cada alternativa, buscando a mais adequada para o momento específico. Em nosso exemplo, foi adotada a alternativa de alterar o plano de produção, utilizando os estoques, sem que o atendimento dos planos de venda fosse afetado. Os novos planos são mostrados na Figura 8.6.

Plano de vendas e operações S&OP (ajustado)

Família A		Jan.	Fev.	Mar.	Abr.	Maio	Jun.	Jul.	Ago.	Set.	Out.	Nov.	Dez.
Vendas		100	120	120	150	150	100	100	80	130	150	170	120
Estoque	200	200	180	160	110	90	100	110	160	150	130	90	100
Produção		100	100	100	100	130	110	110	130	120	130	130	130

Família B		Jan.	Fev.	Mar.	Abr.	Maio	Jun.	Jul.	Ago.	Set.	Out.	Nov.	Dez.
Vendas		130	130	130	130	100	80	80	80	140	170	180	150
Estoque	100	100	100	100	100	120	170	220	260	240	190	130	100
Produção		130	130	130	130	120	130	130	120	120	120	120	120

Figura 8.6 Planejamento S&OP ajustado para as famílias A e B, visando adequar a capacidade necessária à disponível.

A Figura 8.7 mostra o novo cálculo de utilização percentual de capacidade para o plano de produção ajustado. Podemos verificar que não há mais estouros de capacidade dentro do horizonte planejado, o que requereu uma produção maior do que o anteriormente planejado já no mês de janeiro para a família A. Esse exemplo ilustra a conveniência de adotarmos um horizonte de planejamento longo no S&OP, mostrando como isso pode levar a decisões melhores no curto prazo.

Departamentos	Jan.	Fev.	Mar.	Abr.	Maio	Jun.	Jul.	Ago.	Set.	Out.	Nov.	Dez.
	\multicolumn{12}{c}{Percentual de Utilização}												
W	65%	65%	65%	65%	74%	69%	69%	74%	71%	74%	74%	74%
X	96%	96%	96%	96%	100%	99%	99%	100%	97%	100%	100%	100%
Y	82%	82%	82%	82%	93%	87%	87%	93%	88%	93%	93%	93%
Z	32%	32%	32%	32%	38%	34%	34%	38%	35%	38%	38%	38%

Figura 8.7 Cálculo de capacidade de longo prazo para os quatro departamentos (S&OP ajustado).

PARA PENSAR

Quanto maior a variação da demanda, caracterizada pela presença de picos e vales, maior é a necessidade de cuidadosamente gerenciar a capacidade da fábrica. Esse procedimento é muito comum em empresas que apresentam demanda sazonal, como as fabricantes de sorvete. Um outro exemplo é a demanda de panetones, que é altamente concentrada no período de Natal. Como os fabricantes de panetone decidem sobre o planejamento de capacidade de suas fábricas? Qual a relação entre essa decisão e o tempo de vida útil do panetone na prateleira de um supermercado? Discuta com seus colegas.

8.2.3 Planejamento de capacidade de médio prazo – RCCP (*rough cut capacity planning*)

8.2.3.1 Objetivos do RCCP

O planejamento de capacidade de médio prazo, também denominado de planejamento de recursos críticos ou planejamento aproximado de capacidade, visa subsidiar as decisões do MPS, tendo os seguintes objetivos principais:

- antecipar necessidades de capacidade de recursos que requeiram prazo de alguns poucos meses para sua mobilização;

- gerar um plano de produção de produtos finais que seja aproximadamente viável a fim de que não percamos tempo com o processamento do MRP e CRP, para que, então, descubramos graves problemas de excesso de capacidade, tendo-se que voltar ao planejamento do MPS;

- subsidiar as decisões de quanto produzir de cada produto, principalmente nas situações em que, por limitação de capacidade em alguns recursos, não é possível produzir todo o volume desejado para atender aos planos de venda, desde que o problema não tenha sido identificado no nível anterior de planejamento de capacidade RRP.

Novamente, pela natureza do processo de MPS, é importante que o cálculo de capacidade nesse nível seja também relativamente simples e rápido, para adequar-se à agilidade necessária das decisões. O horizonte de planejamento necessário varia entre dois e cinco meses, considerando *time bucket* (período de planejamento) de semanas. As necessidades, tanto de rapidez no cálculo como de tratamento detalhado produto a produto no MPS (já não podemos tratar de famílias, pois o plano gerado será o dado de entrada para a explosão de necessidades do MRP), impõem certo nível de aproximação nos cálculos, desconsiderando-se alguns detalhes. Normalmente, por exemplo, não fazemos o cálculo de necessidades para todos os recursos, centros produtivos ou departamentos da empresa, focalizando a atenção apenas naqueles considerados críticos. Além disso, em cálculos no nível do RCCP, estoques de componentes não são considerados, pois a explosão efetiva dos produtos finais em componentes ainda não foi feita (ela é feita pelo MRP). Portanto, de certa forma, o cálculo de capacidade RCCP considerará que todos os produtos do MPS analisado e respectivos componentes terão efetivamente que ser manufaturados/montados.

8.2.3.2 Definindo recursos críticos

Vários fatores podem influenciar a consideração de um recurso como sendo crítico:

a. O recurso pode ser um centro produtivo gargalo ou uma restrição importante, ou seja, ser normalmente utilizado no máximo de sua disponibilidade, ou quase, restringindo assim todo o fluxo de produção da fábrica.

b. O recurso pode executar um processo que seja de difícil subcontratação, por exigir capacitação especial, por exemplo.

c. O recurso pode ser bastante sensível ao *mix* de produtos produzidos, ou seja, dependendo do *mix* produzido o recurso pode tornar-se um gargalo temporário.

d. O recurso pode ser uma ferramenta especial necessária para processar um ou mais produtos em determinado centro produtivo.

e. O recurso pode requerer funcionamento contínuo dentro de determinadas faixas de taxa de produção, seja por razões econômicas ou de qualidade de processo (altos-fornos em aciarias, por exemplo, não podem parar).

f. O recurso pode requerer tempos muito longos de *set-up* (preparação para troca de produto), requerendo atenção especial, pois dependendo do número de trocas de produtos pode tornar-se uma restrição importante.

Um procedimento útil na determinação dos recursos críticos é a elaboração de uma matriz, na qual procuramos sintetizar os principais motivos para considerarmos um determinado recurso como crítico. A Figura 8.8 ilustra um exemplo dessa matriz.

Departamentos	Gargalo	Difícil subcontratação	Sensibilidade ao *mix*	Ferramenta especial	Difícil reduzir a carga	Set-up longo	Ociosidade muito cara	Outros
L		✓						
M			✓					
N					✓			
W	✓	✓				✓	✓	
Q		✓				✓		
X	✓		✓			✓	✓	
P				✓				
T			✓					
Y	✓	✓	✓			✓		
K								
S								
Z	✓	✓	✓			✓		

Figura 8.8 Matriz de identificação de recursos críticos.

Uma vez que a matriz esteja completa, é interessante notar se alguns dos recursos podem ser agregados, visando a simplificação do cálculo de capacidade. O que devemos ter em mente é que o objetivo do RRP e do RCCP é responder à questão: temos *chance* de cumprir o plano do S&OP ou o MPS na forma em que estão definidos?

8.2.3.3 A lógica de cálculo do RCCP

Considerando o mesmo exemplo anterior, vamos desagregar os planos de produção de longo prazo das famílias A e B para os primeiros três meses (ou 12 semanas). A Figura 8.9 recupera o S&OP já ajustado nos três primeiros meses para as duas famílias.

S&OP (três primeiros meses)

Família A		Jan.	Fev.	Mar.
Vendas		100	120	120
Estoque	200	200	180	160
Produção		**100**	**100**	**100**

Família B		Jan .	Fev.	Mar.
Vendas		130	130	130
Estoque	100	100	100	100
Produção		**130**	**130**	**130**

Figura 8.9 S&OP para as famílias A e B nos três primeiros meses do horizonte.

Suponhamos que o MPS para os quatro produtos produzidos, resultado da desagregação dos planos de venda e produção, seja o mostrado na Figura 8.10. Notemos que a soma das produções planejadas para as quatro semanas de um determinado mês para os produtos de uma determinada família é igual à produção planejada para aquela família naquele mês. O mesmo acontece com os planos de vendas e com os estoques planejados na última semana de cada mês. Essa coerência é essencial, pois se o MPS não for uma desagregação exata, ou quase,[3] do S&OP, o próprio S&OP e o seu planejamento de capacidade, o RRP, não fazem o menor sentido, já que não vão ocorrer na prática.

MPS (três primeiros meses = 12 semanas)

Produto A1		S1	S2	S3	S4	S5	S6	S7	S8	S9	S10	S11	S12
Vendas		5	5	5	10	6	6	6	12	6	6	6	12
Estoque	120	115	110	105	100	94	88	82	80	74	68	72	70
M P S		**0**	**0**	**0**	**5**	**0**	**0**	**0**	**10**	**0**	**0**	**10**	**10**

Produto A2		S1	S2	S3	S4	S5	S6	S7	S8	S9	S10	S11	S12
Vendas		15	15	15	30	18	18	18	36	18	18	18	36
Estoque	80	75	70	65	100	97	94	91	100	92	89	86	90
M P S		**10**	**10**	**10**	**65**	**15**	**15**	**15**	**45**	**10**	**15**	**15**	**40**

Produto B1		S1	S2	S3	S4	S5	S6	S7	S8	S9	S10	S11	S12
Vendas		5	5	10	20	5	5	10	20	5	5	10	20
Estoque	80	80	80	80	70	70	70	70	60	60	60	60	50
M P S		**5**	**5**	**10**	**10**	**5**	**5**	**10**	**10**	**5**	**5**	**10**	**10**

Produto B2		S1	S2	S3	S4	S5	S6	S7	S8	S9	S10	S11	S12
Vendas		10	10	25	45	10	10	25	45	10	10	25	45
Estoque	20	20	30	35	30	30	40	45	40	40	50	55	50
M P S		**10**	**20**	**30**	**40**	**10**	**20**	**30**	**40**	**10**	**20**	**30**	**40**

Figura 8.10 MPS para os produtos A1, A2, B1 e B2 para 12 semanas de horizonte de planejamento.

---

[3] Na verdade, o MPS não precisa ser uma desagregação exata do S&OP, como acontece no exemplo dado, aceitando-se certa tolerância, normalmente de 5 a 10%, no máximo, garantindo-se, ainda assim, um alto grau de coerência entre os planos de diferentes níveis.

A Figura 8.10 mostra um MPS que procura fazer a produção acompanhar a demanda que, para todos os produtos, é mais concentrada no final do mês. Para esse MPS, vamos calcular a capacidade necessária por semana e para cada um dos departamentos críticos.

O cálculo do RCCP utiliza uma informação denominada de *perfil de recursos*. De forma resumida, o perfil de recursos mostra quanto de cada recurso crítico é necessário para completar a produção de uma unidade de produto final. Diferentemente do RRP, para o qual o *time bucket* é um mês ou mais, no RCCP assumimos que esse consumo de capacidade não ocorre necessariamente no mesmo período em que é completada a produção do produto final, pois o *time bucket* nesse caso é de apenas uma semana. Isso quer dizer que a produção de uma certa quantidade de produto A1, completada na semana 8, por exemplo, pode estar requerendo disponibilidade de alguns recursos em semanas anteriores, notadamente se esses recursos forem necessários para processar componentes do produto A1.

Vamos supor que as estruturas dos produtos A1, A2, B1 e B2 sejam as mostradas na Figura 8.11.

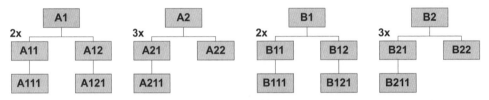

Figura 8.11 Estruturas dos produtos A1, A2, B1 e B2.

Suponhamos também que os roteiros de produção para os produtos e seus componentes (considerando-se apenas os recursos críticos analisados) sejam os mostrados esquematicamente na Figura 8.12. Os tempos mostrados já incluem o tempo de processamento unitário e o tempo de *set-up* por unidade, considerando um determinado tamanho de lote (o que de certa forma também representa uma aproximação da realidade). Por exemplo, o componente B11 do produto B1 tem um tempo unitário de processamento no departamento X de 0,4 hora, sendo gastas 3 horas de preparação. Como o lote de produção do componente B11 é 30 unidades, o tempo de preparação por unidade é de 3,0/30 = 0,1 hora. Portanto, o tempo total é de 0,4 + 0,1 = 0,5 hora, o qual é mostrado na Figura 8.12.

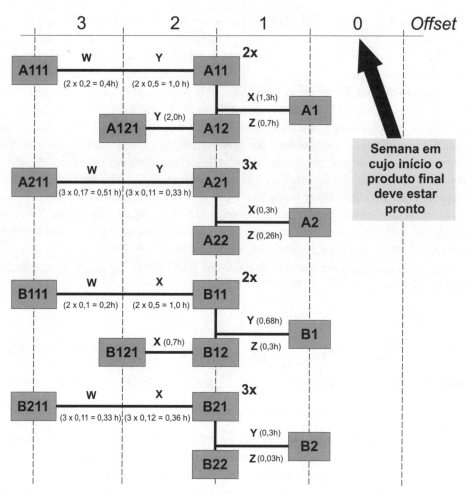

Figura 8.12 Roteiro esquemático simplificado dos produtos finais considerando apenas os recursos identificados como críticos.

Como podemos ver nessa figura, para uma certa quantidade produzida de produto A1, a estar disponível no início de uma determinada semana, ocorre utilização dos recursos dos departamentos X e Z na semana imediatamente anterior (1,3 e 0,7 horas por unidade, respectivamente), do departamento Y duas semanas antes (1,2 horas por unidade de A1, já considerando que são necessárias duas unidades do componente A11 para cada unidade de A1) e do departamento W três semanas antes (0,4 hora por unidade de A1, também já considerando que são necessárias duas unidades de A11 para cada unidade de A1).

Essa defasagem entre a produção do produto final e o consumo de recursos nos diversos departamentos é denominada de *offset*. A consideração dos tempos de produção e dos *offset* forma o que chamamos de perfil de recursos, o qual é mostrado na Figura 8.13 para os produtos finais do exemplo.

Perfil de Recursos		
Produto A1		Antecedência
Recursos Críticos	Horas	(*OFFSET*)
DEP W	0,40	3
DEP X	1,30	1
DEP Y	3,00	2
DEP Z	0,70	1

Perfil de Recursos		
Produto A2		Antecedência
Recursos Críticos	Horas	(*OFFSET*)
DEP W	0,51	3
DEP X	0,30	1
DEP Y	0,33	2
DEP Z	0,26	1

Perfil de Recursos		
Produto B1		Antecedência
Recursos Críticos	Horas	(*OFFSET*)
DEP W	0,20	3
DEP X	1,70	2
DEP Y	0,68	1
DEP Z	0,30	1

Perfil de Recursos		
Produto B2		Antecedência
Recursos Críticos	Horas	(*OFFSET*)
DEP W	0,33	3
DEP X	0,36	2
DEP Y	0,30	1
DEP Z	0,03	1

Figura 8.13 Perfil de recursos para os recursos A1, A2, B1 e B2.

Com base nos dados da Figura 8.13 e no MPS mostrado na Figura 8.10, podemos calcular as necessidades semanais de capacidade para cada um dos departamentos críticos, o que pode ser visto na primeira parte da Figura 8.14. Notemos na figura que há uma coluna denominada *passado*, imediatamente anterior à coluna correspondente à semana 1. Nessa coluna recaem as necessidades de capacidade calculadas para períodos anteriores à primeira semana considerada, que no exemplo é a semana 1, em virtude da consideração dos *offset*. Isso significa que, para uma certa quantidade de produtos finais planejada para ser terminada nas primeiras semanas, foi necessário utilizar recursos dos departamentos considerados no passado. Caso as ordens de produção não estejam atrasadas, essa capacidade já deve ter sido utilizada. Infelizmente, dada a lógica de cálculo, se houver ordens atrasadas, a capacidade correspondente ainda necessária estará incluída nessa coluna, não podendo ser identificada em separado. Essa limitação do RCCP não costuma ser grave, já que o principal objetivo desse planejamento é o médio e não o curto prazo.

R C C P	Cap.	Horas Necessárias												
		Pass.	S1	S2	S3	S4	S5	S6	S7	S8	S9	S10	S11	S12
DEP W	34	39	50	12	15	20	42	9	15	24	40	0	0	0
DEP X	34	31	31	34	38	20	32	36	39	19	32	49	25	0
DEP Y	34	13	13	52	24	11	14	61	22	11	44	59	19	0
DEP Z	34	4	5	7	25	6	6	8	23	4	6	15	22	0

R C C P	Percentual de Utilização												
	Pass.	S1	S2	S3	S4	S5	S6	S7	S8	S9	S10	S11	S12
DEP W	115%	148%	35%	45%	58%	124%	28%	45%	69%	116%	0%	0%	0%
DEP X	91%	91%	101%	112%	59%	95%	106%	114%	55%	95%	144%	74%	0%
DEP Y	38%	37%	154%	70%	33%	42%	178%	65%	33%	130%	174%	55%	0%
DEP Z	13%	14%	19%	72%	17%	18%	23%	67%	13%	18%	44%	64%	0%

Figura 8.14 Cálculo de capacidade de médio prazo RCCP para os quatro departamentos (MPS original).

320 | PLANEJAMENTO, PROGRAMAÇÃO E CONTROLE DA PRODUÇÃO ▪ Corrêa – Gianesi – Caon

É interessante notarmos também que a capacidade necessária para as últimas semanas (destacadas na Figura 8.14), em virtude do *offset*, não representa a realidade já que o total dependeria também das produções planejadas para as semanas 13, 14 e 15, as quais estão fora do horizonte do MPS em nosso exemplo. Esses dados devem, portanto, ser analisados com reservas (se o horizonte de planejamento para o MPS for adequadamente dimensionado, entretanto, esse problema pode ser reduzido).

Considerando a capacidade semanal real disponível (5 dias × 8 horas × 85% de eficiência de utilização = 34 horas semanais),[4] podemos calcular a utilização percentual da capacidade por semana, mostrada na segunda parte da Figura 8.14. Podemos verificar que, em virtude da política declarada de acompanhar a demanda com a produção, concentrando-a nas últimas semanas do mês, ocorre um desbalanceamento da carga semanal, inviabilizando o plano-mestre de produção tal como originalmente definido. As alternativas a serem adotadas para resolver o problema são similares àquelas disponíveis no S&OP:

a. alteração do plano-mestre de produção, visando aproveitar a disponibilidade ociosa de algumas semanas para acomodar o excesso de outras. Isso significa antecipar e/ou postergar produção, contando para isso com estoques, para que não prejudiquemos o atendimento do plano de vendas;

b. ampliação da disponibilidade de capacidade por meio de horas extras, turnos adicionais ou contratação de funcionários;

c. subcontratação de serviços que substituam os recursos da fábrica ou terceirização de etapas da produção;

d. não atendimento do plano de vendas, seja com perda efetiva de vendas ou acúmulo de pedidos em atraso. Nesse caso, passa a ser importante a decisão de prioridade entre os produtos que competem por um mesmo recurso cuja disponibilidade não está sendo suficiente.

Novamente não existe receita única para todas as situações e os custos e riscos de cada alternativa precisam ser avaliados. Aqui, também, foi adotada a alternativa de alterar o plano-mestre de produção, utilizando os estoques, sem que o atendimento dos planos de venda fosse afetado. Os novos planos são mostrados na Figura 8.15. Notemos a preocupação de manter, na medida do possível, os estoques finais de cada mês coerentes com o S&OP, já que o volume de estoques tem implicações financeiras consideradas quando da elaboração do S&OP.

---

[4] Embora nesse exemplo a taxa utilizada de eficiência na utilização dos recursos tenha sido igual tanto no RRP como no RCCP, é comum que a taxa do RRP seja menor, para compensar a menor precisão do cálculo.

MPS (ajustado)

Produto A1		S1	S2	S3	S4	S5	S6	S7	S8	S9	S10	S11	S12
Vendas		5	5	5	10	6	6	6	12	6	6	6	12
Estoque	120	116	112	108	100	96	93	90	80	79	78	77	70
M P S		1	1	1	2	2	3	3	2	5	5	5	5

Produto A2		S1	S2	S3	S4	S5	S6	S7	S8	S9	S10	S11	S12
Vendas		15	15	15	30	18	18	18	36	18	18	18	36
Estoque	80	89	98	107	100	105	109	114	100	102	104	106	90
M P S		24	24	24	23	23	22	23	22	20	20	20	20

Produto B1		S1	S2	S3	S4	S5	S6	S7	S8	S9	S10	S11	S12
Vendas		5	5	10	20	5	5	10	20	5	5	10	20
Estoque	80	82	85	82	70	72	75	72	60	62	65	62	50
M P S		7	8	7	8	7	8	7	8	7	8	7	8

Produto B2		S1	S2	S3	S4	S5	S6	S7	S8	S9	S10	S11	S12
Vendas		10	10	25	45	10	10	25	45	10	10	25	45
Estoque	20	35	50	50	30	45	60	60	40	55	70	70	50
M P S		25	25	25	25	25	25	25	25	25	25	25	25

Figura 8.15 Plano-mestre (MPS) ajustado para os produtos A1, A2, B1 e B2, visando adequar a capacidade necessária à disponível.

Com o novo MPS proposto, podemos recalcular as necessidades de capacidade, as quais são mostradas na Figura 8.16. Vemos que não é possível resolver todos os problemas, remanescendo pequena sobrecarga nas semanas 8 e 10 para o departamento X e semanas 7, 8, 9 e 10 para o departamento Y. Hipoteticamente, podemos admitir que esse problema será resolvido com horas extras, as quais já podem ser negociadas desde já com os funcionários.

R C C P	Cap.	Pass.	Horas Necessárias											
			S1	S2	S3	S4	S5	S6	S7	S8	S9	S10	S11	S12
DEP W	34	67	22	22	22	23	22	22	22	22	22	0	0	0
DEP X	34	52	29	31	30	32	31	33	30	35	33	35	13	0
DEP Y	34	34	24	26	27	29	30	26	35	34	35	34	13	0
DEP Z	34	10	10	10	11	10	11	11	10	12	12	12	12	0

R C C P	Pass.	Percentual de Utilização											
		S1	S2	S3	S4	S5	S6	S7	S8	S9	S10	S11	S12
DEP W	197%	66%	65%	66%	66%	64%	64%	65%	64%	65%	0%	0%	0%
DEP X	153%	86%	91%	89%	94%	92%	98%	89%	103%	98%	103%	37%	0%
DEP Y	100%	70%	76%	78%	84%	87%	75%	102%	100%	102%	100%	38%	0%
DEP Z	29%	30%	29%	31%	30%	32%	32%	30%	34%	35%	34%	35%	0%

Figura 8.16 Cálculo de capacidade de médio prazo para os quatro departamentos (MPS ajustado).

8.2.4 Planejamento de capacidade de curto prazo – CRP (*capacity requirements planning*)

8.2.4.1 Objetivos do CRP

O planejamento de capacidade de curto prazo, CRP, visa subsidiar as decisões do planejamento detalhado de produção e materiais, MRP, tendo os seguintes objetivos principais:

- antecipar necessidades de capacidade de recursos que requeiram prazo de algumas poucas semanas para sua mobilização/obtenção;
- gerar um plano detalhado de produção e compras que seja viável, por meio de ajustes efetuados no plano original sugerido pelo MRP, para que este possa ser liberado para execução pela fábrica.

Nesse nível, não é necessário que o cálculo de capacidade seja rápido, pois, admitindo que o RCCP foi bem feito, não devem ter restado muitos problemas a serem analisados, os quais devem ser resolvidos por meio de pequenos ajustes nas ordens de produção. Além disso, o próprio cálculo do MRP é relativamente demorado, não permitindo, via de regra, muitas simulações. O importante é que o cálculo seja o mais preciso possível, assumindo-se, é claro, as imprecisões típicas da lógica de planejamento de capacidade infinita do MRP II. O horizonte de planejamento típico é de algumas semanas, sendo que o limite é dado pelo horizonte do MPS, que define o horizonte máximo do MRP. O *time bucket* típico é de uma semana, como no RCCP.

8.2.4.2 A lógica de cálculo do CRP

Ainda considerando o mesmo exemplo, vamos calcular as necessidades de capacidade para o departamento X. Para isso, é necessário efetuar o cálculo MRP para todos os itens que consomem recursos desse departamento, ou seja, produtos A1 e A2, componentes B11, B12 e B21, como pode ser visto nos roteiros esquematizados na Figura 8.12.

Adotaremos um horizonte de quatro semanas para o planejamento de capacidade de curto prazo. A Figura 8.17 apresenta, então, os registros MPS para os produtos A1 e A2, destacando as ordens de produção que geram carga no departamento X no horizonte considerado, além das datas de suas respectivas liberações. Apresenta também os registros MRP para os componentes B11, B12 e B21, calculados a partir dos registros MPS dos produtos B1 e B2. São também destacadas as datas de liberação das ordens desses componentes.

Notamos na Figura 8.17 que, para os produtos A1 e A2, há ordens cuja liberação ocorreu ou deveria ter ocorrido na última semana passada. Normalmente o CRP considera o apontamento feito no controle de fábrica (SFC) para gerar o cálculo de capacidade, isto é, se já houver sido apontado o término das operações dessas ordens no departamento X, essa carga em atraso não será considerada no cálculo, caso contrário, será considerada e apresentada como devida no período passado (atraso). Para os casos em que o controle de fábrica aponta apenas abertura e fechamento das ordens, a inclusão ou não dessa carga nos cálculos vai depender do fato de as ordens terem ou não sido encerradas.

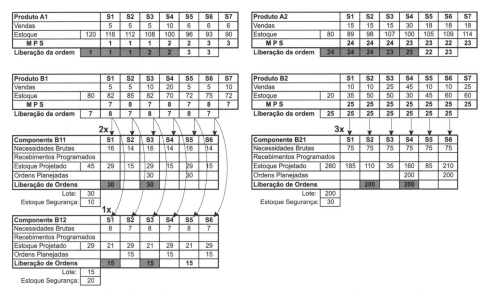

Figura 8.17 Cálculo MRP para os itens que consomem recursos do departamento X.

Com base nas ordens destacadas na Figura 8.17, podemos fazer o cálculo CRP mostrado na Figura 8.18. Nessa figura são destacadas todas as ordens de produção que passam pelo (e consomem recursos do) departamento X no horizonte considerado.

CÁLCULO DE NECESSIDADES DE CAPACIDADE - DEPARTAMENTO X							
Ordens de Fabricação		Sem. 0	Sem. 1	Sem. 2	Sem. 3	Sem. 4	Sem. 5
OF-001 A1	Q = 1	1,3					
OF-002 A1	Q = 1		1,3				
OF-003 A1	Q = 1			1,3			
OF-004 A1	Q = 2				2,6		
OF-005 A1	Q = 2					2,6	
OF-006 A2	Q = 24	7,2					
OF-007 A2	Q = 24		7,2				
OF-008 A2	Q = 24			7,2			
OF-009 A2	Q = 23				6,9		
OF-010 A2	Q = 23					6,9	
OF-011 B11	Q = 30			15,0			
OF-012 B11	Q = 30					15,0	
OF-013 B12	Q = 15		10,5				
OF-014 B12	Q = 15				10,5		
OF-015 B21	Q = 200				24,0		
OF-016 B21	Q = 200						24,0

	Sem 0	Sem 1	Sem 2	Sem 3	Sem 4
Total de Horas Necessárias	8,5	19,0	23,5	44,0	24,5

Figura 8.18 Cálculo de capacidade de curto prazo (CRP) para o departamento X (MRP original).

324 | PLANEJAMENTO, PROGRAMAÇÃO E CONTROLE DA PRODUÇÃO ▪ **Corrêa – Gianesi – Caon**

As 16 ordens estão colocadas em um diagrama Gantt para facilitar sua visualização no tempo. Com exceção das ordens de fabricação referentes aos componentes B11 e B21, todas apresentam *lead time* de uma semana, sendo inequívoco o período no qual deverão recair suas respectivas cargas. Para as ordens desses componentes, entretanto, (OF-011, OF-012, OF-015 e OF-016), o *lead time* é de duas semanas e, analisando os roteiros da Figura 8.12, vemos que a carga referente ao departamento X recai sobre a segunda semana, fato que está também representado na Figura 8.18. Finalmente, na parte inferior dessa figura, são apresentados os totais de horas necessárias por semana para o departamento X.

O resultado do cálculo de capacidade pode ser mais bem visualizado em forma gráfica na Figura 8.19, na qual fica evidenciado um "estouro" de capacidade na semana 3, se compararmos a capacidade necessária com a disponibilidade de 34 horas semanais, anteriormente definida. As alternativas a serem adotadas para resolver o problema são normalmente as seguintes:

a. Ampliação da disponibilidade de capacidade por meio de horas extras, já que outras medidas normalmente requerem um prazo maior e já deveriam ter sido tomadas no RCCP.[5]

b. Antecipação de ordens de produção procurando aliviar a carga de uma semana, ocupando a ociosidade de uma semana anterior. Nesse caso, é necessário decidir qual ou quais ordens seriam antecipadas, verificando os impactos nas necessidades de seus materiais; isso é, se uma ordem vai ser antecipada, seus materiais devem estar prontos mais cedo do que originalmente planejado, sendo muitas vezes necessário antecipar outras ordens de produção ou compra, a menos que haja estoque de segurança dos materiais em quantidade suficiente para acomodar a mudança.

c. Adiamento de ordens de produção procurando aliviar a carga de uma semana ocupando a ociosidade de uma semana posterior. Nesse caso, é necessário decidir qual ou quais ordens seriam postergadas, verificando os impactos na disponibilidade desses componentes para o início de ordens planejadas de itens pais; isto é, se uma ordem vai ser postergada, o item será produzido mais tarde, podendo não estar disponível para a liberação da ordem do seu item pai, a menos que haja estoque de segurança deste item em quantidade suficiente para acomodar a mudança. Muitas vezes é necessário postergar outras ordens, verificando os impactos inclusive na produção dos produtos finais e na entrega aos clientes.

d. Redução da quantidade produzida, desrespeitando a parametrização de tamanho de lote. Muitas vezes, pode ocorrer um estouro de capacidade no CRP, em virtude

---

[5] Algumas empresas que, sistematicamente, têm problemas de capacidade desenvolvem fornecedores de serviços terceirizados que, estando previamente preparados, conseguem responder rapidamente, podendo ser usados como alternativa também no curto prazo. Outras empresas dispõem de funcionários temporários em suas regiões, os quais, sendo periodicamente treinados, garantem uma alternativa para a ampliação temporária de capacidade. Estas e outras formas podem ser utilizadas quando for essencial para a empresa garantir flexibilidade para adequar-se a níveis muito variáveis de demanda.

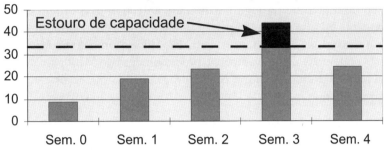

Figura 8.19 Gráfico de carga (CRP) para o departamento X (MRP original).

de estarmos produzindo mais do que o necessário naquele momento, em razão da parametrização de tamanho de lote do MRP. Nesses casos, podemos, então, reduzir o lote de produção para acomodar a capacidade necessária dentro das disponibilidades, sem prejuízo do atendimento das necessidades brutas do item. O problema é que, com isso, a quantidade de preparações de máquinas a serem executadas no médio prazo será maior, podendo comprometer os índices de utilização de recursos. Entretanto, desde que esta não seja uma alternativa utilizada indiscriminadamente (o que levaria a pensar que a própria parametrização de lote do MRP está inadequada),[6] pode ser interessante em determinadas ocasiões. Havendo várias ordens competindo por recursos em determinado período, podemos reduzir um pouco o lote de várias delas, minimizando o problema de aumento do número de *set-ups*. O que não parece muito razoável é que uma determinada ordem inteira tenha que ser postergada, podendo ter consequências graves na produção de produtos finais, para que fabriquemos mais do que o necessário de outros itens.

Também aqui não existe receita única para todos os casos; entretanto, é importante que, visando facilitar o trabalho de análise, a empresa considere essas e outras alternativas, priorizando-as. Essa priorização deve ser considerada em seus procedimentos de planejamento de capacidade, para que o programador possa, na maioria dos casos, adotar soluções padronizadas. Assim, conseguimos reduzir o tempo gasto no ciclo de planejamento, o que é importante, já que estamos falando de planejamento de curto prazo em que o período de replanejamento também deve ser pequeno.

---

[6]   Uma das críticas que fazemos na lógica dos sistemas baseados em cálculo de necessidades (MRP) é justamente o fato deles considerarem o lote de produção como fixo. Dessa forma, procuramos definir um tamanho de lote "ótimo", parametrizar o sistema com este valor e automatizar o processo de decisão. Sistemas com a lógica do OPT (para mais detalhes, veja o Capítulo 15 de Corrêa e Corrêa (2017)) assumem que o lote de produção pode variar de acordo com a situação da fábrica e são considerados mais "inteligentes". O que procuramos fazer na lógica MRP II é assumir (aceitar) essa limitação do MRP ao propor a programação da produção e, eventualmente, quebrar essa restrição na análise detalhada de curto prazo.

No exemplo considerado foi adotada a alternativa de antecipar a OF-014 em uma semana, como mostrado na Figura 8.20. Para antecipar essa ordem de fabricação do componente B12 da semana 3 para a semana 2, é preciso garantir que todos os materiais necessários a essa ordem estejam disponíveis também no início da semana 2. Para isso, podemos fazer novamente o processamento do MRP para o componente B12 e daí para baixo na estrutura, para reprogramar os materiais e eventualmente identificar problemas.

CÁLCULO DE NECESSIDADES DE CAPACIDADE - DEPARTAMENTO X							
Ordens de Fabricação		Sem. 0	Sem. 1	Sem. 2	Sem. 3	Sem. 4	Sem. 5
OF-001 A1 Q = 1		1,3					
OF-002 A1 Q = 1			1,3				
OF-003 A1 Q = 1				1,3			
OF-004 A1 Q = 2					2,6		
OF-005 A1 Q = 2						2,6	
OF-006 A2 Q = 24		7,2					
OF-007 A2 Q = 24			7,2				
OF-008 A2 Q = 24				7,2			
OF-009 A2 Q = 23					6,9		
OF-010 A2 Q = 23						6,9	
OF-011 B11 Q = 30				15,0			
OF-012 B11 Q = 30						15,0	
OF-013 B12 Q = 15			10,5				
OF-014 B12 Q = 15				10,5			antecipação
OF-015 B21 Q = 200					24,0		
OF-016 B21 Q = 200							24,0

	Sem. 0	Sem. 1	Sem. 2	Sem. 3	Sem. 4
Total de Horas Necessárias	8,5	19,0	34,0	33,5	24,5

Figura 8.20 Cálculo de capacidade de curto prazo (CRP) para o departamento X (MRP ajustado).

No caso específico do exemplo, a antecipação da fabricação do item B12 afeta apenas o item comprado B121 (conforme a estrutura da Figura 8.11), cuja reprogramação junto ao fornecedor vamos admitir viável. O novo cálculo de capacidade é mostrado também no gráfico da Figura 8.21, na qual vemos que o problema de estouro de capacidade foi resolvido satisfatoriamente.

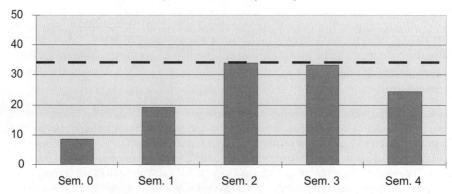

Figura 8.21 Gráfico de carga (CRP) para o departamento X (MRP ajustado).

SAIBA MAIS

Além das quatro alternativas possíveis para solucionar "estouro" de capacidade, há uma outra solução viável adotada muito pontualmente por algumas empresas: oferecer ao cliente um produto substituto, talvez de melhor especificação técnica e disponibilidade imediata, em substituição ao produto que não pode ser produzido dentro do período (a fábrica não dispõe de capacidade ou de materiais para atender no prazo). Contudo, esse produto substituto tem preço e custo maior, havendo um sacrifício financeiro que pode ser interessante quando o estoque está insuficiente, ou quando a transação envolve um cliente importante.

Um fabricante de acabamentos hidráulicos, como torneiras e registros usados em banheiros, utiliza essa alternativa em casos pontuais, principalmente quando há a urgente necessidade de entregar o produto ao cliente (seja por urgência do cliente, seja por necessidade de faturamento da empresa dentro do período). Por exemplo, num caso específico, ao receber um pedido com um lote de 250 peças de torneiras da linha M, o planejador chegou à conclusão de que não conseguiria atender esse pedido dentro do mês pela falta de capacidade da fábrica. Não havia possibilidade de aumentar o número de horas extras, que já estava em seu limite, e não havia possibilidade de adiantar ou postergar ordens de produção. A demanda estava em patamares acima do planejado nos últimos meses.

Surgiu a ideia de oferecer ao cliente um produto de qualidade superior, mas com o mesmo preço da linha M. Esse produto tinha um preço superior (cerca de 20% maior), mas com uma diferença de custo muito pequena (menor que 3%). Além disso, a empresa estava com estoque elevado e sem previsão de atendimento pleno nos próximos 3 meses. A área de vendas gostou da ideia, pois o cliente terá um produto superior sem pagar mais por ele. Como o cliente é uma construtora, essa diferença de preço não irá causar desconforto nos canais de venda. A área financeira aprovou a ideia, pois haverá aumento no faturamento e redução de um item com estoque elevado (que gera custo com armazenagem e custo de oportunidade). O cliente aceitou a troca, podendo inclusive oferecer aos proprietários dos apartamentos em construção um acabamento superior.

8.2.4.3 Comparando os cálculos do RCCP e do CRP

Um aspecto importante do cálculo CRP é que, por considerar efetivamente as ordens planejadas pelo MRP, leva em conta eventuais estoques dos componentes dos produtos finais, fazendo com que, em alguns casos, por haver excesso de estoque, não seja realmente necessário produzir o componente e, portanto, consumir recursos dos centros produtivos com sua fabricação. Por outro lado, leva também em conta os tamanhos dos lotes de fabricação dos componentes, fazendo com que, em outras situações, os componentes sejam fabricados em quantidades muito superiores ao que seria estritamente necessário para produzir os produtos finais nas suas quantidades especificadas no MPS. Assim, dependendo da situação de estoque dos componentes e do tamanho dos lotes de fabricação, podemos estar gerando uma necessidade de capacidade menor ou maior do que aquela que teria sido prevista pelo RCCP.

A Figura 8.22 mostra uma comparação da carga calculada para o departamento X, tanto pelo RCCP como pelo CRP (antes do ajuste da OF-014), mostrando uma diferença sensível de balanceamento e de total. Essa diferença é afetada pelo nível de estoques dos componentes e pelo tamanho de seus lotes de produção. Contudo, o nível dos estoques dos componentes é função do tamanho dos seus lotes, pois:

a. se há estoque dos componentes, normalmente é porque em períodos passados foi produzida uma quantidade maior que a necessária em função do tamanho do lote especificado;

b. embora o estoque possa estar alto, se for parametrizado um estoque de segurança alto, o MRP considera o estoque de segurança como não disponível, planejando produção para que o nível de estoque nunca fique abaixo do nível do estoque de segurança predefinido.

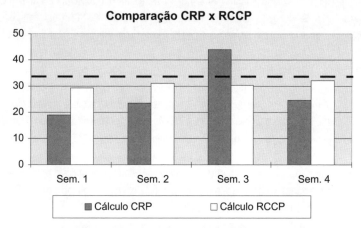

	Sem. 1	Sem. 2	Sem. 3	Sem. 4	Total
Cálculo CRP	19,0	23,5	44,0	24,5	111,0
Cálculo RCCP	29,4	31,1	30,4	32,1	123,0

Figura 8.22 Comparação do cálculo de carga feito pelo RCCP e pelo CRP.

Concluímos, então, que o principal fator que pode fazer com que o RCCP seja diferente do CRP é o tamanho dos lotes dos componentes fabricados. Notamos, portanto, que, em princípio, em empresas nas quais os lotes são bastante próximos das necessidades efetivas de produção, o RCCP, mais simples e rápido, pode substituir o CRP, mais detalhado e lento, sem muitos prejuízos ao planejamento.

8.2.5 Gestão da capacidade no curtíssimo prazo

Uma vez estabelecido o programa de produção para um determinado *time bucket* (uma determinada semana, por exemplo), depois de analisada a capacidade necessária *versus* a disponível por meio do CRP, cabe à fábrica cumprir o programa considerado, até então, como viável. Infelizmente, na prática as coisas não são bem assim. Diversos problemas de última hora fazem com que as premissas consideradas pelo planejamento deixem de ser válidas:

a. Problemas de qualidade ou complexidade na execução fazem com que os tempos de produção reais de uma determinada ordem sejam maiores do que o considerado pelo sistema, ocupando os recursos por mais tempo.

b. A taxa de eficiência de utilização considera que os problemas vão se distribuir uniformemente durante vários períodos, o que pode não ser verdade se houver quebras de máquinas que levem muito tempo para serem solucionadas, por exemplo, concentrando ocorrências em uma semana, embora no mês a taxa pareça normal.

c. Os tempos assumidos no planejamento consideram a fabricação em determinadas máquinas ou a utilização de determinadas equipes de pessoas como preferenciais e, na impossibilidade da utilização desses recursos específicos, muitas vezes podemos utilizar outros equipamentos ou pessoas, habilitados para executar as operações, mas resultando em tempos menos produtivos.

d. Atrasos no recebimento de materiais de fornecedores podem fazer com que os recursos fiquem ociosos, perdendo-se capacidade.

e. Atrasos na execução de operação em um determinado centro produtivo podem fazer com que os recursos de outro centro fiquem ociosos, também gerando perda de capacidade.

f. Os tempos de *set-up* assumidos consideram valores médios e os tempos reais podem depender da sequência com que liberamos as ordens de produção nas máquinas.

Além disso, o planejamento pode considerar mais adequado passar para a produção (de comum acordo) algumas situações aparentemente inviáveis, sabendo-se que é mais fácil resolvê-las no próprio chão de fábrica, do que trabalhando com números. O fato é que o gerente de fábrica também lida com questões de capacidade, devendo ter a preocupação de utilizar uma série de alternativas de procedimentos para poder cumprir o planejado. As questões mais comuns são referentes a: redução de tempos de fila e movimentação, *overlapping* (sobreposição de ordens), *splitting* (divisão) de ordens, *splitting* de operações, sequenciamento de ordens, utilização de roteiros alternativos e horas extras não planejadas. Como o sistema MRP II não consegue lidar com esses detalhes da programação fina da fábrica, deixando-os por conta do gerente ou supervisor de fábrica, é necessário que os *lead times* planejados, os tempos de operação e as taxas de utilização reflitam o que realmente acontece no chão de fábrica.

Nos casos em que é importante que o sistema de programação enxergue esses artifícios em detalhe, podem ser utilizados sistemas de programação finita, os quais são tratados no Capítulo 9.

8.2.5.1 Redução de tempos de fila e movimentação

Os *lead times* planejados, utilizados no planejamento de materiais e capacidade, consideram os seguintes componentes, mostrados na Figura 8.23: liberação da ordem, separação de material, fila, preparação (*set-up*), processamento, movimentação e inspeção. Os tempos de fila são estimados e normalmente não consideram um esforço extra de apressamento de uma determinada ordem. Os tempos de movimentação também consideram condições normais e podem ser reduzidos com esforço extra. Esses artifícios podem evitar que um recurso fique ocioso em virtude de o material que seria processado estar preso em filas e recursos de operações anteriores.

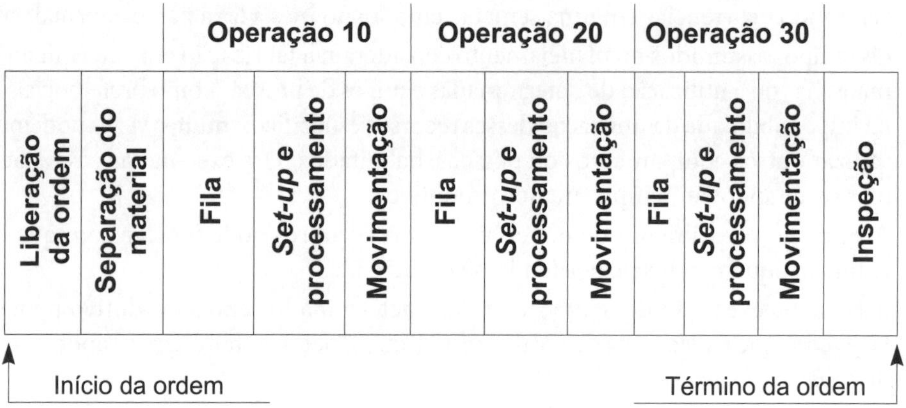

		Operação 10			Operação 20			Operação 30		
Liberação da ordem	Separação do material	Fila	*Set-up* e processamento	Movimentação	Fila	*Set-up* e processamento	Movimentação	Fila	*Set-up* e processamento	Movimentação	Inspeção

Início da ordem → Término da ordem

Figura 8.23 Componentes do *lead time* de fabricação.

8.2.5.2 *Overlapping*

O *overlapping* ou sobreposição de ordens consiste em movimentar as peças para a operação seguinte antes que o lote todo tenha sido processado em uma determinada operação, como mostrado no exemplo das quatro operações de uma ordem de produção da Figura 8.24. A desvantagem desse procedimento é que múltiplas movimentações devem ser feitas ao invés de esperar que todo o lote tenha sido movimentado. Além disso é necessário suporte documental extra, já que quando um lote se movimenta unido, uma só etiqueta de identificação (se este é o meio usado para fazer a identificação) é necessária. Se ele é dividido, digamos, em três sublotes superpostos, três etiquetas seriam então necessárias para que nenhum material permanecesse não identificado.

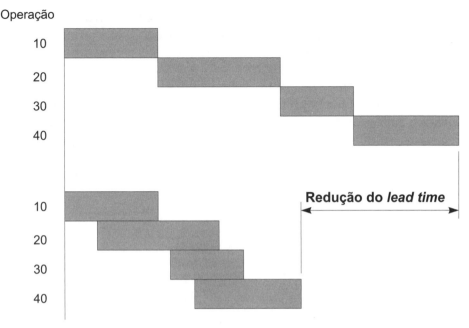

Figura 8.24 *Overlapping* de operações.

Splitting de ordens

Consiste da divisão da ordem em ordens menores, com o objetivo de liberar alguma quantidade de diversas ordens que estão competindo por um recurso, de forma a reduzir tempos de fila. A contrapartida de apressar a passagens de algumas peças do lote por meio do roteiro é executar uma quantidade maior de preparações de máquina, movimentações e manuseio de materiais. Consequentemente, esse procedimento é interessante nos casos em que haja capacidade ociosa no recurso, a qual pode ser gasta com preparações extras.

Splitting de operações

O *splitting* de operações consiste em dividir uma ordem para que seja processada em várias máquinas simultaneamente, reduzindo o tempo total de processamento. As desvantagens ficam por conta das várias preparações de máquinas, além da necessidade de vários conjuntos de ferramental.

Sequenciação de ordens

O tempo de *set-up* de equipamentos muitas vezes depende da sequência com a qual as ordens são programadas nas máquinas. No tingimento de tecidos, por exemplo, o tempo de preparação e lavagem dos equipamentos depende da sequência de cores, podendo variar de 15 minutos, entre duas cores claras ou duas cores escuras, até várias horas no caso de troca de cores claras para escuras ou vice-versa. A boa sequenciação pode melhorar a utilização da capacidade, enquanto que a existência de capacidade ociosa pode possibilitar o apressamento de uma determinada ordem, mesmo à custa de uma sequência inadequada.

Roteiros alternativos

É comum haver mais de um roteiro possível para fabricar um determinado componente e, embora vários roteiros possam ser cadastrados na maioria dos sistemas, o planejamento normalmente considera apenas um. Cabe, portanto, ao gerente de fábrica, na ocorrência de sobrecarga em determinados equipamentos e ociosidade em outros, desviar o roteiro de uma determinada ordem, ainda que o equipamento alternativo tenha, para aquela operação, uma produtividade menor que o equipamento preferencial.

Horas extras não planejadas

Embora indesejáveis, horas extras convocadas de última hora podem ser utilizadas para garantir o cumprimento do programa em determinadas situações. Seu uso indiscriminado pode significar problemas no planejamento que deveria ser capaz de prever sua necessidade.

8.3 RESUMO

- Esse capítulo explorou o conceito de planejamento de capacidade produtiva, que forma, ao lado do planejamento de materiais, um conjunto de atividades essenciais para a alcançar todos os benefícios de um sistema MRP II. O planejamento de capacidade é crítico para garantir um nível de capacidade adequado, permitindo que a empresa tenha um bom nível de serviço aos seus clientes e, ao mesmo tempo, não incorra nos custos de manter uma capacidade maior do que a necessária.
- No sistema MRP II, o planejamento de capacidade é feito de forma hierárquica. É dividido em quatro níveis que trabalham em paralelo com os níveis de planejamento de materiais, de acordo com o horizonte de planejamento.
- Para planejamento de longo prazo é utilizado o RRP (*resource requirements planning*), integrado à lógica do planejamento de vendas e operações (S&OP).
- O planejamento de capacidade de médio prazo é chamado de RCCP (*rough cut capacity planning*), trabalhando em conjunto com o planejamento mestre de produção (MPS).
- O planejamento de curto prazo é denominado de CRP (*capacity requirements planning*), utilizando-se como base o plano de materiais detalhado (MRP).
- Há ainda o planejamento de curtíssimo prazo, em que ocorrências imprevistas exigem soluções rápidas feitas fora do MRP II.

8.4 QUESTÕES E TÓPICOS PARA DISCUSSÃO

1. O MRP II é um sistema de planejamento hierárquico e esta lógica aparece também na forma com que ele lida com a capacidade produtiva. Explique essa afirmação e ilustre os vários níveis de tratamento de capacidade encontrado no MRP II.

2. Que horizonte você definiria para o tratamento de planejamento de capacidade de longo prazo para as seguintes operações (justifique cada uma):

   ■ CESP (Centrais Elétricas de São Paulo);

   ■ Usiminas;

   ■ Krupp (grande empresa de forjados industriais);

   ■ Dell (fábrica de computadores);

   ■ Natura (fábrica de cosméticos).

3. Que são fatores globais e quais poderiam ser usados para o planejamento de capacidade de longo prazo para as operações acima (use diferentes fatores globais para diferentes famílias de produtos, se necessário)?

4. Por que e quando (para que empresas) há a necessidade de tratarmos a capacidade no nível de RCCP (*rough-cut capacity planning*), além dos níveis de RRP e CRP?

5. O que é um recurso crítico? Como você identificaria os recursos críticos das seguintes operações:

   ■ uma linha montadora de veículos, como a da Ford;

   ■ uma fábrica complexa de aviões como a Embraer;

   ■ uma fábrica de ternos *prêt-à-porter*, como a Vila Romana.

6. Por que a técnica de planejamento de capacidade de "RRP" pode ser usada antes do MRP mas a técnica de CRP tem de ser usada depois do MRP?

7. Por que em algumas situações é mais importante que em outras termos uma excelente gestão de capacidade no curtíssimo prazo?

8. O que significa *split* e o que significa *overlapping* de ordens de produção?

9. Quais os fatores que fazem com que uma empresa necessite modelos mais sofisticados que aqueles que o MRP II original oferece para o planejamento e gestão de sua capacidade produtiva?

8.5 EXERCÍCIOS

Sugere-se a utilização de planilhas de cálculo do tipo Excel para resolver estes problemas, devido à quantidade de cálculos necessários.

1. Um setor produtivo de uma fábrica trabalhando em 2 turnos de 8 horas (5 dias por semana) levantou ao longo das últimas 8 semanas a quantidade de horas de indisponibilidade de sua capacidade produtiva e seus respectivos motivos:

Motivos de parada	Semana 1	Semana 2	Semana 3	Semana 4	Semana 5	Semana 6	Semana 7	Semana 8
Falta de energia elétrica	3		2			3		
Quebra	2	4,5		3	5		2	2
Falta de material			8			2		
Manutenção preventiva	4	4	4	4	4	4	4	4

a) Qual o percentual de indisponibilidade por paradas evitáveis?

b) Qual o percentual de indisponibilidade por paradas inevitáveis?

c) Qual o percentual da capacidade teórica ficou disponível efetivamente para utilização?

d) Qual quantidade de horas disponíveis para utilização você usaria no planejamento de capacidade futura deste setor?

e) Que outras ações você dispararia como gestor do setor?

2. Um setor de uma fábrica necessita fabricar 105 unidades por semana do produto A e 90 unidades do produto B. O produto A consome 4 horas de um trabalhador para ser feito, e o produto B consome 3 horas de um trabalhador. O setor trabalha em dois turnos de 8 horas, 6 dias por semana, mas o primeiro turno tem 10 trabalhadores e o segundo turno apenas 5 trabalhadores. Todos os trabalhadores são polivalentes. O percentual da capacidade total teórica que é historicamente disponível para produção é de 90%.

a) O setor tem capacidade suficiente para produzir todos os produtos A e B necessários?

b) Qual a ociosidade ou falta de capacidade do setor, por semana?

c) Quantos trabalhadores poderiam ser dispensados (se houver ociosidade) ou deveriam ser contratados (se houver falta)?

3. Um setor produtivo tem dois processos sequenciais, processo X e processo Y. O setor faz apenas um produto, produto XPTO, que é processado no processo X e depois no processo Y. O processo X tem capacidade de processar 1.500 unidades de XPTO por dia. O processo Y tem a capacidade de processar 1.600 unidades de XPTO por dia. Quantos produtos XPTO completos o setor produtivo consegue fazer por dia, quando a produção está em regime?

4. Imagine que a empresa farmacêutica Farmat tem duas linhas de produtos: "Vitaminas" (VI), consistindo de dois complexos vitamínicos: VI-M e VI-H, específicos para mulheres (VI-M), que representa 60% da família VI em unidades e para homens (VI-H); e "Complementos alimentares" (CA), consistindo de dois produtos, um para adultos com problemas de nutrição (CA-A), representando 30% da família CA em unidades, e um para crianças (CA-C). A empresa tem 3

CAP. 8 ■ CRP: PLANEJAMENTO DE CAPACIDADE DOS RECURSOS PRODUTIVOS | **335**

setores produtivos: setor de "Mistura" de componentes, setor de "Formação" das drágeas e setor de "Embalagem".

Os fatores globais de utilização de recursos para as famílias VI e CA são mostrados na figura a seguir (dados em horas por milhares de unidades – frascos – produzidas).

	VI-M	VI-H	CA-A	CA-C
Mistura	1,8	1,9	2,3	3,2
Formação	2,0	2,1	0,8	1,6
Embalagem	1,5	1,5	2,2	2,0

A Farmat tem o seguinte plano de produção de longo prazo (em milhares de unidades – frascos) para o ano que entra:

	Jan.	Fev.	Mar.	Abr.	Maio	Jun.	Jul.	Ago.	Set.	Out.	Nov.	Dez.
Família VI	150	130	110	100	105	105	110	140	150	150	150	140
Família CA	100	100	180	110	110	130	150	150	120	100	130	140

Considere que os vários setores trabalhem 2 turnos, 7 dias por semana (não se esqueça de que os meses têm diferentes números de dias trabalhados), dependendo de ser fevereiro (28 dias) ou meses que tenham 30 ou 31 dias. Considere para este exercício apenas os feriados de 1º de janeiro, 1º de maio, 7 de setembro e 25 de dezembro. Considere também que a Mistura trabalha com 96%, a Formação com 95% e a Embalagem com 93% de disponibilidade efetivamente utilizável para o trabalho.

a) Estime os fatores globais de utilização (em horas por milhares de frascos) médias para as famílias VI e CA.

b) Calcule a quantidade de horas disponíveis hoje para os diferentes setores produtivos.

c) Calcule a necessidade de capacidade (em horas) produtiva para que a Farmat possa cumprir seu plano de produção de longo prazo.

d) Analise o perfil de utilização de capacidade do plano de produção atual comparado com as horas planejadas de capacidade disponível e tire suas conclusões.

e) Formule alternativas de solução para os eventuais problemas encontrados.

5. Na empresa ilustrada no Exercício 1, imagine que uma alteração de projeto nos produtos da linha CA, inclusive embalagem (dentro da lógica de *design for manufacturability*, ou "projeto para a facilidade de manufatura"), reduziu os tempos necessários nas suas etapas de produção em 30%.

a) Calcule os novos fatores de utilização.

b) Verifique o impacto dessa alteração para as necessidades de capacidade da empresa para o ano em planejamento.

c) Imagine que, além dessa alteração, um fornecedor tenha desenvolvido uma nova tecnologia para o setor de mistura que aumenta sua produtividade (reduz os tempos necessários para produzir mil frascos) em 15%. Você considera que vale a pena adotar essa nova tecnologia?

6. Imagine que para o plano de produção descrito no Exercício 1, os primeiros três meses de produção estejam agora sendo quebrados em semanas, na geração do MPS. Considere, entretanto, que o *mix* de produtos mudou, pois na família de produtos VI, o VI-H aumentou sua participação para 50% e na família de produtos CA, o CA-A agora é responsável por 40% da produção. Imagine que o perfil de distribuição da produção considere uma produção nivelada ao longo das 4 semanas de cada mês.

Considere também que os seguintes recursos críticos ("engargaláveis") foram identificados:

- Tanque de Mistura T (usada para pré-mistura de todos os produtos).
- Máquina de Embalagem E (usada para os produtos da família de CA).

Os perfis de recursos para ambos encontram-se a seguir.

Produto VI-M		Antecedência (*offset*)
Recursos críticos	Horas	
Tanque T	1,8	1 semana

Produto CA-A		Antecedência (*offset*)
Recursos críticos	Horas	
Tanque T	2,3	1 semana
Máquina E	2,20	0 semana

Produto VI-H		Antecedência (*offset*)
Recursos críticos	Horas	
Tanque T	1,9	1 semana

Produto CA-C		Antecedência (*offset*)
Recursos críticos	Horas	
Tanque T	3,2	1 semana
Máquina E	2,0	0 semana

a) Calcule as necessidades de capacidade de médio prazo para o MPS da Farmat para as primeiras 12 semanas.

b) Calcule a disponibilidade de capacidade dos recursos críticos.

c) Analise eventuais problemas de capacidade de médio prazo e sugira soluções.

8.6 EXERCÍCIOS COM PLANILHA SIMULADORA DE MRP II – CASO POLITRON

Neste capítulo, utilizaremos o caso Politron para fazer exercícios sobre CRP simulando a lógica de um sistema MRP II. Cada exercício trará instruções para uso e preenchimento dos dados nas planilhas.

O caso Politron e os exercícios estão disponíveis como Material Suplementar deste livro no *site* do GEN: www.grupogen.com.br.

CAPÍTULO 9

Shop Floor Control (SFC), *Manufacturing Execution Systems* (MES) e sistema de programação da produção com capacidade finita

OBJETIVOS DE APRENDIZAGEM

Ao final deste capítulo, o aluno deverá ser capaz de:

- Entender quando a utilização de sistemas MES/SFC é recomendada como complemento a um sistema MRP II.
- Descrever as funcionalidades e a lógica de funcionamento de sistemas MES/SFC, e o impacto na gestão do chão de fábrica.
- Entender quando a utilização de sistemas de programação da produção com capacidade finita é recomendada.

- Identificar os principais fatores que levam à utilização de um sistema de programação de produção com capacidade finita, em horizonte de planejamento de curto prazo.

- Descrever as características e princípios do OPT – *Optimized Production Technology*, um sistema de programação de produção com capacidade finita baseado na Teoria das Restrições.

- Compreender as lógicas de funcionamento do OPT e as vantagens, limitações e impacto da implantação de um sistema do tipo OPT.

9.1 INTRODUÇÃO

De acordo com a *Manufacturing Execution System Association* (MESA International, disponível em: <www.mesa.org>), um *Manufacturing Execution System* (que aqui passaremos a denominar "sistema de execução e controle da fábrica" ou simplesmente MES) é um sistema de chão de fábrica orientado para a melhoria de desempenho que complementa e aperfeiçoa os sistemas integrados de gestão (planejamento e controle) da produção. Como esse tipo de sistema era tradicionalmente denominado SFC, tratamos os dois termos, SFC e MES, intercambiavelmente neste texto.

9.2 CONCEITOS

9.2.1 MES (*manufacturing execution system*) / SFC (*shop floor control*)

O que é o MES/SFC

Na visão dessa associação (MESA), os sistemas MES destinam-se a aumentar a dinâmica dos sistemas de planejamento da produção (do tipo MRP II, por exemplo) que não seriam capazes de lidar com aspectos como o andamento de uma ordem enquanto esta está em progresso e com restrições de capacidade de curtíssimo prazo. Um MES coleta e acumula informações do realizado no chão de fábrica e as realimenta para o sistema de planejamento. Essencialmente, o MES faz a ligação entre o sistema de planejamento e a fábrica em si. O MES/SFC cumpre dois papéis. Um é aquele de controlar a produção; em outras palavras, considera o que efetivamente foi produzido e como foi produzido e permite comparações com o que estava planejado ser produzido para, em caso de não coincidência, permitir o disparo de ações corretivas. O outro papel é de liberar as ordens de produção, tendo a preocupação de detalhar a decisão de programação da produção definida pelo MRP (que, como foi discutido em capítulos anteriores, trabalha com o nível de "em quais períodos de planejamento as coisas devem ocorrer", não entrando no detalhe de "o que ocorre dentro dos períodos em si" – veja o Capítulo 3 para detalhes).

O MES tem a preocupação de garantir que o plano definido pelo MRP seja cumprido. Para isso, muitas vezes, é necessário que na decisão de sequenciamento da produção (que se refere a qual a sequência será adotada na execução das diversas ordens de produção), dentro de um período, cuidados sejam tomados para que uma programação inteligente seja feita (nos casos, por exemplo, em que o tempo de preparação total varie conforme a sequência em que as ordens são feitas, o próprio nível de capacidade produtiva necessária para cumprir o programa pode variar conforme a eficiência do programa que estabelecemos). O MES, portanto, cumpre a tarefa de detalhar os planos do MRP II em programas, *dentro* dos períodos de produção, muitas vezes tendo, para isso, que considerar variáveis em quantidades muito maiores que aquelas consideradas pelo MRP II – muitas vezes para garantir que o plano do MRP II é factível, uma atenção detalhada deve ser dada para a questão de alocação dos recursos. Por exemplo, às vezes, determinada produção requer que uma determinada máquina e uma determinada matriz estejam disponíveis simultaneamente, para que determinados níveis de produtividade (considerados pelo CRP – veja o Capítulo 8) sejam atingidos. Caso não consigamos um programa que garanta uma boa alocação, ou a produção não poderá ser feita ou a quantidade de capacidade necessária na realidade será muito diferente daquela considerada em níveis anteriores de planejamento do MRP II. Isso significa, portanto, que os planos do MRP II podem não ser cumpridos e, portanto, problemas de atrasos poderão ocorrer.

Importância do MES/SFC

Independentemente de quão bom é o planejamento feito, a realidade nem sempre ocorre conforme o que foi planejado. De fato, o foco principal dos sistemas tradicionais de MRP II/ERP é o planejamento e a contabilização – adquirir e manufaturar os materiais necessários na fábrica quando necessário, nas quantidades necessárias, baseado em previsões de demanda. Erros de previsão, problemas de qualidade, gargalos de capacidade, quebras, falhas de comunicação e ineficiências várias podem prejudicar os melhores planos, fazendo a produção sofrer em seu desempenho. Os ERPs, em geral, não conseguem "enxergar" esses problemas antes que eles já tenham ocorrido e nem sempre suprem as necessidades da organização quanto a informações de prevenção e correção. Por exemplo, o ERP pode reportar o problema de um lote ser refugado por qualidade inferior. Esse problema poderia ter sido o resultado de muitos fatores – qualidade ruim dos materiais ou materiais mal identificados, pessoal mal treinado, resultados incorretos de testes de laboratório, preparação errada do equipamento, entre outros. Todos esses possíveis motivos ficam completamente fora das considerações, por exemplo, dos módulos de planejamento do MRP II. O MES/SFC complementa, portanto, os recursos de planejamento do MRP II, suprindo o planejador de informações coordenadas e detalhadas dos eventos no chão de fábrica, na medida em que ocorrem. A importância do MES/SFC, portanto, desdobra-se em vários aspectos:

- *Controle* – o módulo de MES/SFC é responsável pela realimentação do que foi realizado para que comparações com o que foi planejado possam ser feitas e ações corretivas em caso de não conformidade possam ser tomadas. É com este módulo também que as ordens de produção podem ser rastreadas e gerenciadas durante sua execução (ao longo das várias operações pelas quais tenha de passar). O MRP II, na verdade, só reconhece que a ordem está em curso ou não em curso. Se está em curso, é o SFC/MES que permitirá acompanhar exatamente em que ponto se encontra.

- *Liberação e alocação* – quando usamos MRP II, o plano de produção sugerido parte de certos pressupostos (como índices definidos *a priori* de produtividade ou de eficiência no processo de alocação de recursos) que devem ser garantidos para que de fato o plano sugerido seja viável em termos de capacidade e materiais. Um bom processo de liberação de ordens e alocação de recursos deve ser feito (sendo isso de responsabilidade do MES) para que esses pressupostos tenham maior probabilidade de ocorrer na realidade.

Funcionalidades do SFC/MES

As funcionalidades principais dos módulos referentes a SFC/MES dos sistemas ERP de hoje incluem:

- gerência dos lotes de produção;
- gestão detalhada de recursos incluindo sequenciamento, liberação, monitoramento de equipamentos;
- alocação e coordenação de recursos humanos e ferramental;
- instruções de trabalho;
- rastreabilidade.

Nível de decisão do MES

O nível de decisão do MES é de fato o mais baixo do processo do MRP II. Isso significa que a programação mais detalhada, aquela feita no âmbito de operações, sequências de ordens dentro de um período de planejamento, é de responsabilidade do MES. De fato, o MES é responsável pela interface entre o sistema de planejamento e a fábrica.

Trade-off burocracia *vs.* controle no MES/SFC

Conforme enfatizamos em seções anteriores deste capítulo, é no nível do MES/SFC que podemos rastrear e gerenciar as ordens de produção durante seu curso. Entretanto, para que saibamos com precisão em que ponto se encontra uma ordem de produção, por exemplo, das várias operações pelas quais tenha de passar, é necessário que haja pontos de controle entre cada par dessas operações. Isso exige que mais pontos de controle sejam inseridos ao longo do processo, com o potencial de ser também inserido um nível excessivo de atividades burocráticas e não agregadoras de valor ao longo do processo. Burocratizar mais ou menos é uma decisão gerencial que deve, como todas, levar em conta os custos e benefícios envolvidos. Os custos dos pontos de controle são influenciados pelo número de pontos de controle e pelo grau de automação no processo de coleta de informações, entre outros fatores. Os benefícios são, por outro lado, influenciados pelo valor que a informação detalhada, decorrente do controle aumentado, traz, por exemplo, em termos de importância que os clientes (internos e externos) dão para esse tipo de informação.

Visão "dentro" da ordem de produção – controle detalhado

Quando dizemos que o SFC/MES possibilita que acompanhemos, rastreemos e gerenciemos uma ordem durante seu curso, o que queremos dizer é que, em termos do MRP II, as transações consideradas são de alguns tipos:

- material sendo transferido de um local de armazenagem para outro;
- material sendo transferido de um local de armazenagem para uma ordem de produção;
- material sendo transferido de uma ordem de produção para um local de armazenagem;
- material sendo transferido de uma ordem de produção para outra ordem de produção;
- baixa de material a partir de um local de armazenagem;
- baixa de material a partir de uma ordem de produção.

Isso pode ser visto pela representação da Figura 9.1.

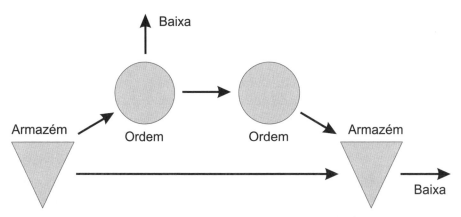

Figura 9.1 Transações suportadas pelo módulo MRP.

Os sistemas MRP II/ERP são feitos assim para que nunca, do ponto de vista do MRP, uma quantidade de material fique "no limbo" – se saiu de algum lugar deve ter ido para outro lugar e o sistema exige que lhe seja informado que lugar é esse ou que destino o material teve. Também significa que, do ponto de vista do MRP, ou uma ordem de produção está em curso ou não está em curso. O que aconteceu em detalhe com o material enquanto este estava alocado a uma ordem não é acompanhado pelo MRP. Entretanto, às vezes, uma ordem de produção passa por numerosas operações, em numerosos centros produtivos. Quando uma empresa tem interesse de saber, num nível absolutamente detalhado, o que ocorreu com os materiais envolvidos enquanto uma ordem de produção estava aberta, terá de usar, adicionalmente ao módulo de MRP, o módulo de SFC/MES.

Função de liberação das ordens de produção

A função de liberação de ordens de produção, dentro do MES/SFC, refere-se a "abrir as ordens" de produção que o módulo MRP sugeriu. Para isso, é necessário que o planejador se certifique de que todos os materiais, ferramentas, mão de obra necessários à execução da ordem estejam efetivamente disponíveis. Uma vez certo da disponibilidade efetiva dos recursos, o planejador libera efetivamente a ordem, mudando seu *status* de ordem planejada para ordem aberta. Em geral de forma automática, nesse ponto o sistema "empenhará" ou reservará os materiais para que não sejam considerados mais disponíveis, mesmo que ainda estejam fisicamente no armazém. Além disso, quando decidimos centralizar a decisão de sequenciamento das ordens em um centro de trabalho, ou seja, não deixar essa decisão para o operador do equipamento, é também no âmbito do MES/SFC que fazemos a decisão de em qual sequência, dentro de um período de planejamento, devem ser executadas as ordens de produção.

Quem necessita de sistemas sofisticados de MES/SFC

Em termos práticos, alguns sistemas produtivos, em geral, necessitam de sistemas mais sofisticados de MES/SFC, pois têm problemas sofisticados no chão de fábrica. Exemplos:

- matrizarias (fábricas de matrizes para injeção e sopro de plástico, forjarias, entre outros), que trabalham com produtos *one off*, feitos apenas uma vez, com roteiros muito variados, tempos difíceis de prever, necessidade de disponibilidade simultânea de matrizes e máquinas, requerendo soluções complexas do sistema de alocação de recursos;
- tinturarias complexas;
- litografias complexas;
- gráficas complexas;
- empresas que trabalham sob encomenda como fabricantes de embalagens e máquinas especiais;

- algumas manufaturas de alimentos e medicamentos (quando envolvemos possibilidade de contaminação de um produto por outro, por exemplo, acarretando problemas de matriz de *set-up* – tempos de preparação diferentes conforme que par de produtos estão envolvidos na troca de máquina).

MES e sistemas de programação com capacidade finita

Nos casos em que estamos usando o MRP II/ERP para gerenciar uma situação de chão de fábrica muito complexa em que tenhamos que considerar muitas variáveis para a tomada de decisões nos níveis de MES/SFC, por exemplo, a existência de matrizes de *set-up*, ocorrências frequentes de *split* ou *overlapping* de ordens (veja o Capítulo 8 para definições desses termos) ou outros, suporte adicional normalmente é necessário e a tendência parece ser que este suporte seja dado por *sistemas de programação da produção com capacidade finita* que, dessa forma, substituem pelo menos parte dos módulos MES/SFC do MRP II/ERP.

SAIBA MAIS

Recentemente, uma fabricante de cervejas com presença em mais de 130 países decidiu implantar sistema MES/SFC em cada uma de suas dezenas de fábricas. Uma das dificuldades enfrentadas pela alta gestão era a impossibilidade de comparação entre as fábricas: cada uma operava com um sistema distinto, e as informações não eram comparáveis. Além disso, as fábricas dedicadas à produção de diferentes tipos de cerveja tinham tempos elevados de *set-up* e limpeza de equipamentos.

O plano era integrar o sistema MES/SFC ao seu sistema ERP, de modo a estruturar os processos de fabricação da cerveja, de enchimento das embalagens (garrafas e latas) e de embalagem final (colocar em embalagens múltiplas, por exemplo, com 6 garrafas de 350 ml).

Com a implantação, a empresa conseguiu otimizar seus processos, melhorando o seu resultado final. Houve um aumento das vendas de 2%, graças à melhor resposta à demanda. Além disso, o tempo de inatividade das linhas de produção reduziu-se de 19% para 7%.

9.2.2 Sistemas de programação da produção com capacidade finita[1]

Conforme discutido no Capítulo 1, as decisões do sistema de administração da produção ocorrem em diferentes horizontes de tempo, têm diferentes períodos de replanejamento, bem como consideram diferentes níveis de agregação da informação. Estas decisões são usualmente classificadas em três níveis – planejamento de longo, médio e curto prazo – e controle. Esse conceito está relacionado ao denominado

---

[1] Esta seção é, em grande parte, baseado em PEDROSO, M. C., CORRÊA, H. L. Sistemas de programação da produção com capacidade finita: uma decisão estratégica? *Revista de Administração de Empresas da Fundação Getulio Vargas*, v. 36, nº 4, São Paulo, 1997.

planejamento hierárquico da produção, uma metodologia que propõe decompor o "problema" de planejamento da produção em subproblemas menores, resolvendo-os sequencialmente – do maior horizonte de tempo para o menor – e iterativamente – as decisões nas hierarquias superiores são restrições aos problemas seguintes, bem como são realimentadas por esses.

Dessa forma, as decisões relacionadas aos três níveis de planejamento e à função controle estão intrinsecamente inter-relacionadas, o que implica que um sistema de administração deve ser projetado considerando este conjunto de decisões, bem como a importância relativa de cada nível de decisão dentro do contexto particular da cada empresa.

A programação da produção aborda o planejamento de curto prazo. Basicamente, a programação da produção consiste em decidir quais atividades produtivas (ou ordens/instruções de trabalho) detalhadas devem ser realizadas, quando (momento de início ou prioridade na fila) e com quais recursos (matérias-primas, máquinas, operadores, ferramentas, entre outros) para atender à demanda, informada através das decisões do plano-mestre de produção (MPS) ou diretamente da carteira de pedidos dos clientes (veja a Figura 9.2). Esse conjunto de decisões, conforme o tipo de sistema produtivo, pode ser dos mais complexos dentro da área de administração da produção.

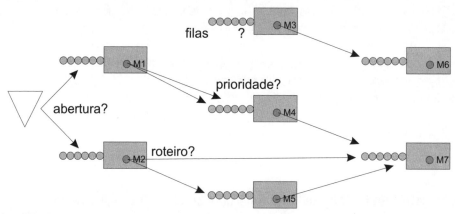

Figura 9.2 Esquema simplificado das variáveis de decisão ou programação detalhada da produção.

Isso se deve principalmente ao volume de diferentes variáveis que podem estar envolvidas e sua capacidade de influenciar os diferentes e, às vezes, conflitantes objetivos de desempenho do sistema de administração da produção. Assim, as decisões decorrentes da programação da produção tornam-se um problema combinatório de tal ordem que soluções intuitivas são inadequadas pelas limitações humanas de administrar informações.

Para exemplificar, podemos citar algumas das diversas possibilidades e restrições que contribuem para tornar o problema de programação da produção mais complexo.

Evidentemente, diferentes sistemas de produção têm a presença desses fatores em diferentes graus, tornando-se assim mais ou menos complexos conforme os fatores estejam mais ou menos presentes.

Em termos de ordens:

- as ordens de produção apresentam datas de entrega diferentes;
- cada ordem, geralmente, está em um estado diferente de realização;
- as ordens podem apresentar *set-up* com tempos e atividades variáveis, em função da ordem anterior;
- cada ordem pode ter roteiros alternativos, dependendo das características tecnológicas dos equipamentos;
- os roteiros alternativos podem ter produtividade diferente;
- cada ordem pode eventualmente ser feita em máquinas alternativas com efi ciências diferentes;
- as ordens podem ser de clientes com importância relativa diferente;
- as ordens podem necessitar de reprogramações frequentes, tanto em função dos clientes (alterações nas quantidades e nos prazos de entrega) quanto de ocorrências não previstas quanto aos recursos ou às operações.

Em termos de recursos:

- máquinas quebram, bem como demandam manutenção;
- matérias-primas podem não estar sempre e confiavelmente disponíveis;
- ferramentas podem não estar disponíveis;
- funcionários podem faltar.

Em termos de operações:

- problemas relacionados à qualidade geralmente ocorrem, requerendo retrabalhos;
- as operações podem ter tempos de perecibilidade;
- operações podem demandar tempo de pós-produção (cura, secagem etc.);
- operações podem ter restrições para a definição de tamanhos de lote;
- operações podem ser feitas em recursos gargalo, demandando máxima utilização.
- operações podem demandar a disponibilidade simultânea de diversos recursos, por exemplo, uma determinada máquina trabalhando com determinada ferramenta ou com determinado operador especializado.

Nesse contexto, visando apoiar as decisões no âmbito da programação da produção (e, em alguns casos, na geração do plano-mestre de produção), foram desenvolvidos os sistemas de programação da produção com capacidade finita. Esses sistemas têm a característica principal de considerar a capacidade produtiva e as características tecnológicas do sistema produtivo como uma restrição *a priori* para a tomada de decisão de programação, buscando garantir que o programa de produção resultante seja viável, ou seja, caiba dentro da capacidade disponível.

Nesse ponto é importante relembrar que o sistema MRP II sozinho tem recursos limitados para lidar com ambientes produtivos que apresentem grau de complexidade alta em termos de sua programação detalhada de fábrica: além de considerar, em cada nível, a capacidade como um recurso infinito enquanto gera sua programação, no sistema MRP II, os *lead times* são considerados "fixos" em relação à conjuntura da fábrica (esteja a fábrica congestionada ou não, o MRP II considera os mesmos *lead times* de produção, por exemplo) e assumidos *a priori*, não há a possibilidade de consideração de tempo de *set-up* dependente da operação anterior, não há apoio automático à divisão de lote (quando, por exemplo, é conveniente usar dois equipamentos para manufaturar uma mesma ordem e assim reduzir o tempo de processamento total) ou ao *overlapping* de operações (quando um lote é dividido e transportado em frações para a operação posterior, para reduzir tempos de atravessamento).

Nos sistemas de programação da produção com capacidade finita, alguns baseados na lógica de simulação e outros em algoritmos sofisticados e inteligência artificial (e que, portanto, permitem modelagens mais sofisticadas do problema de programação), o usuário:

- modela o sistema produtivo – por exemplo: máquinas, mão de obra, ferramentas, calendário, turnos de trabalho – e informa os roteiros de fabricação, as velocidades de operação, as restrições tecnológicas, os tempos de *set-up* e a respectiva matriz de dependência;
- informa a demanda – determinada pelo plano-mestre de produção, pela carteira de pedidos ou por previsão de vendas, bem como as alterações ocorridas –, por exemplo, mudanças nas quantidades ou nos prazos de entrega;
- informa as condições reais do sistema produtivo num determinado momento – por exemplo, matéria-prima disponível, situação de máquinas, manutenções programadas, situação corrente de ordens, filas existentes aguardando processamento; e
- modela alguns parâmetros para a tomada de decisões – por exemplo, define algumas regras de liberação (regras que definem as prioridades a serem obedecidas no sequenciamento das ordens nas filas aguardando processamento nos recursos) ou pondera determinados objetivos a serem atingidos.

De modo que o programa de produção resultante atenda às condições particulares do sistema produtivo modelado, ou seja, do chão de fábrica, e busque maximizar os múltiplos e possivelmente conflitantes objetivos de desempenho do sistema de administração da produção. A Figura 9.3 representa o ambiente em que esse sistema opera.

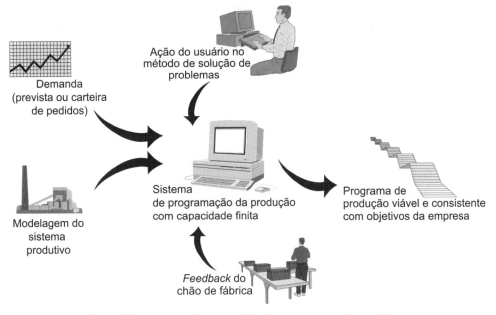

Figura 9.3 Representação esquemática do funcionamento de um sistema de programação da produção com capacidade finita.

Alguns dos principais fatores que podem ser apontados como impulsionadores do *boom* no desenvolvimento desses sistemas são:

- as limitações dos sistemas MRP II em gerar programas de produção viáveis para sistemas produtivos cuja gestão de chão de fábrica seja muito complexa. Entre outras coisas, isto ocorre pelo fato de o MRP II utilizar o conceito de capacidade infinita, ou seja, não considerar as características tecnológicas e a capacidade do sistema produtivo como limitações para a programação da produção enquanto gera o programa, apenas apontando as inviabilidades em termos de utilização da capacidade *a posteriori* (conforme fica claro pela descrição da lógica do MRP II, no Capítulo 4);

- a busca de competitividade pelas empresas, aliada ao melhor entendimento das implicações das decisões resultantes do sistema de administração da produção e, particularmente, da programação da produção, na estratégia de manufatura das empresas;

- o desenvolvimento das técnicas de simulação e de algoritmos baseados em inteligência artificial (tais como *beam search, simulated annealing, genetic algorithm* e *tabu search*), disponibilizados como ferramentas práticas aplicadas ao problema da programação da produção;[2]

---

[2] Para detalhes sobre a metodologia de resolução dos problemas da programação da produção, veja Morton e Pentico (1993).

- o crescente desenvolvimento dos equipamentos (*hardware*), que passou a permitir a resolução do problema da programação da produção a partir das técnicas citadas em tempos viáveis na prática, fato impossível no passado devido ao grande volume de informações que necessitam ser processadas.

9.2.2.1 Exemplo de um dos primeiros sistemas comerciais de programação da produção com capacidade finita: o OPT/TdR (*Optimized Production Technology*)[3]

INTRODUÇÃO

À guisa de ilustração, esta seção tem a intenção de apresentar um sistema de programação da produção com capacidade finita, o OPT, sigla para *Optimized Production Technology* – uma técnica de gestão de produção desenvolvida por um grupo de pesquisadores israelenses, do qual fazia parte o físico Eliyahu Goldratt, que acabou por ser o principal divulgador de seus princípios. É importante que se esclareça, em primeiro lugar, que, apesar de o nome pelo qual a técnica ficou conhecida sugerir que se trate de um método otimizante (a tradução do significado seria algo como "Tecnologia de Produção Otimizada"), o OPT não é uma técnica otimizante no sentido científico do termo. Nada garante que, pela sua aplicação, atinjam-se soluções ótimas, já que a técnica é baseada em uma série de procedimentos heurísticos, muitos dos quais os proprietários dos direitos de exploração do sistema nem mesmo tornaram públicos até o momento.

O OPT, ao contrário do MRP II, não é uma técnica que já tenha caído no domínio público e qualquer empresa que decida adotá-lo deverá fazê-lo por meio das empresas (uma nos Estados Unidos e uma na Inglaterra) que detêm os direitos de explorá-lo comercialmente.

A técnica para uso completo, a exemplo do MRP II, é baseada no uso de *software*, já que considera um número considerável de variáveis. Entretanto, seus princípios diferem bastante dos princípios sobre os quais o MRP II se baseia e podem ser bastante úteis para um gestor, independentemente do uso ou não de *software*.

SAIBA MAIS
Eliyahu M. Goldratt (1948-2011) foi um físico israelense, consultor em administração e um dos proponentes da Teoria das Restrições, base do sistema OPT. O seu livro *A meta: um processo de melhoria contínua*, lançado em 1984 em parceria com Jeff Cox, tem mais de 2 milhões de cópias vendidas. É um romance em que um dos personagens explica a teoria das restrições (TdR) utilizando exemplos práticos, o que facilita o entendimento das ideias dessa teoria.

---

[3] Baseado na Teoria das Restrições (Goldratt, 1984).

OBJETIVOS

A abordagem OPT/TdR advoga que o objetivo básico das empresas é "ganhar dinheiro". Considera também que a manufatura deve contribuir com esse objetivo básico por meio da atuação sobre três elementos: fluxo de materiais passando através da fábrica (*throughput*), estoques (*inventory*) e despesas operacionais (*operating expenses*).

Segundo o OPT/TdR, para a empresa ganhar mais dinheiro, é necessário que, no nível da fábrica, aumente-se o *fluxo* e simultaneamente se reduzam o *estoque* e as *despesas operacionais*. Esses termos devem ser definidos para que se evite confusão com seus significados mais usuais. Segundo a abordagem do OPT/TdR:

- *Fluxo (throughput)*: é a taxa segundo a qual o sistema gera dinheiro por meio da venda de seus produtos. Deve-se notar que fluxo se refere ao fluxo de produtos vendidos. Os produtos feitos mas não vendidos ainda são classificados como estoques.

- *Estoque (inventory)*: quantificado pelo dinheiro que a empresa empregou nos bens que pretende vender. Refere-se ao valor apenas das matérias-primas envolvidas. Não se inclui o "valor adicionado" ou o "conteúdo do trabalho". O tradicional "valor adicionado" pelo trabalho inclui-se nas despesas operacionais.

- *Despesas operacionais (operating expenses)*: o dinheiro que o sistema gasta para transformar estoque em fluxo.

Os defensores do OPT/TdR argumentam que, se uma empresa atingir simultaneamente os objetivos de aumentar o fluxo, reduzir o estoque e reduzir a despesa operacional, estará também automaticamente melhorando seu desempenho nos objetivos de aumentar o lucro líquido, o retorno sobre investimento e o fluxo de caixa.

Haveria vantagens de se adotarem os objetivos referentes a fluxo, estoque e despesas operacionais, em vez dos tradicionais lucro líquido, retorno sobre o investimento e fluxo de caixa. Seria mais fácil, para as pessoas ligadas à manufatura, associarem suas ações e decisões aos novos objetivos do que associá-los aos objetivos tradicionais, podendo, dessa forma, tomar melhores decisões, para atingir o objetivo supra "ganhar dinheiro" para a empresa.

A fim de maximizar o atingimento desse objetivo, o sistema OPT/TdR questiona e nega alguns pressupostos que a administração de produção tradicional tem considerado como postulados, principalmente em relação ao aspecto programação de atividades. Basicamente, o OPT/TdR considera que há quatro áreas – tipos de recurso, preparação de máquina, tamanho de lotes e efeitos das incertezas – que mereceriam ser repensadas. Essas quatro áreas são discutidas a seguir.

FILOSOFIA E PRESSUPOSTOS POR TRÁS DO OPT/TDR

Tipos de recurso

Para programar as atividades adequadamente, de modo a permitir o atingimento dos objetivos já mencionados, o OPT/TdR considera que primeiro é necessário entender muito bem o inter-relacionamento entre dois tipos de recursos que estão normalmente presentes em todas as fábricas: os recursos gargalos e os recursos não gargalos. Os recursos podem aqui ser entendidos como qualquer elemento necessário à produção de um produto, como pessoas, equipamentos, dispositivos, instrumentos de medição, espaço etc. Considere um recurso gargalo X e assuma que o total de toda a demanda do mercado reflete numa utilização desse recurso em 200 horas por mês. Como se trata de um recurso gargalo, considere ainda que essa demanda é exatamente igual à disponibilidade desse recurso, que, portanto, também é igual a 200 horas por mês. O recurso gargalo, por definição, fica ocupado durante todo o tempo de sua disponibilidade. Considere agora um outro recurso Y, não gargalo, com as demandas do mercado exigindo dele uma ocupação de 150 horas por mês, sendo que ele também, a exemplo do recurso X, tem uma disponibilidade de 200 horas por mês.

Analisemos agora quatro tipos possíveis de relacionamento entre esses dois recursos – o recurso gargalo e o recurso não gargalo (veja a Figura 9.4).

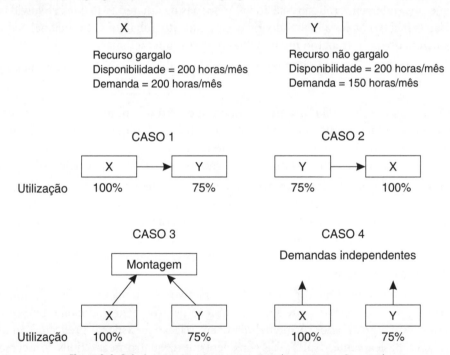

Figura 9.4 Relacionamento entre recursos gargalo e recursos não gargalo.

Caso 1. Toda a produção flui do recurso X para o recurso Y. Nessa situação, pode-se utilizar totalmente o recurso X (100%), mas só se pode utilizar o recurso Y em 75% do tempo. O recurso X, por ser gargalo, não consegue produzir suficientemente para manter Y trabalhando todo o tempo.

Caso 2. Toda a produção flui de Y para X. Novamente, pode-se utilizar o recurso X 100% do tempo e, se houver matéria-prima suficiente, pode-se ativar Y 100% do tempo também. Entretanto, lembrando que um dos objetivos do OPT/TdR é simultaneamente aumentar o fluxo e reduzir estoque e despesas operacionais, conclui-se que Y só deveria ser ativado 75% do tempo, pois ativar Y mais do que 75% do tempo implicaria a formação de estoque em processo entre o recurso Y e o recurso X, sem ter aumentado o fluxo, limitado pelo gargalo (X). Nessa situação, dentro da óptica do OPT/TdR, a ativação do recurso Y por mais do que os 75% do tempo não deveria ser chamada *utilização* (mas apenas *ativação*) do recurso Y, pois essa ação estaria afastando o sistema da consecução de seus objetivos.

Caso 3. Os recursos X e Y, em vez de alimentarem um ao outro, alimentam uma montagem que se utiliza das partes processadas em ambos. Novamente, o recurso X pode ser utilizado em 100% do tempo. Entretanto, se o recurso Y for ativado por mais do que 75% do tempo, estoque se acumulará antes da montagem, já que esta estará também limitada pela capacidade de produção do recurso gargalo X. Portanto, o recurso Y deve, nessa situação também, segundo o OPT/TdR, ser ativado só em 75% de seu tempo disponível.

Caso 4. Os recursos X e Y não alimentam um ao outro e nem alimentam uma montagem comum, mas alimentam demandas de mercado completamente independentes. Uma vez mais, o recurso X pode ser utilizado 100% do tempo, mas o recurso Y só pode ser utilizado 75% do tempo sob pena de acumular estoques de produtos acabados, já que a demanda continua limitada e, para atendê-la, a utilização do recurso Y por apenas 75% (150 horas por mês) do tempo é suficiente.

As muitas outras formas de relacionamento entre recursos gargalo e entre recursos não gargalo podem ser descritas por combinações das quatro situações anteriores.

Como consequência do que foi descrito, alguns dos princípios do OPT/TdR podem ser anunciados:

> 1. Balanceie o fluxo e não a capacidade.

Tradicionalmente, a abordagem, por exemplo, da produção em massa era a de balancear a capacidade produtiva ao longo do processo e então tentar estabelecer um fluxo de materiais suave, se possível contínuo. OPT/TdR advoga contra o balanceamento de capacidade e a favor de um balanceamento do fluxo de produção na fábrica. A ênfase é no fluxo de materiais e não na capacidade dos recursos. Isso só pode ser feito identificando-se os gargalos no sistema, que são os recursos que vão limitar todo o fluxo do sistema.

> 2. A utilização de um recurso não gargalo não é determinada por sua disponibilidade, mas por alguma outra restrição do sistema (por exemplo, um gargalo).

Como mostrado na Figura 9.4, a utilização do recurso não gargalo deve ser determinada por alguma das restrições do sistema. Nos casos 1, 2 e 3, a utilização dos não gargalos deveria ser determinada pela utilização do recurso gargalo. No caso

4, deveria ser determinada pela demanda do mercado, que é a restrição relevante daquele sistema. Isso leva a outro princípio:

> 3. Utilização e ativação de um recurso não são sinônimos.

Segundo a óptica do OPT/TdR, há importantes distinções a fazer entre ativar um recurso e utilizar um recurso. Ativar um recurso não gargalo mais do que o suficiente para alimentar um recurso gargalo limitante não contribui em nada com os objetivos definidos pelo OPT/TdR. Ao contrário, o fluxo se manteria constante, ainda limitado pelo recurso gargalo e, ao mesmo tempo, o estoque se estaria elevando e provavelmente também as despesas operacionais, com a administração desse estoque gerado. Como a ativação do recurso, neste caso, não implica contribuição ao atingimento dos objetivos, ela não pode ser chamada de "utilização" do recurso – é apenas sua "ativação".

Segundo o OPT/TdR, todos os recursos não gargalos do sistema de produção devem ser programados com base nas restrições do sistema. Esse princípio, normalmente, não é considerado pelas formas de programação da produção convencionais.

Preparação de máquinas

Outro pressuposto que o OPT/TdR nega é o de que há benefícios iguais em se reduzirem os tempos de preparação (*set-up*) dos recursos de produção, sem se importar se o recurso em questão é um recurso gargalo ou um recurso não gargalo. Observe a Figura 9.5. Por definição, o tempo disponível num recurso gargalo é dividido em dois componentes: tempo de processamento e tempo de preparação.

Figura 9.5 Componentes do tempo disponível dos dois tipos de recurso.

Num recurso gargalo, se uma hora do tempo de preparação é economizada, uma hora é ganha no tempo de processamento, ou seja, o recurso gargalo ganha disponibilidade para processar material. Além disso, uma hora ganha para processamento num recurso gargalo não é meramente uma hora ganha no recurso em particular, mas uma hora de fluxo ganha em todo o sistema produtivo, já que é o recurso gargalo que limita a capacidade de fluxo do sistema global. O OPT/TdR busca, quando possível, manter os lotes de produção tão grandes quanto possível nos recursos gargalos, exatamente para minimizar o tempo gasto com a preparação desses recursos e consequentemente aumentar a capacidade de fluxo. Essa constatação justifica mais um princípio do OPT/TdR:

> 4. Uma hora ganha num recurso gargalo é uma hora ganha para o sistema global.

Observe na Figura 9.5 os componentes do tempo disponível de um recurso não gargalo. Por definição, o tempo disponível de um recurso não gargalo tem três componentes – o tempo de preparação, o tempo de processamento e a parcela do tempo em que o recurso fica ocioso. Portanto, uma hora de preparação economizada num recurso não gargalo é apenas uma hora a mais de ociosidade para esse recurso, já que o tempo de processamento num recurso não gargalo é definido, não por sua disponibilidade, mas por alguma outra restrição do sistema. Daí se tira outro princípio do OPT/TdR:

> 5. Uma hora ganha num recurso não gargalo não é nada, é só uma miragem.

Quando programamos recursos, portanto, é importante o reconhecimento de que, em operações envolvendo máquinas gargalos, é necessário economizar tempo com preparação de máquina, isto é, tanto pela redução do tempo gasto por preparação (via trocas rápidas), como pela redução do número total de trocas (ou, em outras palavras, processando lotes relativamente grandes), permitindo assim que o fluxo aumente. Entretanto, numa operação envolvendo recursos não gargalos, não há benefícios tão evidentes da redução dos tempos de preparação. De fato, haveria até a conveniência de se usar parte do tempo ocioso para fazer um maior número de preparações, pois, dessa forma, os tamanhos de lote seriam menores. Embora esses lotes menores não ajudassem a aumentar o fluxo, ajudariam a diminuir o estoque em processo e as despesas operacionais, tornando o fluxo de produção mais suave.

Tamanho de lotes

Segundo a filosofia OPT/TdR, a lógica anunciada anteriormente sugere que a lógica do cálculo do lote econômico não deveria ser aplicada da forma como tem sido. O cálculo do lote econômico tradicional tem por hipótese que os custos de preparação de máquina por peça declinam à medida que o tamanho de lote processado aumenta. Isso não seria válido sempre, se é verdade que uma hora ganha num recurso não gargalo não representa o mesmo que uma hora ganha num recurso gargalo. Ganhar uma hora num recurso gargalo não é apenas ganhar uma hora de tempo de um preparador de máquina ou uma hora de produção numa máquina, mas significa ganhar uma hora para o sistema todo. Da mesma forma, uma hora ganha num recurso não gargalo não significa nada. Isso significa que a tradicional curva em U, usada por muito tempo e indiscriminadamente para todo tipo de recursos, não seria genericamente válida. Veja a Figura 2.6.

Outro ponto sugerido pelo OPT/TdR como importante, a respeito de tamanhos de lotes de produção, é a diferença entre os tamanhos de lote vistos do ponto de vista do fluxo de materiais e do ponto de vista do recurso. Os defensores do OPT/TdR usam, frequentemente, um exemplo para explicar este ponto: imagine uma linha de produção dedicada. Qual é o tamanho de lote de um fluxo de produção numa linha de produção contínua? Dois tipos de resposta são possíveis: uma delas é que o tamanho de lote é um, pois os produtos são movidos de um em um, de uma estação de trabalho para a próxima. Outra resposta possível é que o tamanho de lote é "infinito", pois a linha é dedicada e uma quantidade de produtos muito grande vai ser produzida antes que a linha seja interrompida para prepará-la para a produção de um produto diferente.

Em princípio, as duas respostas poderiam ser consideradas corretas, dependendo exatamente do ponto de vista que se considera. Segundo o ponto de vista do fluxo ou, por exemplo, de uma unidade sendo processada, o tamanho de lote é um, uma vez que as unidades são passadas de uma em uma ao longo das estações de trabalho. Já do ponto de vista do recurso ou, por exemplo, de uma estação de trabalho, o lote é muito grande, já que por um longo tempo aquela estação de trabalho vai estar preparada para o mesmo tipo de produto ser processado. De acordo com o OPT/TdR, é necessário considerar a questão dos tamanhos de lotes segundo estas duas perspectivas:

a perspectiva do recurso: relacionada com o que se chama no OPT/TdR, "lote de processamento";

a perspectiva do fluxo: relacionada com o que se chama no OPT/TdR "lote de transferência". Esta percepção embasa o próximo princípio do OPT/TdR:

> 6. O lote de transferência pode não ser e, frequentemente, não deveria ser igual ao lote de processamento.

No OPT/TdR, o lote de transferência é sempre uma fração do lote de processamento. O lote de processamento é aquele tamanho de lote que vai ser processado num recurso antes que este seja repreparado para processamento de outro item. Já o lote de transferência é a definição do tamanho dos lotes que vão ser transferidos para as próximas operações. Como no OPT/TdR esses lotes não têm obrigatoriamente que ser iguais, quantidades de material processado podem ser transferidos para uma operação subsequente mesmo antes que todo o material do lote de processamento esteja processado. Isso permite que os lotes sejam divididos, podendo reduzir substancialmente o tempo de passagem dos produtos pela fábrica. Veja a Figura 9.6.

Ao contrário do OPT/TdR, muitos sistemas de programação da produção tradicionais assumem que há um só tamanho de lote para cada item, ou seja, consideram que o lote de transferência é sempre igual ao lote de processamento. Alguns sistemas tradicionais consideram também que esse tamanho de lote deve ser o mesmo para

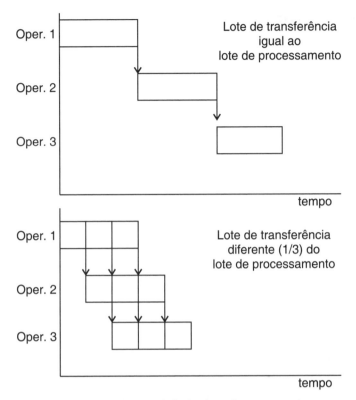

Figura 9.6 Lotes de transferência e lotes de processamento.

todas as operações que processam o produto. Isso traz uma dificuldade adicional para a determinação desse tamanho de lote, já que para um processo que necessite do processamento de várias máquinas sequencialmente, é possível que, para cada máquina, o cálculo do lote econômico resulte num resultado distinto. Qual, então, adotar? Em sistemas OPT/TdR, essa restrição não existe e é possível que o tamanho de lote varie ao longo do processo de produção de determinado produto. Isso leva a outro princípio do OPT/TdR:

7. O lote de processamento deve ser variável e não fixo.

No OPT/TdR, contrariamente ao que ocorre na maioria dos sistemas tradicionais, o tamanho dos lotes de processamento é uma função da situação da fábrica e pode, potencialmente, variar de operação para operação. Esses tamanhos de lote são estabelecidos pela sistemática de cálculo do OPT/TdR, que leva em conta os custos de carregar estoques, os custos de preparação, as necessidades de fluxo de determinados itens, os tipos de recurso (gargalo ou não gargalo), entre outros.

Os efeitos das incertezas

Eventos incertos vão, obrigatoriamente, ocorrer num sistema complexo como são os sistemas de produção. Como é extremamente difícil antecipar onde, no sistema, os eventos vão ocorrer, é necessário que o sistema esteja protegido em seus pontos frágeis ou críticos. Além disso, a produção de um item normalmente envolve várias operações de processamento e transporte de materiais.

Para a maioria dessas operações, o tempo de execução varia segundo uma distribuição estatística. Em outras palavras, o tempo de execução de uma mesma operação varia cada vez que a operação é executada. Isso significa que, no planejamento da produção, quando se usam os "tempos de processamento" ou os *lead times* para determinada operação, na verdade, se estão considerando as médias, ou valor esperado, dos tempos de processamento ou dos *lead times*, os quais estão sujeitos a uma flutuação estatística.

Essas flutuações podem se dever a incertezas na operação, falta de consistência do operador, limites da capacidade do equipamento, quebras de equipamentos, entre outras causas. Por mais que se possa controlar boa parte desta flutuação estatística, via treinamento do operador, uniformização de métodos de trabalho, automação de tarefas, melhor manutenção preventiva etc., é normalmente impossível para os sistemas de produção eliminar completamente a componente aleatória dos tempos de execução de suas operações. Portanto, praticamente em todos os processos produtivos, as flutuações estatísticas existem, em maior ou menor grau, e afetam pelo menos boa parte das operações executadas.

Normalmente, essas flutuações estatísticas têm uma distribuição aproximadamente normal, dado que são resultantes da ocorrência de uma série de eventos aleatórios, ou fora de controle. Se as operações de manufatura fossem isoladas, ou seja, não fossem parte de uma cadeia sequencial de operações que concorrem para a produção de determinado item, essas flutuações estatísticas tenderiam a somar zero. Simplificadamente, os atrasos em determinados ciclos tenderiam a compensar os adiantamentos em outros, de forma que, em média, o desvio do tempo médio esperado de execução da operação tenderia a zero. Entretanto, na verdade, a manufatura envolve o encadeamento de operações interdependentes, ou seja, normalmente determinada operação só pode ser executada quando a operação anterior na cadeia termina. Portanto, neste caso, a flutuação estatística da cadeia não tem média zero, mas os atrasos tendem a propagar-se ao longo da cadeia. Um atraso de cinco minutos numa operação da cadeia faz com que a operação subsequente só possa começar cinco minutos depois, porque as duas operações encadeadas são eventos dependentes. O efeito combinado das flutuações estatísticas e do encadeamento de eventos dependentes pode ser ilustrado por um exemplo mostrado na Figura 9.7.[4]

---

[4] Este exemplo, assim como alguns dos restantes a respeito do funcionamento do OPT, foi gentilmente cedido pelo Sr. John Helliwell, da STG, a quem os autores expressam seu agradecimento.

Há dois trabalhadores, A e B. O desempenho do trabalhador A varia de acordo com a distribuição normal mostrada. Ele, em média, leva 10 horas para processar cada peça, mas tempos entre 8 e 12 horas são considerados dentro da faixa aceitável.

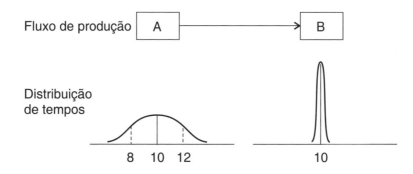

Item	A programa	A real	A desvio	B programa	B real	B desvio
1	0-10	0-12	2	10-20	12-22	2
2	10-20	12-24	4	20-30	24-34	4
3	20-30	24-32	2	30-40	34-44	4
4	30-40	32-40	0	40-50	44-54	4

Figura 9.7 Propagação do efeito de eventos incertos em eventos dependentes.

O trabalhador B opera uma máquina de controle numérico, cujo desempenho é altamente consistente, com média de 10 horas e desvio muito pequeno. Ele produz cada peça em 10 horas (quase exatamente). Neste exemplo, toda a produção flui do trabalhador A para o trabalhador B. O programa de produção para quatro produtos finais mostra o trabalhador A trabalhando no item 1 do instante 0 até o instante 10 horas, no item 2 do instante 10 ao instante 20 horas, no item 3 de 20 a 30 horas e no item 4 de 30 a 40 horas. Como não há estoque inicial neste problema hipotético, o programa do trabalhador B mostra que ele deveria trabalhar no item 1 de 10 a 20, no item 2 de 20 a 30, no item 3 de 30 a 40 e finalmente no item 4 de 40 a 50 horas. Esse programa parece extremamente lógico.

Vamos agora observar o que realmente ocorreu na fábrica. Considere que o trabalhador A teve um fim de semana difícil e quando veio trabalhar, na segunda-feira pela manhã, não estava em seus dias mais eficientes. Por isso, ele levou 12 horas para terminar o primeiro item. Neste ponto, ao terminar o primeiro produto, ele estava duas horas atrás do programa. Seu estado de desânimo prosseguiu durante a execução do segundo item e ele, para terminá-lo, teve de trabalhar do instante 12 ao instante 24, quando terminou. Neste ponto, agora o trabalhador B estava quatro horas atrás de seu programa.

Como a empresa do exemplo tem um sistema de controle bastante ágil, o supervisor da linha percebeu que o trabalhador A estava quatro horas atrás e solicitou que ele se apressasse. Como o trabalhador A era muito consciente de suas responsabilidades, ele esforçou-se e terminou o terceiro item em oito horas (24 até 32). Agora ele se encontrava apenas duas horas atrás do programa. Num esforço extra, também terminou o item 4 em oito horas, encerrando a semana dentro do programa.

Vamos agora ver o que ocorreu com o trabalhador B. O programa estabelecia que ele deveria começar o seu trabalho no item 1 ao final no instante 10, mas como houve atraso, ele não pôde começar antes de 12. Trabalhou então no item 1 de 12 até 22. Nesse ponto, ele estava duas horas atrás de seu programa, apesar de ter trabalhado exatamente como esperado, em 10 horas. A demora do trabalhador A havia sido propagada e atingia o trabalhador B. No instante 22, então, o trabalhador B está pronto para começar a trabalhar no item 2, mas ele ainda tem de esperar pelo instante 24.

Consequentemente, ele trabalha no item 2 do instante 24 até 34. O item 3 está pronto para ser trabalhado no instante 32, mas o trabalhador B não pode começar porque ainda está trabalhando no item 2. Ele completa, então, o item 3 no instante 44, e, finalmente, completa o item 4 no instante 54. Apesar do fato de ter atuado exatamente conforme o esperado em todos os quatro itens, ele acaba o trabalho quatro horas atrás do programa. A conclusão é simples: com eventos dependentes, a flutuação estatística não tende a anular-se no longo prazo, mas a se acumular. O trabalhador B acabou seu trabalho atrasado quatro horas apesar de o trabalhador A ter terminado seu trabalho dentro do programa. Uma vez identificado o fenômeno, um dos principais causadores de atrasos na fábrica, é importante agora identificar meios de estabelecer ações para conter e isolar o dano causado.

Se o trabalhador B representasse um gargalo do sistema, ele teria perdido, para nunca mais recuperar, as duas horas de fluxo, aguardando o item atrasado da operação do trabalhador A. Considerando, então, que tanto os eventos incertos (por exemplo, as quebras de máquinas e o absenteísmo) como a flutuação estatística somada à existência de eventos dependentes podem comprometer seriamente o cumprimento de programas (e mesmo comprometer a disponibilidade dos recursos), é importante que o sistema se proteja, agindo especialmente em seus recursos mais críticos, ou seja, seus recursos gargalo.

Essa constatação é um dos motivadores de outro princípio do OPT/TdR:

> 8. Os gargalos não só determinam o fluxo do sistema, mas também definem seus estoques.

Os gargalos definem o fluxo do sistema produtivo porque são o limitante de capacidade, conforme já comentado anteriormente. Entretanto, são também os principais condicionantes dos estoques, pois estes são dimensionados e localizados em pontos tais que consigam isolar os gargalos das flutuações estatísticas propagadas pelos recursos não gargalos, que as alimentam. Cria-se, por exemplo, um estoque antes da máquina gargalo, de modo que qualquer atraso (seja ele causado pela flutuação estatística ou por eventos aleatórios) não repercuta em parada do gargalo por falta de material. Normalmente, isso é feito criando-se um *time-buffer* antes do recurso gargalo. Em outras palavras, programam-se os materiais para chegarem ao recurso gargalo em determinado tempo (de segurança) antes do instante em que o recurso gargalo está programado para começar a sua operação. Dessa forma, se qualquer atraso ocorre com os recursos que alimentam o recurso gargalo, este pode ser absorvido por esse tempo de segurança.

Lead times (tempos de ressuprimento) e prioridades

O sistema MRP é baseado no pressuposto de que os *lead times* podem ser determinados *a priori* do processo de planejamento. Na verdade, o MRP necessita dos *lead times* como um dado de entrada de seu processo de planejamento. Partindo da data de entrega prometida, o MRP vai subtraindo os *lead times* dos diversos componentes para chegar às datas de início da produção e compra desses componentes. Esses *lead times* são, por sua vez, dependentes do tempo estimado de filas aguardando processamento nas estações de trabalho. Uma vez que as prioridades foram estabelecidas pelo MRP (com base, principalmente, nos *lead times*), o sistema, então, vai checar se há no sistema produtivo capacidade produtiva suficiente para cumprir o programa. As prioridades, ou, em outras palavras, a programação, e a capacidade são consideradas sequencialmente, e não simultaneamente, no MRP – que primeiro programa e depois checa a capacidade.

O OPT/TdR, contrariamente, considera que os tempos de fila são dependentes de como a programação é feita. De fato, se determinada ordem de produção ganha prioridade por qualquer motivo numa fila aguardando por determinada operação, esta ordem vai ficar um tempo menor na fila. Como o tempo de fila é um dos principais componentes dos *lead times* dos itens, fica evidente que os *lead times* vão ser diferentes, segundo a forma com que se dá o sequenciamento das ordens. Ora, se os *lead times* são um resultado do processo de programação, não poderiam ser utilizados como um dado de entrada do processo de programação – que é exatamente o que faz o MRP.

O OPT/TdR, portanto, aborda o problema de forma distinta, considerando simultaneamente a programação de atividades e a capacidade dos recursos, principalmente os recursos gargalos, que são limitantes. Considerando as limitações de capacidade dos recursos gargalos, o sistema OPT/TdR, então, decide por prioridades na ocupação destes recursos e com base na sequência definida, pode calcular, como resultado, os *lead times* muito mais precisamente e portanto pode programar mais adequadamente a produção. Isso pode ser consubstanciado pelo nono princípio do OPT/TdR:

> 9. A programação de atividades e a capacidade produtiva devem ser consideradas simultânea e não sequencialmente. Os *lead times* são resultado da programação e não podem ser assumidos *a priori*.

Os defensores do OPT/TdR argumentam que essa característica faz com que os programas gerados pelo OPT/TdR sejam mais realísticos que os programas gerados pelo MRP.

Como funciona o OPT/TdR

Drum-buffer-rope

Um dos pontos considerados mais fortes do sistema OPT/TdR refere-se à maneira com que ele programa atividades. A programação do OPT/TdR é baseada nos nove princípios anteriormente apresentados. A seguir, são descritos os principais aspectos dessa sistemática de programação.

Num ambiente de manufatura, há uma série de restrições a serem consideradas: restrições de mercado, restrições quanto aos fornecimentos, restrições dadas pela política da empresa e restrições de capacidade do processo produtivo propriamente.

Pode não haver gargalos reais, mas sempre haverá recursos restritivos críticos (RRC).[5] RRC, como os gargalos, controlam fluxo e devem estar sincronizados aos outros recursos, de forma a poder controlar os estoques.

Se um roteiro simples composto de nove recursos é considerado e se se descobre que o recurso número 6 é o RRC, o sistema OPT/TdR começará a programação exatamente naquele ponto. Este é o ponto onde é necessário "bater o tambor", analogia usada pelos mentores do OPT/TdR para simbolizar que é aquele o ponto que deve ditar o ritmo de todo o sistema produtivo.

Em primeiro lugar, o OPT/TdR carrega totalmente o recurso restritivo (RRC) de acordo com o total da demanda de trabalho a ser processado lá, para atingir máximo fluxo. Simultaneamente, estabelece-se a melhor sequência para os trabalhos, decidindo as prioridades entre as atividades, levando em conta as datas dos pedidos demandados. Em segundo lugar, o RRC deve ser protegido contra as possíveis incertezas que podem pôr em risco a chegada dos materiais para o cumprimento da sequência de trabalho que o RRC vai executar. Se se constata que um evento incerto com probabilidade considerável de ocorrer com o fornecimento de material para o RRC é a quebra da máquina fornecedora, com tempo esperado de conserto de dois dias, é necessário planejar a chegada dos materiais vindos da máquina fornecedora ao RRC pelo menos dois dias antes da data em que o RRC está programado para processá-los.

Esse estoque pode ser chamado de "estoque por tempo de segurança" (*time-buffer*), pois os materiais passando por este estoque vão estar constantemente mudando, mas, no caso, terão valor de no mínimo dois dias. Em terceiro lugar, é necessário usar o RRC para programar e controlar a utilização dos recursos não gargalos.

---

[5] A diferença entre gargalo e RRC é simples. Em algumas situações, pode não haver gargalos reais numa fábrica – todos os centros produtivos estão superdimensionados em relação à demanda –, entretanto, sempre haverá algum recurso que restrinja a produção – por exemplo, a montagem final, que responde à demanda de mercado (no caso de a demanda ser o limitante). Este, então, será o RRC, apesar de não ser um gargalo real. Pode também haver o caso em que, pela definição, vários recursos sejam gargalos (vários recursos têm capacidade menor do que a demandada pelo mercado). Neste caso, o RRC será aquele recurso, entre aqueles considerados gargalos, que tiver menor capacidade produtiva. Será este então que limitará a capacidade produtiva de todo o sistema. Neste texto, exceto quando explicitado, os termos RRC e gargalo serão usados indistintamente.

Os recursos não gargalos que vêm, no roteiro de produção, depois do recurso gargalo, são controlados diretamente pelos RRC, já que eles só podem processar o que foi liberado pelos RRC e na sequência na qual o RRC liberá-los. Além disso, por definição, os recursos não gargalos têm folga no programa, ou seja, têm maior capacidade produtiva do que é demandado. Portanto, não deverão ter problemas em processar o material vindo dos gargalos.

Os RRC controlam, também, os estoques ao longo do processo produtivo. Isso é obtido "amarrando-se uma corda" inelástica que liga o estoque criado pelo "tempo de segurança" (*time-buffer*) à operação inicial do sistema produtivo. Sendo assim, a primeira operação só é programada, ou, em outras palavras, matérias-primas só são admitidas no sistema para começarem a ser processadas, sincronizadamente, de acordo com as necessidades futuras (nas quantidades precisas e no momento certo) de chegada de material nos estoques protetores dos RRC (*time-buffers*).

Dessa forma, os estoques não poderão subir a níveis mais altos do que aqueles predeterminados, levando em conta as possíveis incertezas às quais os recursos não gargalos anteriores aos RRC podem estar sujeitos (lembrando que a ideia dos *time-buffers* é garantir que os RRC não fiquem ociosos, sem material para processar, com o sistema, como consequência, perdendo para sempre a quantidade de fluxo não processada).

A sincronização descrita é denominada na literatura sobre OPT/TdR *drum--buffer-rope*, numa referência ao trio de elementos que são chaves para o método: "tambor – estoque protetor – corda". O tambor, representando o RRC, dita o ritmo e o volume da produção do sistema. O estoque protetor, definido como um "estoque por tempo de segurança" antes do RRC e sincronizado com este, garante que o RRC não pare por falta de material, e, finalmente, a corda, que representa a sincronização entre a necessidade de chegada de materiais no estoque protetor e a admissão de matérias-primas no sistema.

O OPT/TdR procura colocar a ideia do *drum-buffer-rope* em prática utilizando dois algoritmos diferentes para elaborar seus programas.

Um roteiro de programação finita dirige-se para a frente (carregando ordens nos recursos sequencialmente no tempo, considerando suas restrições de capacidade), de forma a tentar maximizar o fluxo processado pelo recurso RRC. A sequência de programação obedece a um algoritmo que as empresas que detêm os direitos do OPT/TdR não tornam público. Entretanto, elas informam que este algoritmo leva em conta:

- as datas de entrega dos pedidos;
- a conveniência de se reduzir a quantidade de preparações de máquina;
- casos em que um RRC alimenta outro;
- casos em que o RRC processa mais de um item para um mesmo produto;
- a situação de ordem da fábrica;
- os *time-buffers* secundários.

Considere uma fábrica que tem uma operação final de montagem. Considere também que o RRC desta fábrica se encontra num dos ramos que alimentam essa montagem, conforme a Figura 9.8.

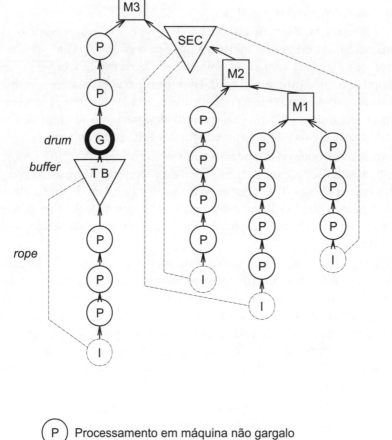

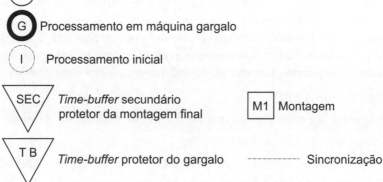

Figura 9.8 A lógica do *drum-buffer-rope* no OPT.

Considerando a situação da Figura 9.8, é necessário também prover o ramo que não contém o RRC de algum tipo de segurança, pois, caso contrário, as partes processadas pelo RRC poderiam ter de esperar para serem montadas, caso as partes providas pelo ramo não gargalo sofressem algum tipo de atraso.

Como um dos objetivos do OPT/TdR é aumentar o fluxo e fluxo é definido como a passagem de material vendido pelo sistema produtivo, o OPT/TdR procura acelerar ao máximo a conclusão das ordens uma vez que estas são processadas pelo RRC. Dessa forma, o OPT/TdR define alguns *time-buffers* secundários (além daqueles já descritos, que visam proteger os próprios RRC), que protegem as datas de entrega prometidas e o fluxo do sistema. Esses *time-buffers* são formados por materiais que deverão participar de montagem juntamente com material que foi processado por um recurso RRC.

O objetivo é garantir que os materiais processados pelo RRC possam, tão cedo quanto possível, transformar-se em fluxo (vendido), não ficando sujeito a eventos incertos de operações não gargalos que possam vir a ocorrer e que, potencialmente, poderiam afetar o fluxo maximizado pretendido pelo sistema. O tamanho dos *time-buffers* secundários é definido pela natureza e probabilidade da ocorrência dos eventos aleatórios que possam afetar o desempenho dos ramos não gargalos.

Programação da produção com a lógica OPT/TdR

As duas formas de programação que o OPT/TdR considera são gerenciadas por dois módulos do OPT/TdR:

- *módulo* que programa os recursos RRC, com uma lógica de programação finita para a frente;
- *módulo* que programa os recursos não RRC. Este trabalha com uma lógica de programação diferente, com programação infinita, para trás, aos moldes do MRP. O ponto de partida desta programação para trás é dado pela definição das necessidades (datas e quantidades) de chegada dos materiais nos *time-buffers*. Essas datas e quantidades, por sua vez, estão amarradas com a programação dos recursos RRC, definida pelo módulo OPT/TdR.

Dessa forma, OPT/TdR combina duas lógicas de programação – finita para a frente (*forward scheduling*) e infinita para trás (*backward scheduling*), respectivamente para programar recursos gargalos e não gargalos. Isso pode ser melhor entendido por meio do esquema ilustrado na Figura 9.9.

O componente A1 é processado inicialmente em dois recursos não gargalos Y1 e Y2 e então no recurso RRC X. É então processado em três outros recursos não gargalos Y3, Y4 e Y5. O componente A2 é processado nos recursos não gargalos Y6 e Y7.

O RRC X também processa outros itens L, M, N, O, B, C, D e outros. A sequência de trabalho no RRC foi decidida exatamente para ser L-M-N-O-A1-B-C-D, isto é, programando para a frente e ocupando sequencialmente a capacidade do recurso X

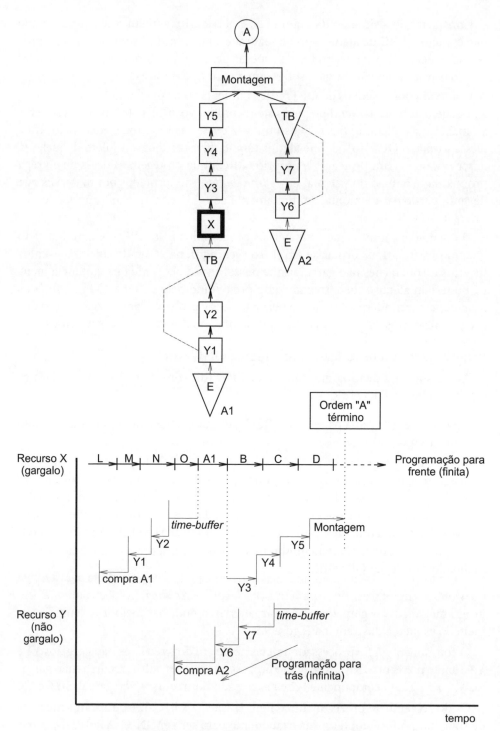

Figura 9.9 Programações para trás e para frente do OPT.

no tempo. A partir daí, definem-se os instantes de início e fim de processamento do componente A1 no recurso (RRC) X.

Com a definição do instante em que o processamento de A1 deve começar no recurso X, estabelece-se um *time-buffer* antes do recurso X, para protegê-lo contra incertezas do ramo que processa A1. Isso significa programar a chegada de A1 no estoque antes do recurso X, para determinado tempo antes do instante previsto para o início do processamento.

O OPT/TdR, então, programa, a partir do instante em que é necessário que o material A1 chegue ao estoque de proteção, os instantes em que devem começar e acabar as operações Y2, Y1 e a compra de matérias-primas para A1 (programação para trás).

Com base no instante de término do processamento de A1 no recurso X, pode-se calcular, somando-se os tempos de processamento nos recursos posteriores ao recurso X (Y3, Y4, Y5 e a montagem final), o instante em que se espera terminar o processamento da ordem A. Mas não é apenas necessário que o componente A1 esteja disponível para a montagem final. Também é necessário que o componente A2 esteja disponível no momento do início da montagem final.

Para que não se corra o risco de que o componente A1, proveniente do recurso X (RRC), fique parado aguardando que o componente A2 chegue para a montagem (algo inesperado pode acontecer no ramo não gargalo), o OPT/TdR programa o componente A2 para ser completado e estar disponível para a montagem final certo período antes do momento esperado para a chegada, na montagem final, do componente A1.

Com base na definição do instante em que o componente A2 deve estar disponível para montagem final, o OPT/TdR calcula, por meio da lógica de programação para trás, quais são os momentos em que as operações Y7, Y6 e a compra de matérias-primas para A2 devem começar e terminar.

Dessa forma, as programações para a frente e para trás combinam-se a fim de gerar um programa completo para o sistema produtivo. Importante notar que é absolutamente essencial que se saiba com precisão quais são os recursos gargalos do sistema produtivo que se pretende gerenciar com o OPT/TdR. Caso contrário, toda a programação se fundará em premissas falsas, comprometendo totalmente a qualidade da solução OPT/TdR.

O uso do OPT/TdR

O OPT/TdR questiona uma série de pressupostos, práticas e crenças tradicionais nos sistemas de produção. Por esse motivo, a implantação do OPT/TdR requer um especial comprometimento da organização com os princípios sobre os quais o OPT/TdR se fundamenta. Esse comprometimento deve obrigatoriamente começar pela alta direção, passando pela certeza de que todos os níveis gerenciais e operacionais da organização estão sensibilizados, conscientes e treinados no que representa a adoção do OPT/TdR para a empresa. Para isso, normalmente, uma considerável proporção dos funcionários da organização necessitará um extensivo treinamento. Talvez uma das mudanças mais importantes pelas quais a empresa implantando OPT/TdR tenha que passar seja em relação à forma de medir seu desempenho, ou, em outras palavras, em adotar a forma OPT/TdR de medir desempenho.

Medidas de desempenho

Conforme definido no início do capítulo, as medidas de desempenho usadas pelo OPT/TdR são, basicamente, três: fluxo (também às vezes chamado de "ganho"), estoque e despesas operacionais. Essas três medidas de desempenho são, segundo a filosofia OPT/TdR, as melhores medidas para aferir se a empresa está atingindo seu objetivo mais básico – ganhar dinheiro. Os defensores do OPT/TdR argumentam que mudanças em qualquer destes três elementos afetam também as medidas tradicionais de desempenho: retorno sobre investimento, lucro líquido e fluxo de caixa.

Um aumento do fluxo, conforme definido pelo OPT/TdR, significa simultaneamente aumentar o lucro líquido, retorno sobre o investimento e o fluxo de caixa. A empresa está vendendo mais produtos acabados, enquanto mantém níveis semelhantes de estoques e despesas operacionais. Isso obviamente significa maiores entradas de dinheiro, lucros mais altos e retornos maiores sobre o capital investido.

Um resultado similar se consegue com a redução das despesas operacionais. Neste caso, o custo de produção é reduzido, enquanto o fluxo de venda dos produtos permanece constante e os níveis de estoque também. É claro que neste caso também há um aumento no lucro líquido, no retorno sobre o investimento, e o fluxo de caixa é melhorado.

Uma redução nos níveis de estoque influencia diretamente o retorno sobre investimento e o fluxo de caixa. O lucro líquido não é afetado relevantemente, já que não se afetam substancialmente nem os custos de matérias-primas envolvidas nem os custos da transformação.

A forma de se definirem os estoques e as despesas operacionais diferentemente das formas convencionais prende-se ao fato de que, segundo seus criadores, "devido à forma de se usar o estranho conceito de valor adicionado para valorizar os estoques, a redução dos estoques prejudica, ao invés de melhorar as medidas de desempenho tradicionais". Dessa forma os tomadores de decisão não se motivariam tanto a reduzir os estoques, quando o conceito de valor adicionado é usado.

A grande vantagem de se usarem as novas medidas de desempenho seriam duas: primeiro, a melhoria simultânea nas três medidas novas resulta em melhoria simultânea também nas medidas tradicionais; segundo, as novas medidas seriam muito mais diretamente ligadas às decisões tomadas pelas pessoas envolvidas com o setor produtivo da empresa, facilitando que essas pessoas tomem decisões de modo a favorecer a consecução dos objetivos do OPT/TdR.

O processo de decisão OPT/TdR

Os criadores do OPT/TdR sugerem que o seguinte processo seja seguido para bem gerenciar um sistema produtivo utilizando a ferramenta OPT/TdR:

CAP. 9 ■ SFC, MES E SISTEMA DE PROGRAMAÇÃO DA PRODUÇÃO COM CAPACIDADE FINITA | **367**

■ *Passo 1.* Identificar a(s) restrição(ões) do processo (os RRCs ou os gargalos): identificar aqueles recursos cuja capacidade produtiva restringe a capacidade de todo o sistema de atender ao seu fluxo de vendas de produtos. Atenção para o fato de que é possível que a restrição esteja na própria demanda do mercado.

■ *Passo 2.* Explorar a(s) restrição(ões) do processo: explorar as restrições significa simplesmente tirar o máximo delas. Não perder tempo algum nas máquinas gargalos, por exemplo. Usar as restrições ao máximo possível é o que este passo significa.

■ *Passo 3.* Subordinar tudo o mais às decisões referentes às restrições: os gargalos definem o fluxo de produção e os estoques, a ocupação dos recursos não gargalos etc.

■ *Passo 4.* Procure relaxar a restrição: significa aumentar de alguma forma a capacidade de produção do gargalo, no sentido de aumentar a capacidade de fluxo do sistema. Esse passo só deveria ser dado após a restrição ter sido explorada ao máximo, pois pode repercutir em certo aumento nas despesas operacionais (por exemplo, com subcontratação, turnos extras, compra de máquinas etc.).

■ *Passo 5.* Se no passo 4 uma restrição foi relaxada, voltar ao passo 1 para identificar a próxima restrição do sistema.

Dados para o OPT/TdR

Os dados necessários para o OPT/TdR são de certa forma semelhantes aos necessários para o MRP II, com algumas diferenças importantes. Em primeiro lugar, o OPT/TdR não necessitaria de uma precisão e acuidade tão grande e com relação a tantas variáveis como o MRP II. Esse aspecto é visto como uma das vantagens do OPT/TdR. O sistema trabalha de forma totalmente diferente em relação aos recursos gargalos e não gargalos, e considera os gargalos como os recursos verdadeiramente críticos (necessitando, portanto, de um acompanhamento muito mais próximo e de dados mais precisos), tendo de dispensar menor atenção aos não gargalos (que não necessitariam dados tão atualizados e acurados como os gargalos). Considerando também que os sistemas produtivos normalmente têm um número muito menor de recursos gargalos do que recursos não gargalos, a quantidade e a acuidade dos dados necessários a trabalhar com o OPT/TdR seriam correspondentemente menores que aqueles necessários a trabalhar com o MRP II. Isso teria implicações diretas no grau de dificuldade encontrado no esforço de implantação dos dois sistemas. Os níveis exigidos de disciplina dos funcionários para garantir altos níveis de integridade e acuidade de informações do sistema seriam mais baixos para o OPT/TdR, facilitando assim a implantação e operação do sistema.

Conclusões

Vantagens do OPT/TdR

OPT/TdR parece ter uma vocação especial para auxiliar as empresas na redução de seus *lead times* e estoques. Usuários reportam reduções de *lead times* da ordem de 30%

e de estoques da ordem de 40 a 75%, segundo um levantamento recente. O OPT/TdR também parece ser um sistema que facilita a flexibilidade do sistema produtivo de alterar seu *mix* de produção, já que variações de *mix* podem ser avaliadas facilmente pela característica do OPT/TdR de trabalhar como um simulador da passagem das ordens na fábrica.

OPT/TdR auxilia as empresas a focalizarem suas atenções em seus problemas. Como o OPT/TdR considera os recursos gargalos como merecedores de especial atenção e como os gargalos em geral são poucos, as empresas são incentivadas a não dispersar esforços e sim concentrá-los na resolução de problemas que possam comprometer o desempenho desses recursos gargalos.

Os nove princípios do OPT/TdR trazem novos *insights* para velhos problemas, o que contribui para o melhor entendimento dos problemas e a busca de novas soluções.

Os resultados da implantação do OPT/TdR parecem vir relativamente rápido, pois o esforço de implantação é menor em razão da focalização da atenção em poucos pontos considerados críticos.

O OPT/TdR pode ser usado como um simulador da fábrica. Na verdade, o OPT/TdR trabalha com a lógica de um simulador. Perguntas do tipo "o que aconteceria se..." podem ser respondidas com mais segurança com o auxílio de uma ferramenta de simulação. Também por força de ser um simulador que considera as restrições de capacidade (pelo menos dos recursos gargalos), os *lead times* de produção do OPT/TdR não têm de ser assumidos *a priori*, mas são, na verdade, o resultado do processo de simulação.

O OPT/TdR restringe a necessidade de dados com alto nível de acuidade, já que apenas os recursos gargalos demandam dados absolutamente precisos.

Limitações do OPT/TdR

OPT/TdR é um sistema computadorizado e, como tal, centraliza a tomada de decisões. Resta pouca área de manobra para os operadores. Isso pode não favorecer um maior comprometimento da força de trabalho com os objetivos da empresa.

OPT/TdR é implantado nas empresas através de *softwares* "proprietários", que não são exatamente baratos. Isso significa que a empresa que o adote estará concordando em se tornar de certa forma dependente de um fornecedor.

A filosofia OPT/TdR depende basicamente da identificação dos recursos gargalos. Isso nem sempre é fácil de se fazer, já que muitos fatores podem contribuir para mascarar gargalos verdadeiros, como lotes excessivos, práticas tradicionais na produção, entre outros. Se o gargalo for erradamente identificado, o desempenho do sistema fica comprometido. Também pode haver o caso de o gargalo de uma fábrica ser "errante", ou seja, variar de recurso, conforme o *mix* de produção. Embora este não seja o caso usual, a ocorrência de gargalos errantes pode comprometer os resultados do sistema.

O OPT/TdR é um sistema que demanda certo nível de habilidade analítica do programador, o que demanda extensivo treinamento e entendimento perfeito dos princípios envolvidos.

O OPT/TdR demanda que se mudem substancialmente alguns pressupostos que, por muitos anos, cristalizaram-se na maioria das fábricas ocidentais. Isso pode levantar resistências a sua adoção por parte de pessoas mais resistentes à mudança. Um ponto que particularmente pode levantar polêmica são as novas medidas de desempenho propostas: o esforço no sentido de melhorar o desempenho do sistema nas novas medidas pode fazer com que o desempenho em medidas operacionais tradicionais (como o índice de ocupação de equipamentos, por exemplo) seja prejudicado.

9.2.2.2 Impacto resultante da implantação de um sistema de programação da produção com capacidade finita

Embora tenhamos nos focalizado em um sistema de programação com capacidade finita (OPT/TdR), há hoje numerosas soluções de *software* que utilizam a lógica de programação com capacidade finita. Algumas até foram integradas aos ERPs, na forma de um módulo a ser usado por empresas que necessitem de soluções mais completas de SFC/MES. No SAP, por exemplo, *software* de ERP alemão, largamente adotado por empresas ao redor do mundo, este módulo chama-se APO. Outros ERPs têm diferentes módulos de programação com capacidade finita, a maioria deles com algoritmos não tornados públicos.

O resultado da implantação de um sistema de programação da produção com capacidade finita está intrinsecamente relacionado a três fatores fundamentais:

Adequação atual e futura desse sistema ao ambiente da empresa, que envolve, entre outros fatores:

- A efetiva necessidade da empresa de gerenciar sua capacidade de forma detalhada. Há casos em que a capacidade produtiva pode não ser um fator restritivo para a gestão da empresa no curto prazo; podemos citar, como exemplo, as empresas que atuam com excesso de capacidade para atender aos clientes logo que esses solicitarem – bastando, para tanto, a utilização sistemática da regra FIFO.[6]

- O alinhamento à política de produção da empresa. Basicamente, esses sistemas são importantes para apoiar a geração de programas de produção das empresas que utilizam a política de produção sob encomenda e programas de montagem naquelas que realizam a montagem final sob encomenda, principalmente naquelas empresas onde a demanda é pouco previsível. Por outro lado, esses sistemas também podem apoiar a definição do plano-mestre de produção, que é de fundamental importância na definição dos níveis de estoque de produtos acabados (em empresas que fabricam para estoque) e dos níveis de semiacabados (nos casos de empresas que utilizam a política de montagem sob encomenda), particularmente em ambientes onde a demanda é muito variável e o problema de programação de fábrica é muito complexo.

---

[6] *First in, first out,* ou "o primeiro a chegar será o primeiro a sair".

- A complexidade das decisões no âmbito da programação da produção. Devemos considerar que algumas empresas "criam" a necessidade de decisões complexas para a programação da produção, seja, por exemplo, por falta de foco ou por apresentar um processo produtivo não estável; assim, cabe avaliar se o sistema deve ser realmente implantado para gerenciar esta complexidade "artificialmente gerada" ou se a operação pode ser simplificada.

Escolha de um sistema que atenda às necessidades e particularidades da empresa, que compreende:

- A definição conceitual do sistema, considerando a adequação à empresa e determinando as decisões a serem apoiadas pelo sistema – por exemplo: geração do plano-mestre de produção, dos programas de produção e de montagem, gestão das matérias-primas e do ferramental – e a integração dessas decisões ao sistema de administração da produção da empresa. Muitas empresas hoje optam por trabalhar com o MRP II como a grande estrutura de planejamento e com um sistema de programação finita integrado a ele, fazendo o papel que no MRP II original seria do módulo SFC/MES. O uso integrado do MRP II com os sistemas de programação com capacidade finita será abordado no Capítulo 10.

- A escolha entre os diversos sistemas disponíveis no mercado (ou, eventualmente, do desenvolvimento de um específico para a empresa), abrangendo o alinhamento deste com o sistema definido conceitualmente, a verificação da forma como o sistema aborda as particularidades relevantes da empresa – por exemplo: roteiros alternativos em máquinas com velocidades e sequências de operação diferentes, tempos de *set-up* dependentes da operação anterior, mão de obra com diferentes graus de qualificação e experiência –, a avaliação do grau de capacitação e confiabilidade do fornecedor dele, bem como a consideração de eventuais restrições internas (por exemplo: nível de investimento disponível, as especificações de *hardware* e de *software* previamente adotadas pela empresa).

Metodologia de implantação. Deve considerar principalmente:

- o envolvimento dos recursos humanos, considerando o comprometimento da alta administração e a participação das pessoas corretas nas etapas necessárias de todas as fases de implantação do projeto;
- o treinamento, que envolve a definição das necessidades de treinamento – tanto conceitual quanto prático – e a efetivação adequada deste;
- a gestão do projeto, abrangendo o dimensionamento dos recursos, o cronograma, o controle e, eventualmente, a reprogramação das fases de implantação.

Assim, a correta definição conceitual, a escolha dentre os sistemas disponíveis e efetiva implantação de um sistema de programação da produção com capacidade finita, integrada às demais decisões do sistema de administração da produção, pode capacitar a empresa que tenha a real necessidade de utilizá-los a melhorar o desempenho em:

CAP. 9 ■ SFC, MES E SISTEMA DE PROGRAMAÇÃO DA PRODUÇÃO COM CAPACIDADE FINITA | 371

- *custos*: relacionados à utilização e variação da capacidade produtiva – o que pode resultar em um aumento da capacidade produtiva disponível – e à manutenção dos níveis de estoques de matérias-primas, em processo, e de produtos acabados, adequados à política de planejamento da produção da empresa;

- *velocidade de entrega*: que diz respeito à redução dos tempos de atravessamento e, consequentemente, à diminuição dos tempos de entrega percebidos pelos clientes;

- *pontualidade nos prazos de entrega acordados*: referente à melhoria da definição dos prazos junto aos clientes (ao menos, considerando a negociação sob a ótica da programação da produção) e cumprimento destes;

- *flexibilidade de volume e de entrega*: que está relacionada ao aumento da habilidade da empresa em se adaptar às mudanças não previstas na demanda e nos recursos produtivos, bem como a não contribuir na deterioração do desempenho em qualidade do produto em processos não estáveis.

Por outro lado, a implantação desses sistemas exige investimentos em:

- *software*: que diz respeito ao aplicativo propriamente dito, às eventuais necessidades de adaptação deste e a sua integração aos demais sistemas informatizados da empresa;

- *hardware*: que abrange os equipamentos necessários à gestão do sistema (incluindo, por exemplo, a necessidade de equipamentos dedicados e de outros para acesso e informação, além do sistema de coleta de dados) e a interligação física entre eles, e entre esses e os demais equipamentos da empresa;

- *treinamento*: que está relacionado à capacitação dos recursos humanos para a gestão da nova tecnologia, incluindo a capacitação para operar o sistema – o conhecimento das funcionalidades do *software* – e, talvez mais importante, o treinamento conceitual, ou seja, a capacitação na gestão à qual o sistema suporta;[7]

- *implantação*: que diz respeito ao processo de *start-up* do sistema, abrangendo sua modelagem – a representação do sistema produtivo (por exemplo, os roteiros de fabricação dos produtos, as características das máquinas, da mão de obra e das ferramentas) e do processo de tomada de decisão (por exemplo, a definição das regras de liberação ou a ponderação de objetivos a serem atingidos) – e a disponibilização das demais informações necessárias (por exemplo, as matérias-primas disponíveis, os *status* das ordens abertas e informações sobre a demanda);

- *manutenção do sistema*: que considera os valores associados à gestão do sistema e à manutenção e atualização do *software* e do *hardware*;

- *mudanças organizacionais*: que abordam as mudanças na organização necessárias à efetiva gestão do sistema (por exemplo, alterações na estrutura organizacional,

---

[7] Segundo COSTA, R. S. *Pontualidade total*. Tese de Doutoramento, Universidade Federal do Rio de Janeiro. Rio de Janeiro, 1996.

implantação de novos procedimentos e métodos ou contratação de recursos humanos com a qualificação adequada).

Tais investimentos, somados, chegam a níveis relativamente elevados. A Figura 9.10 ilustra os critérios de avaliação da decisão de adotar ou não os sistemas de programação de produção com capacidade finita.

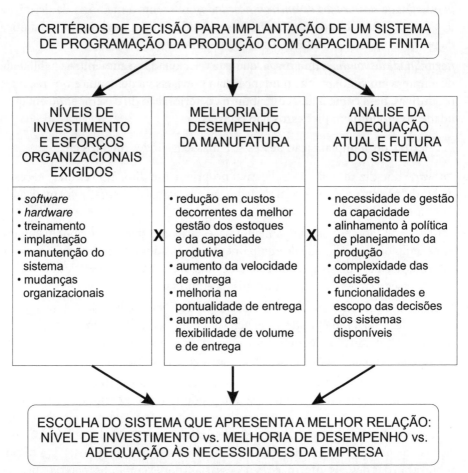

Figura 9.10 Critérios de decisão para a implantação de um sistema de programação finita.

Em resumo, a decisão de implantar um sistema de programação da produção com capacidade finita envolve a análise:

- dos níveis de investimento e esforços organizacionais exigidos;
- dos sistemas disponíveis que, por apresentarem sensíveis diferenças tanto na concepção quanto no escopo da decisão, merecem uma avaliação criteriosa quanto à adequação às necessidades atuais e futuras da empresa.

9.2.2.3 Classificação dos sistemas de programação da produção com capacidade finita

Os sistemas de programação da produção com capacidade finita não apresentam um *design* básico predominante, uma vez que existem conceitos diferentes na concepção e no escopo das decisões apoiadas por esses. Podemos, entretanto, propor a seguinte classificação, baseada em três critérios básicos:

Método de solução do problema

- Sistemas baseados em regras de liberação: esses sistemas utilizam regras que decidem qual ordem, dentre uma fila de ordens disputando um recurso, será processada primeiro. A literatura apresenta cerca de uma centena dessas regras – algumas das mais conhecidas são: SPT (*Shortest Operation Time* – onde ganham prioridade as ordens de menor tempo de operação) e EDD (*Earliest Due Date* – onde ganham prioridade as operações dos trabalhos que estão prometidos para as datas mais próximas). Os sistemas baseados em regras de liberação adotam o conceito de programação finita para frente, em que a capacidade do recurso vai sendo preenchida sequencialmente em função da decisão de liberação das ordens. Esses sistemas são os mais difundidos atualmente, dada a relativa simplicidade de modelagem e rapidez de processamento; por outro lado, exigem critérios na escolha das regras – geralmente determinadas a partir de simulação e comparação dos resultados segundo parâmetros mensuráveis –, bem como pode, dependendo da escolha da regra e do ambiente em que esse sistema é implantado, gerar resultados relativamente "pobres".

- Sistemas matemáticos otimizantes: a característica principal destes sistemas reside na utilização de algoritmos matemáticos otimizantes, ou seja, o resultado da decisão é o melhor possível uma vez definido o objetivo que desejamos atingir. As soluções típicas desses sistemas são aquelas que utilizam algoritmos da pesquisa operacional. Na prática, os sistemas matemáticos otimizantes estão limitados a problemas restritos – basicamente aplicados à resolução de modelos de pequeno porte e simplificados, normalmente não suficientes para modelar situações reais.

- Sistemas matemáticos heurísticos: esses sistemas são caracterizados por apresentarem algoritmos matemáticos heurísticos (com regras de "bom senso", que garantem soluções viáveis e relativamente "boas", porém não necessariamente ótimas. Um exemplo é o sistema OPT/TdR tratado anteriormente. Geralmente, esses sistemas utilizam algoritmos de busca – desenvolvidos segundo o conceito da inteligência artificial – e métodos baseados em gargalos, predominantemente derivados do conceito da teoria das restrições). Os avanços nos recursos computacionais e o desenvolvimento das técnicas têm permitido que esses sistemas sejam disponibilizados comercialmente – muitas vezes na forma de soluções proprietárias fechadas, em que os algoritmos são mantidos em segredo pelos fornecedores, por serem eles os possíveis diferenciais competitivos do produto. Os sistemas matemáticos heurísticos podem, em teoria, gerar soluções melhores do que os sistemas baseados em regras de liberação, porém eles são relativamente

PLANEJAMENTO, PROGRAMAÇÃO E CONTROLE DA PRODUÇÃO ■ Corrêa – Gianesi – Caon

mais complexos – dado o grau de sofisticação matemática da solução – e em geral exigem um tempo computacional proporcionalmente maior.

■ Sistemas especialistas puros: esses sistemas – baseados em conceitos de inteligência artificial – consistem em, através da coleta do conhecimento de especialistas em determinado assunto, transformar este conhecimento em uma série de regras de decisão que, através do denominado "motor de inferência", chegam a uma solução. Os sistemas especialistas puros são, geralmente, soluções *ad hoc*, com limitada disponibilização em pacotes comerciais; sua aplicação maior ocorre no desenvolvimento de aplicativos de *softwares* específicos – utilizando, para tanto, linguagens tais como Prolog e *Common* LISP.

■ Sistemas apoiados em redes neurais: esses sistemas são um desenvolvimento da inteligência artificial que tentam simular o processo de aprendizado da mente humana. Redes neurais consistem de uma rede formada por diversos níveis e nós que processam a informação e "acumulam" conhecimento, e são basicamente aplicadas a problemas que denotam uma solução adaptativa e reativa. As pesquisas quanto à aplicação no âmbito da programação da produção são recentes e ainda se limitam ao campo acadêmico.

Grau de interação com o usuário

■ Sistemas abertos: a principal característica destes sistemas reside na necessidade de interação com o usuário. A metodologia de resolução do problema da programação da produção é de conhecimento do usuário e este pode definir as regras inerentes ao processo de tomada de decisão, bem como alterar as decisões geradas pelo sistema. Dessa forma, a responsabilidade pela decisão é do usuário, e o sistema funciona como uma ferramenta de suporte, simulando o efeito das decisões tomadas pelo programador que aborda o problema tentando e errando até encontrar uma solução.

■ Sistemas fechados: nestes, a responsabilidade pela decisão é do próprio sistema. A interação com o usuário resume-se na definição de alguns critérios, por exemplo, a localização dos gargalos ou a ponderação de objetivos de desempenho que o sistema deve buscar.

Na realidade, essa classificação define dois extremos. Na prática, existem também soluções intermediárias, em que os sistemas fechados mantêm a responsabilidade pela decisão, porém permitem uma interação maior com o usuário na definição das regras de decisão (podendo ser classificados como "sistemas semifechados"); e os "sistemas semiabertos", em que o usuário é responsável pela decisão, porém o sistema limita a escolha da metodologia de decisão.

Abrangência das decisões no âmbito do planejamento da produção

■ Sistemas de apoio ao plano-mestre de produção: determinam o plano referente às quantidades e itens de produtos finais a serem produzidos, período a período.

CAP. 9 ■ SFC, MES E SISTEMA DE PROGRAMAÇÃO DA PRODUÇÃO COM CAPACIDADE FINITA | **375**

■ Sistemas de apoio à programação da produção: definem as sequências de ordens a serem executadas nos recursos produtivos em um determinado horizonte de tempo.

■ Sistemas que executam a gestão dos materiais integrada à capacidade produtiva: gerenciam os estoques de matérias-primas sincronizadamente com a capacidade produtiva, determinando as necessidades de aquisição de materiais – em termos de quantidades e dos respectivos momentos.

■ Sistemas que executam o controle da produção: permitem monitorar a realização do plano ou das ordens planejadas.

A classificação dos sistemas de programação da produção com capacidade finita é apresentada resumidamente na Tabela 9.1.

Tabela 9.1 Classificação dos sistemas de programação da produção com capacidade finita

CLASSIFICAÇÃO DOS SISTEMAS DE PROGRAMAÇÃO DA PRODUÇÃO COM CAPACIDADE FINITA	■ segundo o método de solução do problema	• baseados em regras de liberação • matemáticos otimizantes • matemáticos heurísticos • sistemas especialistas puros • apoiados em redes neurais
	■ segundo o grau de interação com o usuário	• sistemas abertos • sistemas semiabertos • sistemas fechados • sistemas semifechados
	■ segundo o suporte às funções do planejamento da produção	• plano-mestre de produção • programação da produção • gestão dos materiais integrada à capacidade • controle de produção

Algumas observações podem ser feitas a respeito dessa classificação:

■ Os sistemas classificados como abertos permitem que o usuário tenha um domínio maior sobre a solução do problema, o que envolve, por outro lado, a necessidade de maior conhecimento sobre as regras de resolução do problema da programação da produção. Assim, pode ser necessário um salto de patamar qualitativo em termos do profissional que executa tal tarefa. Os sistemas fechados, além de serem geralmente bastante mais caros, implicam que haja confiança total – ou fé – no algoritmo desenvolvido pelo fabricante, já que nem sempre informações suficientes são disponibilizadas pelos fornecedores.

■ Os sistemas mais difundidos atualmente são os baseados em regras de liberação e os matemáticos heurísticos. Esses, dada a tecnologia embutida, são geralmente fechados e com soluções proprietárias; por outro lado, os sistemas baseados em regras de liberação, em função da relativa simplicidade de modelagem e da difusão dessas regras, são, em geral, abertos.

9.2.2.4 Conclusões

A implantação de um sistema de programação da produção com capacidade finita, considerando as implicações decorrentes, a dificuldade de reverter e o nível de investimento demandado, é uma decisão, por natureza, estratégica. Dessa forma, é fundamental a adequação do sistema às necessidades estratégicas – atuais e futuras – da empresa, a consideração dos níveis de investimento e esforços organizacionais exigidos, bem como uma análise criteriosa dos sistemas disponíveis.

Quanto à consideração das necessidades estratégicas, é importante ressaltar que: em primeiro lugar, *nem todos os sistemas produtivos demandam uma solução dessa natureza para a gestão da sua capacidade*; em segundo lugar, o escopo das decisões apoiadas por esses sistemas varia – dessa forma, cabe verificar se estas decisões estão alinhadas às decisões fundamentais para a gestão do sistema de administração da produção da empresa no que se refere à geração do plano-mestre de produção, à programação da produção, à gestão dos materiais integrada à capacidade e ao controle da produção. Finalizando, é primordial verificar se o sistema escolhido comporta as características particulares da empresa que são relevantes à decisão apoiada.

Importante fator de êxito, uma vez escolhido o sistema correto, é a metodologia de implantação. Esta deve considerar o envolvimento dos recursos humanos e o treinamento destes nas etapas corretas das fases de implantação; essas etapas, por outro lado, devem ser gerenciadas dentro do conceito de gestão de projetos.

Por outro lado, é também importante avaliar o grau de capacitação e a postura profissional do fornecedor ou representante comercial. Cabe lembrar que, uma vez implantado o sistema, podemos criar uma dependência de seu fornecedor, tanto em nível da assistência técnica quanto da tecnologia adquirida. Esta última é particularmente importante nos sistemas que apresentam soluções proprietárias fechadas, uma vez que o sistema assume uma parcela de responsabilidade pela decisão dentro do sistema de administração da produção.

É importante reforçar que um sistema de programação da produção com capacidade finita não deve ser gerenciado de maneira isolada, ou seja, não integrado às demais dimensões temporais do planejamento, bem como às demais funções da empresa. Nesse contexto, tais sistemas podem assumir uma função de complementação em relação aos sistemas do tipo MRP II, substituindo o módulo de controle de fabricação quando a complexidade do sistema produtivo demandar gestão de capacidade finita.

Os sistemas de programação da produção com capacidade finita estão apoiados em informações – tanto quanto a modelagem do sistema produtivo, quanto dos parâmetros para a tomada de decisões e da situação presente da fábrica. Isso significa que a qualidade da decisão resultante é particularmente dependente da confiabilidade, integridade e aderência dessas informações à realidade modelada.

Um fator importante diz respeito à complexidade do sistema produtivo. Podemos utilizar o sistema de administração da produção para buscar atingir melhor

CAP. 9 ■ SFC, MES E SISTEMA DE PROGRAMAÇÃO DA PRODUÇÃO COM CAPACIDADE FINITA | **377**

desempenho de um sistema desnecessariamente complexo – por exemplo, em fábricas não focalizadas e em processos não estáveis. Nesse caso, pode ser aconselhável diminuir a complexidade deste antes da implantação de um sistema de programação da produção com capacidade finita. Também pode ser conveniente utilizar sistemas híbridos de administração da produção – ou seja, sistemas com características particulares por linhas de produtos ou por "minifábricas", por exemplo. Tal situação implica que um sistema de programação da produção com capacidade finita não precisa ser necessariamente implantado na fábrica toda. Isso pode se dar em empresas com produção altamente repetitiva (para a qual decidamos utilizar MRP II ou princípios JIT) com, por exemplo, ferramentarias complexas (por exemplo, fabricantes de eletrodomésticos) – nesse caso, possivelmente apenas a ferramentaria necessitaria uma solução de programação da produção com capacidade finita.

9.3 RESUMO

- Neste capítulo foi apresentado o sistema MES (*Manufacturing Execution Systems*)/ SFC (*Shop Floor Control*), destinado a aumentar a dinâmica dos sistemas de planejamento de produção, complementando os recursos de planejamento do MRP II.

- Esses sistemas têm o objetivo de cumprir o plano definido pelo MRP, detalhando os programas de produção e considerando variáveis não contempladas pelo MRP II, como problemas de qualidade dos materiais, gargalos de capacidade, quebras de equipamentos, pessoal com deficiência de treinamento, falhas de comunicação e ineficiências da fábrica.

- O sistema MES/SFC permite melhorar o controle e otimizar a liberação de ordens e alocação de recursos. É útil em sistemas produtivos que têm problemas complexos no chão de fábrica, como algumas matrizarias, tinturarias, litografias, gráficas, além de empresas que trabalham sob encomenda e algumas manufaturas de alimentos e medicamentos.

- Foram também apresentados os sistemas de programação da produção com capacidade finita, úteis na solução de programação da produção de curto prazo em ambientes com grau de complexidade alta. Nesses ambientes, há uma diversidade de restrições e possibilidades nas decisões de programação de produção, devido a diversos fatores envolvendo ordens de produção, recursos e operações de manufatura. As limitações dos sistemas MRP II nesses ambientes impulsionaram o desenvolvimento dos sistemas de programação com capacidade finita.

- Um dos primeiros sistemas com maior exposição na literatura foi o OPT – *Optimized Production Technology*, apresentando uma lógica de atuação em fluxos de materiais, estoques e despesas operacionais. Sua lógica se baseia em balanceamento de fluxos, e não de capacidades, buscando identificar e gerenciar as restrições do sistema produtivo (gargalos).

- A decisão pela implantação de um sistema de programação da produção com capacidade finita envolve diversos aspectos: necessidades estratégicas, consideração dos níveis de investimento e esforço requeridos, e análise dos sistemas existentes na empresa. Esse sistema deve ser integrado ao ERP.

9.4 QUESTÕES E TÓPICOS PARA DISCUSSÃO

1. Cabe ao SFC/MES a tarefa de controle dentro da lógica hierárquica de planejamento, programação e controle do MRP II. Explique o que isso significa.

2. O que significa "rastreabilidade" em sistemas MRP II? Por que pode ser mais importante para determinadas empresas que para outras?

3. Só o SFC/MES dentro do MRP II permite que o planejador olhe para "dentro das ordens de produção". Explique.

4. Por que algumas empresas têm necessidades mais sofisticadas e complexas de suporte informacional para seus processos decisórios envolvendo sequenciamento de ordens no chão de fábrica? Dê exemplo dessas empresas.

5. Que são sistemas se programação da produção com capacidade finita? Em que diferem dos sistemas de programação usados pelos módulos convencionais do MRP II?

6. Em que, basicamente, os princípios do OPT/TdR divergem da abordagem do MRP II?

7. Explique situações em operações de serviço (como um restaurante, por exemplo) nas quais os princípios do OPT/TdR poderiam ser aplicáveis.

8. O módulo de MRP II considera *lead times* como uma entrada do processo de geração dos programas, mas os *lead times* na verdade deveriam ser um resultado deste processo. Explique esta afirmação.

9. Que são sistemas "fechados" e "abertos" de programação da produção com capacidade finita e quais as vantagens e desvantagens do uso de cada um?

10. A decisão sobre o uso ou não de um sistema de programação da produção com capacidade finita é uma decisão estratégica por natureza. Discuta esta afirmação.

CAPÍTULO 10

Sistemas híbridos com o MRP II/ERP

OBJETIVOS DE APRENDIZAGEM

Ao final do capítulo, o aluno deverá ser capaz de:

- Entender o que são sistemas híbridos e quando a sua utilização é indicada.
- Compreender a filosofia e objetivos do JIT/Lean – *Just in Time*.
- Identificar as diferenças entre o JIT/Lean e o sistema tradicional de produção.
- Entender a lógica de planejamento, programação e controle da produção em um sistema JIT/Lean
- Descrever o fluxo "puxado" de materiais com o uso do sistema Kanban.
- Compreender a lógica de funcionamento do sistema híbrido MRP II e JIT/Lean, beneficiando-se da conjugação de suas diferentes vocações e filosofias.

10.1 INTRODUÇÃO

Nenhum sistema ou lógica específica é panaceia para todos os males. Quando pensamos em administração industrial, atualmente, ninguém mais discute que as abordagens contingenciais são as mais adequadas. Segundo essas abordagens, problemas característicos de diferentes contingências (ou situações) demandam diferentes soluções; assumimos que não há uma "melhor solução" para todos os problemas. Em outras palavras, diferentes lógicas de gestão teriam, segundo esta abordagem, diferentes "vocações", ou se encaixariam melhor para proverem soluções para determinadas situações, mas seriam piores para lidar com outras, de características diferentes. Como, muitas vezes, unidades produtivas dentro de uma empresa possuem diferentes subunidades com diferentes características,[1] a adoção de uma lógica específica "pura" de gestão para tratar das diferentes subunidades carregaria o risco de determinadas subunidades serem muito bem servidas (para as quais a lógica "pura" adotada se encaixasse melhor) e outras não terem para seus problemas e necessidades soluções satisfatórias. Trabalhar com diferentes lógicas para atender a diferentes necessidades, mesmo dentro de uma unidade produtiva, só demanda, muitas vezes, que mais de um sistema seja utilizado, de forma integrada.

10.1.1 Que são sistemas híbridos?

Sistemas híbridos são sistemas de administração da produção que têm elementos de mais do que uma lógica básica (*e.g.*, JIT/Lean e MRP II) trabalhando de forma integrada, de modo que cada lógica seja utilizada para oferecer soluções àquelas subunidades nas quais melhor se encaixe.

10.1.2 Por que usar sistemas híbridos?

As empresas optam por utilizar sistemas híbridos numa tentativa de trabalhar no "melhor dos mundos". Em outras palavras, se uma empresa ou unidade produtiva de uma empresa tem subunidades com características diferentes, ela opta por utilizar um sistema híbrido composto por dois ou mais sistemas (ou lógicas) de forma que cada sistema (ou lógica) seja utilizado na subunidade para a qual tenha mais vocação.

---

[1] Pense, por exemplo, numa unidade produtiva de automóveis. Convivem, muitas vezes, sob um mesmo teto subunidades muito diferentes em termos de suas características enquanto sistemas de produção: há o setor de montagem final dos veículos onde operam uma (ou várias) linha(s) de montagem, com suas próprias características (arranjo físico por produto, em linha, alta repetitividade de operações, altos volumes, entre outras) convivendo com o setor de conformação mecânica das peças, como o setor de estampagem de painéis (com arranjo físico funcional, média repetitividade, trabalhando com lotes de produção) e com a ferramentaria, que produz as ferramentas (moldes) que são usadas nas prensas de estampagem (com características correspondentes ao que se chama *job shop*, arranjo em células ou funcional, baixa repetitividade, roteiros e produtos muito variados, entre outras).

Isso nem sempre é trivial de fazer, pois, muitas vezes, as diferentes lógicas que podem ser utilizadas numa solução híbrida possuem aspectos muito diferentes ou até conflitantes. Como exemplo, podemos citar as lógicas do MRP II e do JIT/Lean: MRP II é um sistema que trabalha com lotes de produção; JIT/Lean é um sistema que trabalha na maioria das vezes com taxas de produção, ou seja, não utiliza lotes. No caso de uma empresa decidir pela utilização integrada do MRP II com o JIT/Lean é necessário, portanto, que um dos esforços do desenho da integração contemple a "tradução" de lotes em taxas e vice-versa.

10.2 CONCEITOS

10.2.1 Sistemas híbridos MRP II + JIT/Lean

Conforme discutido anteriormente, os sistemas de administração da produção híbridos de MRP II com JIT/Lean buscam capitalizar as vantagens e vocações de ambos os sistemas.

10.2.1.1 JIT/Lean (*Just in Time/Lean*)

INTRODUÇÃO

Neste texto optamos por usar o termo JIT/Lean porque, embora originalmente este sistema fosse largamente denominado, "JIT", mais recentemente o termo "*Lean*" passou a ser mais comumente utilizado. O *Just in Time* (JIT) surgiu no Japão, nos meados da década de 1970, e sua ideia básica e seu desenvolvimento são creditados à Toyota Motor Company, que buscava um sistema de administração que pudesse coordenar, precisamente, a produção com a demanda específica de diferentes modelos e cores de veículos com o mínimo atraso. O sistema de "puxar" a produção a partir da demanda, produzindo em cada estágio somente os itens necessários, nas quantidades necessárias e no momento necessário, ficou conhecido no Ocidente como sistema Kanban, que é o nome dado aos cartões utilizados para autorizar a produção e a movimentação de itens, ao longo do processo produtivo, como será visto mais adiante. Contudo, o JIT/Lean é muito mais do que uma técnica ou um conjunto de técnicas de administração da produção; é considerado como uma completa filosofia que inclui aspectos de administração de materiais, gestão da qualidade, arranjo físico, projeto do produto, organização do trabalho e gestão de recursos humanos, entre outros.

Embora haja quem diga que o sucesso do sistema de administração JIT/Lean esteja calcado nas características culturais do povo japonês, mais e mais gerentes têm-se convencido de que essa filosofia é composta de práticas gerenciais que podem ser aplicadas em qualquer parte do mundo. Algumas expressões são geralmente usadas para traduzir aspectos da filosofia *Just in Time*:

- produção sem estoques;
- eliminação de desperdícios;

382 | PLANEJAMENTO, PROGRAMAÇÃO E CONTROLE DA PRODUÇÃO ■ Corrêa – Gianesi – Caon

■ manufatura de fluxo contínuo;

■ esforço contínuo na resolução de problemas.

Vejamos com mais detalhes os elementos desta filosofia, assim como os pressupostos para sua implementação.

OBJETIVOS

O sistema JIT/Lean tem como objetivos fundamentais a *eficiência* (eliminação de desperdícios), a *qualidade* e a *flexibilidade*. A atuação do sistema JIT/Lean no atingimento desses dois últimos objetivos dá-se de maneira integrada, ou seja, os objetivos são, também, pressupostos para a implementação do sistema. Os objetivos de eficiência, qualidade e flexibilidade, quando estabelecidos em relação ao processo produtivo, têm um efeito secundário sobre a velocidade e a confiabilidade do processo.

A perseguição desses objetivos dá-se, principalmente, por meio de um mecanismo de redução dos estoques, os quais tendem a camuflar os problemas do processo produtivo.

Tradicionalmente, os estoques têm sido utilizados para evitar descontinuidades do processo produtivo, em face dos diversos problemas de produção que podem ser classificados principalmente em três grandes grupos:

■ *Problemas de qualidade*: quando alguns estágios do processo de produção apresentam problemas de qualidade, gerando refugo de forma incerta, o estoque, colocado entre esses estágios e os posteriores, permite que estes últimos possam trabalhar continuamente, sem sofrer com as interrupções que ocorrem em estágios anteriores. Dessa forma, o estoque gera independência entre os estágios do processo produtivo, conforme visto no Capítulo 2.

■ *Problemas de quebra de máquina*: quando uma máquina para por problemas de manutenção, os estágios posteriores do processo que são "alimentados" por essa máquina teriam que parar, caso não houvesse estoque suficiente para que o fluxo de produção continuasse, até que a máquina fosse reparada e entrasse em produção normal novamente. Nessa situação, o estoque também gera independência entre os estágios do processo produtivo.

■ *Problemas de preparação de máquina*: quando uma máquina processa operações em mais de um componente ou item, é necessário preparar a máquina a cada mudança de componente a ser processado. Essa preparação representa custos referentes ao período inoperante do equipamento, à mão de obra requerida na operação de preparação, à perda de material no início da operação, entre outros fatores. Quanto maiores esses custos, maior tenderá a ser o lote executado, para que tais custos sejam rateados por uma quantidade razoável de peças, reduzindo, por consequência, o custo por unidade produzida. Lotes grandes de produção geram estoques, pois a produção é executada antecipadamente à demanda, sendo consumida por esta em períodos subsequentes.

Como se vê, o estoque funciona como um investimento necessário quando problemas como os citados estão presentes no processo produtivo. O objetivo da filosofia JIT/Lean é reduzir os estoques, de modo que os problemas fiquem visíveis e possam ser eliminados por meio de esforços concentrados e priorizados. Conforme ilustrado pela Figura 10.1, o estoque, com o investimento que representa, pode ser simbolizado pela água de um lago que encobre os obstáculos, representando os diversos problemas do processo produtivo. Desse modo, o fluxo de produção consegue seguir às custas de altos investimentos em estoque, ainda que esse fluxo seja prejudicado pelos obstáculos que reduzem a velocidade da água. Reduzir os estoques assemelha-se a baixar o nível da água, tornando visíveis os problemas que, quando eliminados, permitem um fluxo mais suave da produção, sem a necessidade de estoques. Reduzindo-se os estoques gradativamente, tornam-se visíveis os problemas mais críticos da produção, ou seja, aqueles que requerem maior volume de estoques, possibilitando um ataque priorizado. À medida que esses problemas vão sendo eliminados, reduzem-se mais e mais os estoques, buscando-se novos problemas escondidos.

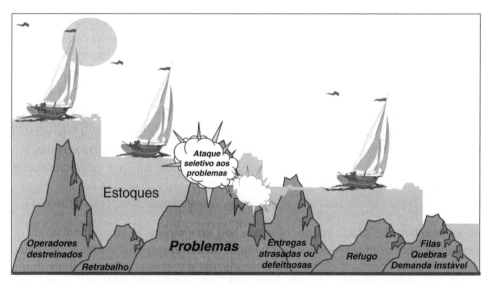

Figura 10.1 Reduzindo os estoques para expor os problemas de processo.

Com essa prática, o JIT/Lean visa fazer com que o sistema produtivo alcance melhores índices de qualidade, maior confiabilidade de seus equipamentos e maior flexibilidade, principalmente pela redução dos tempos de preparação de máquinas, permitindo a produção de lotes menores e mais adequados à demanda do mercado.

Vejamos a seguir mais detalhes da filosofia JIT/Lean.

Filosofia e pressupostos por trás do JIT/Lean: comparação com abordagem tradicional

O sistema JIT/Lean apresenta diversas diferenças de abordagem em relação aos sistemas tradicionais de produção. Talvez a principal seja a sua característica de "puxar" a produção ao longo do processo, de acordo com a demanda. Nesse sistema, o material somente é processado em uma operação se ele é requerido pela operação subsequente do processo. Os sistemas tradicionais "empurram" a produção, desde a compra de matérias-primas e componentes até os estoques de produtos acabados. Nesse caso, as operações são disparadas pela disponibilidade de material a processar. Uma vez completada a primeira operação, o lote é "empurrado" para a operação seguinte, na qual espera sua vez de encabeçar a fila de lotes a serem processados, de acordo com seu nível de prioridade.

Outra característica importante do sistema JIT/Lean é a de ser um sistema *ativo*, enquanto os sistemas tradicionais são sistemas *passivos*. Na abordagem tradicional, os sistemas de administração da produção assumem uma série de características do processo produtivo como, por exemplo, níveis de qualidade geralmente obtidos, tempos de preparação de equipamentos para troca de produtos, frequência de quebras de máquinas, entre outras. Conhecidos os dados referentes a essas características, os SAP tradicionais procuram minimizar os custos envolvidos no processo, influenciados pelas decisões que sugerem. Consequentemente, propõem ordens de produção maiores, em função do índice esperado de peças defeituosas, sugerem a produção de lotes que distribuam os custos fixos de preparação de máquina a uma quantidade razoável de itens processados e preconizam excesso de capacidade para dar conta das paradas de máquina por problemas de manutenção. O sistema JIT/Lean, por outro lado, incentiva o ataque àquelas características do processo produtivo que não agregam valor à produção. Desse modo, os problemas do processo não são aceitos passivamente, ao contrário, a eliminação desses problemas, os quais são geralmente encobertos pelos estoques gerados, constitui um pressuposto para a utilização do sistema JIT/Lean. O objetivo de redução dos estoques, presente na filosofia JIT/Lean, é atingido, principalmente, pela eliminação das causas geradoras da necessidade de manter estoques.

Conforme discutido no Capítulo 2, pode-se dizer que os estoques são mantidos por duas causas principais. A primeira refere-se à eventual dificuldade de coordenação entre a demanda de determinado item e o processo de obtenção desse mesmo item, ou seja, ainda que se possa determinar o momento em que determinada quantidade de um item será necessária, pode ser difícil determinar com precisão o momento e a quantidade da produção. Essa dificuldade pode vir do grande número de itens diferentes a serem produzidos ou da complexidade da estrutura dos produtos. A segunda razão para a manutenção de estoques é dada pelas incertezas associadas à demanda dos itens a serem fabricados, em termos de quantidade e momentos, e ao processo de obtenção ou produção dos itens. As incertezas em relação à obtenção dizem respeito à qualidade dos itens produzidos, resultando numa quantidade incerta de itens aproveitáveis e referem-se, também, ao momento em que os itens estarão disponíveis em função da incerteza da disponibilidade dos equipamentos e da incerteza das filas de grandes lotes de itens a serem produzidos.

Enquanto sistemas do tipo MRP II procuram atacar o problema da coordenação entre demanda e obtenção dos itens, aceitando passivamente as incertezas, o sistema JIT/Lean ataca prioritariamente essas incertezas e, posteriormente, o problema de coordenação.

A seguir serão discutidos alguns elementos da filosofia JIT/Lean que a diferenciam do enfoque dado pela abordagem tradicional.

O papel dos estoques

Como já foi comentado, na abordagem tradicional os estoques são considerados úteis por proteger o sistema produtivo de problemas que podem causar a parada do fluxo de produção (falta de peças, atrasos de fornecedores, entre outros). Os estoques dão independência a cada fase produtiva, de modo que os problemas de uma fase não atinjam as fases subsequentes. Na filosofia JIT/Lean, os estoques são considerados nocivos, também por ocuparem espaço e representarem altos investimentos em capital, mas, principalmente, por esconderem os problemas da produção que geralmente resultam em baixa qualidade e produtividade. A presença de estoques tira a atenção da gerência para problemas sérios de qualidade e falta de confiabilidade de equipamentos, os quais a filosofia JIT/Lean procura eliminar. Ainda que, apesar do "conforto" dado pelos estoques, a gerência procure manter a atenção na eliminação dos problemas do processo, a presença de estoques dificulta a identificação desses problemas. Quando há uma grande quantidade de estoque entre duas determinadas operações de produção, um problema gerado na operação anterior (causado por desatenção do operador, desregulagem do equipamento etc.) custa a ser identificado pela operação seguinte, fazendo com que seja produzida uma grande quantidade de peças defeituosas, as quais irão requerer horas de retrabalho ou serão diretamente refugadas, tornando inúteis o material e a mão de obra gastos em sua produção.

Com a redução dos estoques proposta pela filosofia JIT/Lean, o problema gerado na operação anterior é rapidamente identificado pelo operador da operação posterior, o qual, não podendo prosseguir seu trabalho por falta de peças, é forçado a auxiliar seu companheiro a resolver o problema ocorrido.

As empresas que empregam a filosofia JIT/Lean reconhecem a necessidade de algum estoque em processo para que a produção possa fluir, contudo argumentam que esse estoque é menor do que se imagina. Naturalmente, manter o fluxo de produção com pouco estoque em processo não é uma tarefa fácil, já que é necessário exercer certa pressão sobre os trabalhadores para que produzam segundo as taxas de produção esperadas, para que nenhuma etapa seja interrompida por falta de material.

Essa pressão é muitas vezes exercida deliberadamente, retirando-se os estoques ou ainda transferindo trabalhadores da linha de produção para outros serviços, de modo a identificar os gargalos e os problemas de qualidade do processo para que possam ser atacados e eliminados.

Tamanho de lote de produção e compra

Um dos principais pilares da filosofia JIT/Lean é a redução dos lotes de produção e de compra. Tradicionalmente, os princípios da boa gestão de materiais mandam que se determine o tamanho dos lotes de compra e produção por meio do balanço entre o custo da manutenção de estoques e outros custos referentes a preparação de equipamento para a produção, custos fixos do processo de compra de materiais, descontos obtidos por quantidade comprada, entre outros. Um exemplo simples deste balanço é dado pela metodologia de determinação do *lote econômico de pedido* (produção ou compra) – veja a seção 2.2.3 do Capítulo 2.

Na abordagem tradicional, os custos unitários de manutenção do estoque e os custos de obtenção do material podem ser determinados de forma relativamente fácil pelos gerentes. Contudo, essa teoria pressupõe a aceitação dos parâmetros utilizados na equação, estando aí a principal crítica da filosofia JIT/Lean. Inicialmente, pode-se argumentar que, como já visto em relação a sua influência sobre a qualidade, os estoques podem apresentar custos bem maiores do que aqueles provenientes apenas do espaço ocupado e do investimento em capital, que não estão considerados explicitamente em nenhuma das formas que a equação do lote econômico tem tomado. Por outro lado, e talvez mais importante, está o fato de que o custo de obtenção de um lote de ressuprimento do material, seja por produção ou por compra, é referente a determinado processo de obtenção, o qual pode e deve ser revisto de modo a que esses custos sejam reduzidos ao máximo.

No caso de compra de materiais, algumas medidas podem ser tomadas visando reduzir a burocracia dos pedidos, as cotações e as inspeções de recebimento, envolvendo uma mudança no relacionamento com os fornecedores que será analisada em mais detalhe posteriormente, quando analisarmos o fornecimento de materiais JIT/Lean. No caso da produção, a redução do custo de obtenção se dá principalmente pela redução do tempo necessário à preparação do equipamento (*set-up time*), quando da troca do produto a ser produzido.

Erros

A abordagem tradicional encara os erros e defeitos como inevitáveis, devendo ser considerados no planejamento para que a operação não seja surpreendida. Dada a ocorrência de defeitos, a produção deve ser inspecionada e os itens defeituosos retrabalhados em estações de trabalho específicas ou, caso não seja possível, refugados. A filosofia JIT/Lean considera os erros como inevitáveis (afinal, errar é humano), mas assume explicitamente a meta de não permitir que erros humanos transformem-se em defeitos, portanto a intenção é de eliminar os defeitos totalmente. A situação pretendida de não ocorrência absoluta de defeitos pode ser considerada inatingível,

CAP. 10 ■ SISTEMAS HÍBRIDOS COM O MRP II/ERP | **387**

contudo, o estabelecimento desta meta é o que leva ao movimento de melhoria ou aprimoramento contínuo, que pode resultar em índices de defeitos extremamente baixos.

O erros e defeitos, na filosofia JIT/Lean, têm uma importância fundamental como fonte de informações para o aprimoramento contínuo. Por meio da análise dos erros e defeitos, pode-se descobrir por que o processo não é à prova de falhas e, com a investigação persistente de cada defeito e sua causa, pode-se gradativamente, projeto a projeto, aprimorar o processo para que ele não produza mais falhas. Aderir à meta de "zero defeito" implica assumir o espírito do aprimoramento contínuo em todos os aspectos da empresa, desde o projeto dos produtos até o desempenho do processo. O monitoramento da qualidade do produto e do processo exige que o desempenho nesses aspectos esteja visível a todos que possam contribuir para o aprimoramento. Gráficos de controle podem ser encontrados em toda parte nas fábricas que adotaram a filosofia JIT/Lean. A própria organização da fábrica deve favorecer a visibilidade dos erros para sua fácil identificação.

A filosofia JIT/Lean coloca a ênfase da gerência no fluxo de produção, procurando fazer com que os produtos fluam suave e continuamente através das diversas fases do processo produtivo, se possível, com um tempo de ciclo cada vez menor. Com esse objetivo, não há sentido em priorizar o alto índice de utilização dos equipamentos, quando estes são analisados individualmente. O princípio já citado de "puxar" a produção a partir da demanda, ou seja, disparar a produção de determinado produto ou componente em determinado centro de produção de acordo com as quantidades requeridas pelas operações seguintes, garante que os equipamentos sejam utilizados apenas nos momentos necessários.

Neste ponto pode surgir a questão: o que ocorre se a demanda é muito variável no tempo? Ou ainda, o que ocorre se a variedade de produtos e componentes é muito grande, fazendo com que a demanda de cada componente seja instável? Produzir apenas segundo as necessidades não exigiria muita capacidade produtiva para garantir o atendimento aos picos de demanda, ao mesmo tempo em que se teria períodos de alta ociosidade, resultando em taxas de utilização muito baixas? A resposta é sim. Exatamente por esses motivos impõem-se alguns pressupostos para a implementação da filosofia JIT/Lean: demanda razoavelmente estável ao longo do tempo e faixa de produtos restrita. Contudo, é bom que se diga que a ênfase no fluxo se traduz em taxas de utilização de equipamentos geralmente mais baixas do que aquelas que se obtêm com a abordagem tradicional, exigindo certa capacidade em excesso.

A estabilidade da demanda, quando esta não é a característica do mercado a ser atendido, pode ser conseguida às custas de estoques de produtos finais. A presença desses estoques dá certa independência à produção, para que produza em regimes mais estáveis, adequados ao conjunto de princípios da filosofia JIT/Lean, sendo uma alternativa utilizada por várias empresas, inclusive japonesas. O problema da faixa de produtos será analisado com mais detalhe quando tratarmos do projeto para a manufatura JIT/Lean.

O papel da mão de obra direta e indireta

A filosofia JIT/Lean impõe um novo papel para a mão de obra direta da produção, a qual passa a ser responsável por atividades antes atribuídas a departamentos de apoio. Segundo a filosofia JIT/Lean, se a empresa pretende fazer as coisas certas da primeira vez, são os operários que as devem fazer, ou seja, são eles os responsáveis pela qualidade dos produtos produzidos. Os operários fabricam, montam, testam, movimentam os materiais, isto é, executam todas as atividades responsáveis pela qualidade "embutida" no produto; portanto, somente eles conhecem os problemas de se conseguir fazer certo da primeira vez.

A mão de obra indireta, gerentes e engenheiros, tem o papel de apoiar com conhecimento técnico mais sofisticado, o trabalho do pessoal de linha de frente do processo de aprimoramento do produto e do processo, ou seja, os operários. A identificação e resolução dos problemas cabe aos operários, apoiados pelos especialistas. Nesse sentido, torna-se importante que os operários tenham conhecimentos, ainda que rudimentares, de métodos de identificação e análise de problemas, controle estatístico do processo, entre outras técnicas, para que possam assumir as novas responsabilidades impostas pela filosofia JIT/Lean. Obviamente, nem todos os problemas poderão ser resolvidos diretamente pelos operários, de modo que a presença dos especialistas continua fundamental, porém, com outro enfoque: os especialistas em qualidade, métodos e processos, entre outros, deverão apoiar os operários em sua tarefa e não traçar as diretrizes e métodos de trabalho para que sejam seguidos sem questionamento pela mão de obra direta, como manda a boa prática da abordagem tradicional.

Na manutenção, o papel dos operários também é ampliado. Enquanto na abordagem tradicional a responsabilidade pela manutenção preventiva e corretiva é de uma equipe especializada que está na fábrica apenas para executar tais funções, na filosofia JIT/Lean a ênfase é dada prioritariamente à manutenção preventiva, sendo executada principalmente pelos próprios operários. A ideia é a de que a manutenção preventiva simples, aliada à operação suave e contínua dos equipamentos, é em boa parte responsável pela confiabilidade das máquinas. A atuação dos próprios operários na manutenção preventiva simples causa menores interrupções na produção, aumentam a responsabilidade da mão de obra em relação aos equipamentos que opera e aproveita o conhecimento do operário sobre a operação diária do equipamento, no trabalho de manutenção.

Organização e limpeza da fábrica

Na filosofia JIT/Lean, a organização e a limpeza são itens fundamentais para o sucesso de aspectos como a confiabilidade dos equipamentos, a redução de desperdícios, o controle da qualidade, a condição moral dos trabalhadores, entre outros. A sujeira e a poeira prejudicam os equipamentos, desgastam componentes mecânicos e prejudicam

CAP. 10 ■ SISTEMAS HÍBRIDOS COM O MRP II/ERP | **389**

o funcionamento dos comandos eletrônicos. A complacência com equipamentos sujos não incentiva os trabalhadores a executarem adequadamente a manutenção preventiva, requisito fundamental para garantir a confiabilidade dos equipamentos e permitir a redução dos estoques.

Quando o piso da fábrica está limpo, qualquer coisa que caia no chão é imediatamente identificada e recolhida. Os desperdícios ficam facilmente visíveis, assim como tudo o que está fora do lugar. Esse é o princípio da *visibilidade*, tão importante na filosofia JIT/Lean: "um lugar para cada coisa e cada coisa em seu lugar".

A influência da organização da fábrica sobre a qualidade também é fundamental, pois torna os problemas visíveis. Recipientes padronizados para a movimentação de material permitem identificar rapidamente os problemas: um grupo de três pistões em uma fábrica de motores de quatro cilindros deve disparar um esforço de investigação, pois algo deve estar errado. Identificar os problemas rapidamente contribui para sua rápida resolução, evitando que os atrasos pressionem os trabalhadores a deixarem de lado os bons hábitos de manutenção da limpeza e da organização, fechando o ciclo.

A limpeza induz, também, à disciplina dos trabalhadores em relação a todos os principais aspectos da filosofia JIT/Lean. A preocupação da gerência com esses itens deixa claro aos trabalhadores que a empresa está realmente levando a sério a implementação de uma nova filosofia na fábrica.

O USO DO JIT/LEAN: FIM AOS DESPERDÍCIOS E MELHORIA CONTÍNUA

Alguns autores definem a filosofia JIT/Lean como um sistema de manufatura cujo objetivo é otimizar os processos e procedimentos por meio da redução contínua de desperdícios.

Eliminar desperdícios significa analisar todas as atividades realizadas na fábrica e eliminar aquelas que não agregam valor à produção. Para que se possa compreender melhor de quais atividades estamos falando, utilizaremos a classificação proposta por Shigeo Shingo, reconhecida autoridade em JIT/Lean e engenheiro da Toyota Motor Company, no Japão. Shingo identifica sete categorias de desperdícios, comentadas a seguir.

■ *Desperdício de superprodução*: o JIT/Lean considera um desperdício o hábito de produzir antecipadamente à demanda, para o caso de os produtos serem requisitados no futuro. A produção antecipada, isto é, maior do que o necessário no momento, provém, em geral, de problemas e restrições do processo produtivo, tais como: altos tempos de preparação de equipamentos, induzindo à produção de grandes lotes; incerteza da ocorrência de problemas de qualidade e confiabilidade de equipamentos, levando a produzir mais do que o necessário; falta de coordenação entre as necessidades (demanda) e a produção, em termos de quantidades e momentos; grandes distâncias a percorrer com o material, em função de um arranjo físico inadequado, levando à formação de lotes para a movimentação, entre outros. Desse modo, a filosofia JIT/Lean sugere que se produza somente o que é necessário no momento e, para isso, que se reduzam os tempos de *set-up*, que se sincronize a produção com a demanda, que se compacte o *layout* da fábrica e assim por diante.

- *Desperdício de espera*: este desperdício refere-se ao material esperando para ser processado, formando filas que visam garantir altas taxas de utilização dos equipamentos. A filosofia JIT/Lean coloca ênfase no fluxo de materiais e não nas taxas de utilização dos equipamentos, os quais somente devem trabalhar se houver necessidade. A sincronização do fluxo de trabalho e o balanceamento das linhas de produção contribuem para a eliminação deste tipo de desperdício.

- *Desperdício de transporte*: a atividade de transporte e movimentação de material não agrega valor ao produto produzido e é necessária em função de restrições do processo e das instalações, que impõem grandes distâncias a serem percorridas pelo material ao longo do processamento. Encaradas como desperdícios de tempo e recursos, as atividades de transporte e movimentação devem ser eliminadas ou reduzidas ao máximo, por meio da elaboração de um arranjo físico adequado, que minimize as distâncias a serem percorridas. Muita ênfase tem sido dada às técnicas de movimentação e armazenagem de materiais, enquanto o realmente importante é eliminar as necessidades de armazenamento, reduzindo os estoques, e eliminar a necessidade de movimentação, por meio da redução das distâncias, para que, só então, se pense em racionalizar o transporte e a movimentação de materiais que não puderem ser eliminados.

- *Desperdício de processamento*: no próprio processo produtivo podem estar havendo desperdícios que podem ser eliminados. Deve-se questionar, por exemplo, "por que determinado item ou componente deve ser feito?", "qual a sua função no produto?", "por que esta etapa do processo é necessária?". É comum que os gerentes se preocupem em como fazer as coisas mais rápido, sem antes questionar se essa coisa deve realmente ser feita afinal. Nesse sentido, torna-se importante a aplicação das metodologias de engenharia e análise de valor, que consiste na simplificação ou redução do número de componentes ou operações necessárias para produzir determinado produto. Qualquer elemento que adicione custo e não valor ao produto é candidato a investigação.

- *Desperdício de movimento*: os desperdícios de movimento estão presentes nas mais variadas operações que se executam na fábrica. A filosofia JIT/Lean adota as metodologias de estudo de métodos e estudo do trabalho, visando alcançar economia e consistência nos movimentos. A economia dos movimentos aumenta a produtividade e reduz os tempos associados ao processo produtivo. A consistência contribui para o aumento da qualidade. A importância das técnicas de estudo de tempos e métodos é justificada pois o JIT/Lean é um enfoque essencialmente de baixa tecnologia, que se apoia em soluções relativamente simples e de baixo custo, em vez de grandes investimentos em automação. Ainda que se decida pela automação, deve-se aprimorar os movimentos para, somente então, mecanizar e automatizar; caso contrário, corre-se o risco de automatizar o desperdício.

- *Desperdício de produzir produtos defeituosos*: problemas de qualidade geram os maiores desperdícios do processo. Produzir produtos defeituosos significa desperdiçar materiais, disponibilidade de mão de obra, disponibilidade de equipamentos, movimentação de materiais defeituosos, armazenagem de materiais defeituosos, inspeção de produtos etc. O processo produtivo deve ser desenvolvido de maneira tal que previna a ocorrência de defeitos, para que se possam eliminar as inspeções. Os defeitos não devem ser aceitos e não devem ser gerados. É comum nas fábricas que adotaram a filosofia JIT/Lean a utilização de "dispositivos à prova de falhas", os quais procuram evitar os erros comuns causados pelo homem. Os *bakayoke*, como são chamados em japonês, são encontrados nas mais diversas formas e nas várias etapas do processo produtivo.

- *Desperdício de estoques*: os estoques, como já foi comentado, além de ocultarem outros tipos de desperdício, significam desperdícios de investimento e espaço. A redução dos desperdícios de estoque deve ser feita por meio da eliminação das causas geradoras da necessidade de se manter estoques. Reduzindo-se todos os outros desperdícios, reduz-se, por consequência, os desperdícios de estoque. Isso pode ser feito reduzindo-se os tempos de preparação de máquinas, reduzindo os *lead times* de produção, sincronizando os fluxos de trabalho, reduzindo as flutuações de demanda, tornando as máquinas confiáveis e garantindo a qualidade dos processos.

Além do esforço de eliminação de desperdícios, a filosofia JIT/Lean tem a característica de não aceitação da situação vigente ou mesmo de padrões de desempenho. Na abordagem tradicional, as metas costumam ser estáticas, ao menos para determinado período, geralmente o ano fiscal, após o qual podem ser alteradas visando aprimoramentos. As metas funcionam como padrões, com base nos quais é exercida a atividade de controle que procura minimizar os afastamentos que ocorrem em relação a esses padrões. O controle mantém o processo estável e mantém os resultados dentro das tolerâncias aceitáveis.

As metas colocadas pelo JIT/Lean são nada menos do que:

- zero defeito;
- tempo zero de preparação (*set-up*);
- estoque zero;
- movimentação zero;
- quebra zero;
- *lead time* zero;
- lote unitário (uma peça).

Embora pareçam muito ambiciosas, se não inatingíveis, aos olhos da abordagem tradicional, essas metas garantem o processo de esforço para melhoria contínua e não aceitação da situação atual.

FORNECIMENTO DE MATERIAIS JIT/LEAN

Os elementos mais importantes do fornecimento de materiais no sistema JIT/Lean são extensões lógicas da produção JIT/Lean e, em grande medida, são pré-requisitos necessários para uma implementação de sucesso. Esses elementos são:

- lotes de fornecimento reduzidos;
- recebimentos frequentes e confiáveis;
- *lead times* de fornecimento reduzidos;
- altos níveis de qualidade.

A esses elementos deve-se acrescentar um relacionamento cooperativo com os fornecedores, em vez de um relacionamento entre adversários, além da ênfase na redução do número de fornecedores, objetivando uma única fonte de fornecimento para cada material comprado. Na prática, a condição de fornecedor único é impraticável, podendo ser bastante arriscada; contudo, é um objetivo a ser perseguido.

Ao final, a filosofia JIT/Lean prega a gestão de toda a rede de suprimentos, do fornecedor de matéria-prima ao consumidor final, enfatizando a cooperação e a crescente integração dos atores da rede.

Redução da base de fornecedores

Há duas razões principais para se reduzir o número de fornecedores e, especificamente, tentar alcançar a condição de fornecedor único na maioria dos casos:

- demonstração do estabelecimento de compromissos de longo prazo;
- limitação de esforços no desenvolvimento de fornecedores.

O coração do fornecimento de materiais no sistema JIT/Lean é o estabelecimento de compromissos de longo prazo junto aos fornecedores, embora esse aspecto não seja exclusivo da filosofia JIT/Lean, refletindo as principais teorias atuais de gestão de suprimentos. De qualquer forma, é essencial que a empresa seja um cliente valorizado pelo fornecedor e que o compromisso seja demonstrado pelos dois lados. Os contratos de longo prazo com um único fornecedor oferecem em retorno altos níveis de qualidade e entregas confiáveis.

Alguns fornecedores podem não ser capazes de atingir os níveis de qualidade desejados ou, ainda, de garantir entregas confiáveis. Nesses casos, o auxílio da empresa cliente na forma de especialistas em qualidade ou administração da produção pode ser de grande valia. Esse processo é conhecido por desenvolvimento de fornecedores. Essa situação costuma ocorrer em relação a uma série de empresas pequenas que fornecem para um grande cliente, como é o caso das redes de suprimentos da indústria automobilística.

Um dos resultados esperados do estabelecimento de contratos de longo prazo é o compartilhamento de informações, tanto comerciais como de projeto, entre o fornecedor e o cliente.

Informações comerciais compartilhadas

A eficiência da produção é influenciada pelo processo de seu planejamento, o qual depende da confiabilidade da previsão de demanda realizada. Não há melhor maneira de se prever a demanda do que conhecer o programa de produção dos clientes. Por isso, é importante dar conhecimento aos fornecedores, dos programas de produção da empresa, tanto no que se refere ao período já planejado e "congelado", como em relação às previsões de médio prazo. Isso permite que os clientes possam planejar-se com a antecedência necessária, principalmente em relação à capacidade requerida.

O conhecimento da estrutura de custos dos fornecedores permite melhores negociações, fazendo com que o preço dos produtos seja reduzido no longo prazo, fruto da ajuda e informações que são repassadas pelo cliente.

Informações de projeto compartilhadas

O relacionamento cooperativo de longo prazo também permite que os fornecedores sejam trazidos ao processo de desenvolvimento de produtos ou componentes, nos primeiros estágios de projeto. Com isso, a utilização das técnicas de engenharia e análise de valor, associada ao conhecimento que os fornecedores têm de seus processos produtivos, tende a gerar produtos que podem ser produzidos economicamente. As especificações de projeto transmitidas aos fornecedores devem ser mais referentes a características de desempenho esperadas, do que a tolerâncias rígidas, ao contrário do que é o hábito tradicional. Dessa maneira, o fornecedor poderá estudar qual a forma mais econômica de produzir um produto que atenda a essas características de desempenho.

Redução dos custos de aquisição

Como os fornecedores não mudam com frequência, há uma redução imediata nos custos de negociação de pedidos. A confiabilidade nas entregas praticamente elimina a necessidade de acompanhamento (*follow up*) dos pedidos dos fornecedores. A garantia da qualidade pode eliminar, também, os custos de inspeção e contagem do material recebido. Custos de movimentação de materiais podem ser reduzidos, da mesma forma, se o material já for entregue no local de uso.

A redução dos custos de aquisição tem, sobre o dimensionamento dos lotes de compra, o mesmo efeito que a redução dos custos de *setup* tem sobre o dimensionamento dos lotes de produção, ou seja, permite que as compras sejam mais frequentes e em lotes menores. Dessa forma, o fluxo contínuo e suave de materiais que se busca conseguir na logística interna da fábrica pode ser estendido, também, aos fornecedores, que passam a fazer parte da mesma linha de fluxo contínuo, com todas as vantagens de redução de estoques, melhoria de qualidade e outras já mencionadas.

Localização dos fornecedores

Com certeza, a distância que separa os fornecedores dos clientes pode ser um obstáculo para o fornecimento de materiais segundo a filosofia JIT/Lean. Grandes distâncias exigem lotes de transporte mais volumosos para não tornar elevados os custos de frete. Assim, da mesma forma que o JIT/Lean trata das distâncias internas transformando o *layout* em celular, a localização dos fornecedores deve ser um aspecto a ser considerado em sua escolha. No Brasil, apesar de suas dimensões continentais, a concentração no parque industrial no Sudeste, principalmente no Estado de São Paulo, faz com que, na maioria dos casos, as distâncias entre fornecedores e clientes não sejam muito maiores do que são no Japão.

De qualquer forma, o estudo racional da logística de fornecimento pode trazer grandes economias de transporte, possibilitando entregas frequentes de pequenos lotes. Nesse sentido, é importante que o controle do transporte fique sob a responsabilidade da empresa cliente, a qual deverá coordenar as entregas de diferentes fornecedores para que, eventualmente, vários componentes, provenientes de diferentes empresas, possam ser agregados em determinado ponto geográfico, de modo a utilizar um mesmo meio de transporte até a empresa cliente. Obviamente, essa estratégia somente se torna possível para clientes de determinado porte.

FIQUE ATENTO

É muito comum a utilização do sistema *milk run* para coleta programada de materiais junto a fornecedores de uma fábrica. Um caminhão passa por um fornecedor, coleta o material já separado e faturado, em seguida passa em outro(s), até que entrega os materiais na fábrica. Com esse sistema há redução no estoque de materiais, há uma frequência de abastecimento contínua (podendo ser diário ou até mais de uma vez por dia) e, em contrapartida, exige maior coordenação entre fábrica e fornecedores.

Planejamento, programação e controle da produção para JIT/Lean

Como foi visto, os objetivos fundamentais do JIT/Lean são reduzir custos, obter alta qualidade e dar flexibilidade ao processo para que possa adaptar-se às variações da demanda. Essa flexibilidade é conseguida, principalmente, por meio da redução dos *lead times*, já que os estoques são retirados do sistema produtivo, esperando-se obter um fluxo suave e contínuo de materiais na fábrica. Foi comentado, também, que a necessidade dessa flexibilidade está limitada, principalmente no que se refere a mudanças no *mix* de produtos, já que no sistema JIT/Lean toma-se o cuidado de:

- restringir relativamente a variedade de produtos produzidos, trabalhando-se com uma faixa de produtos limitada, produzidos em grande quantidade; e/ou
- utilizar técnicas de projeto adequadas à manufatura e à montagem, de modo que o mercado perceba certa variedade de produtos, enquanto a fábrica perceba a produção de uma gama restrita de componentes

A transformação de todo o fluxo de produção em uma linha de fluxo contínuo que inclua não só a montagem final dos produtos, mas também a fabricação de componentes e submontagens, não admite grandes variações de curto prazo no volume de produção. Contudo, para ajudar a produção a responder efetivamente às variações possíveis de curto prazo da demanda, o sistema JIT/Lean procura adequar a demanda esperada às possibilidades do sistema produtivo, além de organizar esse sistema de modo que variações, relativamente pequenas, de demanda no curto prazo possam ser acomodadas sem muitos problemas para o sistema de produção. A técnica utilizada para esse fim é conhecida como *suavização da produção*.

Por meio dessa técnica, as linhas de produção podem produzir vários produtos diferentes a cada dia, de modo a responder adequadamente à demanda do mercado. É fundamental para esta técnica a redução dos tempos envolvidos no processo, principalmente os tempos de preparação e os tempos de fila, que devem ser desprezíveis. A técnica de suavização da produção envolve duas fases, a da programação mensal e a da programação diária da produção. A primeira fase adapta a produção mensal às variações da demanda ao longo do ano, enquanto a segunda, adapta a produção diária às variações da demanda ao longo do mês.

A programação mensal é efetuada com base no processo de planejamento mensal da produção que resulta em um Programa Mestre da Produção, expresso em termos da quantidade de produtos finais a serem produzidos a cada mês. Esse programa fornece, também, os níveis médios de produção diária de cada estágio do processo, garantindo que haja recursos suficientes para a execução do programa, além da reserva de capacidade necessária.

O planejamento é baseado em previsões de demanda mensais e o horizonte de planejamento depende de vários fatores característicos da empresa, como as incertezas associadas ao processo de previsão e os *lead times* de produção, sendo três meses um valor típico. Quanto menores os *lead times*, mais curto pode ser o horizonte de planejamento, possibilitando previsões mais seguras. Com um horizonte de três meses, o *mix* de produção e as quantidades são sugeridos com dois meses de antecedência e o plano detalhado é fixado ou "congelado" com um mês de antecedência ao mês corrente. Os programas diários serão então definidos com base nesse programa mestre de produção.

A suavização da produção inclui duas dimensões: a distribuição homogênea da produção mensal a cada dia ao longo do mês, assim como a distribuição homogênea da produção mensal de cada produto, a cada dia ao longo do mês.

Estabelecido o Programa Mestre de Produção e balanceada a linha de montagem final para atingi-lo, é necessário "puxar" a produção dos componentes necessários para a montagem dos três tipos de bombas do exemplo apresentado a seguir.

PUXANDO O FLUXO DE MATERIAIS: O SISTEMA *KANBAN*

Kanban é o termo japonês que significa *cartão*. Esse cartão age como disparador da produção de centros produtivos em estágios anteriores do processo produtivo, coordenando a produção de todos os itens de acordo com a demanda de produtos finais. O sistema de cartões *kanban* mais difundido atualmente é o sistema de dois cartões, utilizado inicialmente na fábrica da Toyota no Japão. Esse sistema consiste da utilização de dois cartões *kanban*, um deles denominado *kanban de produção* e o outro, *kanban de transporte*.

O *kanban* de produção dispara a produção de um lote (geralmente pequeno e próximo à unidade) de peças de determinado tipo, em determinado centro de produção da fábrica. Esse cartão contém, em geral, as seguintes informações: número da peça, descrição da peça, tamanho do lote a ser produzido e colocado em contêiner padronizado, centro de produção responsável e local de armazenagem. A Figura 10.2 mostra um exemplo de *kanban* de produção. Nenhuma operação de produção é executada, exceto na linha de montagem, sem que haja um *kanban* de produção autorizando.

```
KP – Kanban Produção
Nº da Peça: 1213
Descr.: Rotor tipo C
Lote: 12 peças
C. P.: célula J-32
Arm.: J-32
```

Figura 10.2 *Kanban* de produção.

O *kanban* de transporte autoriza a movimentação do material pela fábrica, do centro de produção que gera determinado componente, para o centro de produção que o consome em seu estágio do processo. Esse cartão contém, em geral, as seguintes informações: número da peça, descrição da peça, tamanho do lote de movimentação (igual ao lote do *kanban* de produção), centro de produção de origem e centro de produção de destino. A Figura 10.3 mostra um exemplo de *kanban* de transporte. Nenhuma atividade de movimentação é executada sem que haja um *kanban* de produção autorizando.

```
KT – Kanban Transporte
Nº da Peça: 1213
Descr.: Rotor tipo C
Lote: 12 peças
C. P. de origem: célula J-32
C. P. de destino: posto L-45 (linha)
```

Figura 10.3 *Kanban* de transporte.

Para ilustrarmos o processo de puxar a demanda utilizando o sistema *Kanban*, utilizaremos o exemplo da produção de bombas, concentrando a atenção na fabricação dos rotores das bombas hidráulicas. Em determinado posto da linha de montagem de bombas, o operador monta os rotores nas caixas das bombas. Nesse local, o operador armazena determinada quantidade de rotores dos três tipos de bombas, para que possa utilizá-los, na medida do necessário. Vejamos a sequência dos passos do sistema *Kanban*, analisando a Figura 10.4.

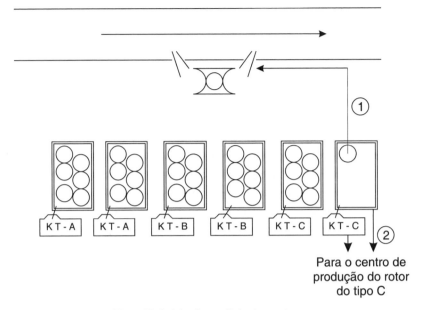

Figura 10.4 O *kanban* na linha de montagem.

1. O operador retira o último rotor de um contêiner padronizado que se encontra em seu posto de montagem.

2. O contêiner tem preso a ele um *kanban* de transporte que permite sua movimentação até o centro produtivo que finaliza a fabricação dos rotores. Funcionários responsáveis pela movimentação de materiais levam o contêiner vazio e o *kanban* de transporte ao centro produtivo marcado no cartão.

3. Na Figura 10.5, funcionários responsáveis pela movimentação de materiais dirigem-se ao centro de produção de finalização dos rotores (J-32), deixam o contêiner vazio e levam um contêiner completo de rotores para a linha de montagem. O *kanban* de transporte acompanha toda a movimentação.

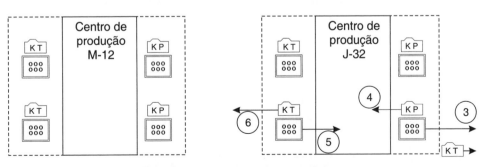

Figura 10.5 Caminho do *kanban* na fabricação.

4. O *kanban* de produção que estava preso ao contêiner cheio de rotores é transferido para o painel de produção do centro J-32, para que um novo lote de rotores seja finalizado.
5. Para produzir um lote de rotores que irá repor o estoque consumido, o operador do centro J-32 utiliza um contêiner de rotores semiacabados.
6. O operador libera o *kanban* de transporte que estava preso ao contêiner de rotores semiacabados, para que o pessoal de movimentação possa transferir mais um lote de rotores semiacabados do centro M-12 para o centro J-32.
7. Na Figura 10.6, funcionários responsáveis pela movimentação de materiais dirigem-se ao centro de produção de fabricação dos rotores (M-12), deixam o contêiner vazio e levam um contêiner completo de rotores para o centro J-32. O *kanban* de transporte acompanha toda a movimentação.

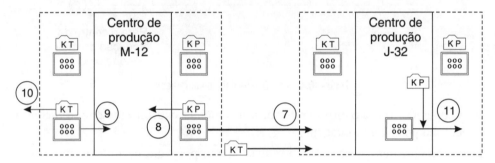

Figura 10.6 Caminho do *kanban* na fabricação.

8. O *kanban* de produção que estava preso ao contêiner cheio de rotores semiacabados é transferido para o painel de produção do centro M-12, para que um novo lote de rotores seja fabricado.
9. Para produzir um lote de rotores que irá repor o estoque consumido, o operador do centro M-12 utiliza um contêiner de rotores fundidos.
10. O operador libera o *kanban* de transporte que estava preso ao contêiner de rotores semiacabados, para que o pessoal de movimentação possa transferir mais um lote de rotores fundidos do centro fornecedor para o centro M-12.
11. O operador do centro J-32 termina o processamento no lote de rotores, prende o *kanban* de produção ao contêiner e deposita o conjunto no local de armazenagem.

Desse modo, o sistema *Kanban* coordena a produção dos diversos centros de produção, em qualquer estágio do processo. O *kanban* de transporte circula entre os postos de armazenagem de dois centros de produção contíguos. O *kanban* de produção circula entre um centro de produção e seu posto de armazenagem respectivo. O esquema simplificado de fluxo é ilustrado na Figura 10.7.

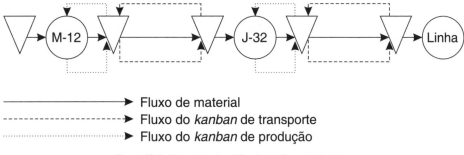

→ Fluxo de material
--→ Fluxo do *kanban* de transporte
⋯→ Fluxo do *kanban* de produção

Figura 10.7 Esquema simplificado do fluxo de *kanban*.

Determinado centro de produção pode processar peças para mais de um outro centro, ou seja, outros centros de produção ou outros postos da linha de montagem. Nesse caso, terá em seu posto de armazenagem contêineres com diferentes tipos de peças e componentes. Poderá ocorrer que vários *kanban* de transporte sejam trazidos e levem diversos tipos de peças no mesmo momento. Consequentemente vários *kanban* de produção serão colocados no painel de produção do centro, indicando que vários lotes de diferentes peças deverão ser executados. O operador dará prioridade ao material que tiver o maior número de *kanban* no painel, pois isso indica que existe menos estoque entre seu centro de produção e o seguinte.

O número de cartões *kanban* entre dois centros de produção determina o estoque de material entre esses dois centros, pois a cada um corresponde um contêiner padronizado de peças. Em geral, o número de cartões *kanban* de transporte e de cartões *kanban* de produção é igual, distribuindo o estoque entre os postos de armazenagem dos dois centros. O processo de retirada gradual do estoque, comentado anteriormente, pode ser feito retirando-se cartões *kanban* do sistema. Sem *kanban* de produção, o centro de trabalho não é acionado; sem *kanban* de transporte, o material não é movimentado.

O dimensionamento de cartões *kanban* entre dois centros de produção, considerando a soma entre *kanban* de produção e transporte, é feito da seguinte maneira:

sejam X = número total de *kanban*
D = demanda do centro consumidor por unidade de tempo
T_e = tempo de espera do lote no centro produtor
T_p = tempo de processamento do lote no centro produtor
C = tamanho do lote ou capacidade do contêiner (peças por *kanban*)
F = fator de segurança

então

$$X = \frac{D(T_e + T_p)(1+F)}{C}$$

O número mínimo de cartões *kanban* pode ser obtido fazendo $F = 0$. Mas esse número somente será alcançado quando todas as incertezas do processo forem eliminadas, eliminando-se, também, a necessidade de estoques de segurança. De forma inversa, a retirada deliberada de cartões do sistema deixa o processo mais vulnerável aos problemas que se tornam visíveis, permitindo que eles sejam atacados.

SAIBA MAIS

Uma empresa de médio porte, fabricante de produtos para distribuição elétrica e automação industrial, teve um grande aumento na demanda de seus produtos a partir de 2015. Esse crescimento tornou a área de produção alvo de críticas internas, pelo constante atraso na disponibilização de produtos e falhas em cumprir o plano definido no S&OP (Planejamento de Vendas e Operações).

A produção era dividida em duas etapas paralelas, que se encontravam adiante, para a montagem do produto final. Havia a etapa de produção de peças metálicas, consistindo em três atividades: estamparia de peças metálicas, galvanoplastia, e montagem de subconjuntos metálicos. Havia também a etapa de produção de peças plásticas, com as atividades de injeção plástica e acabamento. As peças produzidas em cada etapa eram montadas em uma linha separada, formando o produto acabado. A complexidade era grande, pois havia mais de 400 peças metálicas e 150 peças de plástico, que formavam cerca de 1.200 produtos acabados.

O gestor da produção, recém-contratado, concluiu que o gargalo da produção era o setor de galvanoplastia. Normalmente as ordens de produção demoravam a sair do setor, que mesmo rodando em dois turnos e com horas extras, não conseguia atender. Ao mesmo tempo, havia diversas peças metálicas que tinham estoque suficiente, mas que continuavam tendo alta prioridade na galvanoplastia. Era muito comum o planejador ir até a galvanoplastia para pedir prioridade para algum item em atraso, o que gerava interrupções nos processos. Era comum as atividades seguintes pararem por falta de peças metálicas.

Decidiu-se implantar o sistema *Kanban* tanto na galvanoplastia quanto no processo anterior, a estamparia. Após seis meses de implantação, os resultados foram satisfatórios:
- o sistema puxado permitiu a priorização apenas das peças metálicas que eram necessárias para montar os produtos acabados, gerando uma redução de 65% na falta de produtos acabados;
- houve um aumento de 12% na produtividade do setor de galvanoplastia e 10% no setor de estamparia.

10.2.1.2 Vocação do MRP II

O MRP II, conforme descrito no Capítulo 4, é um sistema que tem grande vocação para o planejamento de nível mais alto (prazos mais longos e respectivos níveis de agregação de informações) e para planejamento de materiais (sua origem, na verdade está ligada ao desenvolvimento de sistemas de administração de materiais). O tratamento de capacidade produtiva, por outro lado, no MRP II, não atende a necessidades de unidades produtivas que tenham problemas mais complexos, como diferentes níveis de produtividade para diferentes combinações de máquinas/ferramentas/ operadores, *split* e *overlapping* de ordens e operações, matriz de *set-up*, alocação de recursos a ordens, entre outros. Também tem limitações no tratamento das decisões de curtíssimo prazo e no controle, sendo que muitas empresas consideram o módulo de SFC (*Shop Floor Control*) do MRP II responsável por este nível de decisão e pelo controle excessivamente "burocratizante", cujo custo organizacional do uso não é compensado pelos benefícios que traz.

10.2.1.3 Vocação do JIT/Lean

O JIT/Lean (*Just in Time*) é como hoje denominamos uma constelação de técnicas originalmente desenvolvidas em algumas grandes empresas automobilísticas japonesas ao longo das décadas de 1950 a 70, principalmente a Toyota. Apontado como um dos principais motivos pelos quais as empresas japonesas ganharam competitividade depois da Segunda Grande Guerra, até deterem parcelas substanciais do mercado de exportação mundial, o JIT/Lean nasceu de fato a partir do esforço pertinaz de um conjunto de gerentes e supervisores de fábrica que visavam principalmente a eliminar todo tipo de desperdício de recursos na fábrica. Tendo tido sua gênese na fábrica, não é de admirar que a principal vocação dos sistemas JIT/Lean seja de fato para a gestão da fábrica, descentralizando as decisões de curtíssimo prazo e aproveitando as contribuições daquelas pessoas que efetivamente estão em contato direto com os produtos e os processos que os produzem, tanto no controle do que fazem como na melhoria desses processos. Quando analisamos o JIT/Lean, no que se refere às técnicas para o planejamento de prazos mais longos, notamos rapidamente que essas técnicas são bastante simplificadoras, muitas vezes não atendendo às necessidades das empresas. Quando olhamos para a gestão dos materiais adquiridos, também notamos que este é outro "calcanhar de Aquiles" do JIT/Lean. A integração dos fornecedores aos esquemas visuais que o JIT/Lean usa[2] não é simples de fazer em situações reais, ao mesmo tempo que as técnicas de gestão do fluxo interno de materiais do JIT/ Lean assume disponibilidade de matérias-primas e componentes adquiridos, sob pena de interrupções custosas do processo – principalmente porque uma das pedras fundamentais do funcionamento do JIT/Lean é exatamente trabalhar com níveis reduzidos e decrescentes de estoques.

10.2.1.4 Como funciona o híbrido MRP II + JIT/Lean

Quando analisamos as vocações do MRP II e do JIT/Lean, observamos que, aparentemente, as principais vocações do JIT/Lean (gerenciamento de curtíssimo prazo da fábrica) são exatamente aqueles pontos considerados mais fracos. Da mesma forma, os pontos fracos do JIT/Lean (gestão dos materiais adquiridos e planejamentos de prazos mais longos) são bem atendidos pela lógica do MRP II.

---

[2] Para detalhes, veja o Capítulo 20 de Corrêa e Corrêa (2017).

Essas constatações fazem com que várias empresas considerem usar (e de fato usem) sistemas híbridos de MRP II com JIT/Lean, cujo desenho geral seja conforme a Figura 10.8.

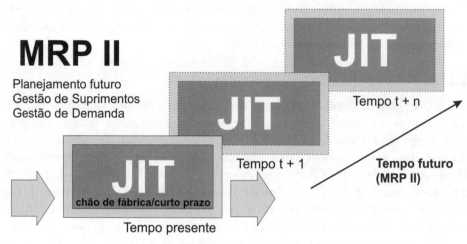

Figura 10.8 Atribuições usuais do JIT e do MRP II.

Nesse tipo de sistema híbrido, o MRP II representaria a estrutura de planejamento futuro de longo e médio prazos e seria responsável pela gestão (planejamento e controle) de matérias-primas e componentes. A gestão detalhada (programação de curtíssimo prazo e controle) de fábrica ficaria então por conta das ferramentas do JIT/Lean (*kanban* ou outro método visual).

A Figura 10.9 ilustra uma situação em que o MRP II, por meio dos módulos MPS e RCCP, apoia a decisão de produção dos produtos finais, inclusive verificando a viabilidade quanto à capacidade (*grosso modo*), para que façamos a programação da montagem final. A partir desta, o JIT/Lean/*Kanban* "puxa" a produção dos componentes por meio das diversas etapas de produção (representadas pelas células da Figura 10.9), até a retirada dos materiais do estoque de componentes. Nas situações em que os fornecedores não estão integrados ao sistema JIT/Lean/*Kanban*, o MRP II, por meio do módulo MRP, pode gerar as ordens de compra de componentes e matérias-primas, a partir de uma lista de materiais simplificada, na qual os itens controlados pelo *kanban* seriam marcados como itens-fantasmas.

O funcionamento de um sistema híbrido como esse requer que alguns cuidados sejam tomados. Por exemplo, se o sistema JIT/Lean vai ser utilizado para gerenciar determinadas operações de fábrica, é necessário que o sistema MRP II não emita ordens de produção para essas operações, pois se fizer, duas coisas acontecerão: por um lado burocratização desnecessária e, por outro, o sistema MRP II, uma vez que seja aberta uma ordem de produção, passará a requerer que esta seja concluída e fechada formalmente. Como o sistema JIT/Lean não trabalha com ordens de produção e é

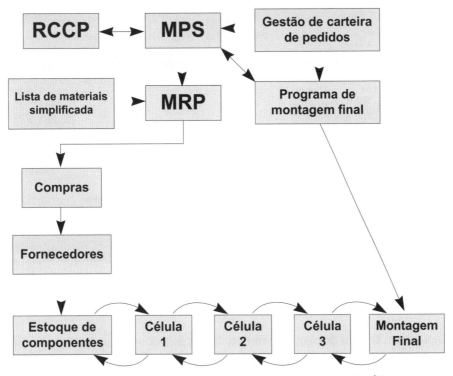

Figura 10.9 Representação esquemática de um sistema híbrido MRP II/JIT.

tipicamente desburocratizado, essas ordens de produção não serão fechadas, causando um número muito maior que o necessário de mensagens de exceção, o que causará problemas para os planejadores (que terão de separar as mensagens de exceção que realmente lhes demandam ações daquelas que não requerem que nenhuma providência seja tomada, perdendo tempo precioso).

Embora não desejemos, nesses casos, que o sistema emita e controle ordens de produção, os itens resultantes das operações que serão controlados via JIT/Lean muitas vezes farão parte da estrutura de produtos da base de dados do MRP II. A solução é marcá-los na base de dados do MRP II como itens-fantasmas (itens para os quais não pretendemos que o MRP II emita e controle ordens de produção embora o item conste da estrutura de produtos). Imaginemos que a montagem de nossa lapiseira seja feita em grandes volumes, o que, em termos de estratégia de manufatura, justificou que se optasse por controlar a unidade produtiva onde é montada utilizando técnicas JIT/Lean. Os componentes adquiridos, entretanto, deverão estar disponíveis para que a linha de montagem não pare. A direção da unidade decidiu controlar os componentes adquiridos e as peças estampadas e injetados plásticos (tampa, presilha de bolso, capa da borracha, corpo externo e corpo do miolo) via MRP II. A estrutura de produtos da lapiseira teria vários itens marcados como itens-fantasmas, conforme o esquema da Figura 10.10.

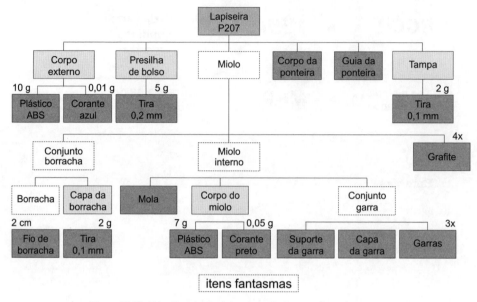

Figura 10.10 Estrutura de produtos da lapiseira com itens-fantasmas.

De fato, em termos de planejamento, tudo se passa como se a estrutura de planejamento fosse conforme a Figura 10.11.

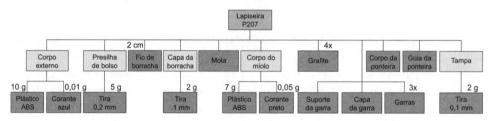

Figura 10.11 Estrutura da lapiseira sem que os itens-fantasmas apareçam.

10.2.1.5 *Backflushing* ou baixa automática de componentes

Em sistemas repetitivos gerenciados com o sistema JIT/Lean, muitas vezes optamos por não controlar as retiradas de material do armazém pelos alimentadores da linha de montagem, para evitar burocratizar o sistema. É um sistema de "armazém de portas abertas". Apesar de algumas empresas considerarem que o sistema de portas abertas "fragiliza" o sistema contra desvios de material, é crescente o número de unidades produtivas que adotam essa prática. Isso, entretanto, para sistemas MRP II, representa um problema que deve ser solucionado. Enfatizamos em seções anteriores que os dados de estoques em sistemas MRP II devem ser absolutamente precisos. Ora, se o sistema é de portas abertas e, dessa forma, os alimentadores da linha estão liberados de registrar as quantidades de material retirado do estoque, como garantir os níveis requeridos de precisão dos registros do sistema? Em que ponto da operação se dará "baixa" das quantidades usadas na montagem? (Não nos esqueçamos de que o sistema vai levar em conta as posições de estoque para planejar as compras para reposição dos itens.)

Nesses casos, a solução é o que chamamos de *backflushing*. Trata-se da função dentro dos sistemas MRP II (disponível na maioria dos bons sistemas disponíveis no mercado) que faz a chamada "baixa automática" dos itens. Funciona da seguinte forma: como é necessário informar ao sistema quando um produto final fica pronto e é armazenado no estoque de produtos acabados e como, para um produto acabado ser considerado pronto, ele deve necessariamente estar completo, é também verdade que todos os seus componentes nas quantidades registradas na estrutura de produtos da base de dados do MRP II estão contidos nele e, portanto, não estão mais no armazém de componentes. Isso significa que o sistema pode, então, baixar dos registros de estoque a quantidades correspondentes de componentes necessários para produzir a quantidade informada de produtos finais que ingressou no estoque de produtos acabados. Dessa forma, garantimos que as quantidades utilizadas nos produtos acabados sejam baixadas. Devemos, entretanto, ter uma especial atenção para quantidades de componentes que saem de estoque e não se transformam em produtos acabados (por exemplo, material refugado). Se isso não acontecer, haverá uma gradual degradação da qualidade dos dados, comprometendo o desempenho de todo o sistema. Isso é representado pela Figura 10.12.

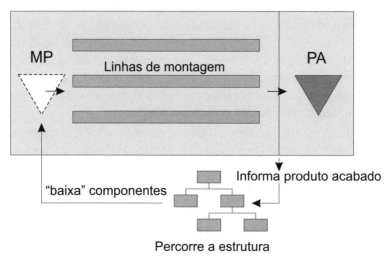

Figura 10.12 Funcionamento esquemático do *backflushing*.

Importante notar que, usando-se a técnica de *backflushing*, os materiais só serão baixados quando o produto no qual eles entram entrar em estoque (que pode ser de acabado ou de semiacabado). Isso significa que os materiais que foram tirados da linha mas ainda não foram transformados em produtos e, portanto, ainda não ingressaram no estoque de produto aparecerão, enquanto permanecerem na linha, aos olhos do sistema como material em estoque (pois a "baixa" não foi dada). Isso tende a causar mais imprecisão nas bases de dados quanto maior o tempo de atravessamento. Em outras palavras, para sistemas de produção com atravessamento rápido, pouca imprecisão surgirá por causa do uso do *backflushing*. Já para sistemas produtivos com grande tempo de atravessamento, o uso extensivo do *backflushing* terá maior probabilidade de causar problemas por imprecisão de registros de estoques.

Em geral, em virtude de o JIT/Lean ter mais vocação para o tratamento de produtos com alta repetitividade, é para esse tipo de item que o tratamento via *kanban* deveria ser usado.

10.3 RESUMO

- Não existe "uma única e melhor" solução para todos os problemas de planejamento e controle da produção. Dependendo do problema ou da complexidade da empresa, exige-se a utilização de sistemas híbridos, combinando lógicas diferentes com o objetivo de resolver problemas distintos que um sistema único não está apto a resolver. Nesse capítulo, exploramos o sistema híbrido MRP II e JIT/Lean.

- O JIT/Lean (*Just in Time*) é considerado como uma filosofia de produção, abrangendo aspectos de administração de materiais, gestão da qualidade, arranjo físico, organização do trabalho, gestão de recursos humanos, entre outros.

- Seus principais objetivos são a qualidade e a flexibilidade, buscando eliminar os desperdícios. Exige-se a minimização de estoques, o zero defeito, a redução de preparação de máquinas a tempos mínimos, e os *lead times* de entrega de fornecedores próximos a zero. Evidenciam-se significativas diferenças em relação à abordagem do sistema tradicional de produção, dentre elas o fluxo "puxado" de materiais, implementado através do sistema *Kanban*.

- Apesar das diferentes lógicas e vocações dos sistemas MRP II e JIT/Lean, um sistema híbrido MRP II e JIT/Lean consegue complementar os pontos fortes de cada sistema, minimizando o ponto fraco de cada um. Contudo, é necessário esforço na integração dos sistemas, contemplando os limites de cada sistema.

10.4 QUESTÕES E TÓPICOS PARA DISCUSSÃO

1. Que são sistemas híbridos e por que consideramos que eles serão cada vez mais utilizados no futuro dos ERP?

2. O JIT/Lean é um sistema de produção com lógica "puxada", enquanto o MRP II é um sistema de gestão de produção com lógica "empurrada". Como pode ser possível compatibilizar ambos num sistema híbrido?

CAP. 10 ■ SISTEMAS HÍBRIDOS COM O MRP II/ERP | **407**

3. O MRP II é um sistema de gestão de produção com programação para trás infinita. Os sistemas de programação da produção com capacidade finita, em geral, são sistemas com lógica de programação para frente finita. Como podemos compatibilizar ambos num só sistema híbrido?

4. Que é *backflushing* e por que em geral ele deve ser usado em híbridos MRP II com JIT/Lean?

5. Como compatibilizar a descentralização da tomada de decisões característica do JIT/Lean com a centralização típica do MRP II?

CAPÍTULO 11

Sistemas ERP – *Enterprise Resources Planning*

OBJETIVOS DE APRENDIZAGEM

Ao final deste capítulo, o leitor deverá ser capaz de:

- Descrever a evolução dos sistemas de planejamento de recursos de uma organização: do MRP ao MRP II e ao ERP.
- Compreender a lógica do sistema ERP e os módulos integrados disponíveis.
- Identificar a importância de uma base de dados comum à empresa, podendo ser gerenciada por um sistema ERP ou por módulos independentes conectados.
- Entender a estrutura conceitual do sistema ERP.

11.1 INTRODUÇÃO

Um sistema dito ERP tem a pretensão de suportar todas as necessidades de informação para a tomada de decisão gerencial de um empreendimento como um todo. Em uma tradução livre, *Enterprise Resource Planning* poderia significar "Planejamento de Recursos da Empresa". Esse termo tem sido cunhado como o estágio mais avançado dos sistemas tradicionalmente chamados MRP II. Como comentado em capítulos anteriores, MRP II significa *Manufacturing Resource Planning*, ou "Planejamento de Recursos de Manufatura". É basicamente composto de módulos que atendem a necessidades de informação para apoio à tomada de decisão de setores outros que não apenas aqueles ligados à manufatura: distribuição física, custos, recebimento fiscal, faturamento, recursos humanos, finanças, contabilidade, entre outros, todos integrados entre si e com os módulos de manufatura, a partir de uma base de dados única e não redundante.

11.2 CONCEITOS

11.2.1 Sistemas ERP: a grande estrutura onde se encaixam diferentes lógicas

11.2.1.1 De MRP a MRP II e a ERP

Como explicado no Capítulo 4, o conceito onde se apoiam os sistemas MRP II nasceu do que hoje é conhecido como o módulo MRP – o cálculo de necessidade de materiais. A partir daí, agregamos os módulos de programação-mestre de produção (MPS), planejamento aproximado de capacidade (RCCP), cálculo detalhado de necessidade de capacidade (CRP), controle de fábrica (SFC), controle de compras (PUR) e, mais recentemente, *Sales & Operations Planning* (S&OP). O sistema, então, deixou de atender apenas as necessidades de informação referentes ao cálculo de necessidade de materiais para atender às necessidades de informação para tomada de decisão gerencial sobre outros recursos de manufatura. MRP passou a merecer, então, a denominação MRP II, passando a significar sistema de planejamento de recursos de manufatura. Entretanto, a partir desse momento, outros módulos integrados ao MRP II continuaram a ser agregados pelos fornecedores de sistemas e oferecidos ao mercado: um recebimento físico tinha obrigatoriamente que ser informado ao sistema para efeito do MRP II. Por que não oferecer, então, de forma integrada, também um apoio ao recebimento fiscal, usando possivelmente a mesma tela do sistema? Por que não oferecer também de forma integrada o suporte às transações contábeis que são geradas a partir dos fatos físicos (que têm necessariamente de ser informados para o MRP II)? Dessa forma, os fornecedores, com objetivo de ampliar o escopo dos produtos vendidos, gradualmente vão agregando mais e mais módulos que suportam mais e mais funções, integradamente, aos módulos de manufatura, mas com escopo que passou a transcender em muito o escopo da manufatura. Quando os fornecedores

CAP. 11 ■ SISTEMAS ERP – *ENTERPRISE RESOURCES PLANNING* | **411**

passam a considerar que suas soluções integradas são suficientemente capazes de suportar as necessidades de informação para todo o empreendimento, passam a se autodenominar fornecedores, não mais de sistemas MRP II, mas de sistemas ERP (*Enterprise Resource Planning* ou Planejamento de Recursos da Empresa).

11.2.1.2 Estado da arte dos sistemas ERP disponíveis no mercado

Embora as melhores alternativas disponíveis de sistemas ditos ERP do mercado tenham um escopo que lhes permitiria chamarem-se ERPs, não podemos ainda, com segurança, afirmar que uma solução ERP tenha tido sucesso completo no uso por um usuário que tenha passado a usar TODOS os seus módulos. Isso simplesmente porque nem sempre as empresas adotam todos os módulos, preferindo utilizar algum outro sistema dedicado para determinada função. Além disso, no Brasil, em particular, a maioria das soluções ERP mais robustas (muitas de *software houses* e fornecedores estrangeiros) ainda passa por um grande esforço de tropicalização (ou, num jargão mais usualmente achado nas empresas, "localização"), ou, em outras palavras, adaptação dos módulos originais às particularidades (legais, por exemplo) brasileiras. Um exemplo é o módulo de recebimento fiscal – dificilmente a solução original de um pacote ERP estrangeiro encaixar-se-ia perfeitamente às necessidades dos usuários brasileiros, que enfrentam problemas como uma legislação complexa e em constante alteração. Isso implica que, em muitas situações práticas reais, os usuários preferem adotar alguns módulos do ERP que adquiriram e manter outros em uso, já completamente adaptados às suas necessidades. O custo desta alternativa é evidentemente a necessidade de gerenciar interfaces entre dois sistemas – aquele em uso e o novo ERP. Nem sempre isso é simples, podendo requerer rotinas de tradução de dados que podem ser mais ou menos complexas, dependendo do nível de incompatibilidades entre os dois sistemas envolvidos.

Recomendamos, portanto, uma análise bastante cuidadosa, pelos potenciais usuários de sistemas ERP, sobre a conveniência de adotarmos maior ou menor escopo de módulos do ERP adotado, com base nas particularidades da situação. Como sempre, é uma questão de avaliarmos custos e benefícios (financeiros, estratégicos, organizacionais, entre outros) das alternativas "mudar" e "manter" para que possamos decidir adequadamente.

11.2.1.3 Uma só grande base de dados corporativa

A medida e o escopo de adoção das soluções ERP, até certo ponto, são uma decisão gerencial. Entretanto, a tendência parece claramente indicar que as estruturas dos ERPs serão usadas pelas empresas como as fundações (a grande base de dados corporativa para apoio à tomada de decisão, principalmente operacional) dos sistemas de informação das empresas.

11.2.1.4 O futuro: módulos *plug-in*?

Essa grande base de dados, depois de estabelecida, pode ser manipulada por várias lógicas. Para determinadas empresas, a lógica de MRP II pode ser a mais interessante para determinada fábrica ou setor. Já para outra fábrica ou setor, pode ser mais interessante adotar uma lógica de programação finita. A partir da grande fundação de dados, com os algoritmos adequados embutidos nos vários módulos disponíveis, poderemos utilizar as lógicas mais adequadas de manipulação dos dados, para as diversas realidades encontradas dentro de uma empresa que adote os ERPs do futuro. Os módulos migrarão para uma situação *plug-in*. Se é necessário um módulo com algoritmos de programação finita, conectamos o módulo e ele faz uso da base de dados para gerar sugestões de ação mais adequadas às necessidades particulares em questão. Importante frisar que esta não é uma situação que encontramos hoje perfeitamente embutida em nenhum dos ERPs disponíveis no mercado. Entretanto, há razões para que creiamos que num futuro não muito distante teremos esse tipo de configuração das soluções de *software* mais avançadas.

Nesse sentido, colabora a criação, em 23 de fevereiro de 1995, do *Open Application Group*, formado por nove dos maiores fornecedores de *software* MRP II/ERP do mundo, para definir um conjunto de padrões para os módulos de seus pacotes que no futuro permitam combinar módulos de vários fornecedores numa solução MRP II que melhor se encaixe nas necessidades do usuário.

É vã, portanto, na concepção dos autores, a preocupação de algumas empresas que temem que a adoção do ERP – com todos os custos decorrentes – possa ser um esforço vão, na medida em que "uma nova lógica pode surgir", obsolescendo completamente a solução adotada. Por se tratar basicamente de uma grande base de dados, esta será sempre necessária, qualquer que seja a lógica que usemos para manipular os dados que contém.

SAIBA MAIS

O Open Application Group (https://oagi.org) conduz o projeto baseado essencialmente no conceito de superar os sistemas atuais de planejamento de recursos empresariais, apostando na aquisição do melhor *software* (chamado "*best of breed*") para cada aplicativo comercial e integrá-lo ao sistema existente através do "*plug & play*". Para esse fim, o Open Application Group promove o *design* de um sistema *backbone* de integração, projetado para permitir que os componentes de sistemas de informação troquem mensagens e informações.

11.2.2 Módulos hoje disponíveis na maioria dos "ERPs"

Hoje, embora com diferenças de nomenclatura, os ERPs mais avançados possuem módulos integrados (o que significa integração e qual o grau de integração são perguntas pertinentes) que abrangem o seguinte escopo:

11.2.2.1 Módulos relacionados a Operações e *Supply Chain Management*

Previsões/análises de vendas (*forecasting/sales analysis*)

Auxilia a função de previsão de vendas da empresa. Em geral, esses módulos trazem alguns modelos matemáticos simples para correlações e extrapolações como médias móveis, suavização exponencial e correlações por mínimos quadrados. É necessário estar atento para o fato de que o uso de uma técnica inadequada de previsão de vendas pode trazer mais malefícios que benefícios para o bom funcionamento do sistema MRP II/ERP. Não basta, portanto, escolher um dos modelos disponíveis nesses módulos ao acaso e passar a usá-lo. É necessária uma criteriosa análise com testes estatísticos, tanto para decidirmos qual dos modelos disponíveis melhor se aplica à situação analisada quanto para decidirmos como parametrizar o modelo escolhido. Também é importante considerar que o uso exclusivo de um modelo matemático de série temporal histórica (como são os modelos geralmente disponíveis nos *softwares* comerciais) pode carregar riscos importantes de erros em ambientes turbulentos, onde a hipótese de que o futuro irá repetir os padrões de comportamento passado pode não se manter. Nesse caso, os resultados do modelo matemático devem ser ajustados por análises qualitativas criteriosas. Veja o Capítulo 7 – Gestão de demanda – para mais discussões a respeito de processos de previsão. Os módulos de análise de vendas, em geral, também permitem levantamentos estatísticos de vendas históricas por período, por cliente, por região etc.

Listas de materiais (BOM – *Bills of Material*)

Módulo responsável pelo apoio à manutenção das estruturas de produtos da organização: substituição de componentes e mudanças de engenharia em geral devem fazer-se refletir no sistema MRP II/ERP. O módulo de lista de materiais apoia essa função. Em geral traz funções de substituição em massa de componentes (quando um componente não é substituído em apenas um produto, mas em todos onde aparece), geração de estruturas de produtos baseadas em outra já existente e parecida e outras que se destinam a facilitar o processo de entrada dos dados de atualização.

Programação-mestre de produção/planejamento aproximado de capacidade (MPS – *Master Production Scheduling*/RCCP – *Rough Cut Capacity Planning*)

Veja o Capítulo 6, que trata especificamente do MPS, e o Capítulo 8, que trata de gestão da capacidade, contemplando o RCCP.

Planejamento de materiais (MRP – *Material Requirements Planning*)

Veja o Capítulo 3, que trata em detalhes do módulo de MRP.

Planejamento detalhado de capacidade (CRP – *Capacity Requirements Planning*)

Veja o Capítulo 8, que trata especificamente do módulo CRP.

Compras (*purchasing*)

O módulo de compras visa apoiar informacionalmente o processo decisório da função de suprimentos dentro da empresa. Auxílio a cotações (guardando as condições das últimas cotações, por fornecedor, por exemplo), emissão e gestão de pedidos de compra, *follow-up* de compras (fornecendo listas de todos os materiais que devem chegar na semana subsequente e seus fornecedores, para acompanhamento, por exemplo), manutenção de cadastro de fornecedores, acompanhamento de desempenho de fornecedores, acompanhamento de desempenho de compradores são algumas das funções apoiadas pelas melhores soluções de aplicativo MRP II/ERP.

Controle de fabricação (SFC – *Shop Floor Control*)

Veja o Capítulo 9 para um tratamento específico do módulo de SFC.

Controle de estoques (*inventory*)

O módulo de controle de estoques apoia a função de controle dos inventários. Posições de níveis de estoque, transações de recebimento, transferências, baixas, alocações de materiais, entre outras são apoiadas por esse módulo. A gestão de materiais, às vezes chamados não produtivos (que não pertencem a nenhuma estrutura de produtos), também é feita no âmbito desse módulo, utilizando lógicas de ponto de reposição, revisão periódica (veja o Capítulo 2, para uma breve descrição desses métodos) ou outra. Procedimentos necessários a garantir uma boa acurácia dos registros de posições de estoques, como rotinas de inventário rotativo (em que se inventariam os continuamente os materiais em vez de inventariarmos todos uma vez por ano) também em geral são apoiados por esse módulo.

Engenharia (*engineering*)

Módulo que se encarrega de apoiar a função de engenharia no que se refere as suas interfaces com o processo de planejamento – controle das mudanças de engenharia, controle de números de desenhos, controle de mudanças de processos produtivos e roteiros de fabricação, tempos referentes aos processos produtivos, entre outras.

Distribuição física (DRP – *Distribution Requirements Planning*)

Veja o Capítulo 7 – Gestão de demanda, para um tratamento mais detalhado do módulo DRP.

Gerenciamento de transporte (TM – *Transport Management*)

Módulo que apoia a tomada de decisão em relação ao transporte de materiais (em geral de produtos acabados). Cadastramento e controle de fornecedores de serviço de transporte, alocação de veículos a rotas, montagem de cargas em veículos, entre outras, são funções que o módulo TM pode suportar.

Gerenciamento de projetos (*project*)

Algumas empresas, embora interessadas na integração que os sistemas ERP proporcionam, têm características específicas em seus sistemas produtivos que fazem com que os módulos do MRP II original sejam inadequados para o apoio as suas necessidades de informação. As empresas que trabalham com grandes produtos não repetitivos, por exemplo (como grandes transformadores, grandes máquinas especiais feitas por encomenda), trabalham "por projeto". Cada produto é um projeto e como tal, tem um início bem definido, um grande número de atividades não repetitivas inter-relacionadas e um final bem definido. Nesses casos, não consideramos que os módulos originais do MRP II sejam suficientes. É necessário um apoio para a gestão da rede de atividades inter-relacionadas, normalmente com lógica CPM ou PERT (*Critical Path Method* ou *Program Evaluation and Review Technique*). Esse apoio é provido pelo módulo de gestão de projetos, que trabalha naturalmente integrado com outros módulos do ERP (veja o Capítulo 10 para mais detalhes).

Apoio à produção repetitiva

Algumas situações industriais trabalham com produções de tal forma repetitivas que a lógica estrita do MRP não se adequa perfeitamente. Nas produções de altos volumes, por exemplo, é comum achar situações em que, nas fábricas, trabalhamos com taxas de produção diária, semanal, ou outra, em vez de trabalharmos com ordens de produção (que é com que o MRP trabalha). É necessário, portanto, para aquelas empresas que desejam utilizar o MRP II e que tenham produções de altos volumes e repetitivas, que sejam apoiadas por alguma ferramenta que ajude na compatibilização da forma que o MRP II trabalha (por exemplo, com ordens de produção) com a forma que a fábrica trabalha (por exemplo, com taxas de produção). Esse apoio é dado pelo módulo de apoio à produção repetitiva.

Apoio à gestão de produção em processos

Empresas que têm produção em fluxo contínuo também, em princípio, não são bem atendidas pela lógica original estrita do MRP II. Algumas soluções de aplicativos de *software* MRP II, portanto, disponibilizam um módulo específico para o apoio à produção em fluxo contínuo, muitas vezes chamado módulo de apoio à gestão de produção em processo, inclusive com o tratamento adequado de *coproducts* e *by-products*.

Apoio à programação com capacidade finita de produção discreta

Veja o Capítulo 9, para um tratamento específico dos sistemas de programação da produção com capacidade finita, e o Capítulo 10, para uma discussão sobre sua integração com os demais módulos de planejamento do MRP II.

Configuração de produtos

Veja o Capítulo 6 – MPS – para um tratamento do módulo de configuração de produtos.

11.2.3 Módulos relacionados à gestão financeira/contábil/fiscal

Contabilidade geral: módulo que contempla todas as funções tradicionais necessárias para atender a necessidades da contabilidade geral.

Custos: módulo que apoia a apuração de custos de produção integrado com os módulos geradores das transações físicas que originam as transações de custos. Podemos, em geral, apurar custos-padrão, custos efetivos, sendo que algumas soluções apoiam inclusive as empresas que decidem adotar a lógica de custeio por atividades (ABC).

Contas a pagar: módulo que apoia o controle das obrigações e pagamentos devidos pela empresa, cadastro de fornecedores etc.

Contas a receber: controle de contas a receber, cadastro de clientes, controle de situação creditícia de clientes, prazos.

Faturamento: módulo que apoia a emissão e controle de faturas e duplicatas emitidas e apoia também as receitas fiscais referentes à venda de produtos.

Recebimento fiscal: módulo que apoia as transações fiscais referentes ao recebimento de materiais.

Contabilidade fiscal: módulo que apoia as transações da empresa em seus aspectos de necessidade de cumprimento de requisitos legais (manutenção de livros fiscais etc.)

Gestão de caixa: módulo financeiro de apoio à gestão (planejamento e controle) dos encaixes e desencaixes da empresa.

Gestão de ativos: módulo que apoia o controle dos ativos (aquisição, manutenção, baixas) da empresa.

Gestão de pedidos: módulo de apoio a administração dos pedidos de clientes. Aprovação de crédito, controle de datas etc.

Definição e gestão dos processos de negócio (*workflow*): módulo que apoia a empresa no sentido de mapear e redefinir seus processos administrativos.

11.2.4 Módulos relacionados à gestão de recursos humanos

Pessoal (*personnel*): controla o efetivo de pessoal da empresa, tratando de aspectos como centros de custo no qual os funcionários, programação de férias, currículos, programação de treinamento, avaliações, entre outros.

Folha de pagamentos (*payroll*): controla a folha de salários dos funcionários da empresa.

11.2.5 Integração através do ERP

Evidentemente, como hoje o escopo de abrangência dos sistemas ERP supera em muito a abrangência dos sistemas MRP II, muitas vezes as empresas optam por não iniciar a implantação dos ERPs pelos módulos de manufatura, mas pelos módulos administrativo-financeiros, por exemplo. Também fica claro por que hoje muitas empresas que tradicionalmente não se consideravam necessitar de uma solução MRP II para apoiar seus processos decisórios de logística têm com sucesso optado e implantado sistemas com lógica MRP II/ERP. Isso se explica pelas vantagens adicionais que os sistemas ERP vieram a representar e que hoje talvez seja a principal motivação de grande número de empresas que optam por adotá-lo: a integração entre as várias áreas e setores funcionais da organização, todas compartilhando uma mesma base de dados única e não redundante.

A configuração dos módulos mencionados dá-se conforme o diagrama da Figura 11.1.

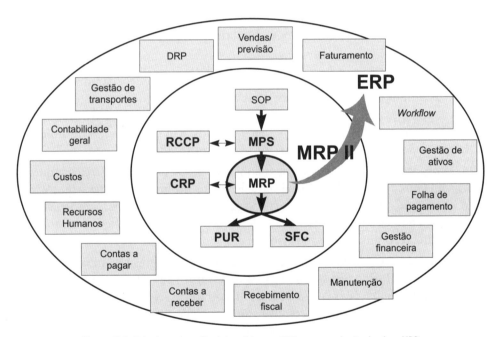

Figura 11.1 Estrutura conceitual dos sistemas ERP e sua evolução desde o MRP.

Para aquelas empresas interessadas na integração provida pelos ERPs e para as quais os módulos logísticos não se encaixam com perfeição às necessidades, outros módulos têm sido incorporados, e continuarão a sê-lo, ao grande "pano de fundo" do EPR. Essa é, por exemplo, a tendência dos sistemas de programação da produção com capacidade finita, que aos poucos têm-se tornado "módulos" dos sistemas ERP. Algumas *software houses* fabricantes de sistemas ERP têm adquirido empresas fornecedoras de sistemas de programação finita e outras têm procurado estabelecer parcerias com fornecedores desses sistemas para garantir que eles possam "integrar--se" de forma perfeita aos ERPs.

É necessário que os potenciais usuários de sistemas ERP atentem para uma questão importante: é de certa forma natural que os fornecedores de *software* tentem vender o máximo de "módulos" que seja possível. Eles então tentarão convencer seus potenciais clientes que estes necessitam substituir todos os seus atuais sistemas – administrativo-financeiros, contábeis, logísticos, entre outros – por um só ERP (o deles evidentemente). O argumento que os fornecedores usualmente usam é aparentemente sedutor: "Você não está cansado de gerenciar interfaces entre diferentes sistemas, desenvolvidos muitas vezes sobre diferentes plataformas de *software* e *hardware*?" (E, de fato, é muito comum que as pessoas estejam cansadas dos problemas que muitas vezes as interfaces entre sistemas representam.) "Pois é", prosseguem eles, "os ERPs oferecem a substituição de interfaces por integração... não mais problemas com interfaces, já pensou nas vantagens que isso pode trazer?"

Se, por um lado, o argumento seduz muita gente, por outro, é necessário que levemos em conta alguns aspectos antes de tomarmos a decisão radical de substituição ampla:

- Em geral, mesmo os ERPs mais desenvolvidos ainda não podem garantir que todos os seus módulos sejam melhores e mais adequados que todos os sistemas atualmente em operação. Às vezes, um determinado sistema, cheio de particularidades, que levou anos de evoluções e aperfeiçoamentos, não deveria ser substituído de imediato por outro "padronizado", ou a ser customizado.

- Às vezes, as interfaces entre sistemas não são tão problemáticas de gerenciar quanto imaginamos. Muitos ERPs são, na verdade, vários sistemas com interfaces entre si. A diferença é que a interface foi tornada pelo fornecedor transparente ao usuário. Se uma interface entre dois sistemas diferentes puder da mesma forma ser tornada transparente, o problema não existirá.

- A implantação tende a tornar-se mais complexa e mais longa quanto maior for o grau de substituição dos sistemas atuais pelos novos. Muitas vezes, as empresas preferem implantações mais rápidas ou mais graduais. Nesses casos, é importante considerar a possibilidade de conviver com interfaces (que devem com certeza ser tratadas com atenção, pois representam problemas em potencial).

A Figura 11.2 mostra várias soluções ERP atuais (2018) e como o Gartner Group considera seu desempenho:

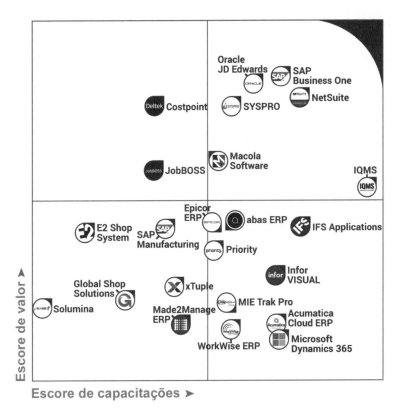

Figura 11.2 Sistemas ERP.

Fonte: <https://www.softwareadvice.com/manufacturing/#top-products>. Acesso em: 9 mar. 2018.

11.3 RESUMO

- Um sistema ERP tem como objetivo suportar todas as necessidades de informação para a tomada de decisão gerencial em uma organização. Surgiu da evolução dos sistemas MRP II, quando fornecedores de sistemas desenvolveram módulos para integração da manufatura com outras áreas da empresa que usavam suas informações, como, por exemplo, contabilidade e recebimento fiscal.
- O ERP é formado por diferentes módulos integrados entre si a partir de um banco de dados único e não redundante. Dentre esses módulos, podemos citar: manufatura (através dos módulos do MRP II), distribuição física, custos, recebimento fiscal, faturamento, recursos humanos, finanças e contabilidade, entre outros.
- Independentemente da adoção de uma solução ERP de um único fornecedor ou de uma combinação de módulos de vários fornecedores utilizando-se de integração "*plug & play*", ressalta-se a importância da gestão de uma grande base de dados corporativa única para apoio à decisão, principalmente operacional.

11.4 QUESTÕES E TÓPICOS PARA DISCUSSÃO

1. Descreva a evolução que os sistemas MRP II sofreram até chegarem aos ERPs de hoje. Faça um paralelo dessa evolução com a evolução da tecnologia de informática.

2. "Adote o ERP e troque as interfaces por integração." Explique o que um vendedor de *software* quer dizer com essa frase.

3. Critique a frase anterior com base no estado da arte atual dos sistemas ERP disponíveis no mercado.

4. No futuro, os módulos do ERP serão do tipo *plug-in*. Você seleciona os que necessita e liga-os juntos. Explique essa afirmação e contraponha-a com a situação atual dos módulos comerciais disponíveis.

5. Se um alto executivo lhe perguntasse: "Vale a pena investir pesado num ERP e sua implantação e correr o risco de num futuro próximo ser lançada uma outra solução que torne obsoleto o ERP comprado?", o que você responderia.

6. As empresas antigamente implantavam MRP II principalmente pelas suas características como planejador de produção. Hoje, talvez o maior motivo para empresas quererem implantar os ERPs é a integração. Explique e discuta.

CAPÍTULO 12

Implantação do Sistema MRP II

OBJETIVOS DE APRENDIZAGEM

Ao final deste capítulo, o leitor deverá ser capaz de:

- Entender o que significa implantação de um sistema MRP II.
- Identificar as fases do processo de implantação.
- Detalhar os pressupostos para uma implantação bem-sucedida.
- Descrever a estruturação de uma equipe de implantação de sistema MRP II.
- Compreender as macroatividades necessárias para a gestão do projeto de implantação de um sistema MRP II.

12.1 INTRODUÇÃO

A implantação de um sistema MRP II numa empresa é frequentemente confundida com um simples processo de instalação de um novo *software*. Esse equívoco encontra justificativas em vários aspectos:

- parte preponderante do processo será a escolha e instalação de um aplicativo desenvolvido por uma fornecedora de *software* (como SAP ou Oracle);
- os maiores gastos em investimento tangíveis dar-se-ão na aquisição e instalação de um *software* (e possível necessidade adicional de *hardware*);
- o "produto" material, que geralmente a empresa recebe do fornecedor do sistema MRP II, é um conjunto de manuais e arquivos de instalação; ou, mais recentemente, instruções para acesso ao sistema que se encontra na "nuvem" (*cloud*);
- devido às razões citadas, muitas vezes o projeto de implantação é, organizacionalmente, alocado à área de informática e sistemas, ou TI.

Essa interpretação errônea do processo de implantação de um sistema MRP II acaba levando, no mínimo, a uma subutilização do sistema após sua implantação, resultando em ganhos nulos ou medíocres para a empresa, ou até em uma deterioração de desempenho com o sistema adquirido, com a perda ou não suficiente retorno do investimento realizado. Várias empresas, devido a equívocos no processo de implantação, acabam tendo um mero "controlador de estoques", que pode ter custado centenas de milhares de dólares.

12.2 CONCEITOS

12.2.1 Processo de implantação de um sistema MRP II

12.2.1.1 O que entendemos por "implantação" de um sistema MRP II

Quando o objetivo principal a ser alcançado é a melhoria do desempenho da empresa e não apenas substituir um *software* aplicativo, implantar um sistema MRP II na empresa significa modificar profundamente os métodos de trabalho em todas as suas áreas e, mais que isso, significa modificar o comportamento de cada um dos funcionários, diante de suas atividades específicas e frente às relações funcionais com os demais participantes do processo produtivo, em toda sua extensão.

Impondo a existência de uma única base de dados para alojar e disponibilizar toda e qualquer informação relevante dentro da empresa, um sistema MRP II leva a uma grande interdependência funcional e, em consequência, obriga também a uma extrema integração operacional entre as diferentes funções – alta direção, planejamento, vendas, produção, finanças etc. Não poderão mais coexistir sistemas locais (como planilhas Excel), individuais ou informais de coleta e processamento de informação que se sobreponham; cada informação deverá ser única, armazenada em uma única localização, com uma única fonte claramente identificada, fonte esta responsável pela qualidade e disponibilidade da informação para todas as outras funções da empresa.

A implantação de sistema de informações geralmente automatiza os procedimentos e, para garantir a efetiva melhoria do desempenho, é preciso rever os procedimentos que serão automatizados para impor um novo processo de trabalho, resultado do redesenho dos processos antigos. A grande maioria dos procedimentos normalmente sofrerá mudanças para atender às novas condições de trabalho e todas as pessoas deverão aceitar e passar a trabalhar dentro das novas normas e, para isso, deverão ser adequadamente treinadas. Algumas funções eventualmente deixarão de existir, apesar de não ser esse o objetivo principal da maioria das implantações. Por exemplo, o número de pessoas originalmente encarregadas de recebimento e cadastro de pedidos e emissão de faturas poderá diminuir ao mesmo tempo em que poderão aumentar as funções na área de planejamento, por exemplo, para um melhor acompanhamento e previsão de vendas.

12.2.1.2 Implantação como parte de um processo mais amplo

A implantação propriamente dita de um sistema MRP II é apenas uma das etapas contidas num processo mais extenso de atividades a serem executadas pela empresa para alcançar os novos níveis desejados de desempenho. O processo completo abrange o redesenho do sistema de planejamento da empresa, ao menos num nível macro, a análise das alternativas de *software* disponíveis, a escolha e contratação do pacote *software*-consultoria-treinamento mais adequado, a implantação do novo sistema em si e o aprimoramento contínuo do sistema. Esse processo está sintetizado no diagrama da Figura 12.1.

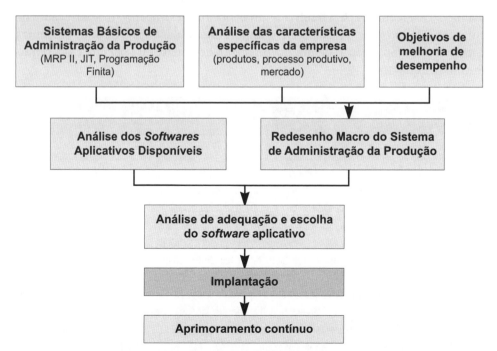

Figura 12.1 Processo completo de implantação de um sistema MRP II.

424 | PLANEJAMENTO, PROGRAMAÇÃO E CONTROLE DA PRODUÇÃO ■ Corrêa – Gianesi – Caon

A análise do esquema da Figura 12.1 explicita a importância estratégica da fase de implantação no extenso processo de mudanças representado pela introdução de um sistema MRP II numa empresa:

- quando a fase de implantação for iniciada, grande parte do investimento previsto já terá sido feita e será perdido caso não cheguemos a bom termo;
- iniciada a implantação, os procedimentos operacionais da empresa começam a ser alterados e somente após o término da implantação as novas rotinas serão novamente oficializadas; caso a implantação não tenha sucesso, a empresa corre o risco de desembarcar no pior dos mundos, sem o conjunto de procedimentos anteriores – que bem ou mal funcionavam, gerando produção, receita etc. – e também sem um novo conjunto, orgânico e funcionando, de novos procedimentos.

Não obstante lógico e consistente, a prática tem mostrado que o esquema mencionado não tem sido seguido por grande número de empresas brasileiras que se engajam no uso de sistemas MRP II. Muitas vezes, a escolha do fornecedor do *software* é a primeira atividade levada a cabo, sem o prévio redesenho do novo sistema de planejamento desejado para o período pós-implantação. O resultado dessa inversão metodológica mostra-se durante a implantação, quando será necessário um grande esforço de customização do *software* já adquirido e um intenso trabalho da equipe de implantação e consultores, na tarefa de parametrização do sistema. Sem citar os inúmeros casos em que sistemas MRP II são adquiridos e depois se mostram conceitualmente inadequados para resolver os problemas de desempenho diagnosticados na empresa. Por isso, uma das etapas mais importantes é a definição de onde queremos chegar com a implantação de um novo sistema de gestão, ou seja, o que queremos melhorar e quanto.

✅ BOXE 12.1

Uma indústria de papéis especiais, localizada no estado de São Paulo, decidiu, alguns anos atrás, iniciar um processo de informatização extensiva. Iniciou escolhendo a tecnologia para a base de dados – no caso foi escolhida uma tecnologia de base de dados relativamente sofisticada, mas pouco conhecida e pouco utilizada no Brasil, aqui chamada ZAS (nome fictício). Em seguida, iniciou a informatização pelos processos administrativos – Contabilidade, Contas a Pagar e a Receber etc. Quando finalmente decidiu informatizar as áreas industrial e comercial, optou por módulos com estrutura lógica de sistema MRP II. Dos inúmeros fornecedores de *software*, apenas um oferecia módulos de manufatura que utilizavam e se comunicavam com a base ZAS, limitando ao extremo o campo de negociação comercial, além da criação de uma relação de dependência da empresa com o fornecedor do banco de dados ZAS, já que são raros no mercado os profissionais e as empresas que conseguem trabalhar com ele. Pior do que esse aspecto foi constatar, mais tarde, que os problemas de planejamento e programação da produção, que deveriam ser superados pelo uso do novo sistema, não seriam resolvidos por um sistema com filosofia MRP II. Como alguns módulos já haviam sido comprados e instalados, houve substancial perda de investimento e aumento do tempo necessário para superar os problemas e melhorar a competitividade da empresa, tanto no que se refería ao prazo de entrega de seus produtos aos clientes, como às taxas de utilização de seus recursos principais.

12.2.2 Pressupostos de uma implantação de sucesso

A experiência de quase duas décadas mostra que o ponto crucial para a implantação com sucesso de um sistema MRP II não está na lógica em si e nem mesmo no aplicativo escolhido: um *software* robusto e de qualidade é condição necessária mas *não suficiente* para uma implantação de sucesso. A um *software* de qualidade temos que unir mais três condições essenciais para a suficiência, todas ligadas ao processo de implantação do sistema:

- ***O comprometimento da alta direção com os objetivos da implantação*** – significa não apenas o envolvimento e o apoio, mas também o entendimento, por parte da alta direção, dos pressupostos necessários à implantação, da filosofia do sistema, do necessário comprometimento de recursos, da prioridade que o processo de implantação deve ter, do claro estabelecimento dos objetivos da implantação, entre outros fatores. Comprometimento é, nesse sentido, entendido como comprometimento de recursos e não apenas de intenções. Esse comprometimento de recursos pode ser refletido em determinadas situações, como necessidade do uso do tempo dos altos dirigentes para participarem de treinamentos, reuniões de acompanhamento, resolução pronta de conflitos e até, em determinadas situações específicas, de tarefas executivas, ou como o comprometimento do tempo de outros recursos importantes da organização, redirecionados de suas atividades de linha normais para a participação em atividades do projeto de implantação.

> Para exemplificar a diferença entre um real comprometimento e um mero envolvimento, os ingleses costumam lembrar que num tradicional café da manhã inglês, com ovos e *bacon*, a galinha está sem dúvida envolvida, mas apenas o porco está realmente comprometido...

- ***O treinamento intensivo e continuado em todos os níveis*** – reconhece que qualquer sistema de gestão apenas sugere decisões, as quais serão definitivamente tomadas por pessoas que devem estar preparadas para isso, tanto no que se refere aos conceitos por trás da filosofia de gestão adotada, quanto no que se refere aos procedimentos específicos de operação. Como já foi citado, a implantação de um novo sistema de gestão requer, mais do que a simples implantação de uma ferramenta computacional, uma mudança na forma de as pessoas realizarem seu trabalho, e não somente aqueles diretamente ligados ao processo de planejamento.

426 | PLANEJAMENTO, PROGRAMAÇÃO E CONTROLE DA PRODUÇÃO ▪ Corrêa – Gianesi – Caon

▪ *O gerenciamento adequado do processo de implantação* – significa, entre outras coisas:

a. a elaboração de um plano detalhado de implantação, que representaria o "mapa" que norteará as atividades de implantação do sistema MRP II;

b. o acompanhamento e controle da execução das atividades para garantir uma aderência mínima ao plano estabelecido;

c. procedimentos de auditoria, correção e garantia futura da qualidade da informação do sistema – estruturas de produtos, dados de estoques, roteiros, entre outros;

d. o desenho procedimental do sistema de planejamento, entendido como o conjunto de procedimentos que definem os vários níveis de planejamento e seus processos de decisão e fluxos de informação. Em outras palavras, o desenho procedimental descreve os grandes blocos do processo de planejamento, a relação entre eles, as responsabilidades, as lógicas dos processos de decisão, as informações necessárias e as informações resultantes para apoio às decisões; além disso, como decorrência do desenho procedimental, a definição adequada de requisitos de customização e a redefinição dos importantes parâmetros do sistema, que traduzirão as especificidades da empresa para o sistema MRP II tendo implicações diretas em seu desempenho.

É importante que o projeto MRP II seja tratado, ao longo do processo de implantação, com a prioridade que os custos envolvidos e a importância estratégica do novo sistema merecem. O plano de implantação deve pressupor o comprometimento da alta direção da empresa e também que se trata de um projeto com prioridade alta. Isso implica em que os prazos indicados nas atividades sejam realistas, mas justos, sem folgas que excedam um "colchão" mínimo considerado seguro para fazer frente a possíveis incertezas. Isso implica, subsequentemente, que o cumprimento dos prazos assinalados, acordados e validados do plano se torne ainda mais importante, sob pena de atrasos no projeto como um todo.

O ferramental de reprogramação deve ser utilizado em toda sua potencialidade, já que a realidade pode não ocorrer de acordo com o planejado, demandando eventuais replanejamentos.

12.2.3 Equipe de implantação

Embora se trate de um projeto de abrangência ampla dentro da empresa, com o qual cada funcionário vai precisar envolver-se, os elementos com papéis mais ativos do projeto de implantação estarão organizados na estrutura representada na Figura 12.2.

Sponsor do projeto

É o alto executivo que detém, em última análise, a responsabilidade de mais alto nível pelo sucesso da implantação do MRP II, responsável por manter seus pares da

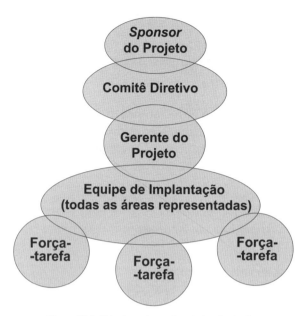

Figura 12.2 Estrutura da equipe de implantação.

alta direção comprometidos e entusiasmados com o projeto. Tipicamente, é o *chairman* das reuniões do *steering committee* (ou comitê diretivo). O gerente do projeto reportar-se-á diretamente a ele; é a voz mais frequente da alta direção no projeto. É uma função de extrema importância para o projeto.

Membros do *steering committee* (comitê diretivo)

O *steering committee* é tipicamente formado por *toda* a diretoria da empresa e mais alguns membros. A função é assegurar recursos e comprometimento dos diversos setores e processos, com os objetivos do projeto MRP II. O gerente de projeto, o *sponsor* e os membros da equipe de projeto não podem sozinhos assegurar o sucesso da implantação. Só os membros da diretoria podem.

Para isso, os membros do *steering committee* se reúnem uma ou duas vezes ao mês, por aproximadamente uma hora e meia. Os membros incluem: toda a diretoria, o executivo principal da empresa, o *sponsor* e o gerente do projeto. O gerente do projeto tem a função de fazer a ligação entre o *steering committee* e a equipe de implantação.

A principal atividade das reuniões do *steering committee* é o acompanhamento e controle do *status* do projeto. É de responsabilidade do gerente do projeto relatar inicialmente o andamento do projeto desde a última reunião, em relação ao programa, especialmente naqueles pontos em que o projeto está atrasado. Ele deve apresentar planos contingenciais alternativos para trazer o projeto de volta ao programa, identificando possíveis recursos adicionais necessários. Cabe aos membros do *steering committee* tomar as decisões que permitirão ao projeto prosseguir em seu curso.

Cuidado deve ser tomado para que o *steering committee* não se torne complacente com sucessivas propostas de atrasar o projeto (o que muitas vezes pode, numa primeira análise, parecer a alternativa mais simples). Isso deve ser evitado.

Gerente do projeto

O gerente do projeto talvez seja o elemento-chave do processo de implantação. Um bom gerente de projeto não garante por si só o sucesso na implantação, mas um mau gerente de projeto é garantia de insucesso. O gerente de projeto vai liderar a equipe de implantação no nível operacional, em todos os seus aspectos. Algumas características desejáveis e requeridas, ao longo do processo de implantação, do gerente de projeto são:

- ter dedicação em tempo integral ao projeto;
- ser de dentro da empresa;
- ter *background* da área de operações;
- ter o perfil de usuário;
- ser experiente na empresa;
- ter boas habilidades interpessoais, de liderança e de negociador;
- ter bom trânsito nos setores que fazem interface com o projeto;
- ter conhecimentos básicos em gestão de mudança organizacional e aprimorar-se nessa área.

É importante que o gerente do projeto assuma a responsabilidade de, fazendo uso do ferramental de gestão de projeto que possui, identificar possíveis atrasos de atividades individuais e sua repercussão nos prazos do processo como um todo e que divida, então, com a equipe de projeto e possivelmente com o *steering committee*, a responsabilidade da cobrança dos responsáveis e possíveis planos contingenciais de recuperação.

A divisão da responsabilidade pela cobrança é importante para que não se desgastem, rapidamente, as relações entre o gerente do projeto e os responsáveis mais diretos pela execução das atividades. É importante que o gerente de projeto mantenha um bom relacionamento e bom trânsito em todas as áreas que fazem interface com o projeto.

Membros da equipe de implantação

A equipe de implantação deve ser composta por elementos representantes de todas as áreas envolvidas na implantação ou que podem ser afetadas por ela. As áreas que necessariamente, mas não exclusivamente, devem estar representadas são: comercial, manufatura (produção), planejamento, compras, materiais, financeira, contabilidade, custos, engenharia de produto e engenharia de processos. As funções principais da equipe de implantação são:

CAP. 12 ■ IMPLANTAÇÃO DO SISTEMA MRP II | **429**

- relatar desempenho real contra o programa do projeto;
- identificar problemas e obstáculos ao sucesso da implantação;
- ativar as forças-tarefa para resolver os problemas identificados e executar as tarefas;
- tomar decisões operacionais quanto à alocação de recursos;
- representar todos os futuros usuários do novo sistema, garantindo o atendimento a suas necessidades nos processos de tomada de decisão ao longo da implantação;
- fazer recomendações, quando apropriado, ao *steering committee*;
- fazer todo o possível para realizar uma implantação suave, rápida e de sucesso.

12.2.4 Macroatividades básicas

12.2.4.1 Preparação do projeto de implantação

Essa fase consiste da definição da equipe de implantação e dos demais elementos da estrutura organizacional, do estabelecimento da "missão" do projeto e da elaboração do plano de implantação. A missão do projeto de implantação deve ser um documento, gerado a partir do consenso da alta direção e que define o que pretendemos com a implantação do sistema MRP II/ERP, em que aspectos desejamos melhoria de desempenho e em que prazo, que nível de recursos desejamos comprometer com o projeto, entre outros tópicos. Faz parte também dessa fase a elaboração de um estudo de custos e benefícios da implantação, para que possamos não somente ter uma boa ideia dos investimentos necessários como garantir o comprometimento com a obtenção dos benefícios.

12.2.4.2 Programa de treinamento

A atividade de treinamento é uma das principais responsáveis pelo grau de sucesso da implantação de sistemas MRP II em empresas, independentemente da qualidade, potência ou adequação do *software* adquirido.

Relembrando que implantar com sucesso um sistema MRP II significa, em última instância, modificar o *modus operandi* da grande maioria dos funcionários da empresa, esses mesmos funcionários precisam aprender quais serão suas novas tarefas e como executá-las, mas, também, e principalmente, entender por que será preciso mudar, quais suas novas responsabilidades e as implicações da ação individual no desempenho geral da empresa, a partir do uso do novo sistema de planejamento.

O treinamento, em todos os níveis, é fundamental para a quebra das resistências naturais a toda e qualquer mudança. Por outro lado, somente o claro entendimento do processo de mudanças que ocorrer poderá dar a necessária confiança no novo processo de planejamento e, por conseguinte, evitar a manutenção ou o surgimento de sistemas individuais paralelos ao novo sistema em implantação. O surgimento de sistemas paralelos é identificado como uma das principais causas de fracasso na implantação e uso de sistemas MRP II.

O programa de treinamento, a ser planejado pelo gerente do projeto de implantação e executado pela equipe de implantação, normalmente com auxílio de especialistas externos, deve prever sessões conceituais e práticas, cujos conteúdo e duração deverão ser compatíveis com o grau de interação com o sistema que cada elemento a ser treinado terá após a implantação.

O auxílio de especialistas externos deve restringir-se a determinados níveis hierárquicos: alta direção, alta e média gerências e supervisão, isto é, aqueles níveis normalmente compostos por elementos que tenham um razoável potencial de abstração para poder assimilar os novos conceitos e técnicas e transportá-los para seu ambiente de trabalho. Há uma grande parcela de funcionários que deve receber algum tipo de treinamento. Para esses funcionários, o treinamento mais eficaz é o ministrado por elementos da própria empresa, normalmente da equipe de implantação, que, ao se transformarem em especialistas internos na filosofia MRP II, conseguem transmitir de uma forma mais adequada os conceitos, fazendo a necessária "tradução" para a realidade da empresa *a priori*. A Figura 12.3 sintetiza as diferentes necessidades de treinamento dos diversos níveis da estrutura organizacional.

Figura 12.3 Níveis diferenciados de treinamento visando atender diferentes necessidades.

O treinamento necessário pode ser dividido em duas partes: treinamento conceitual (muitas vezes chamado de educação) e treinamento operacional. A primeira refere-se à transmissão dos conceitos que estão por trás da nova filosofia de trabalho, ou seja, conceitos sobre a filosofia MRP II. A segunda refere-se ao treinamento no *software* aplicativo a ser implementado e nos novos procedimentos de trabalho.

Treinamento conceitual

O treinamento conceitual é um dos elementos básicos para o sucesso da implantação, principalmente quando encaramos a implantação como um esforço de mudança da forma de trabalhar visando à melhoria de desempenho.

Para a alta direção da empresa (diretoria), é aconselhável, pelo menos, um programa expositivo, com duração de algumas horas, que forneça aos participantes a bagagem de conceitos a respeito da filosofia de planejamento MRP II, para que a diretoria possa apoiar adequadamente o processo de implantação do novo sistema, assim como compreender a lógica de gestão que lhe é implícita.

O objetivo seria suprir os participantes com os conceitos fundamentais e, através de eventual aplicação prática, fazer com que fosse definida a "missão do projeto MRP II na empresa" (já discutida), o qual passaria a constituir direcionamento fundamental no processo de implantação do novo sistema. Um conteúdo mínimo deveria abranger:

- o papel estratégico dos sistemas de administração da produção;
- o que esperamos de um sistema de administração da produção;
- os principais módulos de um sistema MRP II;
- vantagens e limitações do MRP II;
- a importância do processo de implantação;
- *workshop* dirigido: "O que a Empresa espera de um sistema MRP II".

Para a média gerência, abrangendo o comitê diretivo e toda a equipe de implantação, inclusive os líderes das forças-tarefa e usuários-chave, é adequado um programa de treinamento conceitual mais extenso, com pelo menos um dia de duração, contendo, no mínimo:

- conceitos básicos sobre planejamento;
- conceitos sobre gestão de estoques;
- cálculo de necessidades de materiais (MRP);
- informações necessárias e parametrização;
- planejamento dos recursos de manufatura (MRP II) e seus principais módulos;
- implantação de sistemas MRP II.

Treinamento conceitual usando simulador

As empresas que se engajam no processo de implantação de sistemas MRP II esbarram em dificuldade no treinamento prático de seus técnicos, pois, até recentemente, não havia ferramentas de apoio para o ensino de MRP II. Exposições teóricas sobre MRP II não permitem que as audiências sintam as vantagens e limitações da ferramenta e tampouco sua dinâmica operacional. O uso dos próprios pacotes pode ser eficiente para as pessoas que irão operá-los, mas não o é, por ser muito complexo, para o treinamento gerencial, que visa a um entendimento dos conceitos da ferramenta como um todo.

Para permitir um treinamento gerencial eficaz, é ideal a utilização de exercício prático, baseado em simulação em microcomputador, que permite aos participantes, divididos em equipes, gerenciarem a operação de uma fábrica, tomando decisões de planejamento ou seus diversos processos e níveis (S&OP, Previsão de Vendas, MPS, MRP/CRP, SFC, Compras) ao longo de uma série de períodos simulados, com dados derivados de um caso real.

É o que propusemos com os exercícios baseados em uma planilha simuladora de MRP II, localizados ao final dos capítulos 3, 5, 6 e 8, permitindo que cada um dos principais processos pudesse ser simulado pelo leitor. Sugerimos que, após fazer esses exercícios, o leitor se aventure a simular o caso Politron completo. Mais informações sobre o acesso ao caso completo se encontram ao final deste capítulo.

Entendemos que o treinamento conceitual usando simulador é essencial para o entendimento do processo do MRP II como um todo. O treinamento com o simulador[1] oferece as seguintes vantagens:

- é suficientemente complexo para simular todos os principais aspectos e decisões que um sistema MRP II real apresenta;
- é simples o suficiente para permitir um aprendizado rápido e ao mesmo tempo abrangente, pois simula todos os módulos de um MRP II;
- permite que o usuário experimente, durante um período curto com imersão total, o processo de gerenciar utilizando todo o potencial do MRP II e todos os seus módulos.

Treinamento operacional

É importante que os usuários do sistema em implantação possam familiarizar-se com as características operacionais do novo sistema: telas a serem usadas, navegação entre telas, campos a serem preenchidos, interpretação das mensagens do sistema e ações a serem implementadas, entre outras.

Esse treinamento, ministrado pela empresa fornecedora do *software*, é obviamente necessário, mas não suficiente, principalmente por não abranger aspectos conceituais, os quais considera inclusive como pré-requisitos.

O último segmento do treinamento operacional é dirigido aos elementos da área de informática da empresa que está implantando o sistema MRP II e que serão responsáveis pela instalação do novo *software* na empresa, pela execução das necessárias customizações do *software* adquirido e sua manutenção posterior. Esse treinamento

---

[1] A planilha Politron é uma das ferramentas disponíveis para esse tipo de treinamento, tendo sido aplicada com sucesso em empresas como Souza Cruz, Gessy Lever, Elida Gibbs, Ceras Johnson, Schlumberger, Krupp, 3M, Iochpe-Maxion, Rhodia, Alcoa/AFL, Tigre, entre outras.

específico no *software* adquirido normalmente também é de responsabilidade da empresa fornecedora de *software*.

12.2.4.3 Desenho procedimental do sistema de planejamento

O desenho procedimental do sistema de planejamento é o conjunto de procedimentos que definem os vários níveis de planejamento e seus processos de decisão e fluxos de informações. Em outras palavras, o desenho procedimental descreve os grandes blocos do processo de planejamento, a relação entre eles, as responsabilidades, as lógicas dos processos de decisão, as informações necessárias e as informações resultantes para apoio às decisões. Como decorrência do desenho procedimental, será feita a definição adequada de requisitos de customização e a redefinição dos importantes parâmetros do sistema, que traduzirão as especificidades da empresa para o sistema MRP II tendo implicações diretas em seu desempenho.

A Figura 12.4 ilustra as principais condicionantes da elaboração de um desenho procedimental do sistema de planejamento de uma empresa genérica.

A elaboração do desenho procedimental do sistema de planejamento deve partir da filosofia básica de planejamento que a empresa pretende adotar, no caso, a filosofia MRP II, a qual está presente no sistema computadorizado a ser instalado. Entretanto, essa filosofia básica deve servir como pano de fundo para a elaboração do desenho procedimental, o qual deverá refletir as características específicas da empresa, ou seja, suas prioridades competitivas em relação aos seus mercados, seu processo produtivo, as características das estruturas de seus produtos, as especificidades de seus fornecedores, suas necessidades internas de informação para tomada de decisão, entre outras. Para atender essas características, o desenho deve poder contar com a possibilidade de compor com outras filosofias de planejamento, como a do *Just in Time* ou a da programação com capacidade finita, por exemplo, chegando-se a uma filosofia híbrida com características diferentes para produtos diferentes ou para níveis de planejamento diferentes. Veja o Capítulo 10 para detalhes sobre sistemas híbridos com o MRP II.

Os principais blocos do sistema de planejamento a serem considerados no desenho procedimental são:

- o plano de produção agregado de longo prazo, o plano de vendas e a gestão da demanda, configurados no módulo de *Sales and Operations Planning (S&OP)*, (veja Capítulo 5) incluindo a sistemática de tomada de decisão que integra as diversas áreas funcionais da empresa, em torno do planejamento da produção (manufatura, marketing, finanças e engenharia e desenvolvimento de produto);
- a previsão de vendas agregada e detalhada (veja o Capítulo 7);
- o plano-mestre de produção, englobando os planejamentos de materiais e capacidade de produtos finais, a gestão da demanda de curto prazo, a promessa de entrega, entre outros aspectos (veja o Capítulo 6);

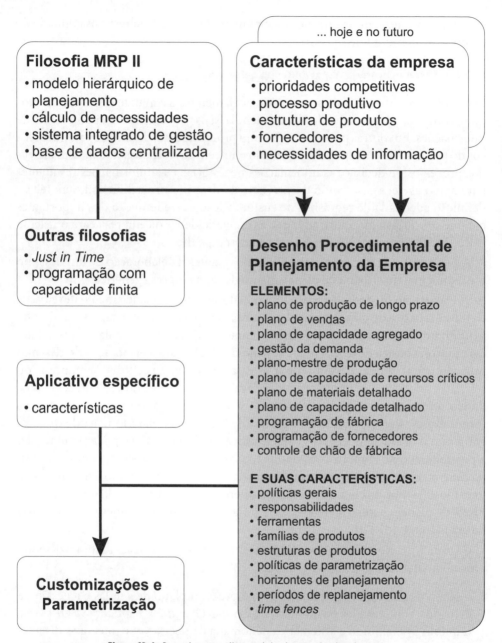

Figura 12.4 Desenho procedimental do sistema de planejamento, seu conteúdo e as condicionantes de sua definição.

o plano de materiais e o de capacidade detalhados (veja os Capítulos 3 e 8);

a programação de curtíssimo prazo de fábrica e de fornecedores (veja o Capítulo 9);

o controle de chão de fábrica (veja o Capítulo 9).

Para cada um desses blocos ou elementos do desenho procedimental, devem ser definidas explicitamente as informações necessárias de entrada, as informações resultantes desejadas do processo de decisão, assim como a lógica do processo de decisão, incluindo suas principais características, entre outras:

as políticas gerais de decisão;

a definição de responsabilidades pelas informações e pelo processo de decisão;

as ferramentas a serem utilizadas, que podem ser parte do *software* ou desenvolvidas em paralelo, planilhas de cálculo etc.;

a modelagem do sistema produtivo e de seus produtos (famílias de produtos, características de estruturas de produtos, itens fantasmas, centros produtivos);

parâmetros básicos como horizontes de planejamento, períodos de replanejamento e períodos de congelamento (*time fences*);

as políticas de parametrização do sistema.

O desenho procedimental do sistema de planejamento, tal como brevemente descrito, constitui-se numa ferramenta fundamental para garantir que o processo de planejamento contribua efetivamente para o atendimento dos objetivos estratégicos do sistema produtivo, principalmente no que se refere às necessidades de velocidade de entrega, confiabilidade de entrega, flexibilidade (em suas várias dimensões) e custo.

Uma vez estabelecido, o desenho procedimental é a base para que analisemos o *software* aplicativo a ser implementado, para que possamos avaliar em que aspectos o *software* atende às necessidades e em que aspectos ele não atende, para os quais deveremos:

desenvolver customizações;

parametrizar o novo *software*;

desenvolver sistemas paralelos de apoio;

utilizar sistemas manuais ou visuais, entre outras alternativas.

12.2.4.4 Revisão dos processos logísticos

Como o novo sistema deverá estar coerente com os processos logísticos da empresa, é interessante revê-los, modificando eventualmente o arranjo físico, formando células de manufatura, reconfigurando a fábrica, para que o sistema venha a trabalhar sobre um ambiente produtivo mais racional e alinhado às necessidades de desempenho competitivo da empresa.

12.2.4.5 Garantia da acurácia da base de dados

Um outro aspecto causador de inúmeros insucessos de implantações de sistemas MRP II é o descaso com que algumas empresas encaram a qualidade dos dados que irão alimentar o novo *software*. Essas empresas preferem, geralmente pressionadas por prazos e custos, alimentar o sistema com os dados preexistentes e só posteriormente já com o sistema em operação, tentar melhorar a qualidade desses dados.

Essa postura é uma quase garantia de fracasso, pois seu resultado mais imediato e destruidor é a perda de confiança dos usuários no sistema recém-implantado: operando com dados incorretos, o sistema MRP II irá sugerir ordens de compra e de produção inadequadas às reais necessidades da empresa, o que será lido pela maioria dos usuários como mau funcionamento ou vício de lógica.

Em clima conturbado pelas necessidades crescentes de revisões das ordens emitidas, é pouco provável que sobre tempo para atividades de revisão e melhoria da acurácia dos dados já no sistema.

Como decorrência da falta de confiança, notemos o surgimento de sistemas de planejamento e controle locais e paralelos, levando a um processo de degradação e abandono do novo sistema.

Medidas e tolerância de acurácia dos dados de posição de estoques

Como já comentado em capítulos anteriores, os dados de posição dos estoques, ou seja, os registros de todos os atributos dos itens estocados – número, tipo, quantidade, localização etc. – são um dos principais dados de entrada do MRP II, sendo seu desempenho diretamente ligado à qualidade desses dados.

Mais que isso, é preciso que haja uma alta aderência entre os valores físicos de posição dos estoques e os correspondentes registros desses valores no sistema. A medida dessa aderência é chamada "acurácia" dos dados de posição dos estoques.

Matematicamente, o cálculo do valor da acurácia é feito pelo uso seguinte fórmula:

acurácia dos registros = (registros corretos/registros contados) $\times$ 100

Dado que um índice de acurácia de 100% representa um ideal difícil de ser alcançado, para um conjunto geralmente bastante amplo, como os itens de estoque de uma empresa, é necessário definir um "intervalo de tolerância" operacionalmente aceitável, para as diferenças entre os dados físicos e os registros no sistema.

A Tabela 12.1 ilustra o processo de obtenção do grau de acurácia dos estoques de uma empresa.

Tabela 12.1 Cálculo da acurácia de estoque

Item	Contagem física	Registro do sistema	Tolerância	Aceito	Não aceito
1	94	102	± 2		x
2	96	97	+ 5	x	
3	96	100	± 5	x	
4	96	99	± 2		x
5	98	96	± 2	x	
6	99	97	± 2	x	
7	110	110	± 0	x	
8	104	105	± 0		x
9	97	100	± 5	x	
10	103	100	± 2		x
11	104	102	± 5	x	
12	105	100	± 5	x	
13	106	100	± 0		x
Total	1.300	1.300		8	5

A definição do intervalo de tolerância poderá variar para itens diferentes. Podemos classificar os itens estocados a partir de alguns critérios ou combinação deles como, por exemplo:

- frequência de uso – maior a frequência, maior o intervalo de tolerância;
- valor monetário – maior o valor, menor o intervalo de tolerância;
- tempo de ressuprimento – maior o tempo de ressuprimento, menor o intervalo de tolerância.

Muitas empresas utilizam, para a determinação dos intervalos de tolerância, a participação do item no custo anual do total dos estoques. Para tanto, classificam todos os seus itens estocados através de uma curva ABC (veja o Capítulo 2), obtendo então os itens "A", que mais contribuem (os 20% primeiros do total de itens), os itens "B", que contribuem medianamente (os 30% subsequentes do total de itens) e os itens "C", que pouco pesam no custo anual do estoque total (os últimos 50% do total de itens). A regra geral é estabelecer intervalos de tolerância bastante restritos (próximos de 0%), para os itens "A", intervalos de aproximadamente ± 2% para os itens classificados como itens "B" e de ± 5% para os demais itens.

Na dúvida sobre que critério utilizar, recomendamos começar determinando um intervalo de tolerância de ± 5% para todos os itens estocados, mesmo porque esse intervalo é bastante mais estreito do que os encontrados na maioria das empresas, quando do início da implantação do MRP II.

A experiência em diversas implantações de sistemas MRP II demonstra que as empresas que, mundialmente, têm conseguido os melhores índices de desempenho no uso de seus sistemas MRP II têm alcançado um nível de acurácia geral de pelo menos 95%, com intervalos de tolerância de, no máximo, ± 5 %.

Esse índice de 95% de acurácia não representa uma simples sugestão, mas o mínimo exigível para um desempenho satisfatório de sistemas MRP II.

Garantindo a acurácia dos dados de estoque

Uma das mais importantes transformações que a implantação de um sistema MRP II introduz na empresa é a mudança do *status* da "informação" gerencial. Algo que antes poderia ter múltiplas versões – inúmeros locais de arquivo, tratamentos diferentes em cada unidade –, dependendo de seu uso localizado, passa a ter uma importância muito maior, inclusive na sobrevivência da própria empresa.

Conforme já comentado, o MRP II emite ordens de produção e compras a partir das informações que constam de uma base de dados única na empresa. Por ser uma base única, cada informação constante nessa base tem claramente identificado(s) o(s) seu(s) responsável(eis) pelas atividades de coleta, registro e alteração. Se essas informações não estiverem corretas, as ordens emitidas serão totalmente inadequadas gerando aumento de estoques, produção descolada dos pedidos dos clientes, não cumprimento das datas de entrega, comprometendo ao mesmo tempo os custos, o atendimento aos clientes, o faturamento e, portanto, a posição da empresa no mercado. Por outro lado, qualquer erro identificado nas informações da base única revela de imediato seu responsável, frente a todo o resto da empresa. A vantagem disso não é facilitar a "caça às bruxas", mas permitir que aperfeiçoemos o processo para que o erro identificado não se repita.

Mesmo que tenhamos conseguido alcançar o grau de acurácia desejado (95%) no período de implantação, esse patamar de qualidade dos dados deverá ser permanentemente mantido, como condição necessária ao desempenho adequado do sistema MRP II implantado. Isso só pode ser conseguido a partir de duas condições:

- estabelecimento e implantação de procedimentos detalhados de obtenção, manipulação e registro de toda informação necessária ao sistema; e
- extrema disciplina de todos os usuários das informações, no cumprimento dos procedimentos em suas atividades do dia a dia.

O desenvolvimento e implantação dos novos procedimentos deverá ser um processo altamente interativo entre a gerência do processo e a equipe de implantação, contando com intensa participação dos usuários diretos. Isso garantirá a adequação dos procedimentos, pois, em sua formulação, estarão sendo levadas em consideração as necessidades do sistema – garantidas pelo gerente e equipe de implantação do projeto – e as especificidades operacionais da empresa, expostas pelos usuários diretos.

A disciplina dos usuários, com relação aos novos procedimentos implantados, é fundamental ao bom funcionamento do sistema MRP II: caso os procedimentos não sejam cumpridos, os registros das informações não estarão corretos e, portanto, apesar de todo esforço empreendido até então e dos vultosos investimentos realizados, o sistema estará operando fora da realidade física da empresa, com as consequências desastrosas já apontadas anteriormente.

O principal instrumento para tentar garantir a disciplina dos usuários no cumprimento dos novos procedimentos é, além de sua participação na elaboração dos mesmos, seu treinamento intensivo com a supervisão direta dos responsáveis pelas áreas, após orientação detalhada da equipe de implantação. A disciplina nos procedimentos decorre, em grande parte, do perfeito entendimento do conteúdo dos mesmos e da enorme relevância de seu cumprimento, para o bom desempenho da empresa, além, é claro, da identificação imediata de responsabilidade por erro nas informações que a base única permite.

Outro aspecto também importante e complementar à implantação de procedimentos, na garantia da acurácia dos dados, é a preparação física dos diversos almoxarifados da empresa. Para que o cálculo da acurácia seja facilitado e seu resultado seja confiável, é preciso que os almoxarifados tenham rígidos sistemas de controle de entrada e saída de materiais assim como sistemas biunívocos de localização e identificação de todos os itens estocados. Isso pode acarretar, na fase de implantação do MRP II, reformas mais ou menos amplas do espaço físico destinado aos almoxarifados, realocação de parte dos estoques ou revisão do *layout* interno dos almoxarifados.

É importante lembrar que os registros de entradas e saídas de materiais devem dar-se em tempo real – a existência de atrasos na atividade de atualização dos registros de estoque equivale, do ponto de vista do sistema, a uma diminuição do grau de acurácia, com as consequências já explanadas.

Para monitorar a qualidade de seus dados de estoques, as empresas, ao invés do inventário periódico (como o anual), têm usado crescentemente o "inventário rotativo": é definido um período, por exemplo, um mês ou um trimestre, em que todos os itens do estoque serão verificados através de contagem física; o número total de itens a serem contados é dividido pelo número de dias úteis, resultando no número de itens a serem contados em cada dia do período. Com isso, no fim de cada período, todos os itens terão sido contados uma vez.

O período do inventário rotativo deve variar conforme a importância dos itens considerados. Usando novamente uma distribuição ABC, os limites de variação adequados para os períodos são:

- itens A – período entre 15 a 60 dias;
- itens B – período entre 2 a 4 meses;
- itens C – período de 6 a 12 meses.

440 | PLANEJAMENTO, PROGRAMAÇÃO E CONTROLE DA PRODUÇÃO ▪ Corrêa – Gianesi – Caon

Ao contrário do inventário total periódico, a utilização do inventário rotativo permite identificar mais rapidamente eventuais discrepâncias entre a situação real dos estoques e os registros do sistema MRP II e, em consequência, possibilita também a correção mais rápida dessas discrepâncias.

Se através do inventário rotativo forem constatadas diferenças, a atitude dos responsáveis pela informação não se deve limitar à correção dos registros; é preciso que se busquem as causas das diferenças para que sejam imediatamente sanadas, num processo de aprimoramento constante e contínuo. Só assim a meta de 95% de acurácia nos dados de posição dos estoques será alcançada e mantida. Sumariando, *a ênfase do inventário rotativo deve estar colocada muito mais na identificação e eliminação das causas de erros do que na correção das discrepâncias entre o estoque físico e a informação do sistema!*

A maioria dos *softwares* comerciais de hoje traz recursos para auxiliar na operacionalização da prática de inventário rotativo.

Medidas de acurácia e completude das estruturas de produto

A acurácia recomendada para estruturas de produto deve ser entre 98 a 100%. Valores abaixo desse padrão levarão irremediavelmente o MRP II ao fracasso, pois as mensagens de exceção emitidas pelo sistema serão de tal monta que será impossível dar conta de todas antes de chegarmos ao momento da nova rodada do MRP II, levando o sistema rapidamente ao colapso.

A acurácia das estruturas de múltiplos níveis é medida nível a nível. Para estar correto, um determinado item da estrutura precisa ser registrado corretamente: seu item pai, seus itens filhos (componentes), a quantidade a ser usada para cada unidade de seu item pai, a unidade de medida utilizada, além de ter toda a sua documentação de engenharia (código, especificações etc.) registrada na base de dados.

Quando da verificação da acurácia das estruturas de produto, a existência de um ou mais erros define a estrutura como incorreta.

O cálculo da acurácia das estruturas de produto é feito pelo uso da seguinte fórmula:

acurácia das estruturas = (estruturas corretas/estruturas auditadas)   100

Uma questão complementar refere-se ao que deve ou não constar obrigatoriamente na estrutura do produto. Conceitualmente, para que uma estrutura seja considerada "completa", ela deve conter todos os itens a serem planejados através do módulo MRP e a serem incluídos no cálculo do custo do produto, o que significaria incluir na estrutura embalagens, materiais de consumo e ferramental. Muitas vezes, na prática, a maioria desses itens, apesar de estarem eles incluídos nas estruturas dos produtos, passam a fazer parte dos estoques na linha de produção, com política de ressuprimento de ponto de pedido e com lotes mínimos preestabelecidos.

CAP. 12 ■ IMPLANTAÇÃO DO SISTEMA MRP II | **441**

Por um lado, a inclusão de todos esses itens na estrutura do produto e, portanto, no planejamento das necessidades de materiais poderia permitir dispor de um maior período para negociação com fornecedores, já que sua necessidade poderá ser notada com maior antecedência, o cálculo dos custos seria mais preciso e as necessidades de materiais seriam melhor descritas. Porém, por outro lado, a preocupação com a completude das estruturas não deve ser contraditória com a eliminação de redundâncias, ela apenas deve garantir que a definição do processo de manufatura contenha a descrição completa das necessidades de materiais, para subsidiar os instrumentos de planejamento e custeio que a empresa decidiu implantar.

Os itens citados são geralmente definidos na fase de projeto do produto, a partir das necessidades requeridas para a produção e para o despacho e distribuição ao mercado. Uma vez cadastrados os itens nos arquivos, alterações nessas características deveriam ser menos frequentes. Se ocorrerem mudanças frequentes, o registro, o planejamento e o custeio desses itens tornam-se importantes.

Enfim, muitas companhias usam uma regra simples quanto ao que deve ser incluído nas estruturas: se fizer parte das necessidades de materiais, inclua na estrutura do produto.

Garantindo a acurácia das estruturas de produto

Uma condição necessária para garantir a acurácia das estruturas de produto é a manutenção de um único registro de cada estrutura, sendo parte da base única de dados da empresa, independentemente da multiplicidade de usuários das estruturas de produto. Essa unicidade garante que qualquer e toda alteração introduzida numa estrutura por qualquer dos múltiplos usuários seja univocamente registrada e incorporada por todos os usuários da base de dados.

Por outro lado, é importante que o processo de incorporação de alteração das estruturas obedeça a procedimentos claramente definidos, com múltiplos níveis de aprovação e autorização e que estes procedimentos sejam estritamente obedecidos pelos usuários.

Existem basicamente três métodos para auditar a acurácia e a completude das estruturas de produto.

Um primeiro método consiste em estruturar uma equipe de auditoria composta por representantes das áreas de engenharia e projeto, planejamento, manufatura, controle de qualidade e custos. Essa equipe, centralizada fisicamente, verifica rotineiramente as estruturas de produtos finais e intermediários mais utilizados, a partir de uma distribuição ABC (Pareto). Após verificar a numeração, as relações pai/filho, as quantidades por unidade e unidades de medida, a equipe decide se a estrutura representa corretamente o processo de montagem do item. Essa decisão pode demandar a participação de pessoal diretamente ligado à produção, com conhecimento específico do processo real de montagem.

442 | PLANEJAMENTO, PROGRAMAÇÃO E CONTROLE DA PRODUÇÃO ▪ Corrêa – Gianesi – Caon

Outro método para auditar a acurácia e completude das estruturas de produto consiste na avaliação das *picking lists*[2] das correspondentes ordens de produção, conforme estas últimas são emitidas. De posse das listas emitidas pelo sistema, uma equipe de auditoria, com elementos das áreas de planejamento, engenharia e produção, e com toda a documentação necessária, verifica as relações pai/filho dos diferentes itens. Esse método tem a vantagem de concentrar-se em garantir a acurácia e a completude das estruturas dos itens que realmente serão produzidos no futuro imediato.

Um último método de auditar a acurácia e a completude das estruturas inicia-se com a formação de um grupo constituído pelos elementos da empresa que mais conhecem a produção – por exemplo, supervisores do chão de fábrica –, os quais serão responsáveis pela atividade de auditoria das estruturas.

Todas as vezes que houver erro em tipo ou quantidade no material entregue à linha de produção, o pessoal do chão de fábrica informa seu supervisor sobre a discrepância.

Após corrigir o problema, o supervisor certifica-se de que a discrepância não tenha ocorrido por problema de manuseio do material. Se não for este o caso, ele então informa a engenharia para que seja feita a correção da estrutura. O uso eficiente desse método depende bastante de que os erros detectados sejam prontamente corrigidos – antes que o próximo lote do mesmo material chegue à produção novamente errado – para que não percamos a credibilidade no processo e as discrepâncias deixem de ser comunicadas aos supervisores, esvaziando o processo de auditoria.

12.2.4.6 Elaboração de procedimentos

A elaboração de procedimentos representa parte preponderante das atividades a serem realizadas na implantação de um sistema MRP II.

Relembrando que implantar um sistema MRP II, antes de representar a instalação de um novo *software* na empresa, significa modificar profundamente a maneira das pessoas executarem as suas tarefas, o registro e formalização das modificações introduzidas assume um papel crítico para o sucesso da implantação.

A elaboração dos novos procedimentos deve estar prevista, de forma detalhada, no Plano de implantação e contar com a participação da equipe de implantação em estreito convívio com os usuários dos procedimentos anteriores à implantação do MRP II: somente estes últimos detêm o conhecimento das especificidades dos processos a serem incorporadas nos novos procedimentos, enquanto que à equipe de implantação cabe dar organicidade ao conjunto de procedimentos e adequação dos mesmos às necessidades do MRP II.

Cada procedimento deve ser elaborado em forma preliminar, ser submetido à crítica dos usuários e por estes formalmente validado em sua descrição definitiva, antes de ser implantado e divulgado.

---

[2] Lista de componentes com os itens a serem utilizados e quantidades correspondentes às quantidades da ordem de produção emitida.

BOXE 12.2

A unidade brasileira de uma grande empresa multinacional do setor de higiene pessoal sentiu na pele a importância da elaboração e formalização de procedimentos que especifiquem a nova forma de trabalho, após a implementação de seu sistema MRP II. Ela iniciou seu projeto de implantação em meados de 1994, quando procurou adotar as melhores práticas de implementação para garantir o sucesso do projeto. Um dos pontos fundamentais foi o extenso esforço de educação e treinamento em conceitos da filosofia MRP II, levado a cabo através de programas expositivos e exercícios de simulação (utilizando as ferramentas já comentadas), treinando aproximadamente 60 pessoas das áreas de logística, desenvolvimento de produto, produção, entre outras, visando criar uma "cultura MRP II" na empresa. Infelizmente, outro aspecto essencial, a elaboração de procedimentos escritos de trabalho segundo a nova cultura, não foi garantido, mantendo-se o conhecimento na cabeça e na prática das pessoas.

Dois anos mais tarde, em função de um desempenho, em aspectos intimamente ligados ao processo de planejamento, não condizente com o investimento feito na implantação do sistema MRP II, a empresa começou a rever seus processos para descobrir o que estava errado ou poderia ser aprimorado. Surpreendentemente, para os responsáveis por essa revisão, o mau desempenho não estava ligado à inadequação dos processos de trabalho estabelecidos durante a implantação do MRP II, mas justamente no abandono desses processos. Decisões equivocadas eram tomadas por falta de conceitos de gestão, ferramentas específicas (relatórios e telas especialmente desenvolvidos) não estavam mais sendo utilizadas, a cultura MRP II, enfim, havia-se perdido. As principais causas desse problema foram identificadas como a rotatividade de pessoal relativamente alta durante esse período, principalmente na área de logística, ligada à completa ausência de procedimentos formais do processo de planejamento implementado com a adoção do MRP II. Foi necessário que cerca de 80 pessoas das áreas citadas passassem novamente por programas de treinamento similares, em meados de 1996. Desta vez, após o treinamento, foi iniciado um esforço intenso de formalização de procedimentos para garantir que o novo processo de planejamento fosse sedimentado, não ficando dependente das pessoas que iriam executá-lo.

12.2.4.7 Corte do sistema antigo e entrada do novo sistema

Durante o processo de implantação chegará o momento em que o antigo sistema de planejamento será abandonado, sendo substituído pelo MRP II. O momento da passagem de um sistema para o outro (entendamos sistema como um conjunto de processos de decisão, procedimentos e fluxos de informação, apoiados ou não por uma ferramenta computacional) reveste-se de uma enorme importância: o antigo sistema, bem ou mal, funcionava enquanto que o desempenho do novo ainda guarda dúvidas. Uma vez desligado, o antigo sistema não poderá mais ser utilizado, mesmo porque os procedimentos que lhe davam suporte terão sido abandonados e substituídos pelos novos.

Trata-se, então, de minimizar os riscos dessa "queima dos navios", pela execução de procedimentos de testes-piloto do novo sistema, antes do corte definitivo do sistema antigo. A realização dos testes deve fazer parte do Plano de Implantação do MRP II, com programação detalhada de datas para sua realização e dos recursos necessários. Recomendamos a execução de três tipos diferentes de testes-piloto: piloto de *software*, piloto de recursos humanos e piloto real.

Piloto de *software*

O piloto de *software* tem por objetivo testar o funcionamento, no *hardware* da empresa, do sistema MRP II em implantação. Embora este seja um dos testes-piloto que devem ser feitos antes que façamos a efetiva mudança do sistema antigo para o novo, não é necessário, nem conveniente, que deixemos sua execução para a etapa final da implantação. Na verdade, o piloto de *software* deve começar a ser executado assim que o novo sistema for adquirido, ou mesmo na fase em que dispomos apenas de uma versão de demonstração (em alguns casos, é inclusive conveniente que se faça alguns testes antes de decidir pela aquisição do sistema).

A primeira parte do piloto de *software*, muitas vezes chamada vulgarmente de "prototipação", consiste do cadastramento no sistema de alguns itens simples com suas estruturas e execução dos processos principais da filosofia MRP II e de alguns processos operacionais (inclusão, exclusão e alteração de itens, cálculo de necessidades de material, cálculo de capacidade, grosseiro e detalhado, movimentações de material, abertura e fechamento de ordens, alocação de materiais, entre outros) com o objetivo de explorar e conhecer bem as funcionalidades do sistema e sua forma de trabalhar. A análise cuidadosa desta parte do piloto de *software* pode evitar surpresas em fases mais adiantadas da implantação, quando podemos descobrir, eventualmente, que todas as estruturas já cadastradas tenham que ser alteradas por descobrirmos que o tratamento que o sistema dá para itens fantasmas, por exemplo, não é exatamente aquele que achávamos, por meio da leitura de manuais e conversas com o fornecedor (algumas empresas chegam a descobrir, tardiamente, que o *software* comprado como sistema MRP II, guarda, na verdade, pouca relação com esse conceito. Não raro, a única saída viável é abandonar a implantação e reiniciar o processo; desta vez com mais cuidado).

A segunda parte do piloto de *software* é similar no procedimento, mas devemos, agora, trabalhar com a carga total de dados reais da própria empresa (atualizados ou não) ela destina-se a avaliar seu desempenho em tempo de processamento, capacidade de armazenamento, adequação das customizações, tipos de relatórios emitidos, mensagens de exceção, entre outros. Algumas empresas que pularam esta etapa precisaram postergar de última hora a mudança do sistema antigo para o novo (e algumas tiveram que voltar ao sistema antigo), pois descobriram que o *hardware* não suportava o processamento, no novo sistema, do volume de dados reais. Nos casos menos drásticos, muitos procedimentos tiveram que ser alterados, pois quando esperávamos uma hora e meia de tempo de processamento no MRP (fruto de promessas do fornecedor), verificamos cinco horas na prática.

Piloto de recursos humanos

O piloto de recursos humanos deve ser o fechamento do programa de treinamento executado durante a implantação. Deverão participar de sua realização todos os futuros usuários – representantes dos departamentos de compras, planejamento, produção, vendas etc. –, os quais deverão operar o sistema em condições bastante próximas às normais de processamento, com dados parciais, porém reais, da empresa e servirá para que as pessoas possam dirimir dúvidas sobre que decisões tomar a partir de diferentes situações. Todos os procedimentos definidos devem ser testados em situações simuladas, visando verificar se as pessoas responsáveis por operar o sistema e tomar decisões com base nele saberão o que fazer quando o sistema novo estiver no ar: interpretar relatórios, analisar informações em tela, navegar pelo sistema adequadamente para tirar conclusões e tomar decisões e assim por diante.

Piloto real

Finalmente, no piloto real, o MRP II será executado, pela primeira vez, com todos os seus módulos, inclusive o MPS e o MRP, de maneira completa, com dados reais da empresa, para uma parte dos produtos (uma família, por exemplo, que seja razoavelmente autocontida, ou seja, que não tenha muitos componentes comuns com outras famílias de produtos). O objetivo é constatar se a opinião de que "o sistema parece funcionar" pode ser substituída pela certeza de que "o sistema realmente funciona". É importante que, durante a realização do piloto real, todas as dúvidas operacionais sejam esclarecidas e todos os eventuais problemas de desempenho do sistema sejam resolvidos.

Uma vez que o piloto real tenha sido realizado a contento, chegamos ao instante do corte definitivo do sistema antigo, o que poderá ser feito de maneira global ou por fases, em que parte dos itens são incorporados de maneira gradativa ao novo sistema. A alternativa gradual permite diminuir os riscos e facilitar o trabalho dos responsáveis, principalmente quando o número de itens for substancial, da ordem de vários milhares.

12.2.5 Gestão do processo de implantação como um "projeto"

O processo de implantação de um sistema MRP II tem todas as características do que convencionamos chamar de um "projeto":

- atividade não rotineira dentro da empresa;
- começo, meio e fim claramente identificados;
- realização limitada a um intervalo de tempo;
- equipe restrita e estruturada especialmente para ele;
- grande número de atividades a serem realizadas de forma interligada.

A prática tem mostrado que a realização da implantação de um sistema MRP II demanda a execução de algo em torno de 150 a 250 atividades, largamente interdependentes, com um grande número de pessoas envolvidas diretamente, podendo chegar, dependendo do porte da empresa, a mais de 100 elementos das diversas áreas da empresa, com diferentes graus de dedicação ao projeto.

As atividades terão que ser realizadas em prazos compatíveis – normalmente estendendo-se por um período que varia de 8 a 24 meses[3] –, dependendo da empresa quanto ao porte, quantidade de produtos e itens estocados, complexidade dos processos, *software* adquirido, situação inicial da qualidade de suas bases de dados e de seus processos, nível e disponibilidade dos recursos humanos, entre outros fatores.

Toda essa mobilização interna irá afetar a rotina da empresa e, principalmente, alterar as relações de poder, formal e informal, prévias ao processo de implantação do MRP II, podendo chegar ao desaparecimento de algumas funções e a criação de outras. É fundamental que o gerente do projeto de implantação atente para as resistências e os conflitos que com certeza irão surgir, tentando minimizá-los e sempre salvaguardando prioritariamente a realização do projeto.

12.2.5.1 Planejamento do projeto de implantação

A principal ferramenta do gerente do projeto de implantação do MRP II é o chamado "plano de implantação", representando o mapa a ser seguido no período previsto.

O plano de implantação é a descrição detalhada do conjunto de atividades a serem realizadas, contendo, para cada atividade prevista, no mínimo:

- nome da atividade;
- descrição do objetivo de realização da atividade;
- método de execução;
- produto final esperado;
- prazo previsto para a execução;
- interdependência com outras atividades do plano;
- recursos necessários;
- carga de cada recurso;
- responsável pela execução.

A Figura 12.5 ilustra um exemplo da forma de descrição de uma atividade do plano de implantação.

---

[3] Alguns fornecedores de software costumam prometer prazos mais reduzidos, da ordem de três a seis meses. São promessas; cabe à empresa decidir se vai acreditar ou não. De toda forma, fornecedores de *software* geralmente estão mais concentrados na "instalação" do sistema de informações e não na implantação de uma nova forma de trabalho que venha a trazer melhoria de desempenho. Esta última costuma exigir esforço e prazo relativamente maiores.

CAP. 12 ■ IMPLANTAÇÃO DO SISTEMA MRP II | 447

Atividade número 46 – Elaboração de procedimentos de rotinas de garantia de qualidade dos dados de custos

Objetivo: Detalhar o desenho do sistema de garantia da qualidade dos dados cadastrais de custos.

Produto final: Rotinas e procedimentos de garantia de qualidade dos dados cadastrais de custos definidos e explicitados (segundo norma ____) através de fluxogramas, com definição de responsabilidades e periodicidade de auditorias.

Recursos necessários: Gerente de Projeto, Assistente da Gerência.

Duração: 5 dias.

Responsabilidade: Gerente de Projeto.

Depende de: Atividade 45.

Figura 12.5 Exemplo de descrição de atividade do plano de implantação.

A montagem do plano de implantação deve ser a primeira atividade a ser executada pela equipe de implantação, logo após sua institucionalização. É importante que os prazos previstos e os recursos alocados para a execução de cada atividade sejam realistas, levando em consideração as demais atividades a serem realizadas na empresa pelos elementos da equipe de implantação. Após a elaboração do plano, este deverá ser validado pela alta direção da empresa, quando então se dará a necessária negociação entre áreas quanto aos prazos e recursos.

O resultado dessa negociação será também uma excelente medida do grau de comprometimento da alta direção com o projeto de implantação do MRP II. A prática dos autores indica que é condição essencial ao sucesso que o projeto de implantação do MRP II só perca em prioridade para a sobrevivência da empresa. Esta alta ou baixa prioridade será concretamente explicitada quando da necessidade de alocar recursos, sempre escassos, ao projeto de implantação do MRP II.

Além do plano de implantação, contendo a descrição das atividades como mostrado no exemplo da Figura 12.5, outra ferramenta extremamente útil no planejamento e acompanhamento do projeto de implantação do MRP II é a técnica de gestão de redes e análise de caminho crítico CPM (*critical path method*),[4] com o uso de diagramas de barras (gráfico de Gantt), método prático e de fácil utilização pelo gerente e equipe de implantação, para a visualização das atividades no tempo.

A Figura 12.6 ilustra parte do gráfico de Gantt de um projeto de implantação de sistema MRP II.

---

[4] Para mais detalhes, veja Slack (1996), Cap.16.

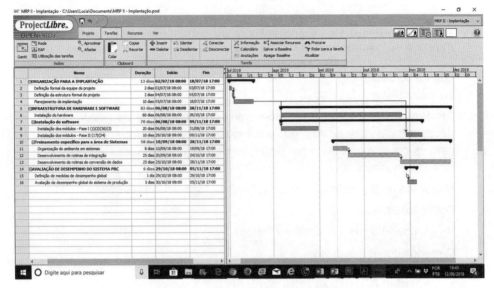

Figura 12.6 Exemplo de gráfico de Gantt.

Atualmente, já estão disponíveis no mercado aplicativos gerenciadores, de projeto de utilização e atualização bastante simples, facilitando o planejamento e acompanhamento detalhado do projeto, em seus aspectos de montagem de rede de dependência entre as atividades, realização física e reprogramação das atividades, alocação e nivelamento de recursos necessários, custeio das atividades e do projeto, emissão de relatórios executivos etc. Uma utilidade importante de ferramental computacional no gerenciamento do projeto de implantação é permitir disponibilizar, a cada instante, informação atualizada, indicando a eventual necessidade de medidas corretivas na execução do projeto.

Como esse tipo de ferramental permite visualizar previamente, através de gráficos como o mostrado na Figura 12.7, as cargas de trabalho previstas para os diversos recursos humanos alocados durante todo o período de implantação do MRP II, seu uso facilita a negociação, junto à alta direção, do comprometimento desses mesmos recursos.

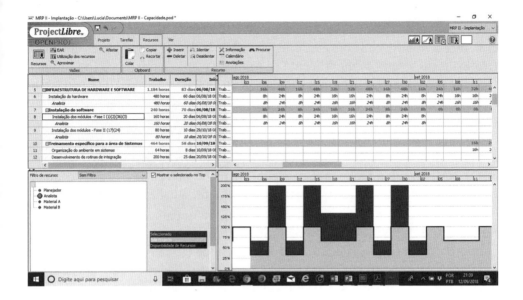

Figura 12.7 Exemplo de gráfico de carga para um recurso utilizado em projeto de implantação de sistemas MRP II.

12.2.5.2 Acompanhamento do projeto de implantação

O projeto de implantação de um sistema MRP II deverá ser monitorado pelo gerente do projeto, de modo aderente, por meio de atividades de auditoria e controle com periodicidade semanal ou mensal.

O gerente deve auditar mensalmente, *in loco*, os produtos finais das atividades mais importantes – acurácia dos dados de estoques ou das estruturas, por exemplo.

Semanalmente, deve verificar o cumprimento dos prazos intermediários e gastos associados, compará-los com os planejados e explicitar todos os desvios. Esses desvios devem ser avaliados com a equipe de implantação, em reuniões semanais de acompanhamento, discutidas suas causas e medidas necessárias a serem tomadas pelo gerente ou pelo comitê diretivo.

O acompanhamento da implantação deve prever atividades de validação formal – pelo gerente e/ou pelo comitê executivo – das decisões tomadas e dos resultados parciais alcançados e aceitos, em todo os níveis de decisão – por exemplo, famílias ou produtos finais a serem considerados no módulo de MPS, políticas de ressuprimento, modelagem básica das estruturas dos produtos, graus de acurácia e principalmente, a versão definitiva dos procedimentos a serem implantados.

12.2.5.3 Pós-implantação

O alcance dos objetivos do projeto de implantação não deve ser considerado um ponto terminal, mas apenas o cumprimento da primeira etapa de um processo contínuo. De nada servirão os esforços despendidos na implantação do MRP II se não forem mantidas as condições ideais para seu funcionamento e seu máximo aproveitamento pela empresa, conseguidas na fase de implantação.

Os índices de acurácia dos dados dos estoques e das estruturas, o cumprimento dos procedimentos implantados, a realização das atividades relativas ao módulo de S&OP e MPS, enfim, tudo o que de alguma maneira influencia o desempenho do MRP II deve ser não só mantido, mas constantemente atualizado e melhorado.

Além disso, é intrínseca a esse tipo de *software* a disponibilização periódica pelo fornecedor de novas versões a serem incorporadas, o que demandará eventuais customizações e revisões de procedimentos além de treinamento dos usuários na nova versão. Esse aspecto também aponta para a necessidade de a empresa designar alguém que terá o encargo de analisar em detalhe as novas versões.

Independentemente das necessidades derivadas das novas versões, é importante a manutenção de um programa de treinamento, nos conceitos de MRP II e no uso do *software* específico em uso, para a reciclagem dos usuários e treinamento dos novos funcionários contratados após a implantação do novo sistema.

Finalmente, devem ser acompanhados e periodicamente avaliados os indicadores de desempenho da empresa, definidos no início do processo de implantação do MRP II. Essa avaliação poderá indicar áreas do processo de planejamento que não estejam correspondendo às necessidades e, portanto, precisem de revisão de procedimentos ou de treinamento dos recursos humanos.

12.2.6 Gestão do processo de mudança

Como já foi dito, o processo de implantação de um sistema MRP II em qualquer empresa representa a introdução de mudanças substanciais na maneira das pessoas trabalharem, o que justifica que esse processo leve em consideração princípios já consagrados de gestão de mudanças.

Qualquer mudança dentro de uma organização sempre significa um deslocamento entre a situação atual – boa ou ruim, porém conhecida – e uma situação futura desconhecida. O caráter desconhecido da situação futura gera, nas pessoas, resistências naturais à mudança – o presente pode não ser tão bom quanto gostaríamos, mas é conhecido e cada um sabe como se comportar dentro dele, a fim de garantir seus interesses e objetivos. Administrar o processo de mudança é, fundamentalmente, auxiliar as pessoas a migrar de uma situação a outra com o menor desgaste possível, para as próprias pessoas e para a empresa.

As pessoas envolvidas na mudança poderão escolher entre contribuir para a mudança e resistir a ela. Elas escolhem de que lado estarão baseadas em duas variáveis: preciso mudar? Eu sei como mudar para ser bem-sucedido na mudança? Quanto melhor elas puderem visualizar seu futuro, e o caminho para chegar até ele, mais dispostas estarão à mudança.

Para tanto, é importante usar instrumentos disponíveis que minimizem as resistências e ao mesmo tempo permitam alcançar os objetivos pretendidos com a mudança, ao menor custo possível.

A primeira coisa a fazer para diminuir a resistência natural à mudança é criar um clima favorável à mesma, o que significa, principalmente:

- identificar o que tende a segurar as pessoas na situação atual;
- explicitar e transmitir, o mais claramente possível, as razões que levaram a empresa a decidir pela mudança;
- justificar a necessidade da mudança;
- tentar mostrar as relações entre as mudanças ao nível estratégico e aquelas nos diversos níveis operacionais que irão repercutir nas atividades individuais.

Nesse sentido, educação e treinamento são ferramentas importantes para apoiar o processo de mudança. É aconselhável planejar e estruturar um programa de educação e treinamento que apoie o processo de mudança, levando em consideração os diferentes elementos a serem educados ou treinados, os diferentes conteúdos a serem transmitidos, os métodos alternativos a serem usados e a programação dos diversos eventos do programa.

Qualquer mudança leva um certo tempo durante o qual o passado já não existe e o futuro ainda não está disponível. Durante esse período, as pessoas deixam de trabalhar da maneira antiga, aprendem a nova, cometem erros mais frequentemente: uma situação de extrema instabilidade, algo entre a estabilidade e o caos, com a preponderância desse último. Ensinar as pessoas a tolerar e a administrar essa situação é importante para o futuro da empresa. Elas precisam acreditar profundamente que a empresa está realmente engajada no processo de mudança e que ela acredita no novo futuro proposto.

Também é muito importante dar às pessoas uma ideia clara da situação atual da empresa e de como ela deverá estar após a mudança, em termos das atividades realizadas e das responsabilidades dos diferentes níveis e elementos. Essa visão precisa ser revisada e complementada durante todo o período de mudança. Um instrumento a ser usado é a definição de um conjunto de indicadores de desempenho e medir seus valores na situação anterior ao início do processo de mudança para que possam ser comparados com os valores pós-mudança. Ao mesmo tempo, o gestor do processo de mudança deve ter bem claro o que não se quer mudar na organização.

O recurso mais crítico em todo processo como esse são os chamados "agentes da mudança": todos aqueles que planejam, lideram e dão suporte à mudança. São o gerente do projeto, a equipe de implantação, os líderes etc., todos aqueles que têm a autoridade ou a responsabilidade de iniciar o processo de mudança e de alcançar as metas planejadas. Eles devem ser claramente identificados no projeto da mudança e organizados numa estrutura que otimize suas capacidades e conhecimentos individuais.

Serão de sua responsabilidade:

- criar um clima favorável à mudança no seu ambiente;
- estabelecer canais de comunicação e facilitar o fluxo de informações entre as diversas áreas envolvidas;
- definir que conteúdos devem ser divulgados, para quem, com que periodicidade, por que método de divulgação;
- legitimar as mudanças junto às lideranças locais;
- montar o plano de implantação adequado;
- operacionalizar as atividades programadas no plano de mudança;
- negociar os recursos necessários com a alta direção.

Para que o processo de mudança seja mais eficaz e eficiente, os "agentes da mudança" deverão ser preponderantemente elementos internos à empresa, cabendo a eventuais consultores externos apenas fornecer o suporte metodológico na concepção e planejamento das ações a serem engendradas.

12.3 RESUMO

- O processo de implantação de um sistema MRP II vai muito além da simples instalação de um novo *software* na empresa. Significa modificar profundamente os métodos de trabalho em todas as áreas da empresa, e principalmente modificar o comportamento de cada funcionário.

- A existência de uma única base de dados exige a interdependência funcional e integração entre diferentes funções (alta direção, planejamento, vendas, finanças, produção etc.). Além disso, é uma mudança que gera resistência e desconfiança, exigindo uma gestão cuidadosa do processo de mudança.

- A implantação significa também a compreensão de que a implantação é um processo amplo: inicia-se com um redesenho macro do sistema de administração da produção, comparação das necessidades da empresa com as características dos *softwares* disponíveis no mercado e uma detalhada análise de adequação e escolha de *software*, para então iniciar-se a implantação propriamente dita.

- Além da escolha correta do *software*, existem três condições essenciais para o sucesso da implantação: comprometimento da alta direção; treinamento intensivo e continuado em todos os níveis; e gestão do processo de implantação.

- A implantação de um sistema MRP II deve ser gerenciada como um projeto, exigindo todos os requisitos para a gestão de projeto, como planejamento e acompanhamento do projeto, identificando cumprimento de cada etapa, prazos e desvios.

12.4 QUESTÕES E TÓPICOS PARA DISCUSSÃO

1. Quais os principais impactos provocados na empresa pela implantação de um sistema MRP II? Discuta aspectos positivos e negativos.
2. Que área organizacional deve ser responsável pela implantação do MRP II? Por quê?
3. Quais são os pressupostos básicos para uma implantação bem-sucedida de MRP II? Quais as dificuldades de garantir sua presença em situações reais?
4. Que elementos devem participar de uma equipe adequada à implantação de MRP II? Por quê?
5. Quais as características desejáveis do gerente de implantação de MRP II? Por quê?
6. Quais suas funções e responsabilidades mais importantes?
7. Qual a importância das atividades de treinamento no processo de implantação de um sistema MRP II?
8. Por que é aconselhável desenvolver o "Desenho Procedimental do Sistema de Planejamento" no início do processo de implantação do MRP II?
9. Por que é essencial obter a acurácia da base de dados? Quais as possíveis consequências de uma implantação em situação na qual os níveis requeridos de acurácia não sejam obtidos?
10. Qual a importância da formalização dos novos procedimentos?
11. Por que é imprescindível realizar testes-piloto na implantação de MRP II? Como devem ser estruturados?

12.5 EXERCÍCIOS COM PLANILHA SIMULADORA DE MRP II – CASO POLITRON

Após fazer os exercícios com a planilha simuladora, apresentados ao final dos capítulos 3, 5, 6 e 8, sugerimos que o leitor faça a rodada inicial (primeiro mês) do caso Politron completo.

O caso Politron e as instruções para a execução da simulação completa estão disponíveis como Material Suplementar deste livro no *site* do GEN: www.grupogen.com.br.

Referências

BLACKSTONE, J. H. *Capacity management*. South-Western College Publishing/ APICS, 1989.

BRANDER, A. *Forecasting and customer service management*. Basel: Helbing & Lichtenhahn. 1995.

BROOKS, R. B.; WILSON, L. W. *Inventory record accuracy*. New York: Oliver Wight, 1995.

BROWN, R. G. *Advanced service parts inventory control*. Norwich, VE: RGBrown Materials Management Systems, 1982.

CHASE, R.; AQUILANO, N.; JACOBS, F. *Production and operations management*. 8. ed. Boston: Irwin, 1998.

CHOPRA, S.; MEINDL, P. *Supply chain management*: strategy, planning, and operation. Englewood Cliffs (NJ): Pearson Prentice Hall, 2007.

CLEMENT, J.; COLDRICK, A.; SARI, J. *Manufacturing data structures*. New York: Oliver Wight, 1992.

CORRÊA, H. L.; GIANESI, I. G. N. *Just in time, MRP II e OPT*: um enfoque estratégico. São Paulo: Atlas, 1993.

_____. *Gestão de rede de suprimentos*: integrando cadeias de suprimento no mundo globalizado. São Paulo: Atlas, 2010.

_____; CORRÊA, C. A. *Administração de produção e operações*. São Paulo: Atlas, 2017.

_____; GIANESI, I. G. N. *Administração estratégica de serviços*. São Paulo: Atlas, 2018.

CORRELL, J. G.; EDSON, N. W. *Gaining control*. New York: Oliver Wight, 1990.

COSTA NETO, P. L. O.; CYMBALISTA, M. *Probabilidades*. São Paulo: Edgard Blücher, 1974.

EPPEN, G. D.; MARTIN, R. Kipp. Determining safety stock in the presence of stochastic lead time and demand. *Management Science*, v. 34, n. 11, p. 1380, Nov. 1988.

FLAHERTY, M. T. *Global operations management*. New York: McGraw Hill, 1996.

GARWOOD, D. *Bills of materials*. 5. ed. Marietta: Dogwood, 1995.

GOLDRATT, E. M. *A meta*: um processo de melhoria contínua. Barueri: Nobel, 1984.

GOPAL, C.; CAHILL, G. *Logistics in manufacturing*. New York: Business One Irwin/APICS, 1992.

HILL, T. *Manufacturing strategy*: text and cases. Londres: Macmillan Business, 1995.

KOTTER, J. *Liderando mudança*. São Paulo: Campus, 1997.

LAMARSH, J. *Changing the way we change*. Reading: Addison Wesley, 1995.

LING, R. C.; GODDARD, W. E. *Orchestrating success*. New York: Oliver Wight, 1988.

MARTIN, A. J. *Distribution resource planning*. New York: Oliver Wight, 1995.

MORTON, T. E.; PENTICO, D. W. *Heuristic scheduling systems*. New York: Wiley, 1993.

PALMATIER, G. E.; SHULL, J. S. *The marketing edge*. New York: Oliver Wight, 1989.

PEDROSO, M. C.; CORRÊA, H. L. Sistemas de programação da produção com capacidade finita: uma decisão estratégica? *RAE-FGV*, v. 36, n. 4, 1996.

PETTIGREW, A.; WHIPP, R. *Managing change for competitive success*. Cambridge: ESRC Blackwell Business, 1993.

PROCHNO, P.; CORRÊA, H. The development of manufacturing strategy in a turbulent environment. *International Journal of Operations and Production Management*, v. 15, n. 5, 1995.

PROUD, J. F. *Master scheduling*. Essex Junction: Oliver Wight, 1994.

SHINGO, S. *The SMED system*. New York: Productivity Press, 1985.

SLACK, N. et al. *Administração da produção*. São Paulo: Atlas, 1996.

TINCHER, M. G.; SHELDON, D. H. *The road to class A manufacturing resource planning (MRP II)*. Chicago: Bucker, 1995.

UTTERBACK, J. *Mastering the dynamics of innovation*. Cambridge, MA: Harvard Business School Press, 1994.

VOLLMANN, T.; BERRY, W.; WHYBARK, D. C. *Manufacturing planning and control systems*. 3. ed. New York: Irwin/APICS, 1992.

WALLACE, T. F. *MRP II*: making it happen. 2. ed. New York: Oliver Wight, 1990.